Das Corel-Schriftenbuch

Michael Ziegert

Das Corel-Schriftenbuch

Schriften erkennen und gezielt einsetzen

ADDISON-WESLEY PUBLISHING COMPANY

Bonn • Paris • Reading, Massachusetts • Menlo Park, California • New York
Don Mills, Ontario • Wokingham, England • Amsterdam • Milan • Sydney
Tokyo • Singapore • Madrid • San Juan • Seoul • Mexico City • Taipei, Taiwan

Die Deutsche Bibliothek - CIP-Einheitsaufnahme

Ziegert, Michael:
Das Corel-Schriftenbuch / Michael Ziegert. -
Bonn ; Paris ; [u.a.]: Addison-Wesley, 1995
ISBN 3-89319-806-7

1. Sonderdruck
Corel Collection

Satz und Gestaltung: Michael Ziegert, Lohmar
Gesetzt aus der ITC Garamond Book, 9,5 Punkt
Belichtung: Systhema, München
Druck und Bindearbeiten: Paderborner Druck Centrum, Paderborn
Umschlaggestaltung: Belau Vanino, Duisburg

Das verwendete Papier ist aus chlorfrei gebleichten Rohstoffen hergestellt und alterungsbeständig. Die Produktion erfolgt mit Hilfe umweltschonender Technologien und unter strengsten Auflagen in einem geschlossenen Wasserkreislauf unter Wiederverwertung unbedruckter, zurückgeführter Papiere.

Vorwort

Erst mit der passenden Schrift erhalten viele Grafiken, Layouts und Designs ihren letzten Schliff. Deshalb hat Corel seine Programme stets mit vielen verschiedenartigen Schriftarten ausgestattet, in Corel 3.0 sind es fast 300, in Corel 4.0 schon 750 und in Corel 5.0 gar 830, mit Symbolen sogar 849. Wie soll man da den Überblick behalten? Mit dem Corel-Schriftenbuch können Sie es!

Textmuster helfen bei der Auswahl

Man muß kein Künstler oder Grafik-Profi sein, um Schriften sinnvoll einsetzen zu können. Voraussetzung ist jedoch, daß man sie sich in geeigneter Form ansehen kann, also nicht in niedriger Bildschirmauflösung, sondern in guter Druckqualität und in verschiedenen Schriftgrößen. Deshalb gibt es in diesem Buch zu jeder Schrift Textmuster. Dekorative Schriften sind besonders groß und mit Sonderzeichen abgedruckt, damit Sie auch die Feinheiten erkennen können!

Der schnelle Weg zur guten Schrift

Mit Hilfe des Alphabetes läßt sich vieles gut sortieren – aber nicht immer ist dieser Weg die beste Wahl! In diesem Buch wird ein anderer Weg beschritten, die Schriften sind nach DIN 16158 in elf Gruppen unterteilt. Ob sie eine ausgefallene Schrift suchen, eine betont elegante, eine wuchtige oder eine dezent-nüchterne – im Nu haben Sie die richtige Wahl getroffen.

Das Namens-Chaos überwinden

Aus Copyright-Gründen haben viele Corel-Schriften Phantasienamen. Das bringt einige Probleme mit sich, denn außerhalb der Corel-Welt weiß keiner, daß die Futura bei Corel auf einmal „Fujiyama", die Palatino „Zapf Calligraphic 801", die Cascade „Freehand 471" heißt. Oder: In Corel 3.0 heißen die Schriften anders als in Corel 4.0 und 5.0. Das Panose-System von CorelDraw 5.0 schlägt Ihnen die richtige Ersatz-Schrift vor – aber nur, wenn Sie sie installiert haben! Haben Sie immer alle 830 Schriften unter Windows aktiviert? Wohl kaum.

Corel überblickt das Durcheinander offenbar selber nicht mehr, zum Teil finden sich Schriften unter verschiedenen Namen doppelt, beispielsweise in der Version 5.0 die Eckmann und die City. Das Corel-Schriftenbuch nennt das Kind beim richtigen Namen, unmißverständlich. Und obendrein erhalten Sie auch noch Infos über Entstehungszeit, Schriftdesigner und vieles mehr.

Corels vergessene Fonts

Corel hat sowohl in Version 4.0 wie in 5.0 mehr Schriften auf die CD gepackt als im Handbuch aufgelistet! Das Corel-Schriftenbuch zeigt sie Ihnen. Und es macht Schluß mit vielen Mißverständlichkeiten und Fehlern im Original-Handbuch. Da werden beispielsweise zahlreiche

Schriftschnitte falsch oder unvollständig genannt, statt „Roman“ steht dort etwa „Bold“, statt „Ultra Condensed“ nur einfach „Ultra“ etc. pp. Zum Teil sind sogar zum richtigen Namen die falschen Schriften abgedruckt.

Das Corel-Schriftenbuch macht den Alltag leichter

Dieses Buch liefert Ihnen präzise Informationen, konkrete Fakten und anschauliche Beispiele rund um die Corel-Schriftensammlung. Sie können darin nachschlagen und finden in kurzer Zeit die für Ihre Wünsche und Erfordernisse geeignete Schrift. Sie können aber auch darin schmökern, denn Sie werden wunderschöne Schriften entdecken, die sie wegen der geringen Größe im Original-Handbuch nie in ganzer Pracht gesehen haben.

Mich können Sie via CompuServe 100344,457 (oder per Internet 100344.457@compuserve.com) erreichen. Über Anregungen, Kritik und natürlich auch über Lob zu diesem Buch würde ich mich freuen.

Michael Ziegert

Lohmar, im Januar 1995

Inhaltsverzeichnis

Der schnelle Typo-Kursus

TrueType und PostScript

Die Corel-Schriften liegen Ihnen auf CD in zwei verschiedenen Dateiformaten vor, zum einen als PostScript-Schriften, zum anderen im TrueType-Format. Profis schwören auf PostScript, weil dieses Format deutlich länger im Gebrauch ist, weil sie mehr Erfahrungen damit haben und weil es in Belichtungsstudios weit verbreitet ist. Die modernere Technologie hingegen ist TrueType.

Als Anwender werden Sie aber keinen gravierenden Unterschied erleben. Beide Arten erlauben es, Schriften gleichermaßen auf dem Monitor wie auf dem Drucker darzustellen. Für den Gebrauch von PostScript-Schriften ist allerdings die Installation des Programmes „Adobe Type-Manager" erforderlich, allgemein kurz als ATM bezeichnet. Das Programm finden Sie im Unterverzeichnis ATM des Verzeichnisses READER auf der CD #1 von CorelDraw 5. Wie jedes „erwachsene" Windows-Programm hat auch der ATM ein Installationsprogramm, das es Ihnen vereinfacht, den ATM auf Ihrem Rechner in Betrieb zu nehmen. Bevor Sie loslegen, sollten Sie unbedingt Sicherungskopien der Dateien WIN.INI und SYSTEM.INI anlegen, die Sie im Windows-Verzeichnis finden, denn das Installationsprogramm nimmt einige Änderungen vor (dazu später mehr). Außerdem sollten Sie in Windows 3.1 den Modus (also Standard oder Enhanced) wählen, in dem Sie üblicherweise arbeiten.

Das Programm benötigt zunächst nicht mehr von Ihnen als die Angabe, in welches Verzeichnis die Type-1-Schriften kopiert werden sollen. Dort finden Sie später erst einmal nur die Schriften, die standardmäßig zum ATM selber gehören, nämlich eine Courier, eine Helvetica, ein Symbolzeichensatz und die „Zapf Dingbats", eine Sammlung von Bullets und Blickfängen. Diese Schriften enstprechen somit in etwa jenen TrueType-Fonts, die zu Windows gehören.

Wohin das ATM-Programm selber installiert werden soll, wird nicht gefragt – es wird immer das Windows-System-Verzeichnis benutzt. Bevor Sie in den Genuß des ATM kommen, müssen Sie, wie das Installationsprogramm es vorschlägt, Windows neu starten.

Nach dem neuerlichen Start von Windows scheint sich erstmal nicht viel getan zu haben. Zwar sehen Sie kurz in der linken unteren Ecke das ATM-Icon aufblinken, das verschwindet aber auch wieder. Mehr sehen Sie nicht. Weder gibt es im Programm-Manager eine neue Gruppe, noch findet sich in einer vorhandenen Gruppe ein neues Icon. Erst wenn Sie ein Corel-Programm starten und sich die Schriftenauswahl anschauen, sehen Sie den Unterschied.

Zusätzlich zu den vorhandenen TrueType-Schriften mit ihrem TT-Symbol sehen Sie jetzt auch Einträge mit einer T1-Grafik, an der sich die PostScript-Schriften eindeutig erkennen lassen. Aber wo ist der ATM, der dies vollbringt? Er verbirgt sich in einer Treiber-Datei in ihrem Systemverzeichnis und heißt ATMSYS.DRV. Somit finden Sie ihn auch nicht in der Autostart-Gruppe des Programm-Managers oder als „RUN=„-Eintrag in der WIN.INI. Der ATM ersetzt vielmehr den System-Treiber, vereinfacht gesagt die Verbindung zwischen Software (also Windows-Programmen) und Hardware Ihres Rechners. Sie finden den Eintrag „system.drv=atmsys.drv“ in ihrer SYSTEM.INI-Datei. Der ATM gibt alle für ihn nicht relevanten Programm-Anfragen unverändert an den ursprünglichen Treiber weiter (deshalb in der nächsten Zeile der Eintrag „atm.system.drv=system.drv“ und filtert nur heraus, was das Thema Schrift betrifft.

Was jedoch Schriften angeht, gibt er alle Fragen an die ATM32.DLL-Programm-Datei weiter (oder an ATM16.DLL, wenn Sie im Standard-Modus von Windows arbeiten). Diese zwei (oder drei) Dateien reichen also zur Benutzung von Type-1-Schriften vollkommen aus. Wenn Sie (vorübergehend) nicht mehr mit dem ATM arbeiten wollen, reicht es folglich vollkommen aus, die oben genannte Zeile in „system.drv=system.drv“ zu ändern und die beiden Zeilen, die die ATM-Anweisungen enthalten, zu löschen oder mit Semikola auszukommentieren.

Der ATM hat somit den Betrieb aufgenommen. Was aber, wenn Sie (natürlich) die Corel-Type-1-Schriften nutzen wollen? Da der ATM die installierten Schriften in seiner ATM.INI-Datei im Windows-Verzeichnis auflistet (so wie die TrueType-Schriften in der WIN.INI), könnten Sie diese Einträge nach Bedarf erweitern. Das ist recht umständlich, und deshalb gibt es – Adobe sei Dank – ein Programm, das die Aktivitäten des ATM steuert und die Handhabung der Schriften erleichtert: das ATM-Control-Panel.

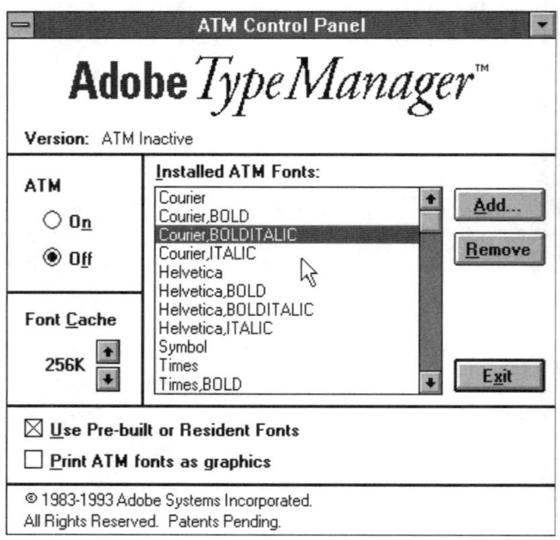

Leider wird dieses Programm nicht im Programm-Manager installiert, Sie müssen das „von Hand“ selber nachholen. Dazu öffnen Sie im Programm-Manger eine beliebige Gruppe und fügen das Programm mit „Datei\Neu“ ein. Sie finden es im Windows-Verzeichnis unter dem Namen ATMCNTRL.EXE.

Jetzt kommt endlich Licht ins Dunkel: Das Control-Panel zeigt Ihnen detailliert, welche PostScript-Fonts installiert sind und es bietet Ihnen die Möglichkeit, vorhandene zu entfernen und neue zu installieren.

Klicken Sie die Schalftfläche „Add“ an, um neue Schriften für den Einsatz in Corel-Programmen (und natürlich auch anderen) verfügbar zu machen. In dem Dialogfeld, das Sie daraufhin zu sehen bekommen, können Sie eine oder mehrere Schriften auswählen und dort mit der Schaltfläche „Add“ installieren. Sie stehen Ihnen unmittelbar darauf zur Verfügung. In gleicher Weise können

Sie installierte Schriften auch wieder entfernen, nutzen Sie dazu die Schalftläche „Remove“. Sie bekommen dann alle installierten Fonts aufgelistet und können die überflüssigen auswählen und deinstallieren.

Schriftinstallation mit Windows-Einstellungen

Schon bei der Installation der Corel-Programme können Sie detailliert auswählen, welche der verfügbaren Schriften Sie installieren wollen. Auch nachträglich können Sie noch die Auswahl jederzeit verändern. Sinnvoll ist dazu der Einsatz des Programmes „FontMinder“, von dem Sie eine Light-Version mit Corel geliefert bekommen haben. Der übliche Weg dazu führt aber über die Windows-Systemsteuerung. Die starten Sie mit einem Doppelklick auf das Icon in der Hauptgruppe des Programm-Managers.

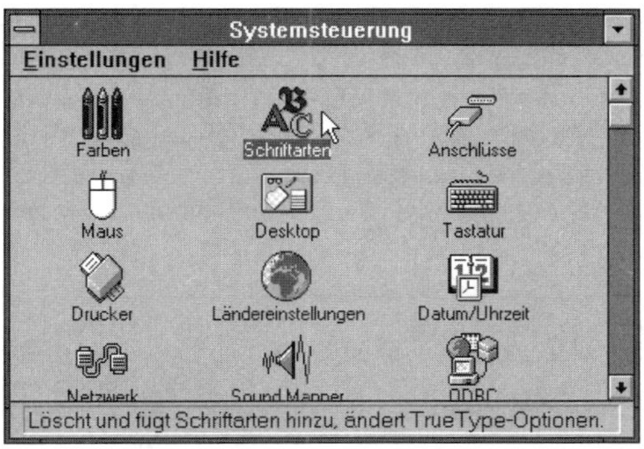

Dort finden Sie das Symbol „Schriftarten“, hinter dem sich die Liste der installierten Schriften verbirgt. Windows zeigt Ihnen jeden einzelnen Schriftschnitt an. Mit einem einfachen Klick auf ein Element der Liste, sehen Sie außerdem ein Muster des Fonts, obendrein auch noch Angaben zur Größe der Datei.

Mit einem Klick auf die Schaltfläche „Löschen“ können Sie einen oder mehrere Fonts (nach einer Sicherheitsabfrage) löschen. Sie können aber weitere Fontdateien installieren. Dazu wählen Sie „Hinzufügen“ (nicht etwa „TrueType“, dazu später mehr) und in dem sich öffnenden Dateifenster bestimmen Sie das Verzeichnis (meist wohl auf der Corel-CD #1), in dem sich die gewünschte Datei befindet. Anders als im Dateimanager sehen Sie jetzt nicht die Liste der Dateinamen, sondern die Bezeichnungen der einzelnen Schriften und Schriftschnitte im Klartext, was die Auswahl deutlich vereinfacht. Leider werden Ihnen keine Proben der jeweiligen Schrift angezeigt (aber dafür haben Sie ja dieses wunderbare Buch, das Sie gerade lesen).

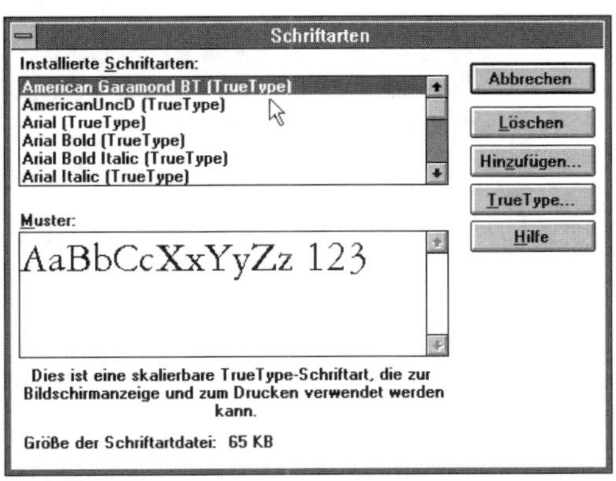

Beachten sollten Sie die Option „Schriftarten in das Windows-Verzeichnis kopieren“, die Sie üblicherweise aktiviert lassen sollten. Schriftdateien sind bisweilen recht groß und in der Masse nehmen Sie viel Platz auf der notorisch zu kleinen Festplatte ein. Dennoch sollten Sie sich nicht verleiten lassen, Windows direkt mit den Dateien von der CD arbeiten zu lassen, denn Windows liest die jeweils benötigten Dateien dynamisch ein, und auch das schnellste CD-ROM-Laufwerk ist noch deutlich viel langsamer als die gemütlichste Festplatte.

Wie schon kurz erwähnt bietet das Dialogfenster „Schriftarten" noch die Schaltfläche „TrueType". Hier können Sie bestimmen, ob Windows überhaupt mit TrueType-Schriften arbeiten soll. Wenn Sie diese Option abschalten, dann finden Sie in den Schriftauswahllisten der Corel-Programme (und natürlich auch der anderen), nur noch die Windows-Pixelfonts und die PostScript-Schriften angezeigt. Das kann unter Umständen hilfreich sein, wenn man mit beiden Schriftformaten (also TrueType und Type-1) arbeitet und sicher gehen will, daß ein bestimmtes Dokument nur noch PostScript-Schriften enthält. Wenn Sie diese Option ändern, verlangt Windows allerdings einen Neustart von Ihnen.

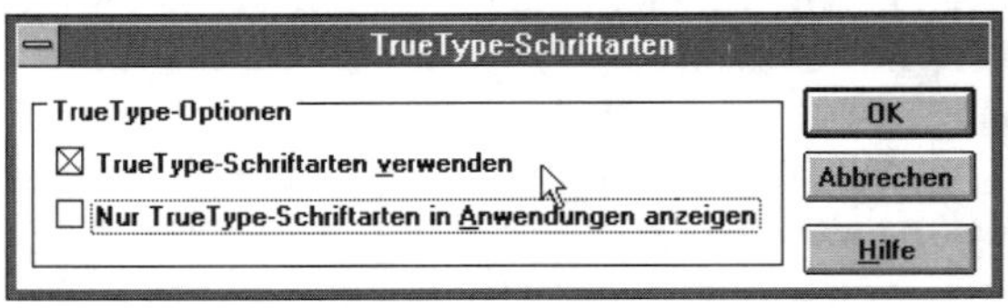

Umgekehrt bedeutet „Nur TrueType-Schriften in Anwendungen anzeigen" keineswegs wörtlich das, was dort zu lesen steht. PostScript-Schriften sind nämlich auch dann noch sichtbar, wenn Sie diese Option aktivieren, denn Windows „weiß" eigentlich gar nichts von den Type-1-Schriften, da diese ja nicht vom Betriebssystem Windows, sondern nur von dem (Zusatz-)Programm ATM gemanagt werden. Gemeint sind vielmehr nur die Pixelfonts wie „Modern", „Roman" oder „Script" sowie die Drucker-Fonts, die gegebenenfalls nicht mehr mit angezeigt werden.

Typo-Wörter leicht gemacht

Die Schrift- und Druckkunst hat eine lange Geschichte. Kein Wunder, daß im Laufe der Zeit eine hochspezialisierte Fachsprache entstand, die dem Amateur oftmals unverständlich erscheint.

In der nebenstehenden Grafik sehen Sie die wichtigsten typographischen Fachbegriffe. Darüber hinaus werden Großbuchstaben bisweilen als Versalien oder (seltener) als Majuskeln bezeichnet, Kleinbuchstaben als Gemeine oder Minuskeln. Häufig begegnen wird Ihnen der Begriff der Laufweite. Diese bezeichnet die Breite der Buchstaben einer Schrift. Passen viele Buchstaben einer Schrift in eine Zeile, so hat die Schrift eine geringe Laufweite, passen wenige in eine Zeile, so hat sie eine hohe Laufweite.

Jetzt müssen Sie nur noch wissen, daß der Name einer Schrift meist als Schriftart bezeichnet wird, und daß der Schriftschnitt ein Attribut einer Schrift kennzeichnet. Beispiel: *Dieser Satz ist mit dem kursiven Schriftschnitt der Schriftart Garamond geschrieben.*

Schriftattribute

Nicht selten ist es nötig, Wörter oder Passagen in einem Text hervorzuheben, damit Sie dem Betrachter auffallen. Diese Hervorhebungen, von Fachleuten als „Auszeichnung“ bezeichnet, sollten mit Bedacht eingesetzt werden, da zuviel davon die Lesbarkeit des Textes verschlechtert. Die meist geeignetste Auszeichnung ist die ***kursive***. Das Wort kommt vom lateinischen „currere“ (= laufen), weil sie (wie ein Läufer) ein wenig nach vorne geneigt ist. Der kursive Schriftschnitt ist deshalb oft gut geeignet, weil er sich zwar gegenüber dem normalen Schnitt abhebt, das Auge des Betrachters beim Lesen aber nicht irritert.

efakvz *efakvz*

efakvz ***efakvz***

Das ist schon eher bei der Auszeichnung fett der Fall. Ein **fettes** Wort fällt viel mehr auf, stört aber dementsprechend mehr den den Lesefluß. Noch seltener ist die Kombination von beiden Schnitten. Wenn Sie sich die nebenstehenden Schriften anschauen, so werden Sie sehen, daß der kursive Schnitt keineswegs nur einfach eine schräggestellte ist, sondern eine in vielen Zeichen sehr eigenständige Schrift ist. Auch im fetten Schriftschnitt sind die Linien nicht einfach nur insgesamt dicke, sondern die Zeichen sind kunstvoll bearbeitet, so daß sie massiver wirken und dennoch gut lesbar sind.

Häufig gebraucht wird auch die Schriftauszeichnung durch Versalien. Bei GROSSGESCHRIEBENEN Buchstaben heißt es auch, der Text sei „in Versalien“ oder „versal“ gesetzt (Faustregel: ß immer durch SS ersetzen!). Eine elegante Alternative zur Kursiven hingegen sind die Kapitälchen. Dabei werden die Kleinbuchstaben als VERKLEINERTE GROSSBUCHSTABEN gedruckt. (Großbuchstaben wurden früher bisweilen auch als Kapitale bezeichnet, daher das Wort).

Darüber hinaus gibt es noch weitere Auszeichnungen. Von handschriftlichen Gepflogenheiten her bekannt ist das Unterstreichen. Davon sollten Sie aber tunlichst Abstand nehmen, zu sehr wird der Anblick eines Textes dadurch gestört. Nicht ungefährlich und im Zweifelsfalle zu unterlassen ist auch das S p e r r e n von Wörtern, also das Vergrößern der Buchstabenabstände. Dieses Verfahren stammt aus der Zeit der Bleilettern im Buchdruck und wurde beim Einsatz der Schreibmaschine gebraucht, im DTP mit Corel-Programmen ist dieses Verfahren jedoch unnötig, weil es sinnvollere Alternativen gibt (siehe oben).

Schließlich gibt es noch Schriftschnitte, bei denen die Laufweite des ursprünglichen Fonts verändert wurde. Es gibt schmallauende Schriften (im Englischen: condensed oder compressed) und weitlaufende Schriften (extended).

Condensed Normal Extended

Punkt und Point

In der Typographie gibt es eine eigene Maßeinheit für die Höhe einer Schrift, den Punkt. Erstmals benutzt wurde sie im 18. Jahrhundert in der französischen Schriftgießerei Didot. Demnach mißt ein Punkt, das Zwölfte vom Zwölftel eines Zolls, gerundet auf 0,375 Millimeter, er wird abgekürzt als „p“. Aufgrund seines Schöpfers wird diese Maßeinheit auch als Didot-Punkt bezeichnet. Unglücklicherweise entstand im anglo-amerikanischen Sprachraum eine andere Maßeinheit, der Point mit 0,351 Millimetern Höhe, abgekürzt als „pt“. Die meisten Corel-Programme benutzen den amerikanischen Point, der prompt als Punkt übersetzt wurde. Der Unterschied scheint minimal, jedoch macht er sich schon bei geringen Punktgrößen bemerkbar. So mißt eine Schrift mit 12 Punkt Höhe schon 13 Point. Erst in den neuesten Versionen führte Corel den „didot“ ein, weshalb ich in den Schriftmustern dieses Buches weiterhin den Point benutze.

Englische Bezeichnungen

Englisch	Abk.	Deutsch
black	Blk	schwarz = (besonders) fett
bold	Bd	(halb-)fett
book	Bk	Buch / normal
caps = capitals		Großbuchstaben
compressed		eng
condensed	cnd	schmal
extended	ext	breit
extra	X	besonders
heavy	hv	breit(e Buchstaben) fett
italic	It	kursiv
light	Lt	mager(e Buchstaben)
medium	Md	mittelbreit(e Buchstaben)
outline	outl	Umriß / Kontur
regular	reg	Buch / Normal
roman	rm	normal
small caps		Kapitälchen
thin	th	fein
underline		unterstrichen
wide	wd	breit(e Buchstaben)

Schriftsortierung leicht gemacht

Die Kraft der eigenen Phantasie innerhalb der engen Grenzen der Buchstabengestaltung auszuprobieren, hat Menschen über die Jahrhunderte hinweg zu immer neuen Formen beflügelt. Die einen reizte es, Schriften zu zeichnen, die dem Antiqua-Original recht nahe stehen und dennoch einen unverwechselbaren eigenen Charakter haben. Andere ließen ihrem Spieltrieb so weit freien Lauf, daß die eigentliche Funktion der Zeichen völlig in den Hintergrund trat - etwa bei den Initialen.

Nicht zuletzt wegen der enormen Vereinfachungen im Gebrauch von Schriften durch die rasante technische Entwicklung kam in diesem Jahrhundert geradezu eine Flut neuer Schriften auf. Vielleicht entstand deshalb erst in diesem Jahrhundert das Bedürfnis, der wachsenden Anzahl von Schriften mit Hilfe einer Sortierung Herr zu werden.

Nach einigen Jahren intensiver Diskussion entstand 1960 die DIN 16518, die sowohl Form wie auch historische Zusammenhänge von Schriften beachtet. Das Reglement beruht im wesentlichen auf Vorschlägen des Franzosen Maximilien Vox, angereichert und erweitert unter anderem durch Ideen der berühmten Typographen Hermann Zapf und Adrian Frutiger.

Die DIN-Norm sah zunächst zehn Gruppen vor:

- I. Venezianische Renaissance-Antiqua
- II. Französische Renaissance-Antiqua
- III. Barock-Antiqua
- IV. Klassizistische Antiqua
- V. Serifenbetonte Linear-Antiqua
- VI. Serifenlose Linear-Antiqua
- VII. Antiqua-Varianten
- VIII. Schreibschriften
- IX. Handschriftliche Antiqua
- X. Gebrochene Schriften

Erst später, 1964, kam noch eine elfte Gruppe hinzu:

- XI. Fremde Schriften

Im Detail werde ich die Einteilung auf den folgenden Seiten erläutern, doch will ich gleich vorher noch etwas anmerken: Dieses System ist nicht perfekt. Nach wie vor gibt es Schriftarten, bei denen man trefflich streiten könnte, in welche Kategorie sie wohl fallen. Deshalb gab es sogar schon die Idee, es manchen Schriften zu gestatten, sich in zwei Gruppen einzureihen – was jedoch die Klassifizierung ad absurdum geführt hätte.

Man muß sich wohl damit abfinden, daß es kein ideales System geben wird – dazu ist das Thema Schrift zu vielfältig und die mögliche Formgebung der Zeichen zu frei. Aber die DIN ist, das läßt sich zumindest sagen, eine der besten Alternativen.

I - Venezianische Renaissance-Antiqua

Die Venezianische Renaissance-Antiqua ist hervorgegangen aus der humanistischen Minuskel des 15. Jahrhunderts, die mit der schräg angesetzten Breitfeder im Wechselzug geschrieben worden ist. Der Querstrich des Kleinbuchstabens e liegt schräg. Die Achse der Rundungen ist nach links geneigt. Haar- und Grundstriche sind in der Dicke nicht sehr verschieden. Die Serifen sind ein wenig ausgerundet. In der Regel sind die oberen Serifen der Großbuchstaben M und N nach beiden Seiten ausgebildet.

Schneidler

abcdefghijklmnopqrstuvwxyz
ABCDEFGHIJKLMNOPQRST
UVWXYZ&ß?!.,;0123456789

Tiffany

abcdefghijklmnopqrstuvwxy
zABCDEFGHIJKLMNOPQ
RSTUVWXYZ&ß?!.,;
0123456789

Centaur

abcdefghijklmnopqrstuvwxyzABC
DEFGHIJKLMNOPQRSTUVW
XYZ&ß?!.,;0123456789

II - Französische Renaissance-Antiqua

Die Französische Renaissance-Antiqua gleicht ihrer Herkunft nach wie auch in ihren Eigenschaften der Venezianischen Renaissance-Antiqua. Sie weist jedoch größere Unterschiede in der Strichdicke auf. Der Querstrich des Kleinbuchstabens e liegt waagerecht.

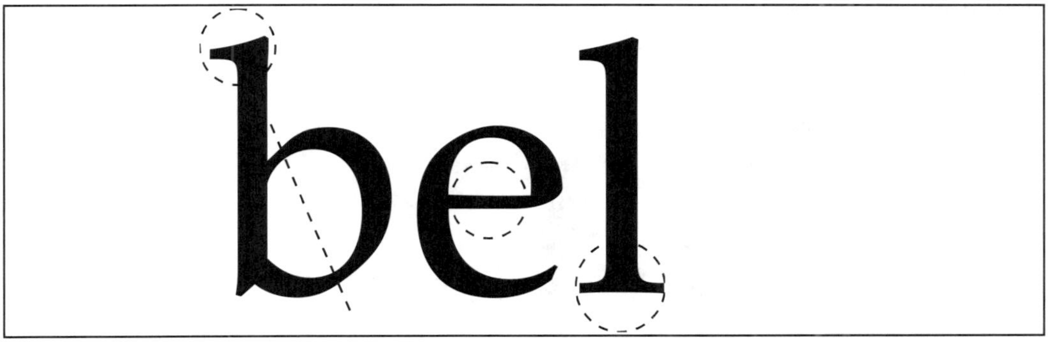

Garamond

abcdefghijklmnopqrstuvwxyzA
BCDEFGHIJKLMNOPQRST
UVWXYZ&ß?!.,;0123456789

Trump-Mediæval

abcdefghijklmnopqrstuvwxyz
ABCDEFGHIJKLMNOPQRS
TUVWXYZ&ß?!.,;
0123456789

Palatino

abcdefghijklmnopqrstuvwxyz
ABCDEFGHIJKLMNOPQRS
TUVWXYZ&ß?!.,;0123456789

III - Barock-Antiqua

Die Barock-Antiqua steht unter dem Einfluß der Kupferstecher-Schriften. Sie weist größere Unterschiede in der Strichdicke auf als die Renaissance-Antiqua. Die Achse der Rundungen ist fast senkrecht. Die Serifen sind weniger oder gar nicht ausgerundet. In der Regel sind die Serifen der Kleinbuchstaben oben schräg, unten aber waagerecht angesetzt.

abcdefghijklmnopqrstuvwxyzAB
CDEFGHIJKLMNOPQRSTU
VWXYZ&ß?!.,;0123456789

Baskerville

abcdefghijklmnopqrstuvwxyzA
BCDEFGHIJKLMNOPQRSTU
VWXYZ&ß?!.,;0123456789

Times New Roman

abcdefghijklmnopqrstuvwxyzA
BCDEFGHIJKLMNOPQRST
UVWXYZ&ß?!.,;0123456789

Caslon

IV - Klassizistische Antiqua

Die Klassizistische Antiqua steht den Kupferstecher-Schriften besonders nahe. Die Serifen sind waagerecht angesetzt. Die Winkel zwischen den Serifen und den Grundstrichen oder schrägen Haarstrichen sind kaum merklich oder gar nicht ausgerundet. Haar- und Grundstriche unterscheiden sich kräftig. Die Achse der Rundungen steht senkrecht.

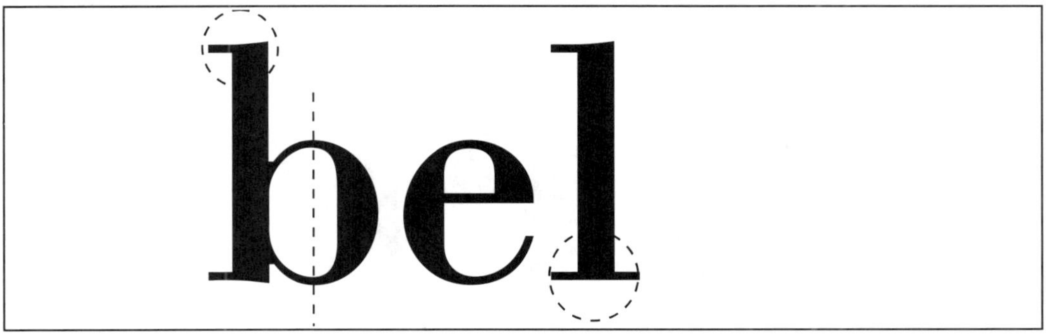

Bodoni

abcdefghijklmnopqrstuvwxyzA
BCDEFGHIJKLMNOPQRST
UVWXYZ&ß?!.,;0123456789

Century Oldstyle

abcdefghijklmnopqrstuvwxyzA
BCDEFGHIJKLMNOPQRSTU
VWXYZ&ß?!.,;0123456789

Normande

**abcdefghijklmnopqrstuv
wxyzABCDEFGHIJKL
MNOPQRSTUVWXYZ&
ß?!.,;0123456789**

V - Serifenbetonte Linear-Antiqua

Die Haar- und Grundstriche der Serifenbetonten Linear-Antiqua unterscheiden sich wenig in der Dicke oder sind sogar, einschließlich der Serifen, optisch einheitlich (linear). Allen Schriften dieser Gruppe ist die mehr oder weniger starke, aber immer auffallende Betonung der Serifen gemeinsam.

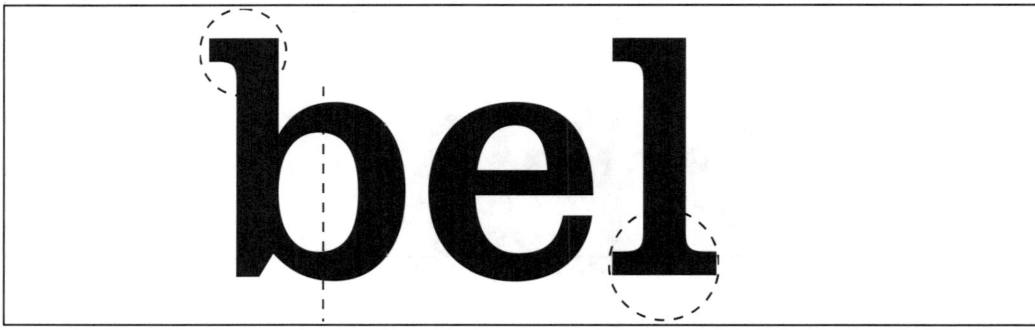

abcdefghijklmnopqrstuvw
xyzABCDEFGHIJKLMNO
PQRSTUVWXYZ&ß?!.,;01
23456789

Clarendon

abcdefghijklmnopqrstuvwxyzABCDEFGHIJKLMNOP
QRSTUVWXYZ&ß?!.,;0123456789

Playbill

abcdefghijklmnopqrstuvwxyz
ABCDEFGHIJKLMNOPQRST
UVWXYZ&ß?!.,;0123456789

Rockwell

VI - Serifenlose Linear-Antiqua

Ein Teil der zur serifenlosen Linear-Antiqua zählenden Schriften ist in der Strichdicke vorwiegend oder sogar optisch ganz einheitlich. Bei einem anderen Teil dieser Schriftgruppe unterscheiden sich die Strichdicken erheblich.

abcdefghijklmnopqrstuvwxyz
ABCDEFGHIJKLMNOPQRST
UVWXYZ&ß?!.,;0123456789

Helvetica

abcdefghijklmnopqrstuvwxyz
ABCDEFGHIJKLMNOPQRST
UVWXYZ&ß?!.,;0123456789

Futura

abcdefghijklmnopqrstuvwxyzAB
CDEFGHIJKLMNOPQRSTUVW
XYZ&ß?!.,;0123456789

Gill Sans

VII - Antiqua-Varianten

Zu den Antiqua-Varianten gehören alle Antiqua-Schriften, die den Gruppen I bis VI, VIII oder IX nicht zugeordnet werden können, weil ihre Strichführung vom Charakter der genannten Gruppen abweicht. Den Kern der Gruppe bilden Versalschriften für dekorative oder monumentale Zwecke.

ABCDEFGHIJKLMNOPQRSTUV
WXYZ&SS?!.,;0123456789

UMBRA

ABCDEFGHIJKLMNOPQ
RSTUVWXYZ&ß?!.,;
0123456789

EKLEKTIC

abcdefghijklmno
pqrstuvwxyzAB
CDEFGHIJKLMN
OPQRSTUVWXY
Z&ß?!.,;
0123456789

Profil

ABCDEFGHIJKLMNOPQRS
TUVWXYZ&SS?!.,;
0123456789

SHOTGUN

VIII - Schreibschriften

Schreibschriften nennt man die zur Drucktype gewordenen lateinischen Schul- und Kanzleischriften.

abcdefghijklmnopqrstuvwxyzABCD
EFGHIJKLMNOPQRSTUVW
XYZ&ß?!.,;0123456789

Brush Script

abcdefghijklmnopqrstuvwxyzABCDE
FGHIJKLMNOPQRSTUVWXYZ&ß?!.,;
0123456789

Kaufmann

abcdefghijklmnopqrstuvwxyz ABCD
EFGHIJKLMNOPQR
STUVWXYZ&ß?!.,;0123456789

Shelley Allegro

abcdefghijklmnopqrstuvwxyzABC
DEFGHIJKLMNOPQRST
UVWXYZ&ß?!.,;0123456789

Snell

abcdefghijklmnopqrstuvwxyzABCDEF
GHIJKLMNOPQRSTUVWXYZ&ß?!.,;
0123456789

Mistral

IX - Handschriftliche Antiqua

Handschriftliche Antiqua werden die Schriften genannt, die – von der Antiqua oder deren Kursiv herkommend – das Alphabet in einer persönlichen Weise handschriftlich abwandeln.

abcdefghijklmnopqrstuv
wxyzABCDEFGHIJKLMNO
PQRSTUVWXYZ&ß?!.,;
0123456789

Kids

abcdefghijklmnopqrstuvwxyzABCDEFGHIJ
KLMNOPQRSTUVWXYZ&ß?!.,;
0123456789

Dom Casual

abcdefghijklmnopqrstuvwxyzABC
DEFGHIJKLMNOPQRSTUVWXYZ
&ß?!.,;0123456789

Tekton

abcdefghijklmnopqrstuvwxyzA
BCDEFGHIJKLMNOPQRST
UVWXYZ&ß?!.,;0123456789

Auriol

X - Gebrochene Schriften

Mit »Gotisch« werden die nach dem Vorbild der schmallaufenden Textur des 15. Jahrhunderts geschnittenen Schriften genannt, desgleichen deren breitere Formen aus späterer Zeit. Die gotische Schrift ist eng und hochstrebend. Die Grundstriche der Kleinbuchstaben sind gebrochen; Anfänge und Endungen zeigen Würfelform.

Fraktur

abcdefghijklmnopqrstuvwxyzABCDEFGH
IJKLMNOPQRSTUVWXYZ&ß?!.,;
0123456789

Walbaum

abcdefghijklmnopqrstuvwxyz
1234567890
ABCDEFGHIJKLMNOPQR
STUVWXYZ

Old Engilsh

abcdefghijklmnopqrstuvwxyz
ABCDEFGHIJKLMNOPQRSTUVWX
YZ&ß?!.,;0123456789

XI - Fremde Schriften

Diese Gruppe umfaßt die Schriften, die nicht römischen Ursprungs sind.

Выбу (Czar)

бвгдежзиклмнопрстуфхцчшщ
ъыАБВГДЕЖЗИКЛМНОПРС
ТУФХЦЧШЩЪ?!.,;
0123456789

Alefbet

ות׳ר׳ש׳הוזפּחכּבבגקעלמםדנןסטטעש׳רפּ
ת.0123456789

Was die Text-Muster zeigen

Schriften für Texte

Name der Schriftart in CorelDraw 5.0
Der Pfeil steht vor dem originalen Namen der Schrift

Wenn die Schrift im Original oder in einer früheren Version einen anderen Namen trug, so sind diese grau vermerkt.

Wenn die Schrift in einer früheren Version von Corel einen anderen Namen trug, so ist die Nummer als Exponent vermerkt

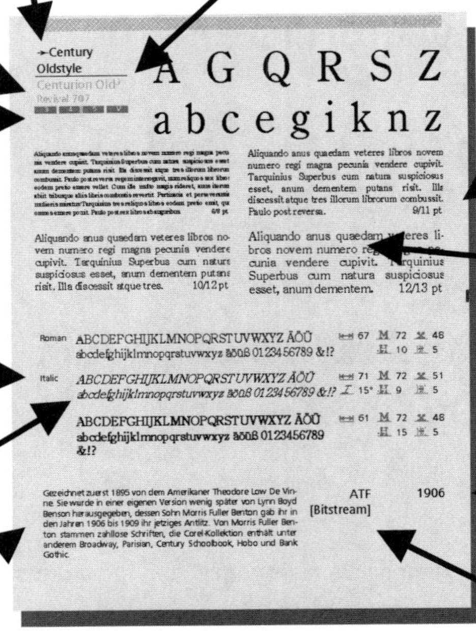

Angaben zum Textmuster, bedeutet: 9 Punkt Schrifthöhe, 11 Punkt Zeilenhöhe

Die Zeichen zeigen an, in welcher Version die Schrift vorhanden ist, also 3, 4,5 oder V(entura 5.0)

Textmuster mit 6, 9 10 und 12 Punkt Schrifthöhe

Name des Schriftschnittes

Entstehungsjahr der Schrift

Fakten und Hintergründe zur Schrift und zum Schriftdesigner.

Lizenzgeber der Schrift - in eckigen Klammern Hersteller laut Datei-Info, falls nicht identisch

Laufweite
der Schrift - Durchschnittliche Zahl von Zeichen pro 10-cm-Zeile

Versalhöhe
Höhe der Großbuchstaben in bezug zur Gesamthöhe in %

x-Höhe
Höhe der Kleinbuchstaben in Bezug zur Gesamthöhe in %

Neigung
der Kursiven oder der Schreibschrift in Grad

Balkenbreite
Breite der senkrechten Balken in bezug zur Gesamthöhe in %

Balkenhöhe
Höhe der waagerechten Balken in bezug zur Gesamthöhe in %

Plakative Schriften

Name(n) der Schriftart und Versionsnummern der Corel-Programme, in denen sie enthalten ist, wie auf der Standard-Textmusterseite (siehe vorige Seite).

Prägnante Beispielbuchstaben der jeweiligen Schriftart

Beispielwort, um die Laufweite, die Buchstabenabstände und die Anmutung der Schrift beurteilen zu können.

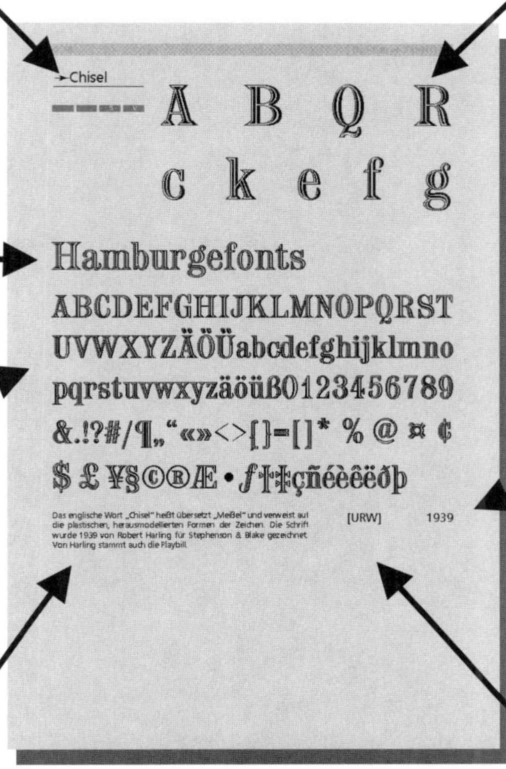

Entstehungsjahr der Schrift

Die wichtigsten Zeichen - Ersatzzeichen für fehlende Lettern (beispielsweise Umlaute) werden absichtlich angezeigt

Fakten und Hintergründe zur Schrift und zum Schriftdesigner.

Lizenzgeber der Schrift - in eckigen Klammern Hersteller laut Datei-Info, falls nicht identisch

Die Corel-Schriften

I Venezianische Renaissance-Antiqua

A G Q R S Z

a b c e g i k n z

Venetian 301

→ Centaur

4 | 5 | V

Aliquando anus quaedam veteres libros novem numero regi magna pecunia vendere cupivit. Tarquinius Superbus cum natura suspiciosus esset, anum dementem putans risit. Illa discessit atque tres illorum librorum combussit. Paulo post reversa regem interrogavit, num reliquos sex libros eodem pretio emere vellet. Cum ille multo magis rideret, anus iterum abiit tribusque aliis libris combustis revertit. Pertinacia et perseverantia mulieris miratus Tarquinius tres reliquos libros eodem pretio emit, quo omnes emere potuit. Paulo post rex libros ab auguribus examinari iussit. 6 pt

Aliquando anus quaedam veteres libros novem numero regi magna pecunia vendere cupivit. Tarquinius Superbus cum natura suspiciosus esset, anum dementem putans risit. Illa discessit atque tres illorum librorum combussit. Paulo post reversa regem interrogavit, num reliquos ses libros. 9 pt

Aliquando anus quaedam veteres libros novem numero regi magna pecunia vendere cupivit. Tarquinius Superbus cum natura suspiciosus esset, anum dementem putans risit. Illa discessit atque tres. 10 pt

Aliquando anus quaedam veteres libros novem numero regi magna pecunia vendere cupivit. Tarquinius Superbus cum natura suspiciosus esset, anum dementem putans risit. 12 pt

Roman	ABCDEFGHIJKLMNOPQRSTUVWXYZ ÄÖÜ abcdefghijklmnopqrstuvwxyz äöüß 0123456789 &!?	75		M 61 / H 7	X 35 / H 3
Italic	*ABCDEFGHIJKLMNOPQRSTUVWXYZ ÄÖÜ* *abcdefghijklmnopqrstuvwxyz äöüß 0123456789 &!?*	93	I 12°	M 58 / H 6	X 37 / H 2
Demi	**ABCDEFGHIJKLMNOPQRSTUVWXYZ ÄÖÜ** **abcdefghijklmnopqrstuvwxyz äöüß 0123456789 &!?**	74		M 61 / H 9	X 36 / H 3
Demi Italic	***ABCDEFGHIJKLMNOPQRSTUVWXYZ ÄÖÜ*** ***abcdefghijklmnopqrstuvwxyz äöüß 0123456789 &!?***	90	I 12°	M 59 / H 7	X 38 / H 3

Gezeichnet zwischen 1929 von Bruce Rogers in England. Als Vorlage diente ihm ein von Nicolas Jenson 1470 gedrucktes Buch. Auf Jenson, Buchdrucker in Venedig, gehen alle Schriften der Venezianischen Renaissance-Antiqua zurück. Die Centaur-Kursive wurde von Frederic Warde aus einer Schrift von Ludovico del Arrighi, einem Zeitgenossen Jensons, entwickelt.

Bitstream 1929

→Goudy Catalogue

Venetian 522

3 | 4 | 5 | V

A G Q R S Z
a b c e g i k n z

Aliquando anus quaedam veteres libros novem numero regi magna pecunia vendere cupivit. Tarquinius Superbus cum natura suspiciosus esset, anum dementem putans risit. Illa discessit atque tres illorum librorum combussit. Paulo post reversa regem interrogavit, num reliquos sex libros eodem pretio emere vellet. Cum ille multo magis rideret, anus iterum abiit tribusque aliis libris combustis revertit. Pertinacia et perseverantia mulieris miratus Tarquinius tres reliquos libros eodem pretio emit, quo omnes emere potuit. Paulo post rex libros ab auguribus. 6 pt

Aliquando anus quaedam veteres libros novem numero regi magna pecunia vendere cupivit. Tarquinius Superbus cum natura suspiciosus esset, anum dementem putans risit. Illa discessit atque tres illorum librorum combussit. Paulo post reversa regem interrogavit. 9 pt

Aliquando anus quaedam veteres libros novem numero regi magna pecunia vendere cupivit. Tarquinius Superbus cum natura suspiciosus esset, anum dementem putans risit. Illa discessit atque tres. 10 pt

Aliquando anus quaedam veteres libros novem numero regi magna pecunia vendere cupivit. Tarquinius Superbus cum natura suspiciosus esset, anum. 12 pt

Aliquando anus quaedam veteres libros novem numero regi magna pecunia vendere cupivit. Tarquinius Superbus cum natura suspiciosus esset, anum dementem putans risit. Illa discessit atque tres illorum librorum combussit. 14 pt

ABCDEFGHIJKLMNOPQRSTUVWXYZ ÄÖÜ
abcdefghijklmnopqrstuvwxyz äöüß 0123456789 &!?

68 | M 70 | X 42
H 11 | H 5

Gezeichnet 1921 von Frederick Goudy und Frederic Warde. Von Goudy stammen weitere Schriften mit seinem Namen und die Copperplate Gothic.

ATF [Bitstream] 1921

A G Q R S Z

a b c e g i k n z

→Goudy Handtooled

Venetian 523

4 5 V

Aliquando anus quaedam veteres libros novem numero regi magna pecunia vendere cupivit. Tarquinius Superbus cum natura suspiciosus esset, anum dementem putans risit. Illa discessit atque tres illorum librorum combussit. Paulo post reversa regem interrogavit, num reliquos sex libros eodem pretio emere vellet. Cum ille multo magis rideret, anus iterum abiit tribusque aliis libris combustis revertit. Pertinacia et perseverantia mulieris miratus Tarquinius tres reliquos libros eodem pretio emit, quo omnes emere potuit. Paulo post rex libros. 6 pt

Aliquando anus quaedam veteres libros novem numero regi magna pecunia vendere cupivit. Tarquinius Superbus cum natura suspiciosus esset, anum dementem putans risit. Illa discessit atque tres. 10 pt

Aliquando anus quaedam veteres libros novem numero regi magna pecunia vendere cupivit. Tarquinius Superbus cum natura suspiciosus esset, anum dementem putans risit. Illa discessit atque tres illorum librorum combussit. Paulo post reversa regem interrogavit. 9 pt

Aliquando anus quaedam veteres libros novem numero regi magna pecunia vendere cupivit. Tarquinius Superbus cum natura suspiciosus esset. 12 pt

Aliquando anus quaedam veteres libros novem numero regi magna pecunia vendere cupivit. Tarquinius Superbus cum natura suspiciosus esset, anum dementem putans risit. Illa discessit atque tres illorum librorum combussit. 14 pt

ABCDEFGHIJKLMNOPQRSTUVWXYZ ÄÖÜ
abcdefghijklmnopqrstuvwxyz äöüß
0123456789 &!?

↔ 67 M 71 x 42

Gezeichnet von Morris Fuller Benton, Wadsworth A. Parker und Charles H. Becker auf Basis der Goudy Catalogue von Frederic Goudy von 1921.

ATF [Bitstream] 1932

→Bitstream Iowan Old Style

4 5 V

A G Q R S Z

a b c e g i k n z

Aliquando anus quaedam veteres libros novem numero regi magna pecunia vendere cupivit. Tarquinius Superbus cum natura suspiciosus esset, anum dementem putans risit. Illa discessit atque tres illorum librorum combussit. Paulo post reversa regem interrogavit, num reliquos sex libros eodem pretio emere vellet. Cum ille multo magis rideret, anus iterum abiit tribusque aliis libris combustis revertit. Pertinacia et perseverantia mulieris miratus Tarquinius tres reliquos libros eodem pretio emit, quo omnes emere potuit. 6 pt

Aliquando anus quaedam veteres libros novem numero regi magna pecunia vendere cupivit. Tarquinius Superbus cum natura suspiciosus esset, anum dementem putans risit. Illa discessit atque tres illorum librorum combussit. 9 pt

Aliquando anus quaedam veteres libros novem numero regi magna pecunia vendere cupivit. Tarquinius Superbus cum natura suspiciosus esset, anum dementem putans risit. 10 pt

Aliquando anus quaedam veteres libros novem numero regi magna pecunia vendere cupivit. Tarquinius Superbus cum natura suspiciosus. 12 pt

Roman	ABCDEFGHIJKLMNOPQRSTUVWXYZ ÄÖÜ abcdefghijklmnopqrstuvwxyz äöüß 0123456789 &!?	↔ 63	M 70 H 10	x 48 H 6
Italic	*ABCDEFGHIJKLMNOPQRSTUVWXYZ ÄÖÜ* *abcdefghijklmnopqrstuvwxyz äöüß 0123456789 &!?*	↔ 72 I 10°	M 66 H 9	x 48 H 5
Bold	**ABCDEFGHIJKLMNOPQRSTUVWXYZ ÄÖÜ** **abcdefghijklmnopqrstuwxyz äöüß 0123456789 &!?**	↔ 58	M 70 H 14	x 48 H 8
Bold Italic	***ABCDEFGHIJKLMNOPQRSTUVWXYZ ÄÖÜ*** ***abcdefghijklmnopqrstuvwxyzäöüß0123456789&?***	↔ 66 I 10°	M 67 H 12	x 50 H 7
Black	**ABCDEFGHIJKLMNPQRSTUWXYZÄÖ** **abcefghijklnpqrstuwxyz äöüß 0123456789 &!?**	↔ 52	M 70 H 20	x 49 H 11
Black Italic	***ABCDEFGHIJKLMNOPQRSTUVWXYZÄÖÜ*** ***abcdefghijklmnpqrstuwxyz äöüß*** ***0123456789 &!?***	↔ 57 I 10°	M 67 H 19	x 50 H 10

Gezeichnet 1990 von John Downer.

Bitstream 1990

A G Q R S Z

→Schneidler
Kuenstler 460
4 5 V

a b c e g i k n z

Aliquando anus quaedam veteres libros novem numero regi magna pecunia vendere cupivit. Tarquinius Superbus cum natura suspiciosus esset, anum dementem putans risit. Illa discessit atque tres illorum librorum combussit. Paulo post reversa regem interrogavit, num reliquos sex libros eodem pretio emere vellet. Cum ille multo magis rideret, anus iterum abiit tribusque aliis libris combustis revertit. Pertinacia et perseverantia mulieris miratus Tarquinius tres reliquos libros eodem pretio emit, quo omnes emere potuit. 6 pt

Aliquando anus quaedam veteres libros novem numero regi magna pecunia vendere cupivit. Tarquinius Superbus cum natura suspiciosus esset, anum dementem putans risit. Illa discessit atque tres illorum librorum combussit. Paulo post reversa. 9 pt

Aliquando anus quaedam veteres libros novem numero regi magna pecunia vendere cupivit. Tarquinius Superbus cum natura suspiciosus esset, anum dementem putans risit. 10 pt

Aliquando anus quaedam veteres libros novem numero regi magna pecunia vendere cupivit. Tarquinius Superbus cum natura suspiciosus esset. 12 pt

Roman ABCDEFGHIJKLMNOPQRSTUVWXYZ ÄÖÜ
abcdefghijklmnopqrstuvwxyz äöüß
0123456789 &!¿
↔ 65 M 74 x 49 H 7 H 5

Italic *ABCDEFGHIJKLMNOPQRSTUVWXYZ ÄÖÜ*
abcdefghijklmnopqrstuvwxyz äöüß 0123456789 &!¿
↔ 73 M 73 x 49 I 12° H 7 H 3

Light ABCDEFGHIJKLMNOPQRSTUVWXYZ ÄÖÜ
abcdefghijklmnopqrstuvwxyz äöüß
0123456789 &!¿
↔ 66 M 72 x 49 H 6 H 4

Light Italic *ABCDEFGHIJKLMNOPQRSTUVWXYZ ÄÖÜ*
abcdefghijklmnopqrstuvwxyz äöüß 0123456789 &!¿
↔ 75 M 73 x 50 I 12° H 5 H 3

Bold **ABCDEFGHIJKLMNOPQRSTUVWXYZ ÄÖÜ**
abcdefghijklmnopqrstuvwxyz äöüß
0123456789 &!¿
↔ 59 M 72 x 47 H 15 H 9

Bold Italic	***ABCDEFGHIJKLMNOPQRSTUVWXYZ ÄÖÜ*** ***abcdefghijklmnopqrstuvwxyz äöüß*** ***0123456789 &!¿***	↔ 63 M 74 x 50 I 12° H 14 H 6
Med.	ABCDEFGHIJKLMNOPQRSTUVWXYZ ÄÖÜ abcdefghijklmnopqrstuvwxyz äöüß 0123456789 &!¿	↔ 63 M 74 x 49 H 10 H 6
Med. Italic	*ABCDEFGHIJKLMNOPQRSTUVWXYZ ÄÖÜ* *abcdefghijklmnopqrstuvwxyz äöüß* *0123456789 &!¿*	↔ 69 M 75 x 50 I 12° H 9 H 4
Black	**ABCDEFGHIJKLMNOPQRSTUVWXYZ ÄÖÜ** **abcdefghijklmnopqrstuvwxyz äöüß** **0123456789 &!¿**	↔ 56 M 72 x 47 H 19 H 9
Black Italic	***ABCDEFGHIJKLMNOPQRSTUVWXYZ ÄÖÜ*** ***abcdefghijklmnopqrstuvwxyz äöüß*** ***0123456789 &!¿***	↔ 60 M 73 x 51 I 12° H 18 H 8

Gezeichnet 1936 von dem Deutschen F. H. Ernst Schneidler (1882-1956).

FTN [Bitstream] 1936

A G Q R S Z
a b c e g i k n z

→ITC Tiffany

Timpany[3]

Revival 831

3 4 5

Aliquando anus quaedam veteres libros novem numero regi magna pecunia vendere cupivit. Tarquinius Superbus cum natura suspiciosus esset, anum dementem putans risit. Illa discessit atque tres illorum librorum combussit. Paulo post reversa regem interrogavit, num reliquos sex libros eodem pretio emere vellet. Cum ille multo magis rideret, anus iterum abiit tribusque aliis libris combustis revertit. Pertinacia et perseverantia mulieris miratus Tarquinius tres reliquos libros. 6 pt

Aliquando anus quaedam veteres libros novem numero regi magna pecunia vendere cupivit. Tarquinius Superbus cum natura suspiciosus esset, anum dementem putans risit. Illa discessit atque tres illorum librorum combussit. 9 pt

Aliquando anus quaedam veteres libros novem numero regi magna pecunia vendere cupivit. Tarquinius Superbus cum natura suspiciosus esset, anum dementem putans risit. 10 pt

Aliquando anus quaedam veteres libros novem numero regi magna pecunia vendere cupivit. Tarquinius Superbus cum natura suspiciosus esset. 12 pt

Light
ABCDEFGHIJKLMNOPQRSTUVWXYZ ÄÖÜ
abcdefghijklmnopqrstuvwxyz äöüß
0123456789 &!?
⟷ 61 M 71 x 45
H 10 H 3

Light Italic
ABCDEFGHIJKLMNOPQRSTUVWXYZ ÄÖÜ
abcdefghijklmnopqrstuvwxyz äöüß
0123456789 &!?
⟷ 62 M 71 x 47
I 12° H 9 H 2

Demi
ABCDEFGHIJKLMNOPQRSTUVWXYZ ÄÖÜ
abcdefghijklmnopqrstuvwxyz äöüß
0123456789 &!?
⟷ 57 M 71 x 45
H 16 H 3

Demi Italic
ABCDEFGHIJKLMNOPQRSTUVWXYZ ÄÖÜ
abcdefghijklmnopqrstuvwxyz äöüß
0123456789 &!?
⟷ 59 M 71 x 49
I 12° H 15 H 3

Heavy	ABCDEFGHIJKLMNOPQRSTUVWXYZ ÄÖÜ abcdefghijklmnopqrstuvwxyz äöüß 0123456789 &!?	⟼ 48	M 71 H 31	x 46 H 3
Heavy Italic	*ABCDEFGHIJKLMNOPQRSTUVW XYZ ÄÖÜ* *abcdefghijklmnopqrstuvwxyz äöüß* *0123456789 &!?*	⟼ 47 I 12°	M 71	x 50

Gezeichnet von Ed Benguiat 1974. Von Benguiat stammen außerdem Benguiat, Benguiat Gothic, Caslon 224 sowie Überarbeitungen von Souvenir, Bookman, Bauhaus und Korinna.

ITC
[Bitstream]

1974

A G Q R S Z

a b c e g i k n z

→Windsor

Revival 801

4 | 5 | V

Aliquando anus quaedam veteres libros novem numero regi magna pecunia vendere cupivit. Tarquinius Superbus cum natura suspiciosus esset, anum dementem putans risit. Illa discessit atque tres illorum librorum combussit. Paulo post reversa regem interrogavit, num reliquos sex libros eodem pretio emere vellet. Cum ille multo magis rideret, anus iterum abiit tribusque aliis libris combustis revertit. Pertinacia et perseverantia mulieris miratus. 6 pt

Aliquando anus quaedam veteres libros novem numero regi magna pecunia vendere cupivit. Tarquinius Superbus cum natura suspiciosus esset, anum dementem putans risit. Illa discessit atque tres illorum librorum combussit. 9 pt

Aliquando anus quaedam veteres libros novem numero regi magna pecunia vendere cupivit. Tarquinius Superbus cum natura suspiciosus esset, anum dementem putans risit. Illa discessit atque tres. 10 pt

Aliquando anus quaedam veteres libros novem numero regi magna pecunia vendere cupivit. Tarquinius Superbus cum natura. 12 pt

Roman	ABCDEFGHIJKLMNOPQRSTUVWXYZ ÄÖÜ abcdefghijklmnopqrstuvwxyz äöüß 0123456789 &!?	↔ 57	M 71 H 19	x 47 H 14
Light	ABCDEFGHIJKLMNOPQRSTUVWXYZ ÄÖÜ abcdefghijklmnopqrstuvwxyz äöüß 0123456789 &!?	↔ 67	M 68 H 11	x 40 H 2
Light Cond.	ABCDEFGHIJKLMNOPQRSTUVWXYZ ÄÖÜ abcdefghijklmnopqrstuvwxyz äöüß 0123456789 &!?	↔ 83	M 71 H 9	x 42 H 3
Elongated	ABCDEFGHIJKLMNOPQRSTUVWXYZ ÄÖÜ abcdefghijklmnopqrstuvwxyz äöüß 0123456789 &!?	↔ 101	M 71 H 10	x 47 H 7
Outline	ABCDEFGHIJKLMNOPQRSTUVWXYZ ÄÖÜ abcdefghijklmnopqrstuvwxyz äöüß 0123456789 &!?	↔ 57	M 71	x 48

In Anlehnung an die Renaissance-Antiqua entwarf Ernest Pechey 1905 die Windsor für die englische Schriftgießerei Stephenson & Blake.

S & B [Bitstream] 1905

II Französische Renaissance-Antiqua

Aldine 401

→ Bembo

4 5 V

A G Q R S Z

a b c e g i k n z

Aliquando anus quaedam veteres libros novem numero regi magna pecunia vendere cupivit. Tarquinius Superbus cum natura suspiciosus esset, anum dementem putans risit. Illa discessit atque tres illorum librorum combussit. Paulo post reversa regem interrogavit, num reliquos sex libros eodem pretio emere vellet. Cum ille multo magis rideret, anus iterum abiit tribusque aliis libris combustis revertit. Pertinacia et perseverantia mulieris miratus Tarquinius tres reliquos libros eodem pretio emit, quo omnes emere potuit. Paulo post rex libros ab auguribus. 6 pt

Aliquando anus quaedam veteres libros novem numero regi magna pecunia vendere cupivit. Tarquinius Superbus cum natura suspiciosus esset, anum dementem putans risit. Illa discessit atque tres illorum librorum combussit. Paulo post reversa. 9 pt

Aliquando anus quaedam veteres libros novem numero regi magna pecunia vendere cupivit. Tarquinius Superbus cum natura suspiciosus esset, anum dementem putans risit. Illa discessit atque tres. 10 pt

Aliquando anus quaedam veteres libros novem numero regi magna pecunia vendere cupivit. Tarquinius Superbus cum natura suspiciosus esset, anum dementem. 12 pt

Roman	ABCDEFGHIJKLMNOPQRSTUVWXYZ ÄÖÜ abcdefghijklmnopqrstuvwxyz äöüß 0123456789 &!?	↔ 68		M 67 H 9	X 42 H 5
Italic	*ABCDEFGHIJKLMNOPQRSTUVWXYZ ÄÖÜ* *abcdefghijklmnopqrstuvwxyz äöüß 0123456789 &!?*	↔ 79	I 12°	M 67 H 9	X 45 H 4
Bold	**ABCDEFGHIJKLMNOPQRSTUVWXYZ ÄÖÜ** **abcdefghijklmnopqrstuvwxyz äöüß 0123456789 &!?**	↔ 62		M 67 H 16	X 43 H 7
Bold Italic	***ABCDEFGHIJKLMNOPQRSTUVWXYZ ÄÖÜ*** ***abcdefghijklmnopqrstuvwxyz äöüß 0123456789 &!?***	↔ 72	I 12°	M 67 H 14	X 46 H 6

Die Bembo wurde zuerst 1495 von Francesco Griffo entworfen. 1929 gab der englische Typograph Stanley Morison seine Version heraus. Morison ist insbesondere für seine Times bekannt.

Bitstream 1929

Aldine 721

⇔Plantin

4 5 V

A G Q R S Z

a b c e g i k n z

Aliquando anus quaedam veteres libros novem numero regi magna pecunia vendere cupivit. Tarquinius Superbus cum natura suspiciosus esset, anum dementem putans risit. Illa discessit atque tres illorum librorum combussit. Paulo post reversa regem interrogavit, num reliquos sex libros eodem pretio emere vellet. Cum ille multo magis rideret, anus iterum abiit tribusque aliis libris combustis revertit. Pertinacia et perseverantia mulieris miratus Tarquinius tres reliquos libros eodem pretio emit, quo omnes emere potuit. Paulo post rex libros ab auguribus. 6 pt

Aliquando anus quaedam veteres libros novem numero regi magna pecunia vendere cupivit. Tarquinius Superbus cum natura suspiciosus esset, anum dementem putans risit. Illa discessit atque tres illorum librorum combussit. 9 pt

Aliquando anus quaedam veteres libros novem numero regi magna pecunia vendere cupivit. Tarquinius Superbus cum natura suspiciosus esset, anum dementem putans risit. Illa discessit atque tres. 10 pt

Aliquando anus quaedam veteres libros novem numero regi magna pecunia vendere cupivit. Tarquinius Superbus cum natura suspiciosus esset, anum dementem. 12 pt

Roman	ABCDEFGHIJKLMNOPQRSTUVWXYZ ÄÖÜ abcdefghijklmnopqrstuvwxyz äöüß 0123456789 &!?	↔ 66	M 71 H 12	x 47 H 6
Italic	*ABCDEFGHIJKLMNOPQRSTUVWXYZ ÄÖÜ* *abcdefghijklmnopqrstuvwxyz äöüß 0123456789 &!?*	↔ 74 I 15°	M 71 H 10	x 48 H 5
Light	ABCDEFGHIJKLMNOPQRSTUVWXYZ ÄÖÜ abcdefghijklmnopqrstuvwxyz äöüß 0123456789 &!?	↔ 66	M 71 H 10	x 47 H 3
Light Italic	*ABCDEFGHIJKLMNOPQRSTUVWXYZ ÄÖÜ* *abcdefghijklmnopqrstuvwxyz äöüß 0123456789 &!?*	↔ 72 I 15°	M 71 H 9	x 50 H 3
Bold	**ABCDEFGHIJKLMNOPQRSTUVWXYZ ÄÖÜ** **abcdefghijklmnopqrstuvwxyz äöüß 0123456789 &!?**	↔ 63	M 71 H 19	x 47 H 7
Bold Italic	***ABCDEFGHIJKLMNOPQRSTUVWXYZ ÄÖÜ*** ***abcdefghijklmnopqrstuvwxyz äöüß 0123456789 &!?***	↔ 67 I 15°	M 71 H 16	x 48 H 6

Der Engländer Robert Granjon entwarf diese Schrift um 1700, benannt ist sie nach Christophe Plantin (1514-1589). Sie wurde 1914 von Frank Hinman Pierpont für Monotype nachgezeichnet. Von Pierpont stammt auch die weitverbreitete Schriftart Rockwell (in Corel: Geometric Slabserif 712).

Bitstream 1914

A G Q R S Z
a b c e g i k n z

→ITC
Garamond

Gatineau[3]
Aldine 851

3 4 5

Aliquando anus quaedam veteres libros novem numero regi magna pecunia vendere cupivit. Tarquinius Superbus cum natura suspiciosus esset, anum dementem putans risit. Illa discessit atque tres illorum librorum combussit. Paulo post reversa regem interrogavit, num reliquos sex libros eodem pretio emere vellet. Cum ille multo magis rideret, anus iterum abiit tribusque aliis libris combustis revertit. Pertinacia et perseverantia mulieris miratus Tarquinius tres reliquos libros eodem pretio emit, quo omnes emere potuit. 6 pt

Aliquando anus quaedam veteres libros novem numero regi magna pecunia vendere cupivit. Tarquinius Superbus cum natura suspiciosus esset, anum dementem putans risit. Illa discessit atque tres illorum librorum combussit. Paulo post reversa. 9 pt

Aliquando anus quaedam veteres libros novem numero regi magna pecunia vendere cupivit. Tarquinius Superbus cum natura suspiciosus esset, anum dementem putans risit. Illa discessit atque tres illorum librorum. 10 pt

Aliquando anus quaedam veteres libros novem numero regi magna pecunia vendere cupivit. Tarquinius Superbus cum natura suspiciosus esset. 12 pt

Book	ABCDEFGHIJKLMNOPQRSTUVWXYZ ÄÖÜ abcdefghijklmnopqrstuvwxyz äöüß 0123456789 &!?	↔ 63 M 63 x 44 H 13 H 5
Book Italic	*ABCDEFGHIJKLMNOPQRSTUVWXYZ ÄÖÜ* *abcdefghijklmnopqrstuvwxyz äöüß* *0123456789 &!?*	↔ 63 M 63 x 47 I 16° H 12 H 5
Bold	**ABCDEFGHIJKLMNOPQRSTUVWXYZ ÄÖÜ** **abcdefghijklmnopqrstuvwxyz äöüß** **0123456789 &!?**	↔ 59 M 63 x 44 H 18 H 5
Bold Italic	***ABCDEFGHIJKLMNOPQRSTUVWXYZ ÄÖÜ*** ***abcdefghijklmnopqrstuvwxyz äöüß*** ***0123456789 &!?***	↔ 58 M 63 x 47 I 16° H 16 H 5
Book Cond.	ABCDEFGHIJKLMNOPQRSTUVWXYZ ÄÖÜ abcdefghijklmnopqrstuvwxyz äöüß 0123456789 &!?	↔ 82 M 63 x 46 H 10 H 3

Book Cond. Italic	*ABCDEFGHIJKLMNOPQRSTUVWXYZ ÄÖÜ* *abcdefghijklmnopqrstuvwxyz äöüß 0123456789 &!?*	↔ 79 M 63 x 48 I 16° H 9 H 3
Bold Cond	**ABCDEFGHIJKLMNOPQRSTUVWXYZ ÄÖÜ** **abcdefghijklmnopqrstuvwxyz äöüß 0123456789 &!?**	↔ 73 M 63 x 46 H 16 H 4
Bold Cond. Italic	***ABCDEFGHIJKLMNOPQRSTUVWXYZ ÄÖÜ*** ***abcdefghijklmnopqrstuvwxyz äöüß 0123456789 &!?***	↔ 69 M 63 x 50 I 16° H 14 H 5

ITC [Bitstream] 1975

Die Garamond wurde in der ersten Hälfte des 16. Jahrhunderts von dem französischen Stempelschneider Claude Garamond (1499-1561) geschaffen und entwickelte sich schnell zu einem Standard unter den Schriften. Zahllose Schriften wurden von der Garamond inspiriert.

Die Version von ITC stammt zunächst von Morris Fuller Benton (1917), der sie für ATF zeichnete. Die Schrift war sowohl in Amerika wie in Europa nach dem ersten Weltkrieg überaus verbreitet. Sie wurde 1975 bis 1977 von Tony Stan für ITC überarbeitet. Von Morris Fuller Benton existieren zahllose Schriften, die Corel-Kollektion enthält unter anderem Century Old Style, Hobo, Broadway, Parisian und Bank Gothic. Von Tony Stan stammen neben anderen American Typewriter und ITC Cheltenham.

A G Q R S Z
a b c e g i k n z

Original Garamond

→ Stempel Garamond
Aldine 430

4 5 V

Aliquando anus quaedam veteres libros novem numero regi magna pecunia vendere cupivit. Tarquinius Superbus cum natura suspiciosus esset, anum dementem putans risit. Illa discessit atque tres illorum librorum combussit. Paulo post reversa regem interrogavit, num reliquos sex libros eodem pretio emere vellet. Cum ille multo magis rideret, anus iterum abiit tribusque aliis libris combustis revertit. Pertinacia et perseverantia mulieris miratus Tarquinius tres reliquos libros eodem pretio emit, quo omnes emere potuit. Paulo post rex libros ab. 6 pt

Aliquando anus quaedam veteres libros novem numero regi magna pecunia vendere cupivit. Tarquinius Superbus cum natura suspiciosus esset, anum dementem putans risit. Illa discessit atque tres illorum librorum combussit. Paulo post reversa. 9 pt

Aliquando anus quaedam veteres libros novem numero regi magna pecunia vendere cupivit. Tarquinius Superbus cum natura suspiciosus esset, anum dementem putans risit. Illa discessit atque tres. 10 pt

Aliquando anus quaedam veteres libros novem numero regi magna pecunia vendere cupivit. Tarquinius Superbus cum natura suspiciosus esset, anum dementem. 12 pt

Roman	ABCDEFGHIJKLMNOPQRSTUVWXYZ ÄÖÜ	↔	67	M	71	x	43
	abcdefghijklmnopqrstuvwxyz äöüß 0123456789 &!?			H	9	H	4
Italic	*ABCDEFGHIJKLMNOPQRSTUVWXYZ ÄÖÜ*	↔	71	M	70	x	45
	abcdefghijklmnopqrstuvwxyz äöüß 0123456789 &!?	I	16°	H	8	H	4
Bold	**ABCDEFGHIJKLMNOPQRSTUVWXYZ ÄÖÜ**	↔	64	M	71	x	45
	abcdefghijklmnopqrstuvwxyz äöüß 0123456789 &!?			H	13	H	5
Bold Italic	***ABCDEFGHIJKLMNOPQRSTUVWXYZ ÄÖÜ***	↔	68	M	70	x	47
	abcdefghijklmnopqrstuvwxyz äöüß 0123456789 &!?	I	16°	H	11	H	6

Die Garamond wurde in der ersten Hälfte des 16. Jahrhunderts von dem französischen Stempelschneider Claude Garamond (1499-1561) geschaffen und entwickelte sich schnell zu einem Standard unter den Schriften. Zahllose Schriften wurden von der Garamond inspiriert.

Die Stempel Garamond wurde 1925 für die deutsche Schriftgießerei Stempel entworfen.

[Bitstream] 1925

Classical Garamond

➛Sabon
Aldine 421

4 5 V

A G Q R S Z

a b c e g i k n z

Aliquando anus quaedam veteres libros novem numero regi magna pecunia vendere cupivit. Tarquinius Superbus cum natura suspiciosus esset, anum dementem putans risit. Illa discessit atque tres illorum librorum combussit. Paulo post reversa regem interrogavit, num reliquos sex libros eodem pretio emere vellet. Cum ille multo magis rideret, anus iterum abiit tribusque aliis libris combustis revertit. Pertinacia et perseverantia mulieris miratus Tarquinius tres reliquos libros eodem pretio emit, quo omnes emere potuit. Paulo post. 6 pt

Aliquando anus quaedam veteres libros novem numero regi magna pecunia vendere cupivit. Tarquinius Superbus cum natura suspiciosus esset, anum dementem putans risit. Illa discessit atque tres illorum librorum combussit. Paulo post reversa. 9 pt

Aliquando anus quaedam veteres libros novem numero regi magna pecunia vendere cupivit. Tarquinius Superbus cum natura suspiciosus esset, anum dementem putans risit. Illa discessit atque tres illorum librorum. 10 pt

Aliquando anus quaedam veteres libros novem numero regi magna pecunia vendere cupivit. Tarquinius Superbus cum natura suspiciosus esset. 12 pt

Roman ABCDEFGHIJKLMNOPQRSTUVWXYZ ÄÖÜ
abcdefghijklmnopqrstuvwxyz äöüß 0123456789 &!?
↔ 65 M 71 x 45
H 10 H 5

Italic *ABCDEFGHIJKLMNOPQRSTUVWXYZ ÄÖÜ*
abcdefghijklmnopqrstuvwxyz äöüß
0123456789 &!?
↔ 66 M 70 x 48
I 10° H 9 H 4

Bold **ABCDEFGHIJKLMNOPQRSTUVWXYZ ÄÖÜ**
abcdefghijklmnopqrstuvwxyz äöüß 0123456789 &!?
↔ 65 M 71 x 45
H 13 H 5

Bold Italic ***ABCDEFGHIJKLMNOPQRSTUVWXYZ ÄÖÜ***
abcdefghijklmnopqrstuvwxyz äöüß
0123456789 &!?
↔ 65 M 70 x 47
I 10° H 12 H 5

Die Garamond wurde in der ersten Hälfte des 16. Jahrhunderts von dem französischen Stempelschneider Claude Garamond (1499-1561) geschaffen und entwickelte sich schnell zu einem Standard unter den Schriften. Zahllose Schriften wurden von der Garamond inspiriert, so auch die Sabon, die der große deutsche Typograph Jan Tschichold (1902-1974) im Jahr 1966 entwarf. Anlaß war der Wunsch vieler Buchdrucker nach einer Schrift, die auf den damals üblichen Schriftsatzsystemen gleichermaßen eingesetzt werden konnte. Die Sabon erschien folgerichtig gleichzeitig bei Monotype, Linotype und Stempel. Sie ist die einzige Schrift von Tschichold, die weite Verbreitung fand.

Bitstream 1966

A G Q R S Z
a b c e g i k n z

American Garamond

→ Garamond 3
Aldine 511

4 5 V

Aliquando anus quaedam veteres libros novem numero regi magna pecunia vendere cupivit. Tarquinius Superbus cum natura suspiciosus esset, anum dementem putans risit. Illa discessit atque tres illorum librorum combussit. Paulo post reversa regem interrogavit, num reliquos sex libros eodem pretio emere vellet. Cum ille multo magis rideret, anus iterum abiit tribusque aliis libris combustis revertit. Pertinacia et perseverantia mulieris miratus Tarquinius tres reliquos libros eodem pretio emit, quo omnes emere potuit. Paulo post rex libros ab auguribus. 6 pt

Aliquando anus quaedam veteres libros novem numero regi magna pecunia vendere cupivit. Tarquinius Superbus cum natura suspiciosus esset, anum dementem putans risit. Illa discessit atque tres illorum librorum combussit. 9 pt

Aliquando anus quaedam veteres libros novem numero regi magna pecunia vendere cupivit. Tarquinius Superbus cum natura suspiciosus esset, anum dementem putans risit. Illa discessit atque tres. 10 pt

Aliquando anus quaedam veteres libros novem numero regi magna pecunia vendere cupivit. Tarquinius Superbus cum natura suspiciosus esset, anum dementem putans risit. 12 pt

Roman	ABCDEFGHIJKLMNOPQRSTUVWXYZ ÄÖÜ abcdefghijklmnopqrstuvwxyz äöüß 0123456789 &!?	⟷ 74	M 63 H 9	x 38 H 4
Italic	*ABCDEFGHIJKLMNOPQRSTUVWXYZ ÄÖÜ* *abcdefghijklmnopqrstuvwxyz äöüß 0123456789 &!?*	⟷ 85 I 13°	M 61 H 9	x 43 H 4
Bold	**ABCDEFGHIJKLMNOPQRSTUVWXYZ ÄÖÜ** **abcdefghijklmnopqrstuvwxyz äöüß 0123456789 &!?**	⟷ 68	M 62 H 14	x 39 H 5
Bold Italic	***ABCDEFGHIJKLMNOPQRSTUVWXYZ ÄÖÜ*** ***abcdefghijklmnopqrstuvwxyz äöüß 0123456789 &!?***	⟷ 74 I 13°	M 61 H 12	x 43 H 3

Bitstream 1936

Die Garamond wurde in der ersten Hälfte des 16. Jahrhunderts von dem französischen Stempelschneider Claude Garamond (1499-1561) geschaffen und entwickelte sich schnell zu einem Standard unter den Schriften. Zahllose Schriften wurden von der Garamond inspiriert.

Die Garamond 3 wurde 1936 von Morris Fuller Benton zusammen mit T.E. Cleland für ATF entwickelt. Von Morris Fuller Benton stammen zahllose Schriften, die Corel-Kollektion enthält unter anderem Broadway, Parisian, Century Schoolbook, Hobo und Bank Gothic.

Elegant Garamond

→Granjon
Aldine 424

4 5 V

A G Q R S Z
a b c e g i k n z

Aliquando anus quaedam veteres libros novem numero regi magna pecunia vendere cupivit. Tarquinius Superbus cum natura suspiciosus esset, anum dementem putans risit. Illa discessit atque tres illorum librorum combussit. Paulo post reversa regem interrogavit, num reliquos sex libros eodem pretio emere vellet. Cum ille multo magis rideret, anus iterum abiit tribusque aliis libris combustis revertit. Pertinacia et perseverantia mulieris miratus Tarquinius tres reliquos libros eodem pretio emit, quo omnes emere potuit. Paulo post rex libros ab auguribus examinari iussit. 6 pt

Aliquando anus quaedam veteres libros novem numero regi magna pecunia vendere cupivit. Tarquinius Superbus cum natura suspiciosus esset, anum dementem putans risit. Illa discessit atque tres illorum librorum combussit. 9 pt

Aliquando anus quaedam veteres libros novem numero regi magna pecunia vendere cupivit. Tarquinius Superbus cum natura suspiciosus esset, anum dementem putans risit. Illa discessit atque tres. 10 pt

Aliquando anus quaedam veteres libros novem numero regi magna pecunia vendere cupivit. Tarquinius Superbus cum natura suspiciosus esset, anum dementem putans risit. 12 pt

Roman	ABCDEFGHIJKLMNOPQRSTUVWXYZ ÄÖÜ abcdefghijklmnopqrstuvwxyz äöüß 0123456789 &!?	73	M 64 H 8	X 39 H 3
Italic	*ABCDEFGHIJKLMNOPQRSTUVWXYZ ÄÖÜ* *abcdefghijklmnopqrstuvwxyz äöüß 0123456789 &!?*	77 I 15°	M 65 H 9	X 41 H 4
Bold	**ABCDEFGHIJKLMNOPQRSTUVWXYZ ÄÖÜ** **abcdefghijklmnopqrstuvwxyz äöüß 0123456789 &!?**	71	M 64 H 13	X 40 H 5

Die Garamond wurde in der ersten Hälfte des 16. Jahrhunderts von dem französischen Stempelschneider Claude Garamond (1499-1561) geschaffen und entwickelte sich schnell zu einem Standard unter den Schriften. Zahllose Schriften wurden von der Garamond inspiriert.

Die Granjon wurde 1924 von George W. Jones für Linotype als Reaktion auf eine gerade von Monotype herausgegebene Garamond gezeichnet und ist nach Robert Granjon benannt, einem Schriftzeichner des 16. Jahrhunderts.

[Bitstream] 1924

ITC Galliard

Aldine 701

4 5

AGQRSZ

abcegiknz

Aliquando anus quaedam veteres libros novem numero regi magna pecunia vendere cupivit. Tarquinius Superbus cum natura suspiciosus esset, anum dementem putans risit. Illa discessit atque tres illorum librorum combussit. Paulo post reversa regem interrogavit, num reliquos sex libros eodem pretio emere vellet. Cum ille multo magis rideret, anus iterum abiit tribusque aliis libris combustis revertit. Pertinacia et perseverantia mulieris miratus Tarquinius tres reliquos libros eodem pretio emit, quo omnes emere potuit. Paulo post rex libros ab auguribus. 6 pt

Aliquando anus quaedam veteres libros novem numero regi magna pecunia vendere cupivit. Tarquinius Superbus cum natura suspiciosus esset, anum dementem putans risit. Illa discessit atque tres illorum librorum combussit. Paulo post reversa. 9 pt

Aliquando anus quaedam veteres libros novem numero regi magna pecunia vendere cupivit. Tarquinius Superbus cum natura suspiciosus esset, anum dementem putans risit. Illa discessit atque tres. 10 pt

Aliquando anus quaedam veteres libros novem numero regi magna pecunia vendere cupivit. Tarquinius Superbus cum natura suspiciosus esset, anum dementem. 12 pt

Roman ABCDEFGHIJKLMNOPQRSTUVWXYZ ÄÖÜ
abcdefghijklmnopqrstuvwxyz äöüß 0123456789 &!?
66 M 71 X 46
H 10 H 4

Italic *ABCDEFGHIJKLMNOPQRSTUVWXYZ ÄÖÜ*
abcdefghijklmnopqrstuvwxyz äöüß 0123456789 &!?
73 M 70 X 47
I 14° H 8 H 4

Bold **ABCDEFGHIJKLMNOPQRSTUVWXYZ ÄÖÜ**
abcdefghijklmnopqrstuvwxyz äöüß 0123456789 &!?
62 M 70 X 46
H 14 H 5

Bold Italic ***ABCDEFGHIJKLMNOPQRSTUVWXYZ ÄÖÜ***
abcdefghijklmnopqrstuvwxyz äöüß 0123456789 &!?
68 M 70 X 48
I 14° H 13 H 6

Matthew Carter zeichnete die Gaillard für ITC. Sie ist – ebenso wie die Times New Roman und die Plantin – auf der Basis von Schriften von Robert Granjon (1513-1589) entstanden. Carter ist auch der Schöpfer von Cascade (in Corel: Freehand 471), Shelley, Snell, Charter und Gando sowie New Baskerville. Carter gründete 1981 das Unternehmen Bitstream.

ITC [Bitstream] 1978

➛Century Oldstyle

Centurion Old[3]

Revival 707

3 4 5 V

A G Q R S Z

a b c e g i k n z

Aliquando anus quaedam veteres libros novem numero regi magna pecunia vendere cupivit. Tarquinius Superbus cum natura suspiciosus esset, anum dementem putans risit. Illa discessit atque tres illorum librorum combussit. Paulo post reversa regem interrogavit, num reliquos sex libros eodem pretio emere vellet. Cum ille multo magis rideret, anus iterum abiit tribusque aliis libris combustis revertit. Pertinacia et perseverantia mulieris miratus Tarquinius tres reliquos libros eodem pretio emit, quo omnes emere potuit. Paulo post rex libros ab auguribus. 6 pt

Aliquando anus quaedam veteres libros novem numero regi magna pecunia vendere cupivit. Tarquinius Superbus cum natura suspiciosus esset, anum dementem putans risit. Illa discessit atque tres illorum librorum combussit. Paulo post reversa. 9 pt

Aliquando anus quaedam veteres libros novem numero regi magna pecunia vendere cupivit. Tarquinius Superbus cum natura suspiciosus esset, anum dementem putans risit. Illa discessit atque tres. 10 pt

Aliquando anus quaedam veteres libros novem numero regi magna pecunia vendere cupivit. Tarquinius Superbus cum natura suspiciosus esset, anum dementem. 12 pt

Roman	ABCDEFGHIJKLMNOPQRSTUVWXYZ ÄÖÜ abcdefghijklmnopqrstuvwxyz äöüß 0123456789 &!?	⟼ 67	M 72 H 10	x 48 H 5
Italic	*ABCDEFGHIJKLMNOPQRSTUVWXYZ ÄÖÜ* *abcdefghijklmnopqrstuvwxyz äöüß 0123456789 &!?*	⟼ 71 *I* 15°	M 72 H 9	x 51 H 5
Bold	**ABCDEFGHIJKLMNOPQRSTUVWXYZ ÄÖÜ** **abcdefghijklmnopqrstuvwxyz äöüß** **0123456789 &!?**	⟼ 61	M 72 H 15	x 48 H 5

Gezeichnet zuerst 1895 von dem Amerikaner Theodore Low De Vinne. Sie wurde in einer eigenen Version wenig später von Lynn Boyd Benton herausgegeben, dessen Sohn Morris Fuller Benton gab ihr in den Jahren 1906 bis 1909 ihr jetziges Antlitz. Von Morris Fuller Benton stammen zahllose Schriften, die Corel-Kollektion enthält unter anderem Broadway, Parisian, Century Schoolbook, Hobo und Bank Gothic.

ATF [Bitstream] 1906

A G Q R S Z
a b c e g i k n z

➛Goudy Old Style

Golden Old Style[3]

Venetian 521

3 | 4 | 5 | V

Aliquando anus quaedam veteres librcs novem numero regi magna pecunia vendere cupivit. Tarquinius Superbus cum natura suspiciosus esset, anum dementem putans risit. Illa discessit atque tres illorum librorum combussit. Paulo post reversa regem interrogavit, num reliquos sex libros eodem pretio emere vellet. Cum ille multo magis rideret, anus iterum abiit tribusque aliis libris combustis revertit. Pertinacia et perseverantia mulieris miratus Tarquinius tres reliquos libros eodem pretio emit, quo omnes emere potuit. Paulo post rex libros ab auguribus examinari iussit. 6 pt

Aliquando anus quaedam veteres libros novem numero regi magna pecunia vendere cupivit. Tarquinius Superbus cum natura suspiciosus esset, anum dementem putans risit. Illa discessit atque tres illorum librorum combussit. Paulo post reversa regem interrogavit. 9 pt

Aliquando anus quaedam veteres libros novem numero regi magna pecunia vendere cupivit. Tarquinius Superbus cum natura suspiciosus esset, anum dementem putans risit. Illa discessit atque tres. 10 pt

Aliquando anus quaedam veteres libros novem numero regi magna pecunia vendere cupivit. Tarquinius Superbus cum natura suspiciosus esset, anum. 12 pt

		↔ / I	M / H	x / H
Roman	ABCDEFGHIJKLMNOPQRSTUVWXYZ ÄÖÜ	70	70	42
	abcdefghijklmnopqrstuvwxyz äöüß 0123456789 &!?		8	4
Italic	*ABCDEFGHIJKLMNOPQRSTUVWXYZ ÄÖÜ*	76	70	45
	abcdefghijklmnopqrstuvwxyz äöüß 0123456789 &!?	6°	7	3
Bold	**ABCDEFGHIJKLMNOPQRSTUVWXYZ ÄÖÜ**	67	71	42
	abcdefghijklmnopqrstuvwxyz äöüß 0123456789 &!?		13	5
Bold Italic	***ABCDEFGHIJKLMNOPQRSTUVWXYZ ÄÖÜ***	70	71	45
	abcdefghijklmnopqrstuvwxyz äöüß 0123456789 &!?	6°	11	5
Extra Bold	**ABCDEFGHIJKLMNOPQRSTUVWXYZ ÄÖÜ**	64	70	44
	abcdefghijklmnopqrstuvwxyz äöüß 0123456789 &!?		16	5

Gezeichnet 1915 von Frederic Goudy. Von Goudy stammen noch weitere Schriften, die seinen Namen tragen, außerdem die Copperplate Gothic.

ATF [Bitstream]

1915

Revival 565

→Berling

4 5 V

A G Q R S Z
a b c e g i k n z

Aliquando anus quaedam veteres libros novem numero regi magna pecunia vendere cupivit. Tarquinius Superbus cum natura suspiciosus esset, anum dementem putans risit. Illa discessit atque tres illorum librorum combussit. Paulo post reversa regem interrogavit, num reliquos sex libros eodem pretio emere vellet. Cum ille multo magis rideret, anus iterum abiit tribusque aliis libris combustis revertit. Pertinacia et perseverantia mulieris miratus Tarquinius tres reliquos libros eodem pretio emit, quo omnes emere potuit. Paulo post rex libros ab auguribus examinari iussit. 6 pt

Aliquando anus quaedam veteres libros novem numero regi magna pecunia vendere cupivit. Tarquinius Superbus cum natura suspiciosus esset, anum dementem putans risit. Illa discessit atque tres. 10 pt

Aliquando anus quaedam veteres libros novem numero regi magna pecunia vendere cupivit. Tarquinius Superbus cum natura suspiciosus esset, anum dementem putans risit. Illa discessit atque tres illorum librorum combussit. Paulo post reversa. 9 pt

Aliquando anus quaedam veteres libros novem numero regi magna pecunia vendere cupivit. Tarquinius Superbus cum natura suspiciosus esset. 12 pt

Roman ABCDEFGHIJKLMNOPQRSTUVWXYZ ÄÖÜ
abcdefghijklmnopqrstuvwxyz äöüß
0123456789 &!?
66 M 72 x 44
H 9 H 5

Italic *ABCDEFGHIJKLMNOPQRSTUVWXYZ ÄÖÜ*
abcdefghijklmnopqrstuvwxyz äöüß
0123456789 &!?
68 M 72 x 47
I 10° H 8 H 5

Bold **ABCDEFGHIJKLMNOPQRSTUVWXYZ ÄÖÜ**
abcdefghijklmnopqrstuvwxyz äöüß
0123456789 &!?
64 M 72 x 45
H 14 H 5

Bold Italic ***ABCDEFGHIJKLMNOPQRSTUVWXYZ ÄÖÜ***
abcdefghijklmnopqrstuvwxyz äöüß
0123456789 &!?
62 M 73 x 48
I 10° H 13 H 5

Die Berling wurde zwischen 1951 und 1958 von Karl Erik Forsberg gezeichnet. Von Forsberg stammt auch die Carolus (in Corel: Carleton).

Bitstream 1958

Baker Signet

Calligraphic 710

4 5 V

A G Q R S Z

a b c e g i k n z

Aliquando anus quaedam veteres libros novem numero regi magna pecunia vendere cupivit. Tarquinius Superbus cum natura suspiciosus esset, anum dementem putans risit. Illa discessit atque tres illorum librorum combussit. Paulo post reversa regem interrogavit, num reliquos sex libros eodem pretio emere vellet. Cum ille multo magis rideret, anus iterum abiit tribusque aliis libris combustis revertit. Pertinacia et perseverantia mulieris miratus Tarquinius tres reliquos libros eodem pretio emit, quo omnes emere potuit Paulo post rex libros ab auguribus examinari iussit. Qui his libris oracula Sibyllae Cumanae. 6 pt

Aliquando anus quaedam veteres libros novem numero regi magna pecunia vendere cupivit. Tarquinius Superbus cum natura suspiciosus esset, anum dementem putans risit. Illa discessit atque tres illo rum librorum combussit. Paulo post reversa regem interrogavit, num reliquos ses libros. 9 pt

Aliquando anus quaedam veteres libros novem numero regi magna pecunia vendere cupivit. Tarquinius Superbus cum natura suspiciosus esset, anum dementem putans risit. Illa discessit atque tres illorum librorum combussit. Paulo post reversa regem interrogavit. 10 pt

Aliquando anus quaedam veteres libros novem numero regi magna pecunia vendere cupivit. Tarquinius Superbus cum natura suspiciosus esset, anum dementem putans risit. 12 pt

Aliquando anus quaedam veteres libros novem numero regi magna pecunia vendere cupivit. Tarquinius Superbus cum natura suspiciosus esset, anum dementem putans risit. Illa discessit atque tres illo rum librorum combussit. Paulo post reversa regem interrogavit, num. 14 pt

ABCDEFGHIJKLMNOPQRSTUVWXYZ ÄÖÜ
abcdefghijklmnopqrstuvwxyz äöüß 0123456789 &!?

75 M 65 x 52
H 8 H 4

Gezeichnet 1965 von Arthur Baker.

ATF [Bitstream] 1965

➛ITC Cheltenham

Stubserif 705

4 5

A G Q R S Z

a b c e g i k n z

Aliquando anus quaedam veteres libros novem numero regi magna pecunia vendere cupivit. Tarquinius Superbus cum natura suspiciosus esset, anum dementem putans risit. Illa discessit atque tres illorum librorum combussit. Paulo post reversa regem interrogavit, num reliquos sex libros eodem pretio emere vellet. Cum ille multo magis rideret, anus iterum abiit tribusque aliis libris combustis revertit. Pertinacia et perseverantia mulieris miratus Tarquinius tres reliquos libros eodem pretio emit, quo omnes emere potuit.6 pt

Aliquando anus quaedam veteres libros novem numero regi magna pecunia vendere cupivit. Tarquinius Superbus cum natura suspiciosus esset, anum dementem putans risit. Illa discessit atque tres illorum librorum combussit. 9 pt

Aliquando anus quaedam veteres libros novem numero regi magna pecunia vendere cupivit. Tarquinius Superbus cum natura suspiciosus esset, anum dementem putans risit. 10 pt

Aliquando anus quaedam veteres libros novem numero regi magna pecunia vendere cupivit. Tarquinius Superbus cum natura suspiciosus esset. 12 pt

Book
ABCDEFGHIJKLMNOPQRSTUVWXYZ ÄÖÜ
abcdefghijklmnopqrstuvwxyz äöüß
0123456789 &!?

⟷ 65 M 71 x 49
H 10 H 6

Book Italic
ABCDEFGHIJKLMNOPQRSTUVWXYZ ÄÖÜ
abcdefghijklmnopqrstuvwxyz äöüß
0123456789 &!?

⟷ 63 M 71 x 52
I 14° H 7 H 7

Bold
ABCDEFGHIJKLMNOPQRSTUVWXYZ ÄÖÜ
abcdefghijklmnopqrstuvwxyz äöüß
0123456789 &!?

⟷ 59 M 71 x 49
H 17 H 6

Bold Italic
ABCDEFGHIJKLMNOPQRSTUVWXYZ ÄÖÜ
abcdefghijklmnopqrstuvwxyz äöüß
0123456789 &!?

⟷ 59 M 71 x 52
I 14° H 16 H 8

Die Cheltenham wurde in den Jahren 1896 bis 1902 von Bertram Goodhue gezeichnet. Sie wurde dann zwischen 1904 und 1911 von Morris Fuller Benton überarbeitet. Von Morris Fuller Benton stammen zahllose Schriften, die Corel-Kollektion enthält unter anderem Broadway, Parisian, Century Schoolbook, Hobo und Bank Gothic.

ITC [Bitstream] 1896

→Cheltenham

Stubserif 205

3 4 5 V

A G Q R S Z

a b c e g i k n z

Aliquando anus quaedam veteres libros novem numero regi magna pecunia vendere cupivit. Tarquinius Superbus cum natura suspiciosus esset, anum dementem putans risit. Illa discessit atque tres illorum librorum combussit. Paulo post reversa regem interrogavit, num reliquos sex libros eodem pretio emere vellet. Cum ille multo magis rideret, anus iterum abiit tribusque aliis libris combustis revertit. Pertinacia et perseverantia mulieris miratus Tarquinius tres reliquos libros eodem pretio emit, quo omnes emere potuit. Paulo post rex libros ab auguribus examinari iussit. Qui his libris oracula Sibyllae Cumanae contineri cognoverunt.6 pt

Aliquando anus quaedam veteres libros novem numero regi magna pecunia vendere cupivit. Tarquinius Superbus cum natura suspiciosus esset, anum dementem putans risit. Illa discessit atque tres illorum librorum combussit. Paulo post reversa regem interrogavit, num reliquos ses libros. 9 pt

Aliquando anus quaedam veteres libros novem numero regi magna pecunia vendere cupivit. Tarquinius Superbus cum natura suspiciosus esset, anum dementem putans risit. Illa discessit atque tres illorum librorum combussit. Paulo post reversa regem interrogavit. 10 pt

Aliquando anus quaedam veteres libros novem numero regi magna pecunia vendere cupivit. Tarquinius Superbus cum natura suspiciosus esset, anum dementem putans risit. 12 pt

Roman ABCDEFGHIJKLMNOPQRSTUVWXYZ ÄÖÜ
abcdefghijklmnopqrstuvwxyz äöüß 0123456789 &!?
|↔| 77 M 72 x 40
H 10 H 5

Italic *ABCDEFGHIJKLMNOPQRSTUVWXYZ ÄÖÜ*
abcdefghijklmnopqrstuvwxyz äöüß 0123456789 &!?
|↔| 78 M 10 x 5
I 12° H 9 H 5

Bold **ABCDEFGHIJKLMNOPQRSTUVWXYZ ÄÖÜ**
abcdefghijklmnopqrstuvwxyz äöüß
0123456789 &!?
|↔| 64 M 72 x 42
H 15 H 10

Bold Italic ***ABCDEFGHIJKLMNOPQRSTUVWXYZ ÄÖÜ***
abcdefghijklmnopqrstuvwxyz äöüß
0123456789 &!?
|↔| 65 M 72 x 45
I 12° H 15 H 10

Bold Headln. **ABCDEFGHIJKLMNOPQRSTUVWXYZ ÄÖÜ**
abcdefghijklmnopqrstuvwxyz äöüß
0123456789 &!?
|↔| 65 M 74 x 42
H 16 H 9

Bold Headline Italic	ABCDEFGHIJKLMNOPQRSTUVWXYZ ÄÖÜ abcdefghijklmnopqrstuvwxyz äöüß 0123456789 &!?	65 15°	73	45
Bold Cond.	ABCDEFGHIJKLMNOPQRSTUVWXYZ ÄÖÜ abcdefghijklmnopqrstuvwxyz äöüß 0123456789 &!?	87	72 12	42 7
Bold Cond. Italic	*ABCDEFGHIJKLMNOPQRSTUVWXYZ ÄÖÜ* *abcdefghijklmnopqrstuvwxyz äöüß 0123456789 &!?*	87 10°	72 11	45 7
Extra Cond.	ABCDEFGHIJKLMNOPQRSTUVWXYZ ÄÖÜ abcdefghijklmnopqrstuvwxyz äöüß 0123456789 &!?	94	72 11	44 6

Die Cheltenham wurde in den Jahren 1896 bis 1902 von Bertram Goodhue gezeichnet. Sie wurde dann zwischen 1904 und 1911 von Morris Fuller Benton für ATF überarbeitet. Von Morris Fuller Benton stammen zahllose Schriften, die Corel-Kollektion enthält unter anderem Broadway, Parisian, Century Schoolbook, Hobo und Bank Gothic.

ATF [Bitstream] 1902

Kuenstler 480

→Trump-Mediaeval
Activa

4 5 V

A G Q R S Z
a b c e g i k n z

Aliquando anus quaedam veteres libros novem numero regi magna pecunia vendere cupivit. Tarquinius Superbus cum natura suspiciosus esset, anum dementem putans risit. Illa discessit atque tres illorum librorum combussit. Paulo post reversa regem interrogavit, num reliquos sex libros eodem pretio emere vellet. Cum ille multo magis rideret, anus iterum abiit tribusque aliis libris combustis revertit. Pertinacia et perseverantia mulieris miratus Tarquinius tres reliquos libros eodem pretio emit, quo omnes emere potuit. Paulo post rex libros ab auguribus examinari iussit. 6 pt

Aliquando anus quaedam veteres libros novem numero regi magna pecunia vendere cupivit. Tarquinius Superbus cum natura suspiciosus esset, anum dementem putans risit. Illa discessit atque tres illo rum librorum combussit. Paulo post reversa. 9 pt

Aliquando anus quaedam veteres libros novem numero regi magna pecunia vendere cupivit. Tarquinius Superbus cum natura suspiciosus esset, anum dementem putans risit. 10 pt

Aliquando anus quaedam veteres libros novem numero regi magna pecunia vendere cupivit. Tarquinius Superbus cum natura suspiciosus esset. 12 pt

Roman ABCDEFGHIJKLMNOPQRSTUVWXYZ ÄÖÜ
abcdefghijklmnopqrstuvwxyz äöüß 0123456789 &!?
↔ 63 M 69 x 48
H 10 H 5

Italic *ABCDEFGHIJKLMNOPQRSTUVWXYZ ÄÖÜ*
abcdefghijklmnopqrstuvwxyz äöüß
0123456789 &!?
↔ 64 M 69 x 48
I 12° H 8 H 5

Bold **ABCDEFGHIJKLMNOPQRSTUVWXYZ ÄÖÜ**
abcdefghijklmnopqrstuvwxyz äöüß
0123456789 &!?
↔ 62 M 69 x 48
H 15 H 6

Bold Italic ***ABCDEFGHIJKLMNOPQRSTUVWXYZ ÄÖÜ***
abcdefghijklmnopqrstuvwxyz äöüß
0123456789 &!?
↔ 61 M 69 x 49
I 12° H 14 H 6

Black **ABCDEFGHIJKLMNOPQRSTUVWXYZ ÄÖÜ**
abcdefghijklmnopqrstuvwxyz äöüß
0123456789 &!?
↔ 53 M 69 x 49
H 17 H 10

Gezeichnet 1954 von dem Deutschen Georg Trump (1896-1985). Von Trump stammen neben anderen City (in Corel auch: Square Slabserif 711), Schadow, Delphin und Codex (in Corel: Calligraphic 421).

Bitstream 1954

Zapf Calligraphic 801

→ Palatino

Palm Springs[3]

3 4 5 V

A G Q R S Z

a b c e g i k n z

Aliquando anus quaedam veteres libros novem numero regi magna pecunia vendere cupivit. Tarquinius Superbus cum natura suspiciosus esset, anum dementem putans risit. Illa discessit atque tres illorum librorum combussit. Paulo post reversa regem interrogavit, num reliquos sex libros eodem pretio emere vellet. Cum ille multo magis rideret, anus iterum abiit tribusque aliis libris combustis revertit. Pertinacia et perseverantia mulieris miratus Tarquinius tres reliquos libros eodem pretio emit, quo omnes emere potuit. Paulo post rex libros ab auguribus examinari iussit. 6 pt

Aliquando anus quaedam veteres libros novem numero regi magna pecunia vendere cupivit. Tarquinius Superbus cum natura suspiciosus esset, anum dementem putans risit. Illa discessit atque tres illorum librorum combussit. Paulo post reversa. 9 pt

Aliquando anus quaedam veteres libros novem numero regi magna pecunia vendere cupivit. Tarquinius Superbus cum natura suspiciosus esset, anum dementem putans risit. Illa discessit atque tres il-lorum librorum combussit. 10 pt

Aliquando anus quaedam veteres libros novem numero regi magna pecunia vendere cupivit. Tarquinius Superbus cum natura suspiciosus esset. 12 pt

Roman
ABCDEFGHIJKLMNOPQRSTUVWXYZ ÄÖÜ
abcdefghijklmnopqrstuvwxyz äöüß
0123456789 &!?

64	M 71	47
	H 11	5

Italic
ABCDEFGHIJKLMNOPQRSTUVWXYZ ÄÖÜ
abcdefghijklmnopqrstuvwxyz äöüß 0123456789 &!?

71	M 71	48
9°	H 8	5

Bold
ABCDEFGHIJKLMNOPQRSTUVWXYZ ÄÖÜ
abcdefghijklmnopqrstuvwxyz äöüß
0123456789 &!?

63	M 70	48
	H 14	7

Bold Italic
ABCDEFGHIJKLMNOPQRSTUVWXYZ ÄÖÜ
abcdefghijklmnopqrstuvwxyz äöüß
0123456789 &!?

67	M 70	50
12°	H 13	5

Die Palatino ist eine in Büchern recht häufig benutzte Schrift, weil sie sehr gut lesbar und außerdem elegant ist. Der Deutsche Hermann Zapf (geb. 1918) zeichnete sie 1949 für die Schriftgießerei Stempel. Zapf – einer der kreativsten und fleißigsten Typographen dieses Jahrhunderts – zeichnete die Zapf Chancery, die Melior (in Corel „Zapf Elliptical 711") und die Optima („Zapf Humanist 601"). Von ihm stammen auch die Zapf Dingbats, bei den Computerzeichensätzen ein Standard für Ornamente und Blickfänge.

Bitstream 1949

III Barock-Antiqua

A G Q R S Z
a b c e g i k n z

→ITC
Bookman

Brooklyn[3]
Revival 711

3 4 5

Aliquando anus quaedam veteres libros novem numero regi magna pecunia vendere cupivit. Tarquinius Superbus cum natura suspiciosus esset, anum dementem putans risit. Illa discessit atque tres illorum librorum combussit. Paulo post reversa regem interrogavit, num reliquos sex libros eodem pretio emere vellet. Cum ille multo magis rideret, anus iterum abiit tribusque aliis libris combustis revertit. Pertinacia et perseverantia mulieris miratus Tarquinius tres. 6 pt

Aliquando anus quaedam veteres libros novem numero regi magna pecunia vendere cupivit. Tarquinius Superbus cum natura suspiciosus esset, anum dementem putans risit. Illa discessit atque tres illo rum librorum. 9 pt

Aliquando anus quaedam veteres libros novem numero regi magna pecunia vendere cupivit. Tarquinius Superbus cum natura suspiciosus esset, anum dementem putans risit. Illa discessit atque tres. 10 pt

Aliquando anus quaedam veteres libros novem numero regi magna pecunia vendere cupivit. Tarquinius Superbus cum natura suspiciosus esset. 12 pt

Book Light
ABCDEFGHIJKLMNOPQRSTUVWXYZ ÄÖÜ
abcdefghijklmnopqrstuvwxyz äöüß
0123456789 &!?
↔ 60 M 67 x 48
H 10 H 6

Book Light Italic
ABCDEFGHIJKLMNOPQRSTUVWXYZ ÄÖÜ
abcdefghijklmnopqrstuvwxyz äöüß
0123456789 &!?
↔ 57 M 67 x 50
I 10° H 10 H 6

Demi
ABCDEFGHIJKLMNOPQRSTUVWXYZ ÄÖÜ
abcdefghijklmnopqrstuvwxyz äöüß
0123456789 &!?
↔ 56 M 68 x 50
H 17 H 10

Demi Italic
ABCDEFGHIJKLMNOPQRSTUVWXYZ ÄÖÜ
abcdefghijklmnopqrstuvwxyz äöüß
0123456789 &!?
↔ 53 M 68 x 52
I 10° H 16 H 10

Die Bookman wurde 1936 erstmals von Linotype veröffentlicht. Gezeichnet wurde sie von Chauncey H. Griffith. Von Griffith stammen außerdem die Memphis (in Corel: „Geometric Slabserif 703"), Poster Bodoni und die Granjon („Elegant Garamond").

ITC [Bitstream] 1936

➛Caslon 540

Casablanca[3]
Dutch 771
3 4 5 V

A G Q R S Z
a b c e g i k n z

Aliquando anus quaedam veteres libros novem numero regi magna pecunia vendere cupivit. Tarquinius Superbus cum natura suspiciosus esset, anum dementem putans risit. Illa discessit atque tres illorum librorum combussit. Paulo post reversa regem interrogavit, num reliquos sex libros eodem pretio emere vellet. Cum ille multo magis rideret, anus iterum abiit tribusque aliis libris combustis revertit. Pertinacia et perseverantia mulieris miratus Tarquinius tres reliquos libros eodem pretio emit, quo omnes emere potuit. Paulo post rex libros ab auguribus examinari iussit. Qui his libris oracula Sibyllae Cumanae. 6 pt

Aliquando anus quaedam veteres libros novem numero regi magna pecunia vendere cupivit. Tarquinius Superbus cum natura suspiciosus esset, anum dementem putans risit. Illa discessit atque tres illo rum librorum combussit. Paulo post reversa regem interrogavit, num. 9 pt

Aliquando anus quaedam veteres libros novem numero regi magna pecunia vendere cupivit. Tarquinius Superbus cum natura suspiciosus esset, anum dementem putans risit. Illa discessit atque tres illorum librorum combussit. 10 pt

Aliquando anus quaedam veteres libros novem numero regi magna pecunia vendere cupivit. Tarquinius Superbus cum natura suspiciosus esset, anum dementem. 12 pt

Aliquando anus quaedam veteres libros novem numero regi magna pecunia vendere cupivit. Tarquinius Superbus cum natura suspiciosus esset, anum dementem putans risit. Illa discessit atque tres illo rum librorum combussit. 14 pt

Roman ABCDEFGHIJKLMNOPQRSTUVWXYZ ÄÖÜ
abcdefghijklmnopqrstuvwxyz äöüß 0123456789 &!?

⟷ 67 M 71 x 44
H 11 H 3

Italic *ABCDEFGHIJKLMNOPQRSTUVWXYZ ÄÖÜ*
abcdefghijklmnopqrstuvwxyz äöüß 0123456789 &!?

⟷ 79 M 69 x 44
I 12° H 9 H 3

William Caslon (1692-1766) gründete 1725 die erste englische Schriftgießerei. Die von ihm entworfene Schriftart setzte sich sehr bald in englischen Druckereien durch.

ATF
[Bitstream]

1725

A G Q R S Z
a b c e g i k n z

→Caslon Bold
Dutch 771
4 5 V

Aliquando anus quaedam veteres libros novem numero regi magna pecunia vendere cupivit. Tarquinius Superbus cum natura suspiciosus esset, anum dementem putans risit. Illa discessit atque tres illorum librorum combussit. Paulo post reversa regem interrogavit, num reliquos sex libros eodem pretio emere vellet. Cum ille multo magis rideret, anus iterum abiit tribusque aliis libris combustis revertit. Pertinacia et perseverantia mulieris miratus Tarquinius tres reliquos libros eodem pretio emit, quo omnes emere potuit. Paulo post rex. 6 pt

Aliquando anus quaedam veteres libros novem numero regi magna pecunia vendere cupivit. Tarquinius Superbus cum natura suspiciosus esset, anum dementem putans risit. Illa discessit atque tres illorum librorum. 10 pt

Aliquando anus quaedam veteres libros novem numero regi magna pecunia vendere cupivit. Tarquinius Superbus cum natura suspiciosus esset, anum dementem putans risit. Illa discessit atque tres illo rum librorum combussit. 9 pt

Aliquando anus quaedam veteres libros novem numero regi magna pecunia vendere cupivit. Tarquinius Superbus cum natura suspiciosus esset. 12 pt

Aliquando anus quaedam veteres libros novem numero regi magna pecunia vendere cupivit. Tarquinius Superbus cum natura suspiciosus esset, anum dementem putans risit. Illa discessit atque tres illo rum librorum combussit. 14 pt

Roman ABCDEFGHIJKLMNOPQRSTUVWXYZ ÄÖÜ
abcdefghijklmnopqrstuvwxyz äöüß
0123456789 &!?

↔ 61 M 67 x 51
H 13 H 7

Italic *ABCDEFGHIJKLMNOPQRSTUVWXYZ ÄÖÜ*
abcdefghijklmnopqrstuvwxyz äöüß
0123456789 &!?

↔ 61 M 66 x 54
I 16° H 13 H 7

William Caslon (1692-1766) gründete 1725 die erste englische Schriftgießerei. Die von ihm entworfene Schriftart setzte sich sehr bald in englischen Druckereien durch.

ATF [Bitstream] 1725

➛ITC Caslon No. 224

Dutch 785

4 5

A G Q R S Z

a b c e g i k n z

Aliquando anus quaedam veteres libros novem numero regi magna pecunia vendere cupivit. Tarquinius Superbus cum natura suspiciosus esset, anum dementem putans risit. Illa discessit atque tres illorum librorum combussit. Paulo post reversa regem interrogavit, num reliquos sex libros eodem pretio emere vellet. Cum ille multo magis rideret, anus iterum abiit tribusque aliis libris combustis revertit. Pertinacia et perseverantia mulieris miratus Tarquinius tres reliquos libros eodem pretio emit, quo omnes emere potuit. 6 pt

Aliquando anus quaedam veteres libros novem numero regi magna pecunia vendere cupivit. Tarquinius Superbus cum natura suspiciosus esset, anum dementem putans risit. Illa discessit atque tres illo rum librorum combussit. Paulo post reversa. 9 pt

Aliquando anus quaedam veteres libros novem numero regi magna pecunia vendere cupivit. Tarquinius Superbus cum natura suspiciosus esset, anum dementem putans risit. Illa discessit atque tres illo rum librorum combussit. 10 pt

Aliquando anus quaedam veteres libros novem numero regi magna pecunia vendere cupivit. Tarquinius Superbus cum natura suspiciosus esset. 12 pt

Book ABCDEFGHIJKLMNOPQRSTUVWXYZ ÄÖÜ
abcdefghijklmnopqrstuvwxyz äöüß
0123456789 &!?
⟷ 63 M 68 x 44
H 9 H 2

Book Italic *ABCDEFGHIJKLMNOPQRSTUVWXYZ ÄÖÜ*
abcdefghijklmnopqrstuvwxyz äöüß
0123456789 &!?
⟷ 65 M 67 x 47
I 12° H 9 H 2

Bold **ABCDEFGHIJKLMNOPQRSTUVWXYZ ÄÖÜ**
abcdefghijklmnopqrstuvwxyz äöüß
0123456789 &!?
⟷ 61 M 68 x 44
H 14 H 2

Bold Italic ***ABCDEFGHIJKLMNOPQRSTUVWXYZ ÄÖÜ***
abcdefghijklmnopqrstuvwxyz äöüß
0123456789 &!?
⟷ 62 M 68 x 47
I 12° H 13 H 2

William Caslon (1692-1766) gründete 1725 die erste englische Schriftgießerei. Die von ihm entworfene Schriftart setzte sich sehr bald in englischen Druckereien durch.

ITC [Bitstream] 1725

A G Q R S Z

a b c e g i k n z

→Caslon Openface

Casper Openface[3]
Engraver's Oldstyle 124

3 4 5 V

Aliquando anus quaedam veteres libros novem numero regi magna pecunia vendere cupivit. Tarquinius Superbus cum natura suspiciosus esset, anum dementem putans risit. Illa discessit atque tres illorum librorum combussit. Paulo post reversa regem interrogavit, num reliquos sex libros eodem pretio emere vellet. Cum ille multo magis rideret, anus iterum abiit tribusque aliis libris combustis revertit. Pertinacia et perseverantia mulieris miratus Tarquinius tres reliquos libros eodem pretio emit, quo omnes emere potuit. Paulo post rex libros ab auguribus examinari iussit. Qui his libris oracula Sibyllae Cumanae contineri cognoverunt. 6 pt

Aliquando anus quaedam veteres libros novem numero regi magna pecunia vendere cupivit. Tarquinius Superbus cum natura suspiciosus esset, anum dementem putans risit. Illa discessit atque tres illo rum librorum combussit. Paulo post reversa regem interrogavit, num reliquos ses libros. 9 pt

Aliquando anus quaedam veteres libros novem numero regi magna pecunia vendere cupivit. Tarquinius Superbus cum natura suspiciosus esset, anum dementem putans risit. Illa discessit atque tres illo rum librorum combussit. Paulo post reversa regem. 10 pt

Aliquando anus quaedam veteres libros novem numero regi magna pecunia vendere cupivit. Tarquinius Superbus cum natura suspiciosus esset, anum dementem putans risit. 12 pt

Aliquando anus quaedam veteres libros novem numero regi magna pecunia vendere cupivit. Tarquinius Superbus cum natura suspiciosus esset, anum dementem putans risit. Illa discessit atque tres illo rum librorum combussit. Paulo post reversa regem interrogavit. 14 pt

ABCDEFGHIJKLMNOPQRSTUVWXYZ ÄÖÜ

abcdefghijklmnopqrstuvwxyz äöüß 0123456789 &!?

↔ 74 M 71 x 32

William Caslon (1692-1766) gründete 1725 die erste englische Schriftgießerei. Die von ihm entworfene Schriftart setzte sich sehr bald in englischen Druckereien durch. Die Openface basiert auf Caslons Schriften, wurde aber erst in den 20er Jahren dieses Jahrhunderts von der American Type Foundry veröffentlicht.

ATF [Bitstream] 1923

Casablanca Antique

→Caslon Antique

3 4 5 V

A G Q R S Z

a b c e g i k n z

Aliquando anus quaedam veteres libros novem numero regi magna pecunia vendere cupivit. Tarquinius Superbus cum natura suspiciosus esset, anum dementem putans risit. Illa discessit atque tres illorum librorum combussit. Paulo post reversa regem interrogavit, num reliquos sex libros eodem pretio emere vellet. Cum ille multo magis rideret, anus iterum abiit tribusque aliis libris combustis revertit. Pertinacia et perseverantia mulieris miratus Tarquinius tres reliquos libros eodem pretio emit, quo omnes emere potuit. Paulo post rex libros ab auguribus examinari iussit. Qui his libris oracula Sibyllae Cumanae contineri cognoverunt. 6 pt

Aliquando anus quaedam veteres libros novem numero regi magna pecunia vendere cupivit. Tarquinius Superbus cum natura suspiciosus esset, anum dementem putans risit. Illa discessit atque tres illo rum librorum combussit. Paulo post reversa regem interrogavit, num reliquos ses libros. 9 pt

Aliquando anus quaedam veteres libros novem numero regi magna pecunia vendere cupivit. Tarquinius Superbus cum natura suspiciosus esset, anum dementem putans risit. Illa discessit atque tres. illorum librorum combussit. Paulo post reversa regem interrogavit, num reliquos ses libros. 10 pt

Aliquando anus quaedam veteres libros novem numero regi magna pecunia vendere cupivit. Tarquinius Superbus cum natura suspiciosus esset, anum dementem putans risit. 12 pt

Aliquando anus quaedam veteres libros novem numero regi magna pecunia vendere cupivit. Tarquinius Superbus cum natura suspiciosus esset, anum dementem putans risit. Illa discessit atque tres illo rum librorum combussit. Paulo post reversa regem interrogavit, num reliquos ses libros. 14 pt

Roman	ABCDEFGHIJKLMNOPQRSTUVWXYZ ÄÖÜ abcdefghijklmnopqrstuvwxyz äöüß 0123456789 &!?	↔ 77 M 69 x 39
Italic	*ABCDEFGHIJKLMNOPQRSTUVWXYZ ÄÖÜ* *abcdefghijklmnopqrstuvwxyz äöüß 0123456789 &!?*	↔ 74 M 71 x 43 *I* 10°

Corel

A G Q R S Z
a b c e g i k n z

→Letraset
Caxton

Calligraphic 816

4 5

Aliquando anus quaedam veteres libros novem numero regi magna pecunia vendere cupivit. Tarquinius Superbus cum natura suspiciosus esset, anum dementem putans risit. Illa discessit atque tres illorum librorum combussit. Paulo post reversa regem interrogavit, num reliquos sex libros eodem pretio emere vellet. Cum ille multo magis rideret, anus iterum abiit tribusque aliis libris combustis revertit. Pertinacia et perseverantia mulieris miratus Tarquinius tres reliquos libros eodem pretio emit, quo omnes emere potuit. Paulo post rex libros ab auguribus examinari iussit. 6 pt

Aliquando anus quaedam veteres libros novem numero regi magna pecunia vendere cupivit. Tarquinius Superbus cum natura suspiciosus esset, anum dementem putans risit. Illa discessit atque tres illo rum librorum combussit. Paulo post reversa. 9 pt

Aliquando anus quaedam veteres libros novem numero regi magna pecunia vendere cupivit. Tarquinius Superbus cum natura suspiciosus esset, anum dementem putans risit. Illa discessit atque tres illo rum librorum combussit. 10 pt

Aliquando anus quaedam veteres libros novem numero regi magna pecunia vendere cupivit. Tarquinius Superbus cum natura suspiciosus esset. 12 pt

Book	ABCDEFGHIJKLMNOPQRSTUVWXYZ ÄÖÜ abcdefghijklmnopqrstuvwxyz äöüß 0123456789 &!?	⟷ 64	M 66 H 9	x 51 H 5
Book Italic	*ABCDEFGHIJKLMNOPQRSTUVWXYZ ÄÖÜ* *abcdefghijklmnopqrstuvwxyz äöüß* *0123456789 &!?*	⟷ 64 I 20°	M 66 H 9	x 54 H 5
Book Bold	**ABCDEFGHIJKLMNOPQRSTUVWXYZ ÄÖÜ** **abcdefghijklmnopqrstuvwxyz äöüß 0123456789 &!?**	⟷ 61	M 67 H 13	x 51 H 7
Book Bold Italic	***ABCDEFGHIJKLMNOPQRSTUVWXYZ ÄÖÜ*** ***abcdefghijklmnopqrstuvwxyz äöüß*** ***0123456789 &!?***	⟷ 61 I 20°	M 66 H 13	x 54 H 7
Light	ABCDEFGHIJKLMNOPQRSTUVWXYZ ÄÖÜ abcdefghijklmnopqrstuvwxyz äöüß 0123456789 &!?	⟷ 66	M 66 H 7	x 50 H 4
Light Italic	*ABCDEFGHIJKLMNOPQRSTUVWXYZ ÄÖÜ* *abcdefghijklmnopqrstuvwxyzäöüß0123456789&!?*	⟷ 67 I 20°	M 66 H 7	x 53 H 4

Gezeichnet 1981 von Leslie Usherwood für Letraset.

Letraset
[Bitstream]

1981

Century 725

→ Madison

4 5 V

A G Q R S Z

a b c e g i k n z

Aliquando anus quaedam veteres libros novem numero regi magna pecunia vendere cupivit. Tarquinius Superbus cum natura suspiciosus esset, anum dementem putans risit. Illa discessit atque tres illorum librorum combussit. Paulo post reversa regem interrogavit, num reliquos sex libros eodem pretio emere vellet. Cum ille multo magis rideret, anus iterum abiit tribusque aliis libris combustis revertit. Pertinacia et perseverantia mulieris miratus Tarquinius tres reliquos libros eodem pretio emit, quo omnes emere potuit. Paulo post rex libros ab auguribus examinari iussit. Qui his libris oracula Sibyllae Cumanae contineri cognoverunt. 6 pt

Aliquando anus quaedam veteres libros novem numero regi magna pecunia vendere cupivit. Tarquinius Superbus cum natura suspiciosus esset, anum dementem putans risit. Illa discessit atque tres illorum librorum combussit. Paulo post reversa regem interrogavit, num reliquos ses libros. 9 pt

Aliquando anus quaedam veteres libros novem numero regi magna pecunia vendere cupivit. Tarquinius Superbus cum natura suspiciosus esset, anum dementem putans risit. Illa discessit atque tres illo rum librorum combussit. Paulo post reversa regem. 10 pt

Aliquando anus quaedam veteres libros novem numero regi magna pecunia vendere cupivit. Tarquinius Superbus cum natura suspiciosus esset, anum dementem putans risit. 12 pt

Aliquando anus quaedam veteres libros novem numero regi magna pecunia vendere cupivit. Tarquinius Superbus cum natura suspiciosus esset, anum dementem putans risit. Illa discessit atque tres illo rum librorum combussit. Paulo post reversa regem interrogavit, num. 14 pt

Cond. ABCDEFGHIJKLMNOPQRSTUVWXYZ ÄÖÜ
abcdefghijklmnopqrstuvwxyz äöüß 0123456789 &!?
76 M 70 x 49
H 9 3

Bold Cond. **ABCDEFGHIJKLMNOPQRSTUVWXYZ ÄÖÜ**
abcdefghijklmnopqrstuvwxyz äöüß 0123456789 &!?
68 M 70 x 49
H 15 5

Die original Century wurde von dem Engländer Linn Boyd Benton 1895 gezeichnet.

Bitstream 1895

A G Q R S Z
a b c e g i k n z

→Century Expanded

Century 701

4 5 V

Aliquando anus quaedam veteres libros novem numero regi magna pecunia vendere cupivit. Tarquinius Superbus cum natura suspiciosus esset, anum dementem putans risit. Illa discessit atque tres illorum librorum combussit. Paulo post reversa regem interrogavit, num reliquos sex libros eodem pretio emere vellet. Cum ille multo magis rideret, anus iterum abiit tribusque aliis libris combustis revertit. Pertinacia et perseverantia mulieris miratus Tarquinius tres reliquos libros eodem pretio emit, quo omnes emere potuit. Paulo post rex libros ab auguribus examinari iussit. 6 pt

Aliquando anus quaedam veteres libros novem numero regi magna pecunia vendere cupivit. Tarquinius Superbus cum natura suspiciosus esset, anum dementem putans risit. Illa discessit atque tres illo rum librorum combussit. Paulo post reversa regem interrogavit. 9 pt

Aliquando anus quaedam veteres libros novem numero regi magna pecunia vendere cupivit. Tarquinius Superbus cum natura suspiciosus esset, anum dementem putans risit. Illa discessit atque tres illo rum librorum combussit. 10 pt

Aliquando anus quaedam veteres libros novem numero regi magna pecunia vendere cupivit. Tarquinius Superbus cum natura suspiciosus esset, anum. 12 pt

Roman	ABCDEFGHIJKLMNOPQRSTUVWXYZ ÄÖÜ abcdefghijklmnopqrstuvwxyz äöüß 0123456789 &!?	↔ 65	M 74 H 8	x 48 H 8
Italic	*ABCDEFGHIJKLMNOPQRSTUVWXYZ ÄÖÜ* *abcdefghijklmnopqrstuvwxyz äöüß* *0123456789 &!?*	↔ 65 I 15°	M 74 H 10	x 50 H 4
Bold	**ABCDEFGHIJKLMNOPQRSTUVWXYZ ÄÖÜ** **abcdefghijklmnopqrstuvwxyz äöüß** **0123456789 &!?**	↔ 62	M 72 H 16	x 48 H 4
Bold Italic	***ABCDEFGHIJKLMNOPQRSTUVWXYZ ÄÖÜ*** ***abcdefghijklmnopqrstuvwxyz äöüß*** ***0123456789 &!?***	↔ 62 I 15°	M 72 H 15	x 52 H 4

Die original Century wurde von dem Engländer Linn Boyd Benton 1895 gezeichnet.

ATF [Bitstream] 1895

→Century Schoolbook

New Brunswick[3]
Century 702
3 4 5 V

A G Q R S Z
a b c e g i k n z

Aliquando anus quaedam veteres libros novem numero regi magna pecunia vendere cupivit. Tarquinius Superbus cum natura suspiciosus esset, anum dementem putans risit. Illa discessit atque tres illorum librorum combussit. Paulo post reversa regem interrogavit, num reliquos sex libros eodem pretio emere vellet. Cum ille multo magis rideret, anus iterum abiit tribusque aliis libris combustis revertit. Pertinacia et perseverantia mulieris miratus Tarquinius tres reliquos libros. 6 pt

Aliquando anus quaedam veteres libros novem numero regi magna pecunia vendere cupivit. Tarquinius Superbus cum natura suspiciosus esset, anum dementem putans risit. Illa discessit atque tres illo rum librorum combussit. 9 pt

Aliquando anus quaedam veteres libros novem numero regi magna pecunia vendere cupivit. Tarquinius Superbus cum natura suspiciosus esset, anum dementem putans risit. Illa discessit atque tres illo rum. 10 pt

Aliquando anus quaedam veteres libros novem numero regi magna pecunia vendere cupivit. Tarquinius Superbus cum natura suspiciosus esset. 12 pt

Roman	ABCDEFGHIJKLMNOPQRSTUVWXYZ ÄÖÜ abcdefghijklmnopqrstuvwxyz äöüß 0123456789 &!?	⟷ 62	M 72 H 11	x 46 H 6
Italic	*ABCDEFGHIJKLMNOPQRSTUVWXYZ ÄÖÜ* *abcdefghijklmnopqrstuvwxyzäöüß* *0123456789&!?*	⟷ 63 I 14°	M 72 H 11	x 50 H 6
Bold	**ABCDEFGHIJKLMNOPQRSTUVWXYZÄÖ** **abcdefghijklmnopqrstuvwxyzäöüß0123456789&!**	⟷ 54	M 72 H 19	x 48 H 7
Bold Italic	***ABCDEFGHIJKLMNOPQRSTUVWXYZ ÄÖÜ*** ***abcdefghijklmnopqrstuvwxyzäöüß 0123456789&!***	⟷ 55 I 14°	M 72 H 17	x 51 H 8
Bold Cond.	**ABCDEFGHIJKLMNOPQRSTUVWXYZ ÄÖÜ** **abcdefghijklmnopqrstuvwxyz äöüß 0123456789 &!?**	⟷ 85	M 72 H 13	x 48 H 4

Die Schoolbook-Version der Century wurde von Morris Fuller Benton 1924 entworfen. Sie steht für besonders gute Lesbarkeit. Von Morris Fuller Benton stammen außerdem: Broadway, Franklin Gothic, Peignot (in Corel „Exotic 350"), Hobo und Marriage (in Corel nur mit einem r oder als „Wedding Text").

ATF [Bitstream] 1924

A G Q R S Z

a b c e g i k n z

➛Nicholas Cochin

5 V

Aliquando anus quaedam veteres libros novem numero regi magna pecunia vendere cupivit. Tarquinius Superbus cum natura suspiciosus esset, anum dementem putans risit. Illa discessit atque tres illorum librorum combussit. Paulo post reversa regem interrogavit, num reliquos sex libros eodem pretio emere vellet. Cum ille multo magis rideret, anus iterum abiit tribusque aliis libris combustis revertit. Pertinacia et perseverantia mulieris miratus Tarquinius tres reliquos libros eodem pretio emit, quo omnes emere potuit. Paulo post rex libros ab auguribus examinari iussit. Qui his libris oracula Sibyllae Cumanae contineri cognoverunt. 6 pt

Aliquando anus quaedam veteres libros novem numero regi magna pecunia vendere cupivit. Tarquinius Superbus cum natura suspiciosus esset, anum dementem putans risit. Illa discessit atque tres illo rum librorum combussit. Paulo post reversa regem interrogavit, num reliquos ses libros. 9 pt

Aliquando anus quaedam veteres libros novem numero regi magna pecunia vendere cupivit. Tarquinius Superbus cum natura suspiciosus esset, anum dementem putans risit. Illa discessit atque tres illo rum librorum combussit. 10 pt

Aliquando anus quaedam veteres libros novem numero regi magna pecunia vendere cupivit. Tarquinius Superbus cum natura suspiciosus esset, anum dementem putans risit. 12 pt

Roman	ABCDEFGHIJKLMNOPQRSTUVWXYZ ÄÖÜ abcdefghijklmnopqrstuvwxyz äöüß 0123456789 &!?	↔ 88	M 68 H 10	X 28 H 5
Italic	*ABCDEFGHIJKLMNOPQRSTUVWXYZ ÄÖÜ* *abcdefghijklmnopqrstuvwxyz äöüß 0123456789 &!?*	↔ 91 *I* 14°	M 67 H 10	X 25 H 5
Black	**ABCDEFGHIJKLMNOPQRSTUVWXYZ ÄÖÜ** **abcdefghijklmnopqrstuvwxyz äöüß 0123456789 &!?**	↔ 78	M 68 H 15	X 30 H 5

Diese Schrift basiert auf einer Vorlage, die der englische Schriftzeichner Nicholas Cochin im 18. Jahrhundert entwarf. Sie wurde 1912 von der französischen Schriftgießerei Deberny & Peignot nachgezeichnet.

[URW] 1912

Dutch 801

→Times New Roman

Toronto[3]

3 4 5 V

A G Q R S Z

a b c e g i k n z

Aliquando anus quaedam veteres libros novem numero regi magna pecunia vendere cupivit. Tarquinius Superbus cum natura suspiciosus esset, anum dementem putans risit. Illa discessit atque tres illorum librorum combussit. Paulo post reversa regem interrogavit, num reliquos sex libros eodem pretio emere vellet. Cum ille multo magis rideret, anus iterum abiit tribusque aliis libris combustis revertit. Pertinacia et perseverantia mulieris miratus Tarquinius tres reliquos libros eodem pretio emit, quo omnes emere potuit. Paulo post rex libros ab auguribus examinari iussit. 6 pt

Aliquando anus quaedam veteres libros novem numero regi magna pecunia vendere cupivit. Tarquinius Superbus cum natura suspiciosus esset, anum dementem putans risit. Illa discessit atque tres illorum librorum combussit. Paulo post reversa. 9 pt

Aliquando anus quaedam veteres libros novem numero regi magna pecunia vendere cupivit. Tarquinius Superbus cum natura suspiciosus esset, anum dementem putans risit. Illa discessit atque tres illo rum librorum combussit. 10 pt

Aliquando anus quaedam veteres libros novem numero regi magna pecunia vendere cupivit. Tarquinius Superbus cum natura suspiciosus esset, anum. 12 pt

Roman
ABCDEFGHIJKLMNOPQRSTUVWXYZ ÄÖÜ
abcdefghijklmnopqrstuvwxyz äöüß
0123456789 &!?
↔ 66 M 69 x 47
H 12 H 5

Italic
ABCDEFGHIJKLMNOPQRSTUVWXYZ ÄÖÜ
abcdefghijklmnopqrstuvwxyz äöüß 0123456789 &!?
↔ 70 M 69 x 48
I 16° H 9 H 5

Bold
ABCDEFGHIJKLMNOPQRSTUVWXYZ ÄÖÜ
abcdefghijklmnopqrstuvwxyz äöüß
0123456789 &!?
↔ 66 M 68 x 46
H 17 H 4

Bold Italic
ABCDEFGHIJKLMNOPQRSTUVWXYZ ÄÖÜ
abcdefghijklmnopqrstuvwxyz äöüß 0123456789 &!?
↔ 71 M 68 x 48
I 15° H 14 H 4

Semibold
ABCDEFGHIJKLMNOPQRSTUVWXYZ ÄÖÜ
abcdefghijklmnopqrstuvwxyz äöüß
0123456789 &!?
↔ 66 M 68 x 46
H 14 H 5

Semibold Italic
ABCDEFGHIJKLMNOPQRSTUVWXYZ ÄÖÜ
abcdefghijklmnopqrstuvwxyz äöüß 0123456789 &!?
↔ 70 M 69 x 49
I 13° H 12 H 6

Extra-bold	**ABCDEFGHIJKLMNOPQRSTUVWXYZ ÄÖÜ** **abcdefghijklmnopqrstuvwxyz äöüß** **0123456789 &!?**	⟷ 62 M 68 x 49	H 21 H 5
Extra-bold Italic	***ABCDEFGHIJKLMNOPQRSTUVWXYZ ÄÖÜ*** ***abcdefghijklmnopqrstuvwxyz äöüß*** ***0123456789 &!?***	⟷ 63 M 70 x 50	I 15°
Head-line	ABCDEFGHIJKLMNOPQRSTUVWXYZ ÄÖÜ abcdefghijklmnopqrstuvwxyz äöüß 0123456789 &!?	⟷ 68 M 74 x 50	H 10 H 4
Head-line Italic	*ABCDEFGHIJKLMNOPQRSTUVWXYZ ÄÖÜ* *abcdefghijklmnopqrstuvwxyz äöüß 0123456789 &!?*	⟷ 71 M 73 x 57	I 15°

Bitstream 1932

Eine der wohl meistgebrauchten Schriften dieses Jahrhunderts für den Einsatz im Fließtext ist die Times New Roman. Sie entstand 1932 bei der London Times, die auf der Suche nach einer neuen, möglichst eigenständigen, aber vor allem gut lesbaren Grundschrift war. Stanley Morison (1889-1967), Typograph und Berater der Monotype Corporation, entwickelte die Schrift zusammen mit Victor Lardent, einem Zeichner der Anzeigenabteilung der London Times.

Kis

→Janson
Dutch 721

4 5 V

A G Q R S Z
a b c e g i k n z

Aliquando anus quaedam veteres libros novem numero regi magna pecunia vendere cupivit. Tarquinius Superbus cum natura suspiciosus esset, anum dementem putans risit. Illa discessit atque tres illorum librorum combussit. Paulo post reversa regem interrogavit, num reliquos sex libros eodem pretio emere vellet. Cum ille multo magis rideret, anus iterum abiit tribusque aliis libris combustis revertit. Pertinacia et perseverantia mulieris miratus Tarquinius tres reliquos libros eodem pretio emit, quo omnes emere potuit. Paulo post rex libros ab auguribus. 6 pt

Aliquando anus quaedam veteres libros novem numero regi magna pecunia vendere cupivit. Tarquinius Superbus cum natura suspiciosus esset, anum dementem putans risit. Illa discessit atque tres illo rum librorum combussit. Paulo post reversa regem interrogavit. 9 pt

Aliquando anus quaedam veteres libros novem numero regi magna pecunia vendere cupivit. Tarquinius Superbus cum natura suspiciosus esset, anum dementem putans risit. Illa discessit atque tres illo rum librorum combussit. 10 pt

Aliquando anus quaedam veteres libros novem numero regi magna pecunia vendere cupivit. Tarquinius Superbus cum natura suspiciosus esset, anum. 12 pt

Aliquando anus quaedam veteres libros novem numero regi magna pecunia vendere cupivit. Tarquinius Superbus cum natura suspiciosus esset, anum dementem putans risit. Illa discessit atque tres illo rum librorum combussit. Paulo post reversa. 14 pt

Roman	ABCDEFGHIJKLMNOPQRSTUVWXYZ ÄÖÜ	⟷	68	M	71	x	43
	abcdefghijklmnopqrstuvwxyz äöüß 0123456789 &!?			H	11	H	3
Italic	*ABCDEFGHIJKLMNOPQRSTUVWXYZ ÄÖÜ*	⟷	77	M	70	x	44
	abcdefghijklmnopqrstuvwxyz äöüß 0123456789 &!?	I	16°	H	9	H	3

Entworfen von dem Niederländer Anton Janson, Amsterdam 1674. Die Schrift als Drucklettern wurde estmalig geschaffen von dem ungarischen Stempelschneider Miklos Totfalusi Kis.

Bitstream 1674

AGQRSZ abcegiknz

→Bitstream Charter

Transitional 801

4 5 V

Aliquando anus quaedam veteres libros novem numero regi magna pecunia vendere cupivit. Tarquinius Superbus cum natura suspiciosus esset, anum dementem putans risit. Illa discessit atque tres illorum librorum combussit. Paulo post reversa regem interrogavit, num reliquos sex libros eodem pretio emere vellet. Cum ille multo magis rideret, anus iterum abiit tribusque aliis libris combustis revertit. Pertinacia et perseverantia mulieris miratus Tarquinius tres reliquos libros eodem pretio emit, quo omnes emere potuit. 6 pt

Aliquando anus quaedam veteres libros novem numero regi magna pecunia vendere cupivit. Tarquinius Superbus cum natura suspiciosus esset, anum dementem putans risit. Illa discessit atque tres illorum librorum combussit. Paulo post reversa. 9 pt

Aliquando anus quaedam veteres libros novem numero regi magna pecunia vendere cupivit. Tarquinius Superbus cum natura suspiciosus esset, anum dementem putans risit. Illa discessit atque tres illo rum librorum combussit. 10 pt

Aliquando anus quaedam veteres libros novem numero regi magna pecunia vendere cupivit. Tarquinius Superbus cum natura suspiciosus esset. 12 pt

Roman ABCDEFGHIJKLMNOPQRSTUVWXYZ ÄÖÜ
abcdefghijklmnopqrstuvwxyz äöüß 0123456789 &!?
↦ 64 M 67 x 48 H 9 H 6

Italic *ABCDEFGHIJKLMNOPQRSTUVWXYZ ÄÖÜ*
abcdefghijklmnopqrstuvwxyzäöüß0123456789&!?
↦ 67 M 67 x 50 I 11° H 8 H 6

Bold **ABCDEFGHIJKLMNOPQRSTUVWXYZ ÄÖÜ**
abcdefghijklmnopqrstuvwxyz äöüß 0123456789 &!?
↦ 61 M 67 x 49 H 14 H 8

Bold Italic ***ABCDEFGHIJKLMNOPQRSTUVWXYZ ÄÖÜ***
abcdefghijklmnopqrstuvwxyz äöüß
0123456789 &!?
↦ 62 M 67 x 52 I 11° H 12 H 8

Black **ABCDEFGHIJKLMNOPQRSTUVWXYZ ÄÖÜ**
abcdefghijklmnopqrstuvwxyzäöüß0123456789
↦ 53 M 67 x 49 H 17 H 10

Black Italic ***ABCDEFGHIJKLMNOPQRSTUVWXYZ ÄÖÜ***
abcdefghijklmnopqrstuvwxyz äöüß
0123456789 &!?
↦ 55 M 67 x 51 I 11° H 17 H 10

Gezeichnet 1987 von dem Amerikaner Matthew Carter. Von Carter stammen außerdem Cascade (in Corel: Freehand 471), Shelley Allegro, Snell, Galliard und Gando. Er ist der Gründer von Bitstream.

Bitstream 1987

➛Fry's Baskerville

Transitional 409

4 5 V

A G Q R S Z

a b c e g i k n z

Aliquando anus quaedam veteres libros novem numero regi magna pecunia vendere cupivit. Tarquinius Superbus cum natura suspiciosus esset, anum dementem putans risit. Illa discessit atque tres illorum librorum combussit. Paulo post reversa regem interrogavit, num reliquos sex libros eodem pretio emere vellet. Cum ille multo magis rideret, anus iterum abiit tribusque aliis libris combustis revertit. Pertinacia et perseverantia mulieris miratus Tarquinius tres reliquos libros eodem pretio emit, quo omnes emere potuit. Paulo post rex libros ab auguribus examinari iussit. Qui his libris oracula Sibyllae Cumanae contineri. 6 pt

Aliquando anus quaedam veteres libros novem numero regi magna pecunia vendere cupivit. Tarquinius Superbus cum natura suspiciosus esset, anum dementem putans risit. Illa discessit atque tres illo rum librorum combussit. Paulo post reversa regem. 9 pt

Aliquando anus quaedam veteres libros novem numero regi magna pecunia vendere cupivit. Tarquinius Superbus cum natura suspiciosus esset, anum dementem putans risit. Illa discessit atque tres illo rum librorum combussit. 10 pt

Aliquando anus quaedam veteres libros novem numero regi magna pecunia vendere cupivit. Tarquinius Superbus cum natura suspiciosus esset, anum. 12 pt

Aliquando anus quaedam veteres libros novem numero regi magna pecunia vendere cupivit. Tarquinius Superbus cum natura suspiciosus esset, anum dementem putans risit. Illa discessit atque tres illo rum librorum combussit. Paulo post. 14 pt

ABCDEFGHIJKLMNOPQRSTUVWXYZ ÄÖÜ
abcdefghijklmnopqrstuvwxyz äöüß 0123456789 &!?

|←→| 68 M 68 X 42
H 11 H 2

Ursprünglich gezeichnet von dem Engländer John Baskerville (1706-1775), der erst Schreiblehrer war und später in Birmingham eine Druckerei und Schriftgießerei gründete. Für den Entwurf benötigte Baskerville sieben Jahre. Die Fry's Baskerville ist eine Nachempfindung dieser Schrift durch Isaac Moore 1768 für die englische Schriftgießerei Fry.

S & B
[Bitstream]

1768

A G Q R S Z
a b c e g i k n z

→Oranda

Transitional 860

4 5 V

Aliquando anus quaedam veteres libros novem numero regi magna pecunia vendere cupivit. Tarquinius Superbus cum natura suspiciosus esset, anum dementem putans risit. Illa discessit atque tres illorum librorum combussit. Paulo post reversa regem interrogavit, num reliquos sex libros eodem pretio emere vellet. Cum ille multo magis rideret, anus iterum abiit tribusque aliis libris combustis revertit. Pertinacia et perseverantia mulieris miratus Tarquinius tres reliquos libros eodem pretio emit, quo omnes emere potuit. Paulo post rex libros ab auguribus examinari iussit. 6 pt

Aliquando anus quaedam veteres libros novem numero regi magna pecunia vendere cupivit. Tarquinius Superbus cum natura suspiciosus esset, anum dementem putans risit. Illa discessit atque tres illo rum librorum combussit. Paulo post reversa regem interrogavit. 9 pt

Aliquando anus quaedam veteres libros novem numero regi magna pecunia vendere cupivit. Tarquinius Superbus cum natura suspiciosus esset, anum dementem putans risit. Illa discessit atque tres illo rum librorum combussit. 10 pt

Aliquando anus quaedam veteres libros novem numero regi magna pecunia vendere cupivit. Tarquinius Superbus cum natura suspiciosus esset, anum. 12 pt

		⟷	I	M	H	x	H
Roman	ABCDEFGHIJKLMNOPQRSTUVWXYZ ÄÖÜ abcdefghijklmnopqrstuvwxyz äöüß 0123456789 &!?	69		61	8	46	8
Italic	*ABCDEFGHIJKLMNOPQRSTUVWXYZ ÄÖÜ* *abcdefghijklmnopqrstuvwxyz äöüß 0123456789 &!?*	74	9°	61	7	49	7
Bold	**ABCDEFGHIJKLMNOPQRSTUVWXYZ ÄÖÜ** **abcdefghijklmnopqrstuvwxyz äöüß 0123456789 &!?**	67		61	13	48	10
Bold Italic	***ABCDEFGHIJKLMNOPQRSTUVWXYZ ÄÖÜ*** ***abcdefghijklmnopqrstuvwxyz äöüß 0123456789 &!?***	74	9°	61	12	49	10
Cond.	ABCDEFGHIJKLMNOPQRSTUVWXYZ ÄÖÜ abcdefghijklmnopqrstuvwxyz äöüß 0123456789 &!?	76		61	8	46	6
Cond. Bold	**ABCDEFGHIJKLMNOPQRSTUVWXYZ ÄÖÜ** **abcdefghijklmnopqrstuvwxyz äöüß 0123456789 &!?**	69		61	15	47	10

Gezeichnet 1992 von Gerard Unger. Von Unger stammt außerdem die Amerigo.

Bitstream 1992

→ITC New Baskerville

Nebraska[3]

Transitional 402

3 4 5

A G Q R S Z

a b c e g i k n z

Aliquando anus quaedam veteres libros novem numero regi magna pecunia vendere cupivit. Tarquinius Superbus cum natura suspiciosus esset, anum dementem putans risit. Illa discessit atque tres illorum librorum combussit. Paulo post reversa regem interrogavit, num reliquos sex libros eodem pretio emere vellet. Cum ille multo magis rideret, anus iterum abiit tribusque aliis libris combustis revertit. Pertinacia et perseverantia mulieris miratus Tarquinius tres reliquos libros eodem pretio emit, quo omnes emere potuit. Paulo post rex libros ab auguribus examinari iussit. 6 pt

Aliquando anus quaedam veteres libros novem numero regi magna pecunia vendere cupivit. Tarquinius Superbus cum natura suspiciosus esset, anum dementem putans risit. Illa discessit atque tres illo rum librorum combussit. Paulo post reversa. 9 pt

Aliquando anus quaedam veteres libros novem numero regi magna pecunia vendere cupivit. Tarquinius Superbus cum natura suspiciosus esset, anum dementem putans risit. Illa discessit atque tres illo rum librorum combussit. 10 pt

Aliquando anus quaedam veteres libros novem numero regi magna pecunia vendere cupivit. Tarquinius Superbus cum natura suspiciosus esset. 12 pt

Roman ABCDEFGHIJKLMNOPQRSTUVWXYZ ÄÖÜ
abcdefghijklmnopqrstuvwxyz äöüß
0123456789 &!?
⟷ 63 M 67 x 45
H 10 H 3

Italic *ABCDEFGHIJKLMNOPQRSTUVWXYZ ÄÖÜ*
abcdefghijklmnopqrstuvwxyz äöüß 0123456789 &!?
⟷ 72 M 67 x 44
I 15° H 9 H 3

Bold **ABCDEFGHIJKLMNOPQRSTUVWXYZ ÄÖÜ**
abcdefghijklmnopqrstuvwxyz äöüß
0123456789 &!?
⟷ 62 M 67 x 44
H 16 H 6

Bold Italic ***ABCDEFGHIJKLMNOPQRSTUVWXYZ ÄÖÜ***
abcdefghijklmnopqrstuvwxyz äöüß
0123456789 &!?
⟷ 66 M 67 x 48
I 15° H 13 H 5

Ursprünglich gezeichnet von dem Engländer John Baskerville (1706-1775), der erst Schreiblehrer war und später in Birmingham eine Druckerei und Schriftgießerei gründete. Für den Entwurf benötigte Baskerville sieben Jahre. Die Schrift wurde 1917 für ATF neu gezeichnet.

ITC [Bitstream] 1917

A G Q R S Z

→Romana

Revival 707

4 5 V

a b c e g i k n z

Aliquando anus quaedam veteres libros novem numero regi magna pecunia vendere cupivit. Tarquinius Superbus cum natura suspiciosus esset, anum dementem putans risit. Illa discessit atque tres illorum librorum combussit. Paulo post reversa regem interrogavit, num reliquos sex libros eodem pretio emere vellet. Cum ille multo magis rideret, anus iterum abiit tribusque aliis libris combustis revertit. Pertinacia et perseverantia mulieris miratus Tarquinius tres reliquos libros eodem pretio emit, quo omnes emere potuit. Paulo post rex libros ab auguribus examinari iussit. Qui his libris oracula Sibyllae Cumanae contineri cognoverunt. 6 pt

Aliquando anus quaedam veteres libros novem numero regi magna pecunia vendere cupivit. Tarquinius Superbus cum natura suspiciosus esset, anum dementem putans risit. Illa discessit atque tres illo rum librorum combussit. Paulo post reversa regem interrogavit, num reliquos ses libros. 9 pt

Aliquando anus quaedam veteres libros novem numero regi magna pecunia vendere cupivit. Tarquinius Superbus cum natura suspiciosus esset, anum dementem putans risit. Illa discessit atque tres illorum librorum. 10 pt

Aliquando anus quaedam veteres libros novem numero regi magna pecunia vendere cupivit. Tarquinius Superbus cum natura suspiciosus esset, anum dementem putans risit. 12 pt

Aliquando anus quaedam veteres libros novem numero regi magna pecunia vendere cupivit. Tarquinius Superbus cum natura suspiciosus esset, anum dementem putans risit. Illa discessit atque tres illo rum librorum combussit. Paulo post reversa regem interrogavit. 14 pt

Roman ABCDEFGHIJKLMNOPQRSTUVWXYZ ÄÖÜ
abcdefghijklmnopqrstuvwxyz äöüß 0123456789 &!?

72 M 73 x 48
H 11 H 4

Bold **ABCDEFGHIJKLMNOPQRSTUVWXYZ ÄÖÜ**
abcdefghijklmnopqrstuvwxyz äöüß
0123456789 &!?

64 M 73 x 51
H 16 H 6

Die Romana entstand vor 1900.

ATF 19.Jahrhndt.
[Bitstream]

Transitional 521

→Electra

4 5 V

A G Q R S Z

a b c e g i k n z

Aliquando anus quaedam veteres libros novem numero regi magna pecunia vendere cupivit. Tarquinius Superbus cum natura suspiciosus esset, anum dementem putans risit. Illa discessit atque tres illorum librorum combussit. Paulo post reversa regem interrogavit, num reliquos sex libros eodem pretio emere vellet. Cum ille multo magis rideret, anus iterum abiit tribusque aliis libris combustis revertit. Pertinacia et perseverantia mulieris miratus Tarquinius tres reliquos libros eodem pretio emit, quo omnes emere potuit. 6 pt

Aliquando anus quaedam veteres libros novem numero regi magna pecunia vendere cupivit. Tarquinius Superbus cum natura suspiciosus esset, anum dementem putans risit. Illa discessit atque tres illo rum librorum combussit. 10 pt

Aliquando anus quaedam veteres libros novem numero regi magna pecunia vendere cupivit. Tarquinius Superbus cum natura suspiciosus esset, anum dementem putans risit. Illa discessit atque tres illo rum librorum combussit. Paulo post reversa regem interrogavit, num. 9 pt

Aliquando anus quaedam veteres liros novem numero regi magna peuna vendere cupivit. Tarquinius Superbus cum natura suspiciosus esset, anum dementem putans. 12 pt

Roman	ABCDEFGHIJKLMNOPQRSTUVWXYZ ÄÖÜ	↔ 68	M 72	x 43
	abcdefghijklmnopqrstuvwxyz äöüß 0123456789 &!?		H 9	H 3
Cursive	*ABCDEFGHIJKLMNOPQRSTUVWXYZ ÄÖÜ*	↔ 70	M 72	x 47
	abcdefghijklmnopqrstuvwxyz äöüß 0123456789 &!?	I 7°	H 9	H 3
Bold	**ABCDEFGHIJKLMNOPQRSTUVWXYZ ÄÖÜ**	↔ 67	M 72	x 43
	abcdefghijklmnopqrstuvwxyz äöüß 0123456789 &!?		H 13	H 3

Gezeichnet von dem Amerikaner William Addison Dwiggins (1880-1956) für Linotype. Von Dwiggins stammt auch die Metro (in Corel: „Geometric 415").

Bitstream 1935

A G Q R S Z

a b c e g i k n z

Transitional

551

→ Fairfield

4 5 V

Aliquando anus quaedam veteres libros novem numero regi magna pecunia vendere cupivit. Tarquinius Superbus cum natura suspiciosus esset, anum dementem putans risit. Illa discessit atque tres illorum librorum combussit. Paulo post reversa regem interrogavit, num reliquos sex libros eodem pretio emere vellet. Cum ille multo magis rideret, anus iterum abiit tribusque aliis libris combustis revertit. Pertinacia et perseverantia mulieris miratus Tarquinius tres reliquos libros eodem pretio emit, quo omnes emere potuit. Paulo post rex libros ab auguribus examinari iussit. Qui his libris oracula Sibyllae Cumanae contineri cognoverunt. 6 pt

Aliquando anus quaedam veteres libros novem numero regi magna pecunia vendere cupivit. Tarquinius Superbus cum natura suspiciosus esset, anum dementem putans risit. Illa discessit atque tres illo rum librorum combussit. Paulo post reversa regem interrogavit, num. 9 pt

Aliquando anus quaedam veteres libros novem numero regi magna pecunia vendere cupivit. Tarquinius Superbus cum natura suspiciosus esset, anum dementem putans risit. Illa discessit atque tres illo rum librorum combussit. 10 pt

Aliquando anus quaedam veteres libros novem numero regi magna pecunia vendere cupivit. Tarquinius Superbus cum natura suspiciosus esset, anum dementem putans risit. 12 pt

Aliquando anus quaedam veteres libros novem numero regi magna pecunia vendere cupivit. Tarquinius Superbus cum natura suspiciosus esset, anum dementem putans risit. Illa discessit atque tres illo rum librorum combussit. Paulo post reversa regem. 14 pt

Med.	ABCDEFGHIJKLMNOPQRSTUVWXYZ ÄÖÜ abcdefghijklmnopqrstuvwxyz äöüß 0123456789 &!?	⟷ 71	M 67 H 9	x 43 H 2
Med. Italic	*ABCDEFGHIJKLMNOPQRSTUVWXYZ ÄÖÜ* *abcdefghijklmnopqrstuvwxyz äöüß 0123456789 &!?*	⟷ 76 I 9°	M 67 H 9	x 44 H 2

Gezeichnet 1991 von Alex Kaczun für Adobe.

Bitstream 1991

Zapf Elliptical 711

→ Melior

4 | 5 | V

A G Q R S Z

a b c e g i k n z

Aliquando anus quaedam veteres libros novem numero regi magna pecunia vendere cupivit. Tarquinius Superbus cum natura suspiciosus esset, anum dementem putans risit. Illa discessit atque tres illorum librorum combussit. Paulo post reversa regem interrogavit, num reliquos sex libros eodem pretio emere vellet. Cum ille multo magis rideret, anus iterum abiit tribusque aliis libris combustis revertit. Pertinacia et perseverantia mulieris miratus Tarquinius tres reliquos libros eodem pretio emit. 6 pt

Aliquando anus quaedam veteres libros novem numero regi magna pecunia vendere cupivit. Tarquinius Superbus cum natura suspiciosus esset, anum dementem putans risit. Illa discessit atque tres illo rum librorum combussit. 9 pt

Aliquando anus quaedam veteres libros novem numero regi magna pecunia vendere cupivit. Tarquinius Superbus cum natura suspiciosus esset, anum dementem putans risit. Illa discessit atque tres illo rum librorum combussit. 10 pt

Aliquando anus quaedam veteres libros novem numero regi magna pecunia vendere cupivit. Tarquinius Superbus cum natura suspiciosus esset. 12 pt

Roman ABCDEFGHIJKLMNOPQRSTUVWXYZ ÄÖÜ
abcdefghijklmnopqrstuvwxyz äöüß
0123456789 &!?

|←→| 63 M 70 x 46
H 10 H 4

Roman Italic *ABCDEFGHIJKLMNOPQRSTUVWXYZ ÄÖÜ*
abcdefghijklmnopqrstuvwxyz äöüß
0123456789 &!?

|←→| 64 M 69 x 64
I 12° H 9 H 5

Bold **ABCDEFGHIJKLMNOPQRSTUVWXYZ ÄÖÜ**
abcdefghijklmnopqrstuvwxyz äöüß
0123456789 &!?

|←→| 62 M 70 x 46
H 15 H 6

Bold Italic ***ABCDEFGHIJKLMNOPQRSTUVWXYZ ÄÖÜ***
abcdefghijklmnopqrstuvwxyz äöüß
0123456789 &!?

|←→| 60 M 70 x 46
I 12° H 14 H 6

Die Melior stammt von dem bedeutenden deutschen Typographen Hermann Zapf (geb. 1918), der sie 1952 für die Linotype entwarf und die speziell für den Zeitungsdruck gedacht war. Von Zapf stammen außerdem die Palatino (in Corel: „Zapf Calligraphic 801"), die Optima („Zapf Humanist 601"), die Zapf Chancery sowie die Zapf Dingbats.

Bitstream 1952

IV Klassizistische Antiqua

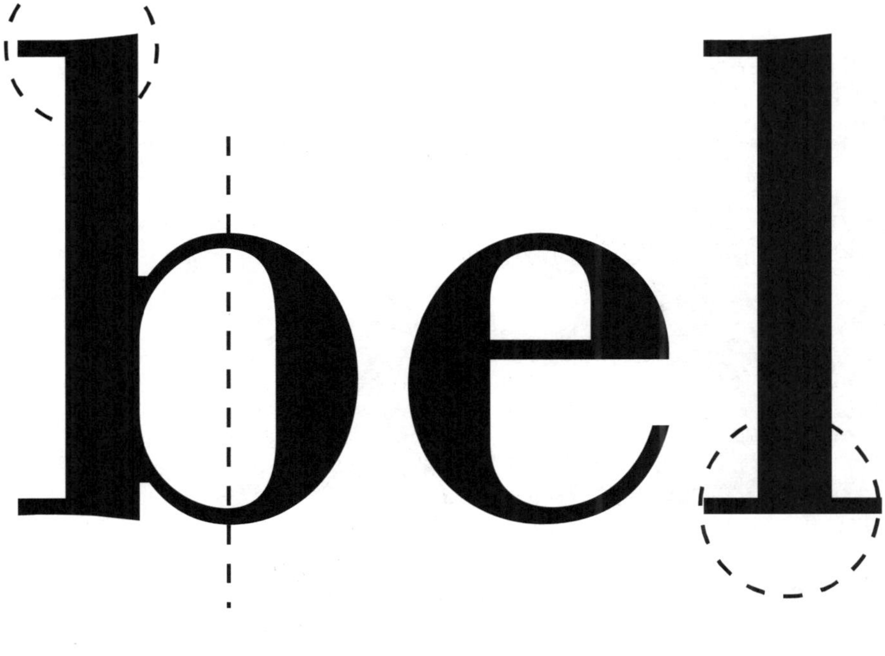

A G Q R S Z

a b c e g i k n z

→Arsis

Onyx

Modern 741

5 V

Aliquando anus quaedam veteres libros novem numero regi magna pecunia vendere cupivit. Tarquinius Superbus cum natura suspiciosus esset, anum dementem putans risit. Illa discessit atque tres illorum librorum combussit. Paulo post reversa regem interrogavit, num reliquos sex libros eodem pretio emere vellet. Cum ille multo magis rideret, anus iterum abiit tribusque aliis libris combustis revertit. Pertinacia et perseverantia mulieris miratur Tarquinius tres reliquos libros eodem pretio emit, quo omnes emere potuit. Paulo post rex libros ab auguribus examinari iussit. Qui his libris oracula Sibyllae Cumanae contineri cognoverunt. 6 pt

Aliquando anus quaedam veteres libros novem numero regi magna pecunia vendere cupivit. Tarquinius Superbus cum natura suspiciosus esset, anum dementem putans risit. Illa discessit atque tres illorum librorum combussit. Paulo post reversa regem interrogavit, num reliquos ses libros. 9 pt

Aliquando anus quaedam veteres libros novem numero regi magna pecunia vendere cupivit. Tarquinius Superbus cum natura suspiciosus esset, anum dementem putans risit. Illa discessit atque tres. 10 pt

Aliquando anus quaedam veteres libros novem numero regi magna pecunia vendere cupivit. Tarquinius Superbus cum natura suspiciosus esset, anum dementem putans risit. 12 pt

Aliquando anus quaedam veteres libros novem numero regi magna pecunia vendere cupivit. Tarquinius Superbus cum natura suspiciosus esset, anum dementem putans risit. Illa discessit atque tres illo rum librorum combussit. Paulo post reversa regem interrogavit, num reliquos sex libros. 14 pt

Roman ABCDEFGHIJKLMNOPQRSTUVWXYZ ÄÖÜ
abcdefghijklmnopqrstuvwxyz äöüß 0123456789 &!?

|↔| 125 M 67 X 48
H 9 H 2

Italic *ABCDEFGHIJKLMNOPQRSTUVWXYZ ÄÖÜ*
abcdefghijklmnopqrstuvwxyz äöüß 0123456789 &!?

|↔| 125 M 67 X 47
I 15° H 9 H 1

Die Arsis ist eine besonders schmale Variante der Bodoni (siehe dort). Sie wurde von dem Amerikaner Gerry Powell 1937 gezeichnet. Von Powell stammt unter anderem auch auch die Stencil. Der Roman-Schriftschnitt der Arsis ist in der Corel-Schriftensammlung sowohl in der 4er wie in der 5er Version auch unter dem Namen Onyx zu finden.

[URW] 1937

Onyx

→ Arsis
Modern 741

4 | 5 | V

A G Q R S Z
a b c e g i k n z

Aliquando anus quaedam veteres libros novem numero regi magna pecunia vendere cupivit. Tarquinius Superbus cum natura suspiciosus esset, anum dementem putans risit. Illa discessit atque tres illorum librorum combussit. Paulo post reversa regem interrogavit, num reliquos sex libros eodem pretio emere vellet. Cum ille multo magis rideret, anus iterum abiit tribusque aliis libris combustis revertit. Pertinacia et perseverantia mulieris miratus Tarquinius tres reliquos libros eodem pretio emit, quo omnes emere potuit. Paulo post rex libros ab auguribus examinari iussit. Qui his libris oracula Sibyllae Cumanae contineri. 6 pt

Aliquando anus quaedam veteres libros novem numero regi magna pecunia vendere cupivit. Tarquinius Superbus cum natura suspiciosus esset, anum dementem putans risit. Illa discessit atque tres illorum librorum combussit. 9 pt

Aliquando anus quaedam veteres libros novem numero regi magna pecunia vendere cupivit. Tarquinius Superbus cum natura suspiciosus esset, anum dementem putans risit. Illa discessit atque tres illorum librorum. 10 pt

Aliquando anus quaedam veteres libros novem numero regi magna pecunia vendere cupivit. Tarquinius Superbus cum natura suspiciosus esset, anum dementem putans risit. 12 pt

Aliquando anus quaedam veteres libros novem numero regi magna pecunia vendere cupivit. Tarquinius Superbus cum natura suspiciosus esset, anum dementem putans risit. Illa discessit atque tres illo rum librorum combussit. Paulo post reversa regem interrogavit, num reliquos ses libros illorum librorum. 14 pt

ABCDEFGHIJKLMNOPQRSTUVWXYZ ÄÖÜ
abcdefghijklmnopqrstuvwxyz äöüß 0123456789 &!?

↔ 101 M 72 x 52

Die Arsis ist eine besonders schmale Variante der Bodoni (siehe dort). Sie wurde von dem Amerikaner Gerry Powell 1937 gezeichnet. Von Powell stammt unter anderem auch auch die Stencil. Der Roman-Schriftschnitt der Arsis ist in der Corel-Schriftensammlung sowohl in der 4er wie in der 5er Version auch unter dem Namen Onyx zu finden.

ATF 1937
[Bitstream]

A G Q R S Z

a b c e g i k n z

→Bodoni

Modern 421

4 5 V

Aliquando anus quaedam veteres libros novem numero regi magna pecunia vendere cupivit. Tarquinius Superbus cum natura suspiciosus esset, anum dementem putans risit. Illa discessit atque tres illorum librorum combussit. Paulo post reversa regem interrogavit, num reliquos sex libros eodem pretio emere vellet. Cum ille multo magis rideret, anus iterum abiit tribusque aliis libris combustis revertit. Pertinacia et perseverantia mulieris miratus Tarquinius tres reliquos libros eodem pretio emit, quo omnes emere potuit. Paulo post rex libros. 6 pt

Aliquando anus quaedam veteres libros novem numero regi magna pecunia vendere cupivit. Tarquinius Superbus cum natura suspiciosus esset, anum dementem putans risit. Illa discessit atque tres illorum librorum combussit. Paulo post reversa. 9 pt

Aliquando anus quaedam veteres libros novem numero regi magna pecunia vendere cupivit. Tarquinius Superbus cum natura suspiciosus esset, anum dementem putans risit. Illa discessit atque tres. 10 pt

Aliquando anus quaedam veteres libros novem numero regi magna pecunia vendere cupivit. Tarquinius Superbus cum natura suspiciosus esset, anum. 12 pt

Roman	ABCDEFGHIJKLMNOPQRSTUVWXYZ ÄÖÜ abcdefghijklmnopqrstuvwxyz äöüß 0123456789 &!?	67 M 67 x 39	H 13 H 3
Italic	*ABCDEFGHIJKLMNOPQRSTUVWXYZ ÄÖÜ* *abcdefghijklmnopqrstuvwxyz äöüß* *0123456789 &!?*	66 M 67 x 42	I 11° H 12 H 3
Bold	**ABCDEFGHIJKLMNOPQRSTUVWXYZ ÄÖÜ** **abcdefghijklmnopqrstuvwxyz äöüß** **0123456789 &!?**	64 M 65 x 39	H 18 H 3
Bold Italic	***ABCDEFGHIJKLMNOPQRSTUVWXYZ ÄÖÜ*** ***abcdefghijklmnopqrstuvwxyz äöüß*** ***0123456789 &!?***	64 M 65 x 42	I 12° H 15 H 4
Book	ABCDEFGHIJKLMNOPQRSTUVWXYZ ÄÖÜ abcdefghijklmnopqrstuvwxyz äöüß 0123456789 &!?	73 M 66 x 38	H 10 H 3
Book Italic	*ABCDEFGHIJKLMNOPQRSTUVWXYZ ÄÖÜ* *abcdefghijklmnopqrstuvwxyz äöüß 0123456789 &!?*	74 M 65 x 40	I 14° H 9 H 3

Bold Cond.

ABCDEFGHIJKLMNOPQRSTUVWXYZ ÄÖÜ
abcdefghijklmnopqrstuvwxyz äöüß 0123456789 &!?

85 M 65 x 38
H 13 H 3

Bitstream 1907

Der Italiener Giambattista Bodoni wurde 1740 in Saluzzo geboren. Außer der konstraststarken, eleganten Schrift von ca. 1790, die seinen Namen unsterblich machte, schnitt Bodoni über hundert Antiquaschriften, fünfzig Kursivschriften und fast dreißig griechische Alphabete. Er starb 1813 in Parma.

Die oben gezeigte Schrift wurde 1907 von Morris Fuller Benton für ATF nach Originalvorlagen gezeichnet. Von Benton (1872-1948) stammen zahllose Schriften, die Corel-Kollektion enthält unter anderem Broadway, Parisian, Century Schoolbook, Hobo und Bank Gothic.

A G Q R S Z
a b c e g i k n z

→Bauer Bodoni

Modern 405

4 5 V

Aliquando anus quaedam veteres libros novem numero regi magna pecunia vendere cupivit. Tarquinius Superbus cum natura suspiciosus esset, anum dementem putans risit. Illa discessit atque tres illorum librorum combussit. Paulo post reversa regem interrogavit, num reliquos sex libros eodem pretio emere vellet. Cum ille multo magis rideret, anus iterum abiit tribusque aliis libris combustis revertit. Pertinacia et perseverantia mulieris miratus Tarquinius tres reliquos libros eodem pretio emit, quo omnes emere potuit. Paulo post rex libros ab auguribus. 6 pt

Aliquando anus quaedam veteres libros novem numero regi magna pecunia vendere cupivit. Tarquinius Superbus cum natura suspiciosus esset, anum dementem putans risit. Illa discessit atque tres illorum librorum combussit. Paulo post reversa regem interrogavit, num reliquos ses libros. 9 pt

Aliquando anus quaedam veteres libros novem numero regi magna pecunia vendere cupivit. Tarquinius Superbus cum natura suspiciosus esset, anum dementem putans risit. Illa discessit atque tres. 10 pt

Aliquando anus quaedam veteres libros novem numero regi magna pecunia vendere cupivit. Tarquinius Superbus cum natura suspiciosus esset, anum dementem putans risit. 12 pt

Roman ABCDEFGHIJKLMNOPQRSTUVWXYZ ÄÖÜ
abcdefghijklmnopqrstuvwxyz äöüß 0123456789 &!?
75 M 66 x 40
H 10 2

Italic *ABCDEFGHIJKLMNOPQRSTUVWXYZ ÄÖÜ*
abcdefghijklmnopqrstuvwxyz äöüß 0123456789 &!?
76 M 66 x 43
I 15° H 9 2

Bold **ABCDEFGHIJKLMNOPQRSTUVWXYZ ÄÖÜ**
abcdefghijklmnopqrstuvwxyz äöüß
0123456789 &!?
66 M 67 x 42
H 15 2

Bold Italic ***ABCDEFGHIJKLMNOPQRSTUVWXYZ ÄÖÜ***
abcdefghijklmnopqrstuvwxyz äöüß
0123456789 &!?
66 M 67 x 42
I 15° H 14 3

Black	**ABCDEFGHIJKLMNOPQRSTUVWXYZ ÄÖÜ** **abcdefghijklmnopqrstuvwxyz äöüß** **0123456789 &!?**	↔ 62 M 67 x 49 H 19 H 1
Black Italic	***ABCDEFGHIJKLMNOPQRSTUVWXYZ ÄÖÜ*** ***abcdefghijklmnopqrstuvwxyz äöüß*** ***0123456789 &!?***	↔ 62 M 67 x 47 I 15° H 18 H 2
Bold. Cond	**ABCDEFGHIJKLMNOPQRSTUVWXYZ ÄÖÜ** **abcdefghijklmnopqrstuvwxyz äöüß 0123456789 &!?**	↔ 74 M 67 x 42 H 15 H 2
Black. Cond	**ABCDEFGHIJKLMNOPQRSTUVWXYZ ÄÖÜ** **abcdefghijklmnopqrstuvwxyz äöüß** **0123456789 &!?**	↔ 71 M 67 x 44 H 18 H 2
Titling	ABCDEFGHIJKLMNOPQRSTUVWXYZ ÄÖÜ	↔ 42 M 75 x 75

Der Italiener Giambattista Bodoni wurde 1740 in Saluzzo geboren. Außer der konstraststarken, eleganten Schrift von ca. 1790, die seinen Namen unsterblich machte, schnitt Bodoni über hundert Antiquaschriften, fünfzig Kursivschriften und fast dreißig griechische Alphabete. Er starb 1813 in Parma.

FTN [Bitstream] 1926

Die Schriftart Bauer Bodoni wurde 1926 für die deutsche Schriftgießerei Bauer in Frankfurt gezeichnet.

Modern 735

→Bodoni Campanile

4 5 V

A G Q R S Z

a b c e g i k n z

Aliquando anus quaedam veteres libros novem numero regi magna pecunia vendere cupivit. Tarquinius Superbus cum natura suspiciosus esset, anum dementem putans risit. Illa discessit atque tres illorum librorum combussit. Paulo post reversa regem interrogavit, num reliquos sex libros eodem pretio emere vellet. Cum ille multo magis rideret, anus iterum abiit tribusque aliis libris combustis revertit. Pertinacia et perseverantia mulieris miratus Tarquinius tres reliquos libros eodem pretio emit, quo omnes emere potuit. Paulo post rex libros ab auguribus examinari iussit. Qui his libris oracula Sibyllae Cumanae contineri cognoverunt. 6 pt

Aliquando anus quaedam veteres libros novem numero regi magna pecunia vendere cupivit. Tarquinius Superbus cum natura suspiciosus esset, anum dementem putans risit. Illa discessit atque tres illo rum librorum combussit. Paulo post reversa regem interrogavit, num reliquos ses libros. 9 pt

Aliquando anus quaedam veteres libros novem numero regi magna pecunia vendere cupivit. Tarquinius Superbus cum natura suspiciosus esset, anum dementem putans risit. Illa discessit atque tres. 10 pt

Aliquando anus quaedam veteres libros novem numero regi magna pecunia vendere cupivit. Tarquinius Superbus cum natura suspiciosus esset, anum dementem putans risit. 12 pt

Aliquando anus quaedam veteres libros novem numero regi magna pecunia vendere cupivit. Tarquinius Superbus cum natura suspiciosus esset, anum dementem putans risit. Illa discessit atque tres illo rum librorum combussit. Paulo post reversa regem interrogavit, num reliquos ses libros. 14 pt

ABCDEFGHIJKLMNOPQRSTUVWXYZ ÄÖÜ
abcdefghijklmnopqrstuvwxyz äöüß 0123456789 &!?

⟷	97	M	74	x	52
H	11	H	3		

Der Italiener Giambattista Bodoni wurde 1740 in Saluzzo geboren. Außer der konstraststarken, eleganten Schrift von ca. 1790, die seinen Namen unsterblich machte, schnitt Bodoni über hundert Antiquaschriften, fünfzig Kursivschriften und fast dreißig griechische Alphabete. Er starb 1813 in Parma.

Bitstream 1936

Campanile ist die italienische Bezeichnung für Glockenturm. Der Name soll verdeutlichen, daß es sich bei der Schriftart um einen hohen, schmalen Schnitt handelt. Sie wurde 1936 von dem Amerikaner Robert Hunter Middleton gezeichnet. Von Middleton (1898-1985) stammen außerdem die Coronet (in Corel: Ribbon 131), Mandate (Freehand 521), Bodoni Campanile (Modern 735) und Umbra.

→Poster Bodoni

Bodnoff[3]
Modern 721

3 4 5 V

A G Q R S Z
abcegiknz

Aliquando anus quaedam veteres libros novem numero regi magna pecunia vendere cupivit. Tarquinius Superbus cum natura suspiciosus esset, anum dementem putans risit. Illa discessit atque tres illorum librorum combussit. Paulo post reversa regem interrogavit, num reliquos sex libros eodem pretio emere vellet. Cum ille multo magis rideret, anus iterum abiit tribusque aliis libris combustis revertit. 6 pt

Aliquando anus quaedam veteres libros novem numero regi magna pecunia vendere cupivit. Tarquinius Superbus cum natura suspiciosus esset, anum dementem putans risit. Illa discessit atque. 9 pt

Aliquando anus quaedam veteres libros novem numero regi magna pecunia vendere cupivit. Tarquinius Superbus cum natura suspiciosus esset, anum dementem putans risit. 10 pt

Aliquando anus quaedam veteres libros novem numero regi magna pecunia vendere cupivit. Tarquinius Superbus. 12 pt

Roman **ABCDEFGHIJKLMNOPQRSTUVWXYZ ÄÖÜ**
abcdefghijklmnopqrstuvwxyz äöüß
0123456789 &!?

⟷ 50 M 69 x 47
H 29 H 3

Italic ***ABCDEFGHIJKLMNOPQRSTUVWXYZ ÄÖÜ***
abcdefghijklmnopqrstuvwxyz äöüß
0123456789 &!?

⟷ 50 M 69 x 53
I 10°

Der Italiener Giambattista Bodoni wurde 1740 in Saluzzo geboren. Außer der konstraststarken, eleganten Schrift von ca. 1790, die seinen Namen unsterblich machte, schnitt Bodoni über hundert Antiquaschriften, fünfzig Kursivschriften und fast dreißig griechische Alphabete. Er starb 1813 in Parma.

Die Poster-Version der Bodoni wurde 1920 von Chauncey H. Griffith gezeichnet, der später Vize-Präsident von Linotype wurde. Von Griffith stammen außerdem die Memphis (in Corel: Geometric Slabserif 703), Granjon (Elegant Garamond) und die ITC Bookman.

Bitstream 1920

A G Q R S Z

a b c e g i k n z

→ITC Fenice

Industrial 817

4 5

Aliquando anus quaedam veteres libros novem numero regi magna pecunia vendere cupivit. Tarquinius Superbus cum natura suspiciosus esset, anum dementem putans risit. Illa discessit atque tres illorum librorum combussit. Paulo post reversa regem interrogavit, num reliquos sex libros eodem pretio emere vellet. Cum ille multo magis rideret, anus iterum abiit tribusque aliis libris combustis revertit. Pertinacia et perseverantia mulieris miratus Tarquinius tres reliquos libros eodem pretio emit, quo omnes emere potuit. Paulo post rex libros ab. 6 pt

Aliquando anus quaedam veteres libros novem numero regi magna pecunia vendere cupivit. Tarquinius Superbus cum natura suspiciosus esset, anum dementem putans risit. Illa discessit atque tres illorum librorum combussit. Paulo post reversa regem interrogavit. 9 pt

Aliquando anus quaedam veteres libros novem numero regi magna pecunia vendere cupivit. Tarquinius Superbus cum natura suspiciosus esset, anum dementem putans risit. Illa discessit atque tres illo rum librorum combussit. 10 pt

Aliquando anus quaedam veteres libros novem numero regi magna pecunia vendere cupivit. Tarquinius Superbus cum natura suspiciosus esset, anum. 12 pt

Roman ABCDEFGHIJKLMNOPQRSTUVWXYZ ÄÖÜ abcdefghijklmnopqrstuvwxyz äöüß 0123456789 &!? — ⟷ 68 M 69 x 51 H 11 H 3

Italic *ABCDEFGHIJKLMNOPQRSTUVWXYZ ÄÖÜ abcdefghijklmnopqrstuvwxyz äöüß 0123456789 &!?* — ⟷ 68 M 69 x 53 I 12° H 10 H 3

Bold **ABCDEFGHIJKLMNOPQRSTUVWXYZ ÄÖÜ abcdefghijklmnopqrstuvwxyz äöüß 0123456789 &!?** — ⟷ 62 M 69 x 51 H 18 H 3

Bold Italic ***ABCDEFGHIJKLMNOPQRSTUVWXYZ ÄÖÜ abcdefghijklmnopqrstuvwxyz äöüß 0123456789 &!?*** — ⟷ 60 M 69 x 51 I 12° H 17 H 3

Die Fenice stammt von dem Italiener Aldo Novarese, der auch die Stop, die Estro (in Corel: Expo) und die Eurostile (siehe auch Microgramma) gezeichnet hat. Novarese zeichnete die Fenice in den Jahren 1977 bis 1980.

ITC [Bitstream] 1980

➛ITC Firenze

Florence[3]

3 4 5

A G Q R S Z

a b c e g i k n z

Aliquando anus quaedam veteres libros novem numero regi magna pecunia vendere cupivit. Tarquinius Superbus cum natura suspiciosus esset, anum dementem putans risit. Illa discessit atque tres illorum librorum combussit. Paulo post reversa regem interrogavit, num reliquos sex libros eodem pretio emere vellet. Cum ille multo magis rideret, anus iterum abiit tribusque aliis libris combustis revertit. Pertinacia et perseverantia mulieris miratus. 6 pt

Aliquando anus quaedam veteres libros novem numero regi magna pecunia vendere cupivit. Tarquinius Superbus cum natura suspiciosus esset, anum dementem putans risit. Illa discessit atque tres illo. 9 pt

Aliquando anus quaedam veteres libros novem numero regi magna pecunia vendere cupivit. Tarquinius Superbus cum natura suspiciosus esset, anum dementem putans risit. 10 pt

Aliquando anus quaedam veteres libros novem numero regi magna pecunia vendere cupivit. Tarquinius Superbus cum natura 12 pt

Aliquando anus quaedam veteres libros novem numero regi magna pecunia vendere cupivit. Tarquinius Superbus cum natura suspiciosus esset, anum dementem putans risit. Illa discessit atque tres illo. 14 pt

ABCDEFGHIJKLMNOPQRSTUVWXYZ ÄÖÜ

↤↦ 55 M 79 x 58

abcdefghijklmnopqrstuvwxyz äöüß
0123456789 &!?

H 26 H 1

ITC
[Bitstream]

De Vinne

Industrial 731

4 5 V

A G Q R S Z

a b c e g i k n z

Aliquando anus quaedam veteres libros novem numero regi magna pecunia vendere cupivit. Tarquinius Superbus cum natura suspiciosus esset, anum dementem putans risit. Illa discessit atque tres illorum librorum combussit. Paulo post reversa regem interrogavit, num reliquos sex libros eodem pretio emere vellet. Cum ille multo magis rideret, anus iterum abiit tribusque aliis libris combustis revertit. Pertinacia et perseverantia mulieris miratus Tarquinius tres reliquos libros eodem pretio emit, quo omnes emere potuit. Paulo post rex libros ab auguribus examinari iussit. Qui his libris oracula Sibyllae Cumanae contineri cognoverunt. 6 pt

Aliquando anus quaedam veteres libros novem numero regi magna pecunia vendere cupivit. Tarquinius Superbus cum natura suspiciosus esset, anum dementem putans risit. Illa discessit atque tres illo rum librorum combussit. 10 pt

Aliquando anus quaedam veteres libros novem numero regi magna pecunia vendere cupivit. Tarquinius Superbus cum natura suspiciosus esset, anum dementem putans risit. Illa discessit atque tres illo rum librorum combussit. Paulo post reversa regem. 9 pt

Aliquando anus quaedam veteres libros novem numero regi magna pecunia vendere cupivit. Tarquinius Superbus cum natura suspiciosus esset, anum. 12 pt

Roman	ABCDEFGHIJKLMNOPQRSTUVWXYZ ÄÖÜ abcdefghijklmnopqrstuvwxyz äöüß 0123456789 &!?	↔ 70	M 66 H 9	x 42 H 2
Italic	*ABCDEFGHIJKLMNOPQRSTUVWXYZ ÄÖÜ* *abcdefghijklmnopqrstuvwxyz äöüß 0123456789 &!?*	↔ 72 I 15°	M 66 H 8	x 45 H 2
Text	ABCDEFGHIJKLMNOPQRSTUVWXYZ ÄÖÜ abcdefghijklmnopqrstuvwxyz äöüß 0123456789 &!?	↔ 70	M 66 H 9	x 42 H 2
Text Italic	*ABCDEFGHIJKLMNOPQRSTUVWXYZ ÄÖÜ* *abcdefghijklmnopqrstuvwxyz äöüß 0123456789 &!?*	↔ 72 I 15°	M 66 H 9	x 47 H 2

Gezeichnet 1890 von Gustav Schroeder, benannt nach dem Amerikaner Theodore Low De Vinne (1828-1914), der wiederum die Century erstmalig zeichnete.

Bitstream 1890

➛Normande

Modern 710

4 5 V

A G Q R S Z
a b c e g i k n z

Aliquando anus quaedam veteres libros novem numero regi magna pecunia vendere cupivit. Tarquinius Superbus cum natura suspiciosus esset, anum dementem putans risit. Illa discessit atque tres illorum librorum combussit. Paulo post reversa regem interrogavit, num reliquos sex libros eodem pretio emere vellet. Cum ille multo magis rideret, anus iterum abiit tribusque aliis libris combustis revertit. 6 pt

Aliquando anus quaedam veteres libros novem numero regi magna pecunia vendere cupivit. Tarquinius Superbus cum natura suspiciosus esset, anum dementem putans risit. Illa discessit atque tres. 9 pt

Aliquando anus quaedam veteres libros novem numero regi magna pecunia vendere cupivit. Tarquinius Superbus cum natura suspiciosus esset, anum dementem putans risit. 10 pt

Aliquando anus quaedam veteres libros novem numero regi magna pecunia vendere cupivit. Tarquinius Superbus. 12 pt

Aliquando anus quaedam veteres libros novem numero regi magna pecunia vendere cupivit. Tarquinius Superbus cum natura suspiciosus esset, anum dementem putans risit. 14 pt

Roman ABCDEFGHIJKLMNOPQRSTUVW XYZ ÄÖÜ abcdefghijklmnopqrstuvwxyz äöüß 0123456789 &!? — ⟷ 50 M 71 x 50 H 33 H 2

Italic *ABCDEFGHIJKLMNOPQRSTUVW XYZ ÄÖÜ abcdefghijklmnopqrstuvwxyz äöüß 0123456789 &!?* — ⟷ 51 M 71 x 49 *I* 16°

Berthold
[Bitstream]

AGQRSZ

ABCEGIKNZ

➛Engraver's Roman

Engraver's Modern

005

4 5 V

ALIQUANDO ANUS QUAEDAM VETERES LIBROS NOVEM NUMERO REGI MAGNA PECUNIA VENDERE CUPIVIT. TARQUINIUS SUPERBUS CUM NATURA SUSPICIOSUS ESSET, ANUM DEMENTEM PUTANS RISIT. ILLA DISCESSIT ATQUE TRES ILLORUM LIBRORUM COMBUSSIT. PAULO POST REVERSA REGEM INTERROGAVIT, NUM RELIQUOS SEX LIBROS EODEM PRETIO EMERE VELLET. CUM ILLE MULTO MAGIS RIDERET, ANUS ITERUM ABIIT TRIBUSQUE ALIIS LIBRIS COMBUSTIS REVERTIT. PERTINACIA ET PERSEVERANTIA MULIERIS MIRATUS. 6 PT

ALIQUANDO ANUS QUAEDAM VETERES LIBROS NOVEM NUMERO REGI MAGNA PECUNIA VENDERE CUPIVIT. TARQUINIUS SUPERBUS CUM NATURA SUSPICIOSUS ESSET, ANUM DEMENTEM PUTANS RISIT. ILLA DISCESSIT ATQUE RELIQUOS. 9 PT

ALIQUANDO ANUS QUAEDAM VETERES LIBROS NOVEM NUMERO REGI MAGNA PECUNIA VENDERE CUPIVIT. TARQUINIUS SUPERBUS CUM NATURA SUSPICIOSUS ESSET, ANUM DEMENTEM PUTANS RISIT. 10 PT

ALIQUANDO ANUS QUAEDAM VETERES LIBROS NOVEM NUMERO REGI MAGNA PECUNIA VENDERE CUPIVIT. TARQUINIUS SUPERBUS CUM NATURA. 12 PT

ALIQUANDO ANUS QUAEDAM VETERES LIBROS NOVEM NUMERO REGI MAGNA PECUNIA VENDERE CUPIVIT. TARQUINIUS SUPERBUS CUM NATURA SUSPICIOSUS ESSET, ANUM DEMENTEM PUTANS RISIT. ILLA DISCESSIT. 14 PT

Roman ABCDEFGHIJKLMNOPQRSTUVWXYZ ÄÖÜ
ABCDEFGHIJKLMNOPQRSTUVWXYZ ÄÖÜSS
0123456789 &!?

↤↦ 52 M 71 x 49
H 10 H 3

Bold **ABCDEFGHIJKLMNOPQRSTUVWXYZ ÄÖÜ**
ABCDEFGHIJKLMNOPQRSTUVWXYZ ÄÖÜSS
0123456789 &!?

↤↦ 55 M 46 x 39

Gezeichnet von dem Amerikaner Robert Wiebking. Wiebking setzte später auch viele Entwürfe von Frederic Goudy um.

Bitstream 1899

Industrial 736

→Torino

4 | 5 | V

A G Q R S Z

a b c e g i k n z

Aliquando anus quaedam veteres libros novem numero regi magna pecunia vendere cupivit. Tarquinius Superbus cum natura suspiciosus esset, anum dementem putans risit. Illa discessit atque tres illorum librorum combussit. Paulo post reversa regem interrogavit, num reliquos sex libros eodem pretio emere vellet. Cum ille multo magis rideret, anus iterum abiit tribusque aliis libris combustis revertit. Pertinacia et perseverantia mulieris miratus Tarquinius tres reliquos libros eodem pretio emit, quo omnes emere potuit. Paulo post rex libros ab auguribus examinari iussit. Qui his libris oracula Sibyllae Cumanae contineri cognoverunt. 6 pt

Aliquando anus quaedam veteres libros novem numero regi magna pecunia vendere cupivit. Tarquinius Superbus cum natura suspiciosus esset, anum dementem putans risit. Illa discessit atque tres illo rum librorum combussit. Paulo post reversa regem interrogavit, num reliquos ses libros. 9 pt

Aliquando anus quaedam veteres libros novem numero regi magna pecunia vendere cupivit. Tarquinius Superbus cum natura suspiciosus esset, anum dementem putans risit. Illa discessit atque tres illo rum librorum combussit. Paulo post reversa regem. 10 pt

Aliquando anus quaedam veteres libros novem numero regi magna pecunia vendere cupivit. Tarquinius Superbus cum natura suspiciosus esset, anum dementem putans risit. 12 pt

Aliquando anus quaedam veteres libros novem numero regi magna pecunia vendere cupivit. Tarquinius Superbus cum natura suspiciosus esset, anum dementem putans risit. Illa discessit atque tres illo rum librorum combussit. Paulo post reversa regem. 14 pt

Roman	ABCDEFGHIJKLMNOPQRSTUVWXYZ ÄÖÜ	↔ 72	M 71	x 47
	abcdefghijklmnopqrstuvwxyz äöüß 0123456789 &!?		H 8	H 2
Italic	*ABCDEFGHIJKLMNOPQRSTUVWXYZ ÄÖÜ*	↔ 71	M 71	x 50
	abcdefghijklmnopqrstuvwxyz äöüß 0123456789 &!?	I 15°	H 8	H 2

Gezeichnet 1908 von dem Italiener Allessandro Butti.

Bitstream 1908

A G Q R S Z

a b c e g i k n z

Modern #20

Modern 620

4 5 V

Aliquando anus quaedam veteres libros novem numero regi magna pecunia vendere cupivit. Tarquinius Superbus cum natura suspiciosus esset, anum dementem putans risit. Illa discessit atque tres illorum librorum combussit. Paulo post reversa regem interrogavit, num reliquos sex libros eodem pretio emere vellet. Cum ille multo magis rideret, anus iterum abiit tribusque aliis libris combustis revertit. Pertinacia et perseverantia mulieris miratus Tarquinius tres reliquos libros eodem pretio emit, quo omnes emere potuit. 6 pt

Aliquando anus quaedam veteres libros novem numero regi magna pecunia vendere cupivit. Tarquinius Superbus cum natura suspiciosus esset, anum dementem putans risit. Illa discessit atque tres illo rum librorum combussit. Paulo post. 9 pt

Aliquando anus quaedam veteres libros novem numero regi magna pecunia vendere cupivit. Tarquinius Superbus cum natura suspiciosus esset, anum dementem putans risit. Illa discessit atque tres illo rum librorum combussit. 10 pt

Aliquando anus quaedam veteres libros novem numero regi magna pecunia vendere cupivit. Tarquinius Superbus cum natura suspiciosus esset. 12 pt

Aliquando anus quaedam veteres libros novem numero regi magna pecunia vendere cupivit. Tarquinius Superbus cum natura suspiciosus esset, anum dementem putans risit. Illa discessit atque tres illo rum librorum combussit. 14 pt

Roman ABCDEFGHIJKLMNOPQRSTUVWXYZ ÄÖÜ
abcdefghijklmnopqrstuvwxyz äöüß
0123456789 &!?

↔ 63	M 67	x 45	
	H 13	H 2	

Italic *ABCDEFGHIJKLMNOPQRSTUVWXYZ ÄÖÜ*
abcdefghijklmnopqrstuvwxyz äöüß 0123456789 &!?

↔ 68	M 67	x 46
I 15°	H 12	H 2

Bitstream

TrumpetLite

4 | 5 | V

A G Q R S Z
a b c e g i k n z

Aliquando anus quaedam veteres libros novem numero regi magna pecunia vendere cupivit. Tarquinius Superbus cum natura suspiciosus esset, anum dementem putans risit. Illa discessit atque tres illorum librorum combussit. Paulo post reversa regem interrogavit, num reliquos sex libros eodem pretio emere vellet. Cum ille multo magis rideret, anus iterum abiit tribusque aliis libris combustis revertit. Pertinacia et perseverantia mulieris miratus Tarquinius tres reliquos libros eodem pretio emit, quo omnes emere potuit. Paulo post rex libros ab auguribus examinari iussit. Qui his libris oracula Sibyllae Cumanae contineri cognoverunt. 6 pt

Aliquando anus quaedam veteres libros novem numero regi magna pecunia vendere cupivit. Tarquinius Superbus cum natura suspiciosus esset, anum dementem putans risit. Illa discessit atque tres illo rum librorum combussit. Paulo post reversa regem interrogavit, num reliquos ses libros. 9 pt

Aliquando anus quaedam veteres libros novem numero regi magna pecunia vendere cupivit. Tarquinius Superbus cum natura suspiciosus esset, anum dementem putans risit. Illa discessit atque tres illo rum librorum combussit. Paulo post reversa. 10 pt

Aliquando anus quaedam veteres libros novem numero regi magna pecunia vendere cupivit. Tarquinius Superbus cum natura suspiciosus esset, anum dementem putans risit. 12 pt

Roman	ABCDEFGHIJKLMNOPQRSTUVWXYZ ÄÖÜ abcdefghijklmnopqrstuvwxyz äöüß 0123456789 &!?	↔ 73	M 71	X 48	H 11	H 3
Italic	*ABCDEFGHIJKLMNOPQRSTUVWXYZ ÄÖÜ abcdefghijklmnopqrstuvwxyz äöüß 0123456789 &!?*	↔ 73	M 71	X 49	H 10	H 2
Bold	**ABCDEFGHIJKLMNOPQRSTUVWXYZ ÄÖÜ abcdefghijklmnopqrstuvwxyz äöüß 0123456789 &!?**	↔ 70	M 71	X 49	H 11	H 4
Bold Italic	***ABCDEFGHIJKLMNOPQRSTUVWXYZ ÄÖÜ abcdefghijklmnopqrstuvwxyz äöüß 0123456789 &!?***	↔ 70	M 11	X 49	H 10	H 4

Zum Copyright gibt es weder im Handbuch noch in der Datei einen Vermerk.

[...]

V Serifenbetonte Linear-Antiqua

A G Q R S Z
a b c e g i k n z

→Letraset
Aachen

Aardvark[3]
Clarendon 871

3 4 5

Aliquando anus quaedam veteres libros novem numero regi magna pecunia vendere cupivit. Tarquinius Superbus cum natura suspiciosus esset, anum dementem putans risit. Illa discessit atque tres illorum librorum combussit. Paulo post reversa regem interrogavit, num reliquos sex libros eodem pretio emere vellet. Cum ille multo magis rideret, anus iterum abiit tribusque aliis libris combustis revertit. Pertinacia et perseverantia mulieris miratus Tarquinius tres reliquos libros eodem pretio emit, quo omnes emere potuit. Paulo post. 6 pt

Aliquando anus quaedam veteres libros novem numero regi magna pecunia vendere cupivit. Tarquinius Superbus cum natura suspiciosus esset, anum dementem putans risit. Illa discessit atque tres illo rum librorum combussit. 9 pt

Aliquando anus quaedam veteres libros novem numero regi magna pecunia vendere cupivit. Tarquinius Superbus cum natura suspiciosus esset, anum dementem putans risit. 10 pt

Aliquando anus quaedam veteres libros novem numero regi magna pecunia vendere cupivit. Tarquinius Superbus cum natura suspiciosus esset. 12 pt

Aliquando anus quaedam veteres libros novem numero regi magna pecunia vendere cupivit. Tarquinius Superbus cum natura suspiciosus esset, anum dementem putans risit. Illa discessit atque tres illo rum librorum combussit. 14 pt

Med. ABCDEFGHIJKLMNOPQRSTUVWXYZ ÄÖÜ
abcdefghijklmnopqrstuvwxyz äöüß
0123456789 &!?

⟷ 61	M 74	x 55
	H 17	H 15

Bold ABCDEFGHIJKLMNOPQRSTUVWXYZ ÄÖÜ
abcdefghijklmnopqrstuvwxyz äöüß
0123456789 &!?

⟷ 56	M 74	x 55
	H 23	H 18

Gezeichnet von Colin Brignall 1969 für Letraset. Von Brignall stammen außerdem Countdown, Revue, Tango und Harlow.

Letraset
[Bitstream]

1969

➛ITC American Typewriter

Memorandum[3]

Typewriter 911

3 4 5

A G Q R S Z

a b c e g i k n z

Aliquando anus quaedam veteres libros novem numero regi magna pecunia vendere cupivit. Tarquinius Superbus cum natura suspiciosus esset, anum dementem putans risit. Illa discessit atque tres illorum librorum combussit. Paulo post reversa regem interrogavit, num reliquos sex libros eodem pretio emere vellet. Cum ille multo magis rideret, anus iterum abiit tribusque aliis libris combustis revertit. Pertinacia et perseverantia mulieris miratus Tarquinius. 6 pt

Aliquando anus quaedam veteres libros novem numero regi magna pecunia vendere cupivit. Tarquinius Superbus cum natura suspiciosus esset, anum dementem putans risit. Illa discessit atque tres illo. 9 pt

Aliquando anus quaedam veteres libros novem numero regi magna pecunia vendere cupivit. Tarquinius Superbus cum natura suspiciosus esset, anum dementem putans risit. Illa discessit. 10 pt

Aliquando anus quaedam veteres libros novem numero regi magna pecunia vendere cupivit. Tarquinius Superbus cum natura. 12 pt

Aliquando anus quaedam veteres libros novem numero regi magna pecunia vendere cupivit. Tarquinius Superbus cum natura suspiciosus esset, anum dementem putans risit. Illa discessit atque tres illo. 14 pt

Med. ABCDEFGHIJKLMNOPQRSTUVWXYZ ÄÖÜ
abcdefghijklmnopqrstuvwxyz äöüß
0123456789 &!?

⟷ 57 M 67 x 48
H 9 H 9

Bold ABCDEFGHIJKLMNOPQRSTUVWXYZ ÄÖÜ
abcdefghijklmnopqrstuvwxyz äöüß
0123456789 &!?

⟷ 52 M 66 x 49
H 18 H 18

Gezeichnet 1974 von Tony Stan und Joel Kaden. Von Stan stammen Bearbeitungen der ITC Cheltenham und der ITC Garamond.

ITC [Bitstream] 1974

A G Q R S Z

→City

5 V

a b c e g i k n z

Aliquando anus quaedam veteres libros novem numero regi magna pecunia vendere cupivit. Tarquinius Superbus cum natura suspiciosus esset, anum dementem putans risit. Illa discessit atque tres illorum librorum combussit. Paulo post reversa regem interrogavit, num reliquos sex libros eodem pretio emere vellet. Cum ille multo magis rideret, anus iterum abiit tribusque aliis libris combustis revertit. Pertinacia et perseverantia mulieris miratus Tarquinius tres reliquos libros eodem pretio emit, quo omnes emere potuit. Paulo post rex libros ab auguribus examinari iussit. Qui his libris oracula Sibyllae Cumanae contineri cognoverunt. 6 pt

Aliquando anus quaedam veteres libros novem numero regi magna pecunia vendere cupivit. Tarquinius Superbus cum natura suspiciosus esset, anum dementem putans risit. Illa discessit atque tres. Paulo post reversa regem interrogavit, num reliquos ses libros. 10 pt

Aliquando anus quaedam veteres libros novem numero regi magna pecunia vendere cupivit. Tarquinius Superbus cum natura suspiciosus esset, anum dementem putans risit. Illa discessit atque tres illo rum librorum combussit. Paulo post reversa regem interrogavit, num reliquos ses libros. 9 pt

Aliquando anus quaedam veteres libros novem numero regi magna pecunia vendere cupivit. Tarquinius Superbus cum natura suspiciosus esset, anum dementem putans risit. 12 pt

Med.	ABCDEFGHIJKLMNOPQRSTUVWXYZ ÄÖÜ abcdefghijklmnopqrstuvwxyz äöüß 0123456789 &!?	⟼ 72	M 67	X 44	
			H 11	H 11	
Light	ABCDEFGHIJKLMNOPQRSTUVWXYZ ÄÖÜ abcdefghijklmnopqrstuvwxyz äöüß 0123456789 &!?	⟼ 78	M 67	X 43	
			H 7	H 7	
Bold	ABCDEFGHIJKLMNOPQRSTUVWXYZ ÄÖÜ abcdefghijklmnopqrstuvwxyz äöüß 0123456789 &!?	⟼ 70	M 67	X 44	
			H 18	H 18	

Georg Trump zeichnete die City 1931 für die Berliner Schriftgießerei Berthold. Von Trump (1896-1985) stammen neben anderen die Schadow, Delphin (in Corel: Dauphin), Trump Mediæval (Kuenstler 480) und Codex (Calligraphic 421). Die City war die erste Schrift von Trump überhaupt. In der Corel-Schriftensammlung findet sich die City noch von einem anderen Hersteller unter dem Namen „Square Slabserif 711“.

[URW] 1931

Square Slabserif 711

→ City

4 5 V

A G Q R S Z

a b c e g i k n z

Aliquando anus quaedam veteres libros novem numero regi magna pecunia vendere cupivit. Tarquinius Superbus cum natura suspiciosus esset, anum dementem putans risit. Illa discessit atque tres illorum librorum combussit. Paulo post reversa regem interrogavit, num reliquos sex libros eodem pretio emere vellet. Cum ille multo magis rideret, anus iterum abiit tribusque aliis libris combustis revertit. Pertinacia et perseverantia mulieris miratus Tarquinius tres reliquos libros eodem pretio emit, quo omnes emere potuit. Paulo post rex libros ab auguribus examinari iussit. Qui his libris oracula Sibyllae Cumanae contineri cognoverunt. 6 pt

Aliquando anus quaedam veteres libros novem numero regi magna pecunia vendere cupivit. Tarquinius Superbus cum natura suspiciosus esset, anum dementem putans risit. Illa discessit atque tres illo rum librorum combussit. Paulo post reversa regem interrogavit, num reliquos ses libros. 9 pt

Aliquando anus quaedam veteres libros novem numero regi magna pecunia vendere cupivit. Tarquinius Superbus cum natura suspiciosus esset, anum dementem putans risit. Illa discessit atque tres illo rum librorum combussit. Paulo post reversa regem interrogavit. 10 pt

Aliquando anus quaedam veteres libros novem numero regi magna pecunia vendere cupivit. Tarquinius Superbus cum natura suspiciosus esset, anum dementem putans risit. 12 pt

Med.	ABCDEFGHIJKLMNOPQRSTUVWXYZ ÄÖÜ abcdefghijklmnopqrstuvwxyz äöüß 0123456789 &!?	⟼ 75	M 69 H 11	X 46 H 11
Light	ABCDEFGHIJKLMNOPQRSTUVWXYZ ÄÖÜ abcdefghijklmnopqrstuvwxyz äöüß 0123456789 &!?	⟼ 78	M 69 H 9	X 46 H 7
Bold	**ABCDEFGHIJKLMNOPQRSTUVWXYZ ÄÖÜ abcdefghijklmnopqrstuvwxyz äöüß 0123456789 &!?**	⟼ 67	M 69 H 19	X 46 H 19

Georg Trump zeichnete die City 1931 für die Berliner Schriftgießerei Berthold. Von Trump (1896-1985) stammen neben anderen die Schadow, Delphin (in Corel: Dauphin), Trump Mediæval (Kuenstler 480) und Codex (Calligraphic 421). Die City war die erste Schrift von Trump überhaupt. In der Corel-Schriftensammlung findet sich die City noch von einem anderen Hersteller noch unter ihrem eigentlichen Namen.

Bitstream 1931

A G Q R S Z

a b c e g i k n z

→Clarendon

4 5 V

Aliquando anus quaedam veteres libros novem numero regi magna pecunia vendere cupivit. Tarquinius Superbus cum natura suspiciosus esset, anum dementem putans risit. Illa discessit atque tres illorum librorum combussit. Paulo post reversa regem interrogavit, num reliquos sex libros eodem pretio emere vellet. Cum ille multo magis rideret, anus iterum abiit tribusque aliis libris combustis revertit. Pertinacia et perseverantia mulieris miratus. 6 pt

Aliquando anus quaedam veteres libros novem numero regi magna pecunia vendere cupivit. Tarquinius Superbus cum natura suspiciosus esset, anum dementem putans risit. Illa discessit. 10 pt

Aliquando anus quaedam veteres libros novem numero regi magna pecunia vendere cupivit. Tarquinius Superbus cum natura suspiciosus esset, anum dementem putans risit. Illa discessit atque tres illorum. 9 pt

Aliquando anus quaedam veteres libros novem numero regi magna pecunia vendere cupivit. Tarquinius Superbus cum natura. 12 pt

Roman ABCDEFGHIJKLMNOPQRSTUVWXYZ ÄÖÜ
abcdefghijklmnopqrstuvwxyz äöüß
0123456789 &!?

↔ 56 M 67 x 47
H 14 H 12

Light ABCDEFGHIJKLMNOPQRSTUVWXYZ ÄÖÜ
abcdefghijklmnopqrstuvwxyz äöüß
0123456789 &!?

↔ 56 M 67 x 47
H 10 H 7

Bold ABCDEFGHIJKLMNOPQRSTUVWXYZ ÄÖÜ
abcdefghijklmnopqrstuvwxyz äöüß
0123456789 &!?

↔ 54 M 67 x 47
H 19 H 12

Heavy ABCDEFGHIJKLMNOPQRSTUVWXYZ ÄÖÜ
abcdefghijklmnopqrstuvwxyz äöüß
0123456789 &!?

↔ 55 M 67 x 47
H 14 H 14

Black	**ABCDEFGHIJKLMNOPQRSTUVWXYZ ÄÖÜ abcdefghijklmnopqrstuvwxyz äöüß 0123456789 &!?**	↔ 53 M 67 x 47 H 21 H 14
Cond.	**ABCDEFGHIJKLMNOPQRSTUVWXYZ ÄÖÜ abcdefghijklmnopqrstuvwxyz äöüß 0123456789 &!?**	↔ 80 M 68 x 52 H 12 H 8
Bold Cond.	**ABCDEFGHIJKLMNOPQRSTUVWXYZ ÄÖÜ abcdefghijklmnopqrstuvwxyz äöüß 0123456789 &!?**	↔ 73 M 71 x 54 H 14 H 8

Die Clarendon wird – vornehmlich in England – seit Mitte des vergangenen Jahrhunderts gebraucht. Sie wurde 1953 von Herrmann Eidenbenz neu gezeichnet. Von Eidenbenz stammt auch die Graphique, in Corel als Griffon bezeichnet.

Bitstream 1953

A G Q R S Z
a b c e g i k n z

→Egyptian
505

Humanist Slabserif
715

4 5 V

Aliquando anus quaedam veteres libros novem numero regi magna pecunia vendere cupivit. Tarquinius Superbus cum natura suspiciosus esset, anum dementem putans risit. Illa discessit atque tres illorum librorum combussit. Paulo post reversa regem interrogavit, num reliquos sex libros eodem pretio emere vellet. Cum ille multo magis rideret, anus iterum abiit tribusque aliis libris combustis revertit. Pertinacia et perseverantia mulieris miratus Tarquinius tres reliquos libros eodem pretio emit, quo omnes emere potuit. 6 pt

Aliquando anus quaedam veteres libros novem numero regi magna pecunia vendere cupivit. Tarquinius Superbus cum natura suspiciosus esset, anum dementem putans risit. Illa discessit atque tres illorum librorum combussit. Paulo post reversa. 9 pt

Aliquando anus quaedam veteres libros novem numero regi magna pecunia vendere cupivit. Tarquinius Superbus cum natura suspiciosus esset, anum dementem putans risit. Illa discessit atque tres illo rum librorum combussit. 10 pt

Aliquando anus quaedam veteres libros novem numero regi magna pecunia vendere cupivit. Tarquinius Superbus cum natura suspiciosus esset. 12 pt

Roman	ABCDEFGHIJKLMNOPQRSTUVWXYZ ÄÖÜ abcdefghijklmnopqrstuvwxyz äöüß 0123456789 &!?	↤↦ 64	M 61 H 8	x 42 H 8
Light	ABCDEFGHIJKLMNOPQRSTUVWXYZ ÄÖÜ abcdefghijklmnopqrstuvwxyz äöüß 0123456789 &!?	↤↦ 65	M 61 H 6	x 42 H 6
Med.	**ABCDEFGHIJKLMNOPQRSTUVWXYZ ÄÖÜ abcdefghijklmnopqrstuvwxyz äöüß 0123456789 &!?**	↤↦ 64	M 61 H 10	x 42 H 8
Bold	**ABCDEFGHIJKLMNOPQRSTUVWXYZ ÄÖÜ abcdefghijklmnopqrstuvwxyz äöüß 0123456789 &!?**	↤↦ 63	M 61 H 13	x 42 H 11

Gezeichnet von Arno Drescher 1966.

VGC [Bitstream] 1966

Geometric Slabserif 703

→Memphis

4 5 V

A G Q R S Z

a b c e g i k n z

Aliquando anus quaedam veteres libros novem numero regi magna pecunia vendere cupivit. Tarquinius Superbus cum natura suspiciosus esset, anum dementem putans risit. Illa discessit atque tres illorum librorum combussit. Paulo post reversa regem interrogavit, num reliquos sex libros eodem pretio emere vellet. Cum ille multo magis rideret, anus iterum abiit tribusque aliis libris combustis revertit. Pertinacia et perseverantia mulieris miratus Tarquinius tres reliquos libros eodem pretio emit, quo omnes emere potuit. Paulo post rex. 6 pt

Aliquando anus quaedam veteres libros novem numero regi magna pecunia vendere cupivit. Tarquinius Superbus cum natura suspiciosus esset, anum dementem putans risit. Illa discessit atque tres illo rum librorum combussit. Paulo post reversa. 9 pt

Aliquando anus quaedam veteres libros novem numero regi magna pecunia vendere cupivit. Tarquinius Superbus cum natura suspiciosus esset, anum dementem putans risit. Illa discessit. 10 pt

Aliquando anus quaedam veteres libros novem numero regi magna pecunia vendere cupivit. Tarquinius Superbus cum natura suspiciosus esset. 12 pt

Med.
ABCDEFGHIJKLMNOPQRSTUVWXYZ ÄÖÜ
abcdefghijklmnopqrstuvwxyz äöüß
0123456789 &!?

Med. Italic
ABCDEFGHIJKLMNOPQRSTUVWXYZ ÄÖÜ
abcdefghijklmnopqrstuvwxyz äöüß
0123456789 &!?

Light
ABCDEFGHIJKLMNOPQRSTUVWXYZ ÄÖÜ
abcdefghijklmnopqrstuvwxyz äöüß
0123456789 &!?

Light Italic
ABCDEFGHIJKLMNOPQRSTUVWXYZ ÄÖÜ
abcdefghijklmnopqrstuvwxyz äöüß
0123456789 &!?

	↔	I	M	H	x	H (2)
Med.	64		69	11	49	8
Med. Italic	63	10°	69	11	49	9
Light	67		69	6	49	6
Light Italic	66	10°	70	6	49	6

Bold	ABCDEFGHIJKLMNOPQRSTUVWXYZ ÄÖÜ abcdefghijklmnopqrstuvwxyz äöüß 0123456789 &!?	↔ 59	M 72	x 46	
			H 13	H 13	
Bold Italic	*ABCDEFGHIJKLMNOPQRSTUVWXYZ ÄÖÜ* *abcdefghijklmnopqrstuvwxyz äöüß* *0123456789 &!?*	↔ 61	M 72	x 46	
		I 10°	H 12	H 12	
Extra Bold	**ABCDEFGHIJKLMNOPQRSTUVWXYZ ÄÖÜ** **abcdefghijklmnopqrstuvwxyz äöüß** **0123456789 &!?**	↔ 57	M 72	x 48	
			H 17	H 17	
Extra Bold Italic	***ABCDEFGHIJKLMNOPQRSTUVWXYZ ÄÖÜ*** ***abcdefghijklmnopqrstuvwxyz äöüß*** ***0123456789 &!?***	↔ 58	M 72	x 48	
		I 10°			
Med. Cond.	ABCDEFGHIJKLMNOPQRSTUVWXYZ ÄÖÜ abcdefghijklmnopqrstuvwxyz äöüß 0123456789 &!?	↔ 88	M 68	x 44	
			H 8	H 8	
Bold Cond.	ABCDEFGHIJKLMNOPQRSTUVWXYZ ÄÖÜ abcdefghijklmnopqrstuvwxyz äöüß 0123456789 &!?	↔ 86	M 68	x 44	
			H 10	H 10	
Extra Bold Cond.	**ABCDEFGHIJKLMNOPQRSTUVWXYZ ÄÖÜ** **abcdefghijklmnopqrstuvwxyz äöüß 0123456789 &!?**	↔ 84	M 68	x 10	
			H 13	H 13	

Gezeichnet 1929 von Emil Rudolf Weiß (1875-1942).

Bitstream 1929

Geometric Slabserif 712

→ Rockwell

Slate

4 | 5 | V

A G Q R S Z

a b c e g i k n z

Aliquando anus quaedam veteres libros novem numero regi magna pecunia vendere cupivit. Tarquinius Superbus cum natura suspiciosus esset, anum dementem putans risit. Illa discessit atque tres illorum librorum combussit. Paulo post reversa regem interrogavit, num reliquos sex libros eodem pretio emere vellet. Cum ille multo magis rideret, anus iterum abiit tribusque aliis libris combustis revertit. Pertinacia et perseverantia mulieris miratus Tarquinius tres reliquos libros eodem pretio emit, quo omnes. 6 pt

Aliquando anus quaedam veteres libros novem numero regi magna pecunia vendere cupivit. Tarquinius Superbus cum natura suspiciosus esset, anum dementem putans risit. Illa discessit atque tres illorum librorum. 9 pt

Aliquando anus quaedam veteres libros novem numero regi magna pecunia vendere cupivit. Tarquinius Superbus cum natura suspiciosus esset, anum dementem putans risit. Illa discessit atque tres illo rum librorum. 10 pt

Aliquando anus quaedam veteres libros novem numero regi magna pecunia vendere cupivit. Tarquinius Superbus cum natura suspiciosus esset, anum. 12 pt

Med. ABCDEFGHIJKLMNOPQRSTUVWXYZ ÄÖÜ ↔ 64 M 69 x 49
abcdefghijklmnopqrstuvwxyz äöüß 0123456789 &!? H 11 H 8

Med. Italic *ABCDEFGHIJKLMNOPQRSTUVWXYZ ÄÖÜ* ↔ 63 M 69 x 49
abcdefghijklmnopqrstuvwxyz äöüß I 13° H 11 H 9
0123456789&?

Light ABCDEFGHIJKLMNOPQRSTUVWXYZ ÄÖÜ ↔ 67 M 69 x 49
abcdefghijklmnopqrstuvwxyz äöüß 0123456789 &!? H 6 H 6

Light Italic *ABCDEFGHIJKLMNOPQRSTUVWXYZ ÄÖÜ* ↔ 66 M 70 x 49
abcdefghijklmnopqrstuvwxyz äöüß 0123456789 &!? I 13° H 6 H 6

Bold **ABCDEFGHIJKLMNOPQRSTUVWXYZ ÄÖÜ** ↔ 60 M 69 x 49
abcdefghijklmnopqrstuvwxyz äöüß 0123456789 &!? H 16 H 16

Extra Bold **ABCDEFGHIJKLMNOPQRSTUVWXYZÄÖÜ** ↔ 50 M 69 x 50
abcdefghijklmnopqrstuvwxyz äöüß H 26 H 15
0123456789 &!?

Gezeichnet von Frank Hinmont Pierpont 1934 für Monotype in England. Von Pierpont stammt außerdem die Plantin (in Corel: Aldine 721).

Bitstream 1934

A G Q R S Z
a b c e g i k n z

News 701

Ionic No.5

4 5 V

Aliquando anus quaedam veteres libros novem numero regi magna pecunia vendere cupivit. Tarquinius Superbus cum natura suspiciosus esset, anum dementem putans risit. Illa discessit atque tres illorum librorum combussit. Paulo post reversa regem interrogavit, num reliquos sex libros eodem pretio emere vellet. Cum ille multo magis rideret, anus iterum abiit tribusque aliis libris combustis revertit. Pertinacia et perseverantia mulieris miratus. 6 pt

Aliquando anus quaedam veteres libros novem numero regi magna pecunia vendere cupivit. Tarquinius Superbus cum natura suspiciosus esset, anum dementem putans risit. Illa discessit atque tres illorum librorum. 9 pt

Aliquando anus quaedam veteres libros novem numero regi magna pecunia vendere cupivit. Tarquinius Superbus cum natura suspiciosus esset, anum dementem putans risit. 10 pt

Aliquando anus quaedam veteres libros novem numero regi magna pecunia vendere cupivit. Tarquinius Superbus cum natura. 12 pt

Roman ABCDEFGHIJKLMNOPQRSTUVWXYZ ÄÖÜ
abcdefghijklmnopqrstuvwxyz äöüß
0123456789 &!?

⟷ 55 M 72 x 55
H 12 H 8

Italic *ABCDEFGHIJKLMNOPQRSTUVWXYZ ÄÖÜ*
abcdefghijklmnopqrstuvwxyz äöüß
0123456789 &!?

⟷ 56 M 72 x 59
I 14° H 11 H 7

Bold **ABCDEFGHIJKLMNOPQRSTUVWXYZ ÄÖÜ**
abcdefghijklmnopqrstuvwxyz äöüß
0123456789 &!?

⟷ 55 M 72 x 55
H 19 H 7

Bitstream

→Old Towne No.536

5 V

A G Q R S Z

a b c e g i k n z

Aliquando anus quaedam veteres libros novem numero regi magna pecunia vendere cupivit. Tarquinius Superbus cum natura suspiciosus esset, anum dementem putans risit. Illa discessit atque tres illorum librorum combussit. Paulo post reversa regem interrogavit, num reliquos sex libros eodem pretio emere vellet. Cum ille multo magis rideret, anus iterum abiit tribusque aliis libris combustis revertit. Pertinacia et perseverantia mulieris miratus Tarquinius tres reliquos libros eodem pretio emit, quo omnes emere potuit. Paulo post rex libros ab auguribus examinari iussit. Qui his libris oracula Sibyllae Cumanae contineri cognoverunt. 6 pt

Aliquando anus quaedam veteres libros novem numero regi magna pecunia vendere cupivit. Tarquinius Superbus cum natura suspiciosus esset, anum dementem putans risit. Illa discessit atque tres illo rum librorum combussit. Paulo post reversa regem interrogavit, num reliquos ses libros eodem pretio emere vellet. 9 pt

Aliquando anus quaedam veteres libros novem numero regi magna pecunia vendere cupivit. Tarquinius Superbus cum natura suspiciosus esset, anum dementem putans risit. Illa discessit atque tres illo rum librorum combussit. Paulo post reversa regem interrogavit, num reliquos ses libros eodem pretio emere vellet. 10 pt

Aliquando anus quaedam veteres libros novem numero regi magna pecunia vendere cupivit. Tarquinius Superbus cum natura suspiciosus esset, anum dementem putans risit. 12 pt

Aliquando anus quaedam veteres libros novem numero regi magna pecunia vendere cupivit. Tarquinius Superbus cum natura suspiciosus esset, anum dementem putans risit. Illa discessit atque tres illo rum librorum combussit. Paulo post reversa regem interrogavit, num reliquos ses libros eodem pretio emere vellet. 14 pt

ABCDEFGHIJKLMNOPQRSTUVWXYZ ÄÖÜ
abcdefghijklmnopqrstuvwxyz äöüß 0123456789 &!?

↔ 102 M 67 X 53
H 6 H 6

[URW]

A G Q R S Z
a b c e g i k n z

→P T Barnum

Big Top[3]
French Clarendon
Circus 711

3 4 5 V

Aliquando anus quaedam veteres libros novem numero regi magna pecunia vendere cupivit. Tarquinius Superbus cum natura suspiciosus esset, anum dementem putans risit. Illa discessit atque tres illorum librorum combussit. Paulo post reversa regem interrogavit, num reliquos sex libros eodem pretio emere vellet. Cum ille multo magis rideret, anus iterum abiit tribusque aliis libris combustis revertit. Pertinacia et perseverantia mulieris miratus Tarquinius tres reliquos libros eodem pretio emit, quo omnes emere potuit. Paulo post rex libros ab auguribus examinari iussit. Qui his libris oracula Sibyllae Cumanae contineri cognoverunt. 6 pt

Aliquando anus quaedam veteres libros novem numero regi magna pecunia vendere cupivit. Tarquinius Superbus cum natura suspiciosus esset, anum dementem putans risit. Illa discessit atque tres illo rum librorum combussit. Paulo post reversa regem interrogavit, num reliquos ses libros eodem pretio emere vellet. 9 pt

Aliquando anus quaedam veteres libros novem numero regi magna pecunia vendere cupivit. Tarquinius Superbus cum natura suspiciosus esset, anum dementem putans risit. Illa discessit atque tres illo rum librorum combussit. 10 pt

Aliquando anus quaedam veteres libros novem numero regi magna pecunia vendere cupivit. Tarquinius Superbus cum natura suspiciosus esset, anum dementem putans risit. Illa discessit. 12 pt

Aliquando anus quaedam veteres libros novem numero regi magna pecunia vendere cupivit. Tarquinius Superbus cum natura suspiciosus esset, anum dementem putans risit. Illa discessit atque tres illo rum librorum combussit. Paulo post reversa regem interrogavit, num reliquos ses libros eodem. 14/16pt

ABCDEFGHIJKLMNOPQRSTUVWXYZ ÄÖÜ
abcdefghijklmnopqrstuvwxyz äöüß 0123456789 &!?

|←→| 80 M 73 X 50

ATF
[Bitstream]

→Playbill

Circus 721

4 | 5 | V

A G Q R S Z

a b c e g i k n z

Aliquando anus quaedam veteres libros novem numero regi magna pecunia vendere cupivit. Tarquinius Superbus cum natura suspiciosus esset, anum dementem putans risit. Illa discessit atque tres illorum librorum combussit. Paulo post reversa regem interrogavit, num reliquos sex libros eodem pretio emere vellet. Cum ille multo magis rideret, anus iterum abiit tribusque aliis libris combustis revertit. Pertinacia et perseverantia mulieris miratus Tarquinius tres reliquos libros eodem pretio emit, quo omnes emere potuit. Paulo post rex libros ab auguribus examinari iussit. Qui his libris oracula Sibyllae Cumanae contineri cognoverunt. 6 pt

Aliquando anus quaedam veteres libros novem numero regi magna pecunia vendere cupivit. Tarquinius Superbus cum natura suspiciosus esset, anum dementem putans risit. Illa discessit atque tres illo rum librorum combussit. Paulo post reversa regem interrogavit, num reliquos ses libros eodem pretio emere vellet. 9 pt

Aliquando anus quaedam veteres libros novem numero regi magna pecunia vendere cupivit. Tarquinius Superbus cum natura suspiciosus esset, anum dementem putans risit. Illa discessit. 10 pt

Aliquando anus quaedam veteres libros novem numero regi magna pecunia vendere cupivit. Tarquinius Superbus cum natura suspiciosus esset, anum dementem putans. 12 pt

Aliquando anus quaedam veteres libros novem numero regi magna pecunia vendere cupivit. Tarquinius Superbus cum natura suspiciosus esset, anum dementem putans risit. Illa discessit atque tres illo rum librorum combussit. Paulo post reversa regem interrogavit, num reliquos ses libros eodem. 14 pt

ABCDEFGHIJKLMNOPQRSTUVWXYZ ÄÖÜ
abcdefghijklmnopqrstuvwxyz äöüß 0123456789 &!?

⟷ 110 M 71 x 54

Der Brite Robert Harling zeichnete diese Schrift 1938 für die Schriftgießerei Stephenson & Blake. Dazu standen Schriften mit ähnlich ausgeprägten Serifen aus dem 19. Jahrhundert Pate.

S & B [Bitstream] 1938

Posse

→ Ponderosa

3 | 4 | 5 | V

A G Q R S Z

A B C E G I K N Z

ALIQUANDO ANUS QUAEDAM VETERES LIBROS NOVEM NUMERO REGI MAGNA PECUNIA VENDERE CUPIVIT. TARQUINIUS SUPERBUS CUM NATURA SUSPICIOSUS ESSET, ANUM DEMENTEM PUTANS RISIT. ILLA DISCESSIT ATQUE TRES ILLORUM LIBRORUM COMBUSSIT. PAULO POST REVERSA REGEM INTERROGAVIT, NUM RELIQUOS SEX LIBROS EODEM PRETIO EMERE VELLET. CUM ILLE MULTO MAGIS RIDERET, ANUS ITERUM ABIIT TRESQUE ALIIS LIBRIS COMBUSTIS REVERTIT. PERTINACIA ET PERSEVERANTIA MULIERIS MIRATUS TARQUINIUS TRES RELIQUOS LIBROS EODEM PRETIO EMIT, QUO OMNES EMERE POTUIT. PAULO POST REX LIBROS AB AUGURIBUS EXAMINARI IUSSIT. QUI EIS LIBRIS ORACULA SIBYLLAE CUMANAE CONTINERI CENSUERUNT. 6 PT

ALIQUANDO ANUS QUAEDAM VETERES LIBROS NOVEM NUMERO REGI MAGNA PECUNIA VENDERE CUPIVIT. TARQUINIUS SUPERBUS CUM NATURA SUSPICIOSUS ESSET, ANUM DEMENTEM PUTANS RISIT. ILLA DISCESSIT ATQUE TRES ILLORUM LIBRORUM COMBUSSIT. PAULO POST REVERSA REGEM INTERROGAVIT, NUM RELIQUOS SEX LIBROS EODEM PRETIO EMERE VELLET. CUM ILLE MULTO MAGIS RIDERET, ANUS ITERUM ABIIT TRESQUE ALIIS LIBRIS COMBUSTIS REVERTIT. PERTINACIA ET PERSEVERANTIA MULIERIS MIRATUS TARQUINIUS TRES RELIQUOS LIBROS EODEM PRETIO EMIT, QUO OMNES EMERE POTUIT. PAULO POST REX LIBROS AB AUGURIBUS EXAMINARI IUSSIT. QUI EIS LIBRIS ORACULA SIBYLLAE CUMANAE CONTINERI CENSUERUNT. 8 PT

ALIQUANDO ANUS QUAEDAM VETERES LIBROS NOVEM NUMERO REGI MAGNA PECUNIA VENDERE CUPIVIT. TARQUINIUS SUPERBUS CUM NATURA SUSPICIOSUS ESSET, ANUM DEMENTEM PUTANS RISIT. ILLA DISCESSIT ATQUE TRES ILLORUM LIBRORUM COMBUSSIT. PAULO POST REVERSA REGEM INTERROGAVIT, NUM RELIQUOS SEX LIBROS EODEM PRETIO EMERE VELLET. CUM ILLE MULTO MAGIS RIDERET, ANUS ITERUM ABIIT TRESQUE ALIIS LIBRIS COMBUSTIS REVERTIT. PERTINACIA ET PERSEVERANTIA MULIERIS MIRATUS TARQUINIUS TRES RELIQUOS LIBROS EODEM PRETIO EMIT, QUO OMNES EMERE POTUIT. PAULO POST REX LIBROS AB AUGURIBUS EXAMINARI IUSSIT. QUI EIS LIBRIS ORACULA SIBYLLAE CUMANAE CONTINERI CENSUERUNT. 10 PT

ALIQUANDO ANUS QUAEDAM VETERES LIBROS NOVEM NUMERO REGI MAGNA PECUNIA VENDERE CUPIVIT. TARQUINIUS SUPERBUS CUM NATURA SUSPICIOSUS ESSET, ANUM DEMENTEM PUTANS RISIT. ILLA DISCESSIT ATQUE TRES ILLORUM LIBRORUM COMBUSSIT. PAULO POST REVERSA REGEM INTERROGAVIT, NUM RELIQUOS SEX LIBROS EODEM PRETIO EMERE VELLET. CUM ILLE MULTO MAGIS RIDERET, ANUS ITERUM ABIIT TRESQUE ALIIS LIBRIS COMBUSTIS REVERTIT. PERTINACIA ET PERSEVERANTIA MULIERIS MIRATUS TARQUINIUS TRES RELIQUOS LIBROS EODEM PRETIO EMIT, QUO OMNES EMERE POTUIT. PAULO POST REX LIBROS AB AUGURIBUS EXAMINARI IUSSIT. QUI EIS LIBRIS ORACULA SIBYLLAE CUMANAE CONTINERI CENSUERUNT. 12 PT

ALIQUANDO ANUS QUAEDAM VETERES LIBROS NOVEM NUMERO REGI MAGNA PECUNIA VENDERE CUPIVIT. TARQUINIUS SUPERBUS CUM NATURA SUSPICIOSUS ESSET, ANUM DEMENTEM PUTANS RISIT. ILLA DISCESSIT ATQUE TRES ILLORUM LIBRORUM COMBUSSIT. PAULO POST REVERSA REGEM INTERROGAVIT, NUM RELIQUOS SEX LIBROS EODEM PRETIO EMERE VELLET. CUM ILLE MULTO MAGIS RIDERET, ANUS ITERUM ABIIT TRESQUE ALIIS LIBRIS COMBUSTIS REVERTIT. PERTINACIA ET PERSEVERANTIA MULIERIS MIRATUS TARQUINIUS TRES RELIQUOS LIBROS EODEM PRETIO EMIT, QUO OMNES EMERE POTUIT. PAULO POST REX LIBROS AB AUGURIBUS EXAMINARI IUSSIT. QUI EIS LIBRIS ORACULA SIBYLLAE CUMANAE CONTINERI CENSUERUNT. 14 PT

ABCDEFGHIJKLMNOPQRSTUVWXYZ ÄÖÜ
ABCDEFGHIJKLMNOPQRSTUVWXYZ ÄÖÜSS 0123456789 &!?

⟷ 248 M 85 x 85

Unter dem Namen Ponderosa gehörte diese Schrift zur „Woodtype-Collection" von Adobe. Noch dazu gehören unter anderem Cottonwood (in Corel: Cottage), Ironwood (Ireland) und Juniper (Jupiter).

Corel 1990

→Letraset
Princetown

Indiana[3]
Ivy League
3 4 5

A G Q R S Z

A B C E G I K N Z

ALIQUANDO ANUS QUAEDAM VETERES LIBROS NOVEM NUMERO REGI MAGNA PECUNIA VENDERE CUPIVIT. TARQUINIUS SUPERBUS CUM NATURA SUSPICIOSUS ESSET, ANUM DEMENTEM PUTANS RISIT. ILLA DISCESSIT ATQUE TRES ILLORUM LIBRORUM COMBUSSIT. PAULO POST REVERSA REGEM INTERROGAVIT, NUM RELIQUOS SEX LIBROS EODEM PRETIO EMERE VELLET. CUM ILLE MULTO MAGIS RIDERET, ANUS ITERUM ABIIT TRIBUSQUE ALIIS LIBRIS COMBUSTIS REVERTIT. PAULO POST REX LIBROS AB. 6 PT

ALIQUANDO ANUS QUAEDAM VETERES LIBROS NOVEM NUMERO REGI MAGNA PECUNIA VENDERE CUPIVIT. TARQUINIUS SUPERBUS CUM NATURA SUSPICIOSUS ESSET, ANUM DEMENTEM PUTANS RISIT. ILLA DISCESSIT ATQUE TRES. 9 PT

ALIQUANDO ANUS QUAEDAM VETERES LIBROS NOVEM NUMERO REGI MAGNA PECUNIA VENDERE CUPIVIT. TARQUINIUS SUPERBUS CUM NATURA SUSPICIOSUS ESSET, ANUM. 10 PT

ALIQUANDO ANUS QUAEDAM VETERES LIBROS NOVEM NUMERO REGI MAGNA PECUNIA VENDERE CUPIVIT. TARQUINIUS SUPERBUS CUM NATURA. 12 PT

ALIQUANDO ANUS QUAEDAM VETERES LIBROS NOVEM NUMERO REGI MAGNA PECUNIA VENDERE CUPIVIT. TARQUINIUS SUPERBUS CUM NATURA SUSPICIOSUS ESSET, ANUM DEMENTEM PUTANS RISIT. ILLA DISCESSIT ATQUE. 14 PT

ABCDEFGHIJKLMNOPQRSTUVWXYZ ÄÖÜ
0123456789 &!?

↔ 52 M 67 x 67

Veröffentlicht 1981 von Letraset.

Letraset [URW] 1981

A G Q R S Z

A B C E G I K N Z

→Princetown Solid

Indiana Solid[3]

Ivy League Solid

3 4 5 V

Aliquando anus quaedam veteres libros novem numero regi magna pecunia vendere cupivit. Tarquinius Superbus cum natura suspiciosus esset, anum dementem putans risit. Illa discessit atque tres illorum librorum combussit. Paulo post reversa regem interrogavit, num reliquos sex libros eodem pretio emere vellet. Cum ille multo magis rideret, anus iterum abiit tribusque aliis libris combustis revertit. Pertinacia et perseverantia mulieris miratus Tarquinius tres reliquos libros eodem pretio emit, quo omnes emere potuit. 6 pt

Aliquando anus quaedam veteres libros novem numero regi magna pecunia vendere cupivit. Tarquinius Superbus cum natura suspiciosus esset, anum dementem putans risit. Illa discessit atque tres illo rum librorum combussit. 10 pt

Aliquando anus quaedam veteres libros novem numero regi magna pecunia vendere cupivit. Tarquinius Superbus cum natura suspiciosus esset, anum dementem putans risit. Illa discessit atque tres illo rum librorum combussit. Paulo post reversa regem interrogavit. 9 pt

Aliquando anus quaedam veteres libros novem numero regi magna pecunia vendere cupivit. Tarquinius Superbus cum natura suspiciosus esset, anum dementem. 12 pt

Aliquando anus quaedam veteres libros novem numero regi magna pecunia vendere cupivit. Tarquinius Superbus cum natura suspiciosus esset, anum dementem putans risit. Illa discessit atque tres illo rum librorum combussit. Paulo post. 14 pt

ABCDEFGHIJKLMNOPQRSTUVWXYZ ÄÖÜ
abcdefghijklmnopqrstuvwxyz äöü
0123456789 &!?

|↔| 63 M 67 X 47
H 38 H 38

Die Princetown mal nicht als Outline-Schrift. Gegenüber der Princetown verfügt die Princetown Solid zusätzlich über Kapitälchen.

[Corel]

Schadow

Humanist Slabserif
707

4 5 V

A G Q R S Z
a b c e g i k n z

Aliquando anus quaedam veteres libros novem numero regi magna pecunia vendere cupivit. Tarquinius Superbus cum natura suspiciosus esset, anum dementem putans risit. Illa discessit atque tres illorum librorum combussit. Paulo post reversa regem interrogavit, num reliquos sex libros eodem pretio emere vellet. Cum ille multo magis rideret, anus iterum abiit tribusque aliis libris combustis revertit. Pertinacia et perseverantia mulieris miratus Tarquinius tres reliquos libros eodem pretio emit, quo omnes emere potuit. Paulo post rex libros ab auguribus examinari iussit. Qui his libris oracula Sibyllae Cumanae contineri cognoverunt. 6 pt

Aliquando anus quaedam veteres libros novem numero regi magna pecunia vendere cupivit. Tarquinius Superbus cum natura suspiciosus esset, anum dementem putans risit. Illa discessit atque tres illo rum librorum combussit. Paulo post reversa regem interrogavit, num reliquos ses libros eodem pretio emere vellet. 9 pt

Aliquando anus quaedam veteres libros novem numero regi magna pecunia vendere cupivit. Tarquinius Superbus cum natura suspiciosus esset, anum dementem putans risit. Illa discessit atque tres illo rum librorum combussit. 10 pt

Aliquando anus quaedam veteres libros novem numero regi magna pecunia vendere cupivit. Tarquinius Superbus cum natura suspiciosus esset, anum dementem. 12 pt

Aliquando anus quaedam veteres libros novem numero regi magna pecunia vendere cupivit. Tarquinius Superbus cum natura suspiciosus esset, anum dementem putans risit. Illa discessit atque tres illo rum librorum combussit. Paulo post reversa regem interrogavit, num reliquos ses libros eodem. 14 pt

Black Cond. ABCDEFGHIJKLMNOPQRSTUVWXYZ ÄÖÜ
abcdefghijklmnopqrstuvwxyz äöüß 0123456789 &!?

82 M 71 x 52
H 12 6

Das ist nicht (!) die gleichnamige Schriftart, die Georg Trump 1937 bis 1945 zeichnete.

Johannes
Wagner
[Bitstream]

VI Serifenlose Antiqua

A G Q R S Z
a b c e g i k n z

Alternate Gothic No.2

Gothic 729

4 | 5 | V

Aliquando anus quaedam veteres libros novem numero regi magna pecunia vendere cupivit. Tarquinius Superbus cum natura suspiciosus esset, anum dementem putans risit. Illa discessit atque tres illorum librorum combussit. Paulo post reversa regem interrogavit, num reliquos sex libros eodem pretio emere vellet. Cum ille multo magis rideret, anus iterum abiit tribusque aliis libris combustis revertit. Pertinacia et perseverantia mulieris miratus Tarquinius tres reliquos libros eodem pretio emit, quo omnes emere potuit. Paulo post rex libros ab auguribus examinari iussit. Qui his libris oracula Sibyllae Cumanae contineri cognoverunt. 6 pt

Aliquando anus quaedam veteres libros novem numero regi magna pecunia vendere cupivit. Tarquinius Superbus cum natura suspiciosus esset, anum dementem putans risit. Illa discessit atque tres illorum librorum combussit. Paulo post reversa regem interrogavit, num reliquos ses libros. 9 pt

Aliquando anus quaedam veteres libros novem numero regi magna pecunia vendere cupivit. Tarquinius Superbus cum natura suspiciosus esset, anum dementem putans risit. Illa discessit atque tres illo rum librorum combussit. Paulo post reversa regem interrogavit, num reliquos. 10 pt

Aliquando anus quaedam veteres libros novem numero regi magna pecunia vendere cupivit. Tarquinius Superbus cum natura suspiciosus esset, anum dementem putans risit. 12 pt

Aliquando anus quaedam veteres libros novem numero regi magna pecunia vendere cupivit. Tarquinius Superbus cum natura suspiciosus esset, anum dementem putans risit. Illa discessit atque tres illo rum librorum combussit. Paulo post reversa regem interrogavit, num reliquos ses libros. 14 pt

ABCDEFGHIJKLMNOPQRSTUVWXYZ ÄÖÜ
abcdefghijklmnopqrstuvwxyz äöüß 0123456789 &!?

↔	92	M	71	x	52
		H	10	H	10

Gezeichnet 1903 von dem Amerikaner Morris Fuller Benton. Von Benton (1872-1948) stammen zahllose Schriften, die Corel-Kollektion enthält unter anderem Broadway, Parisian, Century Schoolbook, Hobo und Bank Gothic.

Bitstream 1903

Architecture

➛Arquitectura

3 4 5 V

A G Q R S Z

a b c e g i k n z

Aliquando anus quaedam veteres libros novem numero regi magna pecunia vendere cupivit. Tarquinius Superbus cum natura suspiciosus esset, anum dementem putans ris t. Illa discessit atque tres illorum librorum combussit. Paulo post reversa regem interrogavit, num reliquos sex libros eodem pretio emere vellet. Cum ille multo magis rideret, anus iterum abiit tribusque aliis libris combustis revertit. Pertinacia et perseverantia mulieris miratus Tarquinius tres reliquos libros eodem pretio emit, quo omnes emere potuit. Paulo post rex libros ab augur bus examinari iussit. Qui his libris oracula Sibyllae Cumanae contineri cognoverunt. 6 pt

Aliquando anus quaedam veteres libros novem numero regi magna pecunia vendere cupivit. Tarquinius Superbus cum natura suspiciosus esset, anum dementem putans risit. Illa discessit atque tres illo rum librorum combussit. Paulo post reversa regem interrogavit, num reliquos ses libros. 9 pt

Aliquando anus quaedam veteres libros novem numero regi magna pecunia vendere cupivit. Tarquinius Superbus cum natura suspiciosus esset, anum dementem putans risit. Illa discessit atque tres illo rum librorum combussit. Paulo post reversa regem interrogavit, num reliquos ses libros. 10 pt

Aliquando anus quaedam veteres libros novem numero regi magna pecunia vendere cupivit. Tarquinius Superbus cum natura suspiciosus esset, anum dementem putans risit. 12 pt

Aliquando anus quaedam veteres libros novem numero regi magna pecunia vendere cupivit. Tarquinius Superbus cum natura suspiciosus esset, anum dementem putans risit. Illa discessit atque tres illorum librorum combussit. Paulo post reversa regem interrogavit, num reliquos sex libros eodem pretio emere vellet. 14 pt

ABCDEFGHIJKLMNOPQRSTUVWXYZ ÄÖÜ
abcdefghijklmnopqrstuvwxyz äöüß 0123456789 &!?

⟷ 92	M 80	x 49
	H 7	H 7

Corel

A G Q R S Z

a b c e g i k n z

→Aurora

Swiss 939

4 5 V

Aliquando anus quaedam veteres libros novem numero regi magna pecunia vendere cupivit. Tarquinius Superbus cum natura suspiciosus esset, anum dementem putans risit. Illa discessit atque tres illorum librorum combussit. Paulo post reversa regem interrogavit, num reliquos sex libros eodem pretio emere vellet. Cum ille multo magis rideret, anus iterum abiit tribusque aliis libris combustis revertit. Pertinacia et perseverantia mulieris miratus Tarquinius tres reliquos libros eodem pretio emit, quo omnes emere potuit. Paulo post rex libros ab auguribus examinari iussit. Qui his libris oracula Sibyllae Cumanae contineri cognoverunt. 6 pt

Aliquando anus quaedam veteres libros novem numero regi magna pecunia vendere cupivit. Tarquinius Superbus cum natura suspiciosus esset, anum dementem putans risit. Illa discessit atque tres illorum librorum combussit. Paulo post reversa regem interrogavit, num reliquos ses libros. 9 pt

Aliquando anus quaedam veteres libros novem numero regi magna pecunia vendere cupivit. Tarquinius Superbus cum natura suspiciosus esset, anum dementem putans risit. Illa discessit atque tres illo rum librorum combussit. 10 pt

Aliquando anus quaedam veteres libros novem numero regi magna pecunia vendere cupivit. Tarquinius Superbus cum natura suspiciosus esset, anum dementem putans risit. 12 pt

Aliquando anus quaedam veteres libros novem numero regi magna pecunia vendere cupivit. Tarquinius Superbus cum natura suspiciosus esset, anum dementem putans risit. Illa discessit atque tres illo rum librorum combussit. Paulo post reversa regem interrogavit, num reliquos ses libros. 14 pt

Bold Cond. ABCDEFGHIJKLMNOPQRSTUVWXYZ ÄÖÜ
abcdefghijklmnopqrstuvwxyz äöüß 0123456789 &!?

77 M 68 x 60
H 14 H 14

Johannes
Wagner
[Bitstream]

➛ITC Avant Garde Gothic

Avalon3

Geometric 777

3 4 5

A G Q R S Z

a b c e g i k n z

Aliquando anus quaedam veteres libros novem numero regi magna pecunia vendere cupivit. Tarquinius Superbus cum natura suspiciosus esset, anum dementem putans risit. Illa discessit atque tres illorum librorum combussit. Paulo post reversa regem interrogavit, num reliquos sex libros eodem pretio emere vellet. Cum ille multo magis rideret, anus iterum abiit tribusque aliis libris combustis revertit. Pertinacia et perseverantia mulieris miratus Tarquinius tres reliqucs libros eodem pretio emit, quo omnes emere potuit. Paulo post rex libros. 6 pt

Aliquando anus quaedam veteres libros novem numero regi magna pecunia vendere cupivit. Tarquinius Superbus cum natura suspiciosus esset, anum dementem putans risit. Illa discessit atque tres illo rum librorum combussit. 9 pt

Aliquando anus quaedam veteres libros novem numero regi magna pecunia vendere cupivit. Tarquinius Superbus cum natura suspiciosus esset, anum dementem putans risit. 10 pt

Aliquando anus quaedam veteres libros novem numero regi magna pecunia vendere cupivit. Tarquinius Superbus cum natura suspiciosus. 12 pt

Book	ABCDEFGHIJKLMNOPQRSTUVWXYZ ÄÖÜ abcdefghijklmnopqrstuvwxyz äöüß 0123456789 &!?	⟷ 62 M 71 x 54 H 7 H 7	
Book Oblique	*ABCDEFGHIJKLMNOPQRSTUVWXYZ ÄÖÜ* *abcdefghijklmnopqrstuvwxyz äöüß* *0123456789 &!?*	⟷ 62 M 71 x 54 I 11° H 7 H 7	
Med.	**ABCDEFGHIJKLMNOPQRSTUVWXYZ ÄÖÜ** **abcdefghijklmnopqrstuvwxyz äöüß** **0123456789 &!?**	⟷ 61 M 71 x 54 H 10 H 10	
Med. Oblique	***ABCDEFGHIJKLMNOPQRSTUVWXYZ ÄÖÜ*** ***abcdefghijklmnopqrstuvwxyz äöüß*** ***0123456789 &!?***	⟷ 60 M 71 x 54 I 11° H 11 H 11	

Die Avant Garde steht in der Tradition der Bauhaus-Schriften, wie etwa die Futura. Sie wurde Anfang der 70er Jahre von Herb Lubalin (1918-1981), einem der Gründer der ITC, und Tom Carnase (geb. 1939) entworfen. Von Lubalin stammt unter anderem auch die Busorama, von Carnase die Pioneer, beide ebenfalls in der Corel-Schriftensammlung enthalten.

ITC [Bitstream] 1970

A G Q R S Z

A B C E G I K N Z

→Bank Gothic

Square 021

4 5 V

ALIQUANDO ANUS QUAEDAM VETERES LIBROS NOVEM NUMERO REGI MAGNA PECUNIA VENDERE CUPIVIT. TARQUINIUS SUPERBUS CUM NATURA SUSPICIOSUS ESSET, ANUM DEMENTEM PUTANS RISIT. ILLA DISCESSIT ATQUE TRES ILLORUM LIBRORUM COMBUSSIT. PAULO POST REVERSA REGEM INTERROGAVIT, NUM RELIQUOS SEX LIBROS EODEM PRETIO EMERE VELLET. CUM ILLE MULTO MAGIS RIDERET, ANUS ITERUM ABIIT TRIBUSQUE ALIIS. 6 PT

ALIQUANDO ANUS QUAEDAM VETERES LIBROS NOVEM NUMERO REGI MAGNA PECUNIA VENDERE CUPIVIT. TARQUINIUS SUPERBUS CUM NATURA SUSPICIOSUS ESSET, ANUM DEMENTEM PUTANS RISIT. ILLA DISCESSIT. 9 PT

ALIQUANDO ANUS QUAEDAM VETERES LIBROS NOVEM NUMERO REGI MAGNA PECUNIA VENDERE CUPIVIT. TARQUINIUS SUPERBUS CUM NATURA SUSPICIOSUS ESSET, ANUM DEMENTEM PUTANS RISIT. 10 PT

ALIQUANDO ANUS QUAEDAM VETERES LIBROS NOVEM NUMERO REGI MAGNA PECUNIA VENDERE CUPIVIT. TARQUINIUS SUPERBUS CUM. 12 PT

ALIQUANDO ANUS QUAEDAM VETERES LIBROS NOVEM NUMERO REGI MAGNA PECUNIA VENDERE CUPIVIT. TARQUINIUS SUPERBUS CUM NATURA SUSPICIOSUS ESSET, ANUM DEMENTEM PUTANS RISIT. 14 PT

Med. ABCDEFGHIJKLMNOPQRSTUVWXYZ ÄÖÜ
ABCDEFGHIJKLMNOPQRSTUVWXYZ ÄÖÜSS
0123456789 &!?

↔ 47 M 52 X 42
H 13 H 13

Light ABCDEFGHIJKLMNOPQRSTUVWXYZ ÄÖÜ
ABCDEFGHIJKLMNOPQRSTUVWXYZ ÄÖÜSS
0123456789 &!?

↔ 49 M 52 X 42
H 9 H 9

Gezeichnet von 1930 bis 1933 von dem Amerikaner Morris Fuller Benton für ATF. Von Benton (1872-1948) stammen zahllose Schriften, die Corel-Kollektion enthält unter anderem Broadway, Parisian, Century Schoolbook und Hobo.

ATF [Bitstream] 1933

→ITC Bauhaus

Bahamas³
Geometric 752
3 4 5

A G Q R S Z
a b c e g i k n z

Aliquando anus quaedam veteres libros novem numero regi magna pecunia vendere cupivit. Tarquinius Superbus cum natura suspiciosus esset, anum dementem putans risit. Illa discessit atque tres illorum librorum combussit. Paulo post reversa regem interrogavit, num reliquos sex libros eodem pretio emere vellet. Cum ille multo magis rideret, anus iterum abiit tribusque aliis libris combustis revertit. Pertinacia et perseverantia mulieris miratus Tarquinius tres reliquos libros eodem pretio emit, quo omnes emere potuit. 6 pt

Aliquando anus quaedam veteres libros novem numero regi magna pecunia vendere cupivit. Tarquinius Superbus cum natura suspiciosus esset, anum dementem putans risit. Illa discessit atque tres illorum librorum combussit. Paulo post reversa regem. 9 pt

Aliquando anus quaedam veteres libros novem numero regi magna pecunia vendere cupivit. Tarquinius Superbus cum natura suspiciosus esset, anum dementem putans risit. 10 pt

Aliquando anus quaedam veteres libros novem numero regi magna pecunia vendere cupivit. Tarquinius Superbus cum natura suspiciosus esset, anum. 12 pt

Med.	ABCDEFGHIJKLMNOPQRSTUVWXYZ ÄÖÜ abcdefghijklmnopqrstuvwxyz äöüß 0123456789 &!?	↔ 66	M 73	x 48
Light	ABCDEFGHIJKLMNOPQRSTUVWXYZ ÄÖÜ abcdefghijklmnopqrstuvwxyz äöüß 0123456789 &!?	↔ 67	M 73	x 47
Bold	**ABCDEFGHIJKLMNOPQRSTUVWXYZ ÄÖÜ abcdefghijklmnopqrstuvwxyz äöüß 0123456789 &!?**	↔ 63	M 73	x 50
Heavy	**ABCDEFGHIJKLMNOPQRSTUVWXYZ ÄÖÜ abcdefghijklmnopqrstuvwxyz äöüß 0123456789 &!?**	↔ 61	M 73	x 51

Im Rahmen der Bauhaus-Bewegung entwarf der Österreicher Herbert Bayer 1925 sein „Universal-Alphabet“, eine durch und durch mathematisch konstruierte serifenlose Schrift, die – auch wenn selber kaum lesbar – als Grundlage für Schriftarten dienen sollte. Das Bauhaus selber brachte jedoch keine Schriften hervor, die jemals in Gebrauch waren. An das Bayer-Alphabet erinnerte sich 1975 Ed Benguiat, zusammen mit Victor Caruso schuf er die Schriftart Bauhaus. Von Benguiat stammen neben anderen die Tiffany, Benguiat, Benguiat Gothic, Souvenir und Korinna.

ITC [Bitstream] 1975

A G Q R S Z
a b c e g i k n z

→ITC Benguiat Gothic

Informal 851

4 5

Aliquando anus quaedam veteres libros novem numero regi magna pecunia vendere cupivit. Tarquinius Superbus cum natura suspiciosus esset, anum dementem putans risit. Illa discessit atque tres illorum librorum combussit. Paulo post reversa regem interrogavit, num reliquos sex libros eodem pretio emere vellet. Cum ille multo magis rideret, anus iterum abiit tribusque aliis libris combustis revertit. Pertinacia et perseverantia mulieris miratus Tarquinius tres reliquos libros eodem pretio emit, quo omnes emere potuit. 6 pt

Aliquando anus quaedam veteres libros novem numero regi magna pecunia vendere cupivit. Tarquinius Superbus cum natura suspiciosus esset, anum dementem putans risit. Illa discessit atque tres illorum librorum combussit. Paulo post reversa regem. 9 pt

Aliquando anus quaedam veteres libros novem numero regi magna pecunia vendere cupivit. Tarquinius Superbus cum natura suspiciosus esset, anum dementem putans risit. 10 pt

Aliquando anus quaedam veteres libros novem numero regi magna pecunia vendere cupivit. Tarquinius Superbus cum natura suspiciosus esset, anum. 12 pt

Book
ABCDEFGHIJKLMNOPQRSTUVWXYZ ÄÖÜ
abcdefghijklmnopqrstuvwxyz äöüß
0123456789 &!?

|→| 65 M 71 x 53
H 8 H 8

Book Italic
ABCDEFGHIJKLMNOPQRSTUVWXYZ ÄÖÜ
abcdefghijklmnopqrstuvwxyz äöüß
0123456789 &!?

|→| 65 M 71 x 53
I 12° H 7 H 7

Bold
ABCDEFGHIJKLMNOPQRSTUVWXYZ ÄÖÜ
abcdefghijklmnopqrstuvwxyz äöüß
0123456789 &!?

|→| 63 M 71 x 53
H 13 H 13

Bold Italic
ABCDEFGHIJKLMNOPQRSTUVWXYZ ÄÖÜ
abcdefghijklmnopqrstuvwxyz äöüß
0123456789 &!?

|→| 63 M 71 x 52
I 12° H 14 H 14

Gezeichnet von Ed Benguiat für ITC. Von Benguiat stammen neben anderen die Bauhaus, Tiffany, Benguiat, Souvenir und Korinna.

ITC [Bitstream] 1979

➛Blippo Black

Geometric 755

4 5 V

A G Q R S Z

a b c e g i k n z

Aliquando anus quaedam veteres libros novem numero regi magna pecunia vendere cupivit. Tarquinius Superbus cum natura suspiciosus esset, anum dementem putans risit. Illa discessit atque tres illorum librorum combussit. Paulo post reversa regem interrogavit, num reliquos sex libros eodem pretio emere vellet. Cum ille multo magis rideret, anus iterum abiit tribusque aliis libris combustis revertit. Pertinacia et perseverantia mulieris miratus Tarquinius tres reliquos libros eodem pretio emit, quo omnes. 6 pt

Aliquando anus quaedam veteres libros novem numero regi magna pecunia vendere cupivit. Tarquinius Superbus cum natura suspiciosus esset, anum dementem putans risit. Illa discessit atque tres illo rum librorum combussit. Paulo post. 9 pt

Aliquando anus quaedam veteres libros novem numero regi magna pecunia vendere cupivit. Tarquinius Superbus cum natura suspiciosus esset, anum dementem putans risit. 10 pt

Aliquando anus quaedam veteres libros novem numero regi magna pecunia vendere cupivit. Tarquinius Superbus cum natura suspiciosus esset. 12 pt

Aliquando anus quaedam veteres libros novem numero regi magna pecunia vendere cupivit. Tarquinius Superbus cum natura suspiciosus esset, anum dementem putans risit. Illa discessit atque tres illo rum librorum combussit. 14 pt

ABCDEFGHIJKLMNOPQRSTUVWXYZ ÄÖÜ
abcdefghijklmnopqrstuvwxyz äöüß
0123456789 &!?

62 M 73 X 51

Die Blippo wurde 1975 von dem amerikanischen Unternehmen Fotostar entworfen. Sie basiert – ebenso wie die Bauhaus, die Futura, die Kabel und die Avant Garde – auf dem Universal-Alphabet von Herbert Bayer, einem der Gründer des Bauhaus.

FotoStar [Bitstream] 1975

→ITC
Busorama

Bosanova[3]

3 4 5

A B Q R

C K E F G

HAMBURGEFONTS

ABCDEFGHIJKLMNOPQRSTUV
WXYZÄÖÜSS0123456789&.!?
#/¶„“«» < > {}=[]* % @ ¤
¢ $ £ ¥§©®Æ•ƒ†‡ÇÑÉÈÊ
ËÐÞ

Entworfen von Herb Lubalin (1918-1981), einem der Gründer von ITC. Von Lubalin stammt unter anderem auch die Avant Garde.

ITC
[Bitstream]

1970

Castle

5 V

A G Q R S Z

a b c e g i k n z

Aliquando anus quaedam veteres libros novem numero regi magna pecunia vendere cupivit. Tarquinius Superbus cum natura suspiciosus esset, anum dementem putans risit. Illa discessit atque tres illorum librorum combussit. Paulo post reversa regem interrogavit, num reliquos sex libros eodem pretio emere vellet. Cum ille multo magis rideret, anus iterum abiit tribusque aliis libris combustis revertit. Pertinacia et perseverantia mulieris miratus Tarquinius tres reliquos libros eodem pretio emit, quo omnes emere potuit. 6 pt

Aliquando anus quaedam veteres libros novem numero regi magna pecunia vendere cupivit. Tarquinius Superbus cum natura suspiciosus esset, anum dementem putans risit. Illa discessit atque tres illorum librorum combussit. Paulo post reversa regem interrogavit. 9 pt

Aliquando anus quaedam veteres libros novem numero regi magna pecunia vendere cupivit. Tarquinius Superbus cum natura suspiciosus esset, anum dementem putans risit. Illa discessit atque tres. 10 pt

Aliquando anus quaedam veteres libros novem numero regi magna pecunia vendere cupivit. Tarquinius Superbus cum natura suspiciosus esset. 12 pt

Roman	ABCDEFGHIJKLMNOPQRSTUVWXYZ ÄÖÜ abcdefghijklmnopqrstuvwxyz äöüß 0123456789 &!?	⟷	65	M	67	X	52
				H	12	H	5
Light	ABCDEFGHIJKLMNOPQRSTUVWXYZ ÄÖÜ abcdefghijklmnopqrstuvwxyz äöüß 0123456789 &!?	⟷	69	M	67	X	51
				H	6	H	3
Bold	**ABCDEFGHIJKLMNOPQRSTUVWXYZ ÄÖÜ abcdefghijklmnopqrstuvwxyz äöüß 0123456789 &!?**	⟷	62	M	67	X	54
				H	18	H	8
Ultra	**ABCDEFGHIJKLMNOPQRSTUVWXYZ ÄÖÜ abcdefghijklmnopqrstuvwxyz äöüß 0123456789 &!?**	⟷	57	M	67	X	56
				H	24	H	11

[URW]

A G Q R S Z
a b c e g i k n z

→ Letraset Compacta

Swiss 930

4 5

Aliquando anus quaedam veteres libros novem numero regi magna pecunia vendere cupivit. Tarquinius Superbus cum natura suspiciosus esset, anum dementem putans risit. Illa discessit atque tres illorum librorum combussit. Paulo post reversa regem interrogavit, num reliquos sex libros eodem pretio emere vellet. Cum ille multo magis rideret, anus iterum abiit tribusque aliis libris combustis revertit. Pertinacia et perseverantia mulieris miratus Tarquinius tres reliquos libros eodem pretio emit, quo omnes emere potuit. Paulo post rex libros ab auguribus examinari iussit. Qui his libris oracula Sibyllae Cumanae contineri cognoverunt. 6 pt

Aliquando anus quaedam veteres libros novem numero regi magna pecunia vendere cupivit. Tarquinius Superbus cum natura suspiciosus esset, anum dementem putans risit. Illa discessit atque tres illo rum librorum combussit. Paulo post reversa regem interrogavit, num reliquos ses libros. 9 pt

Aliquando anus quaedam veteres libros novem numero regi magna pecunia vendere cupivit. Tarquinius Superbus cum natura suspiciosus esset, anum dementem putans risit. Illa discessit atque tres. 10 pt

Aliquando anus quaedam veteres libros novem numero regi magna pecunia vendere cupivit. Tarquinius Superbus cum natura suspiciosus esset, anum dementem putans risit. 12 pt

Roman
ABCDEFGHIJKLMNOPQRSTUVWXYZ ÄÖÜ
abcdefghijklmnopqrstuvwxyz äöüß 0123456789 &!?

Italic
ABCDEFGHIJKLMNOPQRSTUVWXYZ ÄÖÜ
abcdefghijklmnopqrstuvwxyz äöüß 0123456789 &!?

Light
ABCDEFGHIJKLMNOPQRSTUVWXYZ ÄÖÜ
abcdefghijklmnopqrstuvwxyz äöüß 0123456789 &!?

Bold
ABCDEFGHIJKLMNOPQRSTUVWXYZ ÄÖÜ
abcdefghijklmnopqrstuvwxyz äöüß 0123456789 &!?

Bold Italic
ABCDEFGHIJKLMNOPQRSTUVWXYZ ÄÖÜ
abcdefghijklmnopqrstuvwxyz äöüß 0123456789 &!?

Black
ABCDEFGHIJKLMNOPQRSTUVWXYZ ÄÖÜ
abcdefghijklmnopqrstuvwxyz äöüß 0123456789 &!?

	⟷	*I*	M	x	H	H
Roman	98		81	66	11	11
Italic	98	8°	81	66	11	11
Light	120		81	66	9	9
Bold	81		81	66	13	13
Bold Italic	81	8°	81	66	14	14
Black	53		81	64	29	29

Gezeichnet 1963 von Fred Lambert für Letraset.

Letraset [Bitstream] 1963

→Copperplate Gothic

Copper Pot[3]

Copperplate 001

3 | 4 | 5 | V

A G Q R S Z

A B C E G I K N Z

ALIQUANDO ANUS QUAEDAM VETERES LIBROS NOVEM NUMERO REGI MAGNA PECUNIA VENDERE CUPIVIT. TARQUINIUS SUPERBUS CUM NATURA SUSPICIOSUS ESSET, ANUM DEMENTEM PUTANS RISIT. ILLA DISCESSIT ATQUE TRES ILLORUM LIBRORUM COMBUSSIT. PAULO POST REVERSA REGEM INTERROGAVIT, NUM RELIQUOS SEX LIBROS EODEM PRETIO EMERE VELLET. CUM ILLE MULTO MAGIS RIDERET, ANUS ITERUM ABIIT TRIBUSQUE ALIIS LIBRIS COMBUSTIS REVERTIT. PERTINACIA ET PERSEVERANTIA.6 PT

ALIQUANDO ANUS QUAEDAM VETERES LIBROS NOVEM NUMERO REGI MAGNA PECUNIA VENDERE CUPIVIT. TARQUINIUS SUPERBUS CUM NATURA SUSPICIOSUS ESSET, ANUM DEMENTEM PUTANS RISIT. ILLA DISCESSIT ATQUE TRES. 9 PT

ALIQUANDO ANUS QUAEDAM VETERES LIBROS NOVEM NUMERO REGI MAGNA PECUNIA VENDERE CUPIVIT. TARQUINIUS SUPERBUS CUM NATURA SUSPICIOSUS ESSET, ANUM DEMENTEM PUTANS RISIT. ILLA DISCESSIT. 10 PT

ALIQUANDO ANUS QUAEDAM VETERES LIBROS NOVEM NUMERO REGI MAGNA PECUNIA VENDERE CUPIVIT. TARQUINIUS SUPERBUS CUM NATURA. 12 PT

Roman ABCDEFGHIJKLMNOPQRSTUVWXYZ ÄÖÜ
ABCDEFGHIJKLMNOPQRSTUVWXYZ ÄÖÜSS
0123456789 &!?

↔ 53 M 52 X 43
H 9 H 9

**Bold ABCDEFGHIJKLMNOPQRSTUVWXYZ ÄÖÜ
ABCDEFGHIJKLMNOPQRSTUVWXYZ ÄÖÜSS
0123456789 &!?**

↔ 51 M 52 X 43
H 12 H 12

**Heavy ABCDEFGHIJKLMNOPQRSTUVWXYZ ÄÖÜ
ABCDEFGHIJKLMNOPQRSTUVWXYZ ÄÖÜSS
0123456789 &!?**

↔ 51 M 52 X 43
H 17 H 15

Cond. ABCDEFGHIJKLMNOPQRSTUVWXYZ ÄÖÜ
ABCDEFGHIJKLMNOPQRSTUVWXYZ ÄÖÜSS 0123456789 &!?

↔ 73 M 52 X 43
H 8 H 6

**Bold Cond. ABCDEFGHIJKLMNOPQRSTUVWXYZ ÄÖÜ
ABCDEFGHIJKLMNOPQRSTUVWXYZ ÄÖÜSS 0123456789 &!?**

↔ 70 M 52 X 43
H 10 H 10

Die Kapitälchen-Schrift Copperplate wurde 1901 von dem Amerikaner Frederick Goudy (1865-1947) für die American Type Foundry entworfen. Von ihm stammen zahlreiche Schriften. Einige, die seinen Namen tragen, finden Sie auch in der Corel-Schriftensammlung.

ATF [Bitstream] 1901

Engraver's Gothic

Copperplate 005

4 5 V

A G Q R S Z

A B C E G I K N Z

Aliquando anus quaedam veteres libros novem numero regi magna pecunia vendere cupivit. Tarquinius Superbus cum natura suspiciosus esset, anum dementem putans risit. Illa discessit atque tres illorum librorum combussit. Paulo post reversa regem interrogavit, num reliquos sex libros eodem pretio emere vellet. Cum ille multo magis rideret, anus iterum abiit tribusque aliis libris combustis revertit. Pertinacia et perseverantia mulieris miratus Tarquinius tres reliquos libros eodem pretio emit, quo omnes emere potuit. 6 pt

Aliquando anus quaedam veteres libros novem numero regi magna pecunia vendere cupivit. Tarquinius Superbus cum natura suspiciosus esset, anum dementem putans risit. Illa discessit atque tres illo rum librorum combussit. 9 pt

Aliquando anus quaedam veteres libros novem numero regi magna pecunia vendere cupivit. Tarquinius Superbus cum natura suspiciosus esset, anum dementem putans risit. Illa discessit. 10 pt

Aliquando anus quaedam veteres libros novem numero regi magna pecunia vendere cupivit. Tarquinius Superbus cum natura suspiciosus esset, anum. 12 pt

Aliquando anus quaedam veteres libros novem numero regi magna pecunia vendere cupivit. Tarquinius Superbus cum natura suspiciosus esset, anum dementem putans risit. Illa discessit atque tres illo rum librorum combussit. 14 pt

ABCDEFGHIJKLMNOPQRSTUVWXYZ ÄÖÜ
abcdefghijklmnopqrstuvwxyz äöüß
0123456789 &!?

↔ 60 M 54 x 42
H 7 H 7

Bitstream

➛ITC Eras

Erie³

Incised 726

4 5

A G Q R S Z

a b c e g i k n z

Aliquando anus quaedam veteres libros novem numero regi magna pecunia vendere cupivit. Tarquinius Superbus cum natura suspiciosus esset, anum dementem putans risit. Illa discessit atque tres illorum librorum combussit. Paulo post reversa regem interrogavit, num reliquos sex libros eodem pretio emere vellet. Cum ille multo magis rideret, anus iterum abiit tribusque aliis libris combustis revertit. Pertinacia et perseverantia mulieris miratus Tarquinius tres reliquos libros eodem pretio emit, quo omnes emere potuit. Paulo post rex libros ab auguribus examinari iussit. 6 pt

Aliquando anus quaedam veteres libros novem numero regi magna pecunia vendere cupivit. Tarquinius Superbus cum natura suspiciosus esset, anum dementem putans risit. Illa discessit atque tres illo rum librorum combussit. Paulo post reversa regem interrogavit. 9 pt

Aliquando anus quaedam veteres libros novem numero regi magna pecunia vendere cupivit. Tarquinius Superbus cum natura suspiciosus esset, anum dementem putans risit. Illa discessit atque tres. 10 pt

Aliquando anus quaedam veteres libros novem numero regi magna pecunia vendere cupivit. Tarquinius Superbus cum natura suspiciosus esset, anum dementem. 12 pt

Book	ABCDEFGHIJKLMNOPQRSTUVWXYZ ÄÖÜ abcdefghijklmnopqrstuvwxyz äöüß 0123456789 &!?	⟼ 68	M 66	X 50
Light	ABCDEFGHIJKLMNOPQRSTUVWXYZ ÄÖÜ abcdefghijklmnopqrstuvwxyz äöüß 0123456789 &!?	⟼ 70	M 66	X 50
Med.	ABCDEFGHIJKLMNOPQRSTUVWXYZ ÄÖÜ abcdefghijklmnopqrstuvwxyz äöüß 0123456789 &!?	⟼ 66	M 66	X 50
Demi	**ABCDEFGHIJKLMNOPQRSTUVWXYZ ÄÖÜ abcdefghijklmnopqrstuvwxyz äöüß 0123456789 &!?**	⟼ 62	M 66	X 51
Bold	**ABCDEFGHIJKLMNOPQRSTUVWXYZ ÄÖÜ abcdefghijklmnopqrstuvwxyzäöüß0123456789&!**	⟼ 56	M 66	X 51
Ultra	**ABCDEFGHIJKLMNOPQRSTUVWXYZ ÄÖÜ abcdefghijklmnopqrstuvwxyz äöüß 0123456789 &!?**	⟼ 52	M 66	X 51

Gezeichnet von Albert Boton und Albert Hollenstein.

ITC [Bitstream] 1969

➛ITC Eras Contour

Erie Contour[3]

3 4 5

A B Q R

c k e f g

Hamburgefonts

ABCDEFGHIJKLMNO

PQRSTUVWXYZÄÖÜ

abcdefghijklmnopqrs

tuvwxyzäöüß012345

6789&.!?#/¶˝«‹›»<>{}=[

]*%@¢$£¥§©®Æƒ†ç

ñéèêë

Gezeichnet von Albert Boton und Albert Hollenstein.

ITC [Corel] 1976

ITC Franklin Gothic

Frankfurt Gothic[3]
Gothic 744

3 4 5

A G Q R S Z
a b c e g i k n z

Aliquando anus quaedam veteres libros novem numero regi magna pecunia vendere cupivit. Tarquinius Superbus cum natura suspiciosus esset, anum dementem putans risit. Illa discessit atque tres illorum librorum combussit. Paulo post reversa regem interrogavit, num reliquos sex libros eodem pretio emere vellet. Cum ille multo magis rideret, anus iterum abiit tribusque aliis libris combustis revertit. Pertinacia et perseverantia mulieris miratus Tarquinius tres reliquos libros eodem pretio emit, quo omnes emere potuit. Paulo post rex libros ab auguribus examinari iussit. 6 pt

Aliquando anus quaedam veteres libros novem numero regi magna pecunia vendere cupivit. Tarquinius Superbus cum natura suspiciosus esset, anum dementem putans risit. Illa discessit atque tres illorum librorum combussit. Paulo post reversa. 9 pt

Aliquando anus quaedam veteres libros novem numero regi magna pecunia vendere cupivit. Tarquinius Superbus cum natura suspiciosus esset, anum dementem putans risit. 10 pt

Aliquando anus quaedam veteres libros novem numero regi magna pecunia vendere cupivit. Tarquinius Superbus cum natura suspiciosus esset. 12 pt

Book
ABCDEFGHIJKLMNOPQRSTUVWXYZ ÄÖÜ
abcdefghijklmnopqrstuvwxyz äöüß
0123456789 &!?

66 M 69 x 51
H 8 H 8

Book Italic
ABCDEFGHIJKLMNOPQRSTUVWXYZ ÄÖÜ
abcdefghijklmnopqrstuvwxyz äöüß
0123456789 &!?

66 M 69 x 51
I 10° H 8 H 8

Demi
ABCDEFGHIJKLMNOPQRSTUVWXYZ ÄÖÜ
abcdefghijklmnopqrstuvwxyz äöüß
0123456789 &!?

60 M 69 x 51
H 16 H 13

Demi Italic
ABCDEFGHIJKLMNOPQRSTUVWXYZ ÄÖÜ
abcdefghijklmnopqrstuvwxyz äöüß
0123456789 &!?

61 M 69 x 51
I 10° H 14 H 12

Heavy **ABCDEFGHIJKLMNOPQRSTUVWXYZ ÄÖÜ**
abcdefghijklmnopqrstuvwxyz äöüß
0123456789 &!?

↔ 57 M 69 x 51
H 20 H 16

Heavy Italic ***ABCDEFGHIJKLMNOPQRSTUVWXYZ ÄÖÜ***
abcdefghijklmnopqrstuvwxyz äöüß
0123456789 &!?

↔ 56 M 69 x 51
I 10°

Morris Fuller Benton zeichnete diese Schrift 1904 für die American Type Foundry. Von Benton stammen neben vielen anderen die Broadway, die Peignot (in Corel „Exotic 350“), die Hobo, die Century Schoolbook und die Marriage (in Corel mit einem r und als „Wedding Text“). 1980 wurde die Schrift von Victor Caruso für ITC überarbeitet. Caruso schuf neben anderen noch die Korinna und die Bauhaus.

ITC [Bitstream] 1980

➛Futura

Fujiyama3

Geometric 211

3 4 5 V

A G Q R S Z

a b c e g i k n z

Aliquando anus quaedam veteres libros novem numero regi magna pecunia vendere cupivit. Tarquinius Superbus cum natura suspiciosus esset, anum dementem putans risit. Illa discessit atque tres illorum librorum combussit. Paulo post reversa regem interrogavit, num reliquos sex libros eodem pretio emere vellet. Cum ille multo magis rideret, anus iterum abiit tribusque aliis libris combustis revertit. Pertinacia et perseverantia mulieris miratus Tarquinius tres reliquos libros eodem pretio emit, quo omnes emere. 6 pt

Aliquando anus quaedam veteres libros novem numero regi magna pecunia vendere cupivit. Tarquinius Superbus cum natura suspiciosus esset, anum dementem putans risit. Illa discessit atque tres illorum librorum combussit. Paulo post. 9 pt

Aliquando anus quaedam veteres libros novem numero regi magna pecunia vendere cupivit. Tarquinius Superbus cum natura suspiciosus esset, anum dementem putans risit. 10 pt

Aliquando anus quaedam veteres libros novem numero regi magna pecunia vendere cupivit. Tarquinius Superbus cum natura suspiciosus esset. 12 pt

Book
ABCDEFGHIJKLMNOPQRSTUVWXYZ ÄÖÜ
abcdefghijklmnopqrstuvwxyz äöüß
0123456789 &!?

↔ 65 M 75 x 45
H 8 H 8

Book Italic
ABCDEFGHIJKLMNOPQRSTUVWXYZ ÄÖÜ
abcdefghijklmnopqrstuvwxyz äöüß
0123456789 &!?

↔ 65 M 74 x 45
I 7° H 9 H 9

Light
ABCDEFGHIJKLMNOPQRSTUVWXYZ ÄÖÜ
abcdefghijklmnopqrstuvwxyz äöüß
0123456789 &!?

↔ 67 M 75 x 43
H 7 H 7

Light Italic
ABCDEFGHIJKLMNOPQRSTUVWXYZ ÄÖÜ
abcdefghijklmnopqrstuvwxyz äöüß
0123456789 &!?

↔ 68 M 74 x 43
I 7° H 6 H 6

		↔	M	x	I	H	H
Med.	ABCDEFGHIJKLMNOPQRSTUVWXYZ ÄÖÜ abcdefghijklmnopqrstuvwxyz äöüß 0123456789 &!?	62	72	46		11	11
Med. Italic	*ABCDEFGHIJKLMNOPQRSTUVWXYZ ÄÖÜ abcdefghijklmnopqrstuvwxyz äöüß 0123456789 &!?*	63	74	46	7°	11	11
Bold	**ABCDEFGHIJKLMNOPQRSTUVWXYZ ÄÖÜ abcdefghijklmnopqrstuvwxyz äöüß 0123456789 &!?**	56	71	49		18	18
Bold Italic	***ABCDEFGHIJKLMNOPQRSTUVWXYZ ÄÖÜ abcdefghijklmnopqrstuvwxyz äöüß 0123456789 &!?***	56	71	49	9°	19	19
Heavy	ABCDEFGHIJKLMNOPQRSTUVWXYZ ÄÖÜ abcdefghijklmnopqrstuvwxyz äöüß 0123456789 &!?	58	71	48		15	15
Heavy Italic	*ABCDEFGHIJKLMNOPQRSTUVWXYZ ÄÖÜ abcdefghijklmnopqrstuvwxyz äöüß 0123456789 &!?*	59	71	48	7°	15	15
Extra Black	**ABCDEFGHIJKLMNOPQRSTUVWXYZ ÄÖÜ abcdefghijklmnopqrstuvwxyz äöüß 0123456789 &!?**	52	71	50		24	24
Extra Black Italic	***ABCDEFGHIJKLMNOPQRSTUVWXYZ ÄÖÜ abcdefghijklmnopqrstuvwxyz äöüß 0123456789 &!?***	53	71	50	10°		
Light Cond.	ABCDEFGHIJKLMNOPQRSTUVWXYZ ÄÖÜ abcdefghijklmnopqrstuvwxyz äöüß 0123456789 &!?	101	71	48		6	6
Light Cond. Italic	*ABCDEFGHIJKLMNOPQRSTUVWXYZ ÄÖÜ abcdefghijklmnopqrstuvwxyz äöüß 0123456789 &!?*	98	75	51	9°	7	7

Med. Cond.	ABCDEFGHIJKLMNOPQRSTUVWXYZ ÄÖÜ abcdefghijklmnopqrstuvwxyz äöüß 0123456789 &!?	92	71	48		10	10
Med. Cond. Italic	*ABCDEFGHIJKLMNOPQRSTUVWXYZ ÄÖÜ abcdefghijklmnopqrstuvwxyz äöüß 0123456789 &!?*	91	75	51	9°	9	9
Bold Cond.	**ABCDEFGHIJKLMNOPQRSTUVWXYZ ÄÖÜ abcdefghijklmnopqrstuvwxyz äöüß 0123456789 &!?**	79	71	48		13	13
Bold Cond. Italic	***ABCDEFGHIJKLMNOPQRSTUVWXYZ ÄÖÜ abcdefghijklmnopqrstuvwxyz äöüß 0123456789 &!?***	80	71	48	9°	14	14
Extra Black Cond.	**ABCDEFGHIJKLMNOPQRSTUVWXYZ ÄÖÜ abcdefghijklmnopqrstuvwxyz äöüß 0123456789 &!?**	69	71	50		17	17
Extra Black Cond. Italic	***ABCDEFGHIJKLMNOPQRSTUVWXYZ ÄÖÜ abcdefghijklmnopqrstuvwxyz äöüß 0123456789 &!?***	70	71	50	9°		

Monotype [Bitstream] 1929

Die Futura wurde Ende der 20er Jahre von dem Deutschen Paul Renner (1878 -1956) entworfen. Sie ist inspiriert von dem „Universal-Alphabet" des Österreichers Herbert Bayer ganz nach den streng konstruktiven Regeln des Bauhaus. In der Tat waren die ersten Entwürfe Renners viel origineller in seinen Formen, allerdings mußte er sie teilweise einer besseren Lesbarkeit halber durch althergebrachte Formen ersetzen. Neu an seinem Alphabet war das kleine a, das mit seinem großen Binnenraum und der fehlenden Schwunglinie oben aus kursiven Schriftschnitten adaptiert war. Auffällig und neu war auch das O, das bis dato stets eine ovale Form gehabt hatte. In Renners Futura ist es kreisrund.

Die Futura ist wohl zu einer der bestimmendsten Schriften dieses Jahrhunderts geworden. Aus der heutigen Werbung beispielsweise ist sie überhaupt nicht wegzudenken.

Geometric 231

→ Stempel Kabel

Cable

4 | 5 | V

A G Q R S Z

a b c e g i k n z

Aliquando anus quaedam veteres libros novem numero regi magna pecunia vendere cupivit. Tarquinius Superbus cum natura suspiciosus esset, anum dementem putans risit. Illa discessit atque tres illorum librorum combussit. Paulo post reversa regem interrogavit, num reliquos sex libros eodem pretio emere vellet. Cum ille multo magis rideret, anus iterum abiit tribusque aliis libris combustis revertit. Pertinacia et perseverantia mulieris miratus Tarquinius tres reliquos libros eodem pretio emit, quo omnes emere potuit. Paulo post rex libros ab auguribus examinari iussit. Qui his libris oracula Sibyllae Cumanae contineri cognoverunt. 6 pt

Aliquando anus quaedam veteres libros novem numero regi magna pecunia vendere cupivit. Tarquinius Superbus cum natura suspiciosus esset, anum dementem putans risit. Illa discessit atque tres illorum librorum combussit. Paulo post reversa regem interrogavit. 9 pt

Aliquando anus quaedam veteres libros novem numero regi magna pecunia vendere cupivit. Tarquinius Superbus cum natura suspiciosus esset, anum dementem putans risit. Illa discessit atque tres. 10 pt

Aliquando anus quaedam veteres libros novem numero regi magna pecunia vendere cupivit. Tarquinius Superbus cum natura suspiciosus esset, anum. 12 pt

		↔	M	x
Roman	ABCDEFGHIJKLMNOPQRSTUVWXYZ ÄÖÜ	82	72	39
	abcdefghijklmnopqrstuvwxyz äöüß 0123456789 &!?		H 7	H 7
Light	ABCDEFGHIJKLMNOPQRSTUVWXYZ ÄÖÜ	85	73	37
	abcdefghijklmnopqrstuvwxyz äöüß 0123456789 &!?		H 4	H 4
Bold	ABCDEFGHIJKLMNOPQRSTUVWXYZ ÄÖÜ	79	74	40
	abcdefghijklmnopqrstuvwxyz äöüß 0123456789 &!?		H 12	H 12
Heavy	ABCDEFGHIJKLMNOPQRSTUVWXYZ ÄÖÜ	65	71	51
	abcdefghijklmnopqrstuvwxyz äöüß 0123456789 &!?		H 18	H 18

Bitstream 1927

Wie weit der Einfluß des Bauhauses reichte, zeigte sich Ende der 20er Jahre nicht nur in Paul Renners Futura, sondern auch in der Kabel, die Robert Koch bereits 1927 zeichnete. Eine Bearbeitung der Schrift durch ITC finden Sie in der Corel-Schrifensammlung noch als ITC Kabel. Koch (1876-1934) ist in der Corel-Schriftensammlung noch mit seiner Neuland von 1923 vertreten, die hier „Informal 001" heißt.

Geometric 415

→ Metro

4 5 V

A G Q R S Z

a b c e g i k n z

Aliquando anus quaedam veteres libros novem numero regi magna pecunia vendere cupivit. Tarquinius Superbus cum natura suspiciosus esset, anum dementem putans risit. Illa discessit atque tres illorum librorum combussit. Paulo post reversa regem interrogavit, num reliquos sex libros eodem pretio emere vellet. Cum ille multo magis rideret, anus iterum abiit tribusque aliis libris combustis revertit. Pertinacia et perseverantia mulieris miratus Tarquinius tres reliquos libros eodem pretio emit, quo omnes emere potuit. 6 pt

Aliquando anus quaedam veteres libros novem numero regi magna pecunia vendere cupivit. Tarquinius Superbus cum natura suspiciosus esset, anum dementem putans risit. Illa discessit atque tres illorum librorum combussit. Paulo post reversa 9 pt

Aliquando anus quaedam veteres libros novem numero regi magna pecunia vendere cupivit. Tarquinius Superbus cum natura suspiciosus esset, anum dementem putans risit. 10 pt

Aliquando anus quaedam veteres libros novem numero regi magna pecunia vendere cupivit. Tarquinius Superbus cum natura suspiciosus esset, anum. 12 pt

Med.
ABCDEFGHIJKLMNOPQRSTUVWXYZ ÄÖÜ
abcdefghijklmnopqrstuvwxyz äöüß
0123456789 &!?

⟷ 64 M 75 x 44
H 13 H 13

Med. Italic
ABCDEFGHIJKLMNOPQRSTUVWXYZ ÄÖÜ
abcdefghijklmnopqrstuvwxyz äöüß
0123456789 &!?

⟷ 65 M 75 x 44
I 10° H 12 H 12

Lite
ABCDEFGHIJKLMNOPQRSTUVWXYZ ÄÖÜ
abcdefghijklmnopqrstuvwxyz äöüß
0123456789 &!?

⟷ 66 M 75 x 44
H 9 H 9

Lite Italic
ABCDEFGHIJKLMNOPQRSTUVWXYZ ÄÖÜ
abcdefghijklmnopqrstuvwxyz äöüß
0123456789 &!?

⟷ 66 M 75 x 44
I 10° H 9 H 9

Black	**ABCDEFGHIJKLMNOPQRSTUVWXYZ ÄÖÜ** **abcdefghijklmnopqrstuvwxyz äöüß** **0123456789 &!?**	⟷ 63 M 76 x 44 H 32 H 32
Black Italic	***ABCDEFGHIJKLMNOPQRSTUVWXYZ ÄÖÜ*** ***abcdefghijklmnopqrstuvwxyz äöüß*** ***0123456789 &!?***	⟷ 63 M 75 x 44 I 10° H 33 H 33

Die Metro wurde von 1930 bis 1932 von William Addison Dwiggins gezeichnet für Linotype. Dwiggins (1880-1956) schuf außerdem die Electra (in Corel: „Transitional 521“).

Bitstream 1932

Geometric 706

→ Neuzeit

4 5 V

A G Q R S Z

a b c e g i k n z

Aliquando anus quaedam veteres libros novem numero regi magna pecunia vendere cupivit. Tarquinius Superbus cum natura suspiciosus esset, anum dementem putans risit. Illa discessit atque tres illorum librorum combussit. Paulo post reversa regem interrogavit, num reliquos sex libros eodem pretio emere vellet. Cum ille multo magis rideret, anus iterum abiit tribusque aliis libris combustis revertit. Pertinacia et perseverantia mulieris miratus Tarquinius tres reliquos libros eodem pretio emit, quo omnes emere potuit. 6 pt

Aliquando anus quaedam veteres libros novem numero regi magna pecunia vendere cupivit. Tarquinius Superbus cum natura suspiciosus esset, anum dementem putans risit. Illa discessit atque tres illorum librorum combussit. 9 pt

Aliquando anus quaedam veteres libros novem numero regi magna pecunia vendere cupivit. Tarquinius Superbus cum natura suspiciosus esset, anum dementem. 10 pt

Aliquando anus quaedam veteres libros novem numero regi magna pecunia vendere cupivit. Tarquinius Superbus cum natura. 12 pt

Med. ABCDEFGHIJKLMNOPQRSTUVWXYZ ÄÖÜ
abcdefghijklmnopqrstuvwxyz äöüß
0123456789 &!?
↔ 58 M 77 x 52
H 10 H 10

Black **ABCDEFGHIJKLMNOPQRSTUVWXYZ ÄÖÜ**
abcdefghijklmnopqrstuvwxyz äöüß
0123456789 &!?
↔ 53 M 70 x 54
H 18 H 18

Bold Cond. **ABCDEFGHIJKLMNOPQRSTUVWXYZ ÄÖÜ**
abcdefghijklmnopqrstuvwxyz äöüß 0123456789 &!?
↔ 82 M 76 x 55
H 9 H 9

Black Cond. **ABCDEFGHIJKLMNOPQRSTUVWXYZ ÄÖÜ**
abcdefghijklmnopqrstuvwxyz äöüß 0123456789 &!?
↔ 70 M 76 x 56
H 13 H 13

Gezeichnet von Wilhelm Pischner für die deutsche Schriftgießerei Stempel.

Bitstream 1928

A G Q R S Z
a b c e g i k n z

Gothic 725

→Berthold Akzidenz Grotesk

4 5 V

Aliquando anus quaedam veteres libros novem numero regi magna pecunia vendere cupivit. Tarquinius Superbus cum natura suspiciosus esset, anum dementem putans risit. Illa discessit atque tres illorum librorum combussit. Paulo post reversa regem interrogavit, num reliquos sex libros eodem pretio emere vellet. Cum ille multo magis rideret, anus iterum abiit tribusque aliis libris combustis revertit. Pertinacia et perseverantia mulieris miratus Tarquinius tres reliquos libros eodem pretio emit, quo omnes emere potuit. Paulo post rex libros ab auguribus examinari iussit. 6 pt

Aliquando anus quaedam veteres libros novem numero regi magna pecunia vendere cupivit. Tarquinius Superbus cum natura suspiciosus esset, anum dementem putans risit. Illa discessit atque tres illorum librorum combussit. Paulo post. 9 pt

Aliquando anus quaedam veteres libros novem numero regi magna pecunia vendere cupivit. Tarquinius Superbus cum natura suspiciosus esset, anum dementem putans risit. 10 pt

Aliquando anus quaedam veteres libros novem numero regi magna pecunia vendere cupivit. Tarquinius Superbus cum natura suspiciosus esset. 12 pt

Bold **ABCDEFGHIJKLMNOPQRSTUVWXYZ ÄÖÜ**
abcdefghijklmnopqrstuvwxyz äöüß
0123456789 &!?

|↔| 64 M 71 x 51
H 12 H 12

Black **ABCDEFGHIJKLMNOPQRSTUVWXYZ ÄÖÜ**
abcdefghijklmnopqrstuvwxyz äöüß
0123456789 &!?

|↔| 60 M 71 x 52
H 16 H 16

Als Akzidenzen werden im Druckerwesen die „besonderen" Arbeiten bezeichnet, Geschäfts- und Privatpapier beispielsweise, im Gegensatz zum „Werksatz"etwa beim Druck von Büchern. In diesem Sinne waren Akzidenz-Schriften im 19. Jahrhundert die hervorgehobenen Schriften. Der Zusatz „Grotesk" ist die damalige Bezeichnung für serifenlose Schriften, tatsächlich geht der Ausdruck darauf zurück, daß seinerzeit viele Menschen die neumodischen Serifenlosen als grotesk empfanden. Die oben dargestellte Schrift wurde 1896 für die Berliner Schriftgießerei Berthold gezeichnet.

Bitstream 19. Jh.

Gothic 821

→ Block

4 | 5 | V

A G Q R S Z

a b c e g i k n z

Aliquando anus quaedam veteres libros novem numero regi magna pecunia vendere cupivit. Tarquinius Superbus cum natura suspiciosus esset, anum dementem putans risit. Illa discessit atque tres illorum librorum combussit. Paulo post reversa regem interrogavit, num reliquos sex libros eodem pretio emere vellet. Cum ille multo magis rideret, anus iterum abiit tribusque aliis libris combustis revertit. Pertinacia et perseverantia mulieris miratus Tarquinius tres reliquos libros eodem pretio emit, quo omnes emere potuit. Paulo post rex libros ab auguribus examinari iussit. Qui his libris oracula Sibyllae Cumanae contineri cognoverunt. 6 pt

Aliquando anus quaedam veteres libros novem numero regi magna pecunia vendere cupivit. Tarquinius Superbus cum natura suspiciosus esset, anum dementem putans risit. Illa discessit atque tres illorum librorum combussit. Paulo post reversa regem interrogavit, num reliquos ses libros. 9 pt

Aliquando anus quaedam veteres libros novem numero regi magna pecunia vendere cupivit. Tarquinius Superbus cum natura suspiciosus esset, anum dementem putans risit. Illa discessit atque tres illorum librorum combussit. 10 pt

Aliquando anus quaedam veteres libros novem numero regi magna pecunia vendere cupivit. Tarquinius Superbus cum natura suspiciosus esset, anum dementem putans risit. 12 pt

Aliquando anus quaedam veteres libros novem numero regi magna pecunia vendere cupivit. Tarquinius Superbus cum natura suspiciosus esset, anum dementem putans risit. Illa discessit atque tres illo rum librorum combussit. Paulo post reversa regem interrogavit, num reliquos ses libros. 14 pt

Cond. ABCDEFGHIJKLMNOPQRSTUVWXYZ ÄÖÜ
abcdefghijklmnopqrstuvwxyz äöüß 0123456789 &!?

↔	65	M	71	x	53
		H	8	H	8

Bitstream

ITC Goudy Sans

Humanist 730

4 5

A G Q R S Z

a b c e g i k n z

Aliquando anus quaedam veteres libros novem numero regi magna pecunia vendere cupivit. Tarquinius Superbus cum natura suspiciosus esset, anum dementem putans risit. Illa discessit atque tres illorum librorum combussit. Paulo post reversa regem interrogavit, num reliquos sex libros eodem pretio emere vellet. Cum ille multo magis rideret, anus iterum abiit tribusque aliis libris combustis revertit. Pertinacia et perseverantia mulieris miratus Tarquinius tres reliquos libros eodem pretio emit, quo omnes emere potuit. Paulo post rex libros ab. 6 pt

Aliquando anus quaedam veteres libros novem numero regi magna pecunia vendere cupivit. Tarquinius Superbus cum natura suspiciosus esset, anum dementem putans risit. Illa discessit atque tres illorum librorum combussit. Paulo post reversa regem. 9 pt

Aliquando anus quaedam veteres libros novem numero regi magna pecunia vendere cupivit. Tarquinius Superbus cum natura suspiciosus esset, anum dementem putans risit. Illa discessit atque tres. 10 pt

Aliquando anus quaedam veteres libros novem numero regi magna pecunia vendere cupivit. Tarquinius Superbus cum natura suspiciosus esset, anum. 12 pt

		↔	M	X	I	H	H
Med.	ABCDEFGHIJKLMNOPQRSTUVWXYZ ÄÖÜ abcefghjkmostz äöüß 0123456789 &!?	67	70	48		10	10
Med. Italic	*ABCDEFGHIJKLMNOPQRSTUVWXYZ ÄÖÜ* *abcdefghijklmnopqrstuvwxyz äöüß 0123456789 &!?*	70	69	51	9°	10	10
Light	ABCDEFGHIJKLMNOPQRSTUVWXYZ ÄÖÜ abcdefghijklmnopqrstuvwxyz äöüß 0123456789 &!?	70	70	48		7	7
Light Italic	*ABCDEFGHIJKLMNOPQRSTUVWXYZ ÄÖÜ* *abcdefghijklmnopqrstuvwxyz äöüß 0123456789 &!?*	73	67	50	9°	7	7
Bold	**ABCDEFGHIJKLMNOPQRSTUVWXYZ ÄÖÜ** **abcdefghijklmnopqrstuvwxyz äöüß** **0123456789 &!?**	61	70	48		16	16
Bold Italic	***ABCDEFGHIJKLMNOPQRSTUVWXYZ ÄÖÜ*** ***abcdefghijklmnopqrstuvwxyz äöüß*** ***0123456789 &!?***	65	69	50	9°	15	15

Black	ABCDEFGHIJKLMNOPQRSTUVWXYZ ÄÖÜ abcdefghijklmnopqrstuvwxyz äöüß 0123456789 &!?	⟷ 57	M 70 H 20	x 48 H 18
Black Italic	*ABCDEFGHIJKLMNOPQRSTUVWXYZ ÄÖÜ* *abcdefghijklmnopqrstuvwxyz äöüß* *0123456789 &!?*	⟷ 61 *I* 9°	M 69	x 50

Gezeichnet 1929 von dem Amerikaner Frederic Goudy. Von Goudy stammen noch weitere Schriften, die seinen Namen tragen, sowie die Copperplate Gothic.

ITC
[Bitstream]

1929

ITC Grizzly

Geometric 735

4 5

A G Q R S Z

a b c e g i k n z

Aliquando anus quaedam veteres libros novem numero regi magna pecunia vendere cupivit. Tarquinius Superbus cum natura suspiciosus esset, anum dementem putans risit. Illa discessit atque tres illorum librorum combussit. Paulo post reversa regem interrogavit, num reliquos sex libros eodem pretio emere vellet. Cum ille multo magis rideret, anus iterum abiit tribusque aliis libris combustis revertit. Pertinacia et perseverantia mulieris miratus Tarquinius tres reliquos libros eodem pretio emit, quo omnes emere potuit. Paulo post rex libros ab auguribus examinari iussit. 6 pt

Aliquando anus quaedam veteres libros novem numero regi magna pecunia vendere cupivit. Tarquinius Superbus cum natura suspiciosus esset, anum dementem putans risit. Illa discessit atque tres illorum librorum combussit. Paulo post reversa. 9 pt

Aliquando anus quaedam veteres libros novem numero regi magna pecunia vendere cupivit. Tarquinius Superbus cum natura suspiciosus esset, anum dementem putans risit. 10 pt

Aliquando anus quaedam veteres libros novem numero regi magna pecunia vendere cupivit. Tarquinius Superbus cum natura suspiciosus esset. 12 pt

Aliquando anus quaedam veteres libros novem numero regi magna pecunia vendere cupivit. Tarquinius Superbus cum natura suspiciosus esset, anum dementem putans risit. Illa discessit atque tres illo rum librorum combussit. 14 pt

ABCDEFGHIJKLMNOPQRSTUVWXYZ ÄÖÜ
abcdefghijklmnopqrstuvwxyz äöüß
0123456789 &!?

64 M 72 x 49
H 38 36

Gezeichnet von Tom Carnase und Ronne Bonder. Von Carnase und Bonder stammen unter anderem noch Machine, Gorilla und Pioneer.

ITC [Bitstream] 1970

Handel Gothic

Swiss 880

4 5 V

AGQRSZ
abcegiknz

Aliquando anus quaedam veteres libros novem numero regi magna pecunia vendere cupivit. Tarquinius Superbus cum natura suspiciosus esset, anum dementem putans risit. Illa discessit atque tres illorum librorum combussit. Paulo post reversa regem interrogavit, num reliquos sex libros eodem pretio emere vellet. Cum ille multo magis rideret, anus iterum abiit tribusque aliis libris combustis revertit. Pertinacia et perseverantia mulieris miratus. 6 pt

Aliquando anus quaedam veteres libros novem numero regi magna pecunia vendere cupivit. Tarquinius Superbus cum natura suspiciosus esset, anum dementem putans risit. Illa discessit atque tres illorum. 9 pt

Aliquando anus quaedam veteres libros novem numero regi magna pecunia vendere cupivit. Tarquinius Superbus cum natura suspiciosus esset, anum dementem. 10 pt

Aliquando anus quaedam veteres libros novem numero regi magna pecunia vendere cupivit. Tarquinius Superbus cum natura. 12 pt

Med. ABCDEFGHIJKLMNOPQRSTUVWXYZ ÄÖÜ
abcdefghijklmnopqrstuvwxyz äöüß
0123456789 &!?
⟷ 55 M 71 x 53

Light ABCDEFGHIJKLMNOPQRSTUVWXYZ ÄÖÜ
abcdefghijklmnopqrstuvwxyz äöüß
0123456789 &!?
⟷ 63 M 67 x 49
H 11 H 11

Bold ABCDEFGHIJKLMNOPQRSTUVWXYZ ÄÖÜ
abcdefghijklmnopqrstuvwxyz äöüß
0123456789 &!?
⟷ 60 M 67 x 49
H 15 H 15

Den Medium-Schriftschnitt hat Corel von Bitstream, die beiden anderen von URW.

[URW / Bitstream]

A G Q R S Z

→Horatio

5 V

a b c e g i k n z

Aliquando anus quaedam veteres libros novem numero regi magna pecunia vendere cupivit. Tarquinius Superbus cum natura suspiciosus esset, anum dementem putans risit. Illa discessit atque tres illorum librorum combussit. Paulo post reversa regem interrogavit, num reliquos sex libros eodem pretio emere vellet. Cum ille multo magis rideret, anus iterum abiit tribusque aliis libris combustis revertit. Pertinacia et perseverantia mulieris miratus Tarquinius tres reliquos libros eodem pretio emit, quo omnes emere potuit. Paulo post rex libros ab auguribus examinari iussit. Qui his libris oracula. 6 pt

Aliquando anus quaedam veteres libros novem numero regi magna pecunia vendere cupivit. Tarquinius Superbus cum natura suspiciosus esset, anum dementem putans risit. Illa discessit atque tres illorum librorum combussit. Paulo post reversa regem interrogavit, num reliquos sex libros. 9 pt

Aliquando anus quaedam veteres libros novem numero regi magna pecunia vendere cupivit. Tarquinius Superbus cum natura suspiciosus esset, anum dementem putans risit. Illa discessit atque tres illorum. 10 pt

Aliquando anus quaedam veteres libros novem numero regi magna pecunia vendere cupivit. Tarquinius Superbus cum natura suspiciosus esset, anum dementem putans risit. 12 pt

Med.	ABCDEFGHIJKLMNOPQRSTUVWXYZ ÄÖÜ abcdefghijklmnopqrstuvwxyz äöüß 0123456789 &!?	↔ 73	M 67 H 11	x 43 H 11
Light	ABCDEFGHIJKLMNOPQRSTUVWXYZ ÄÖÜ abcdefghijklmnopqrstuvwxyz äöüß 0123456789 &!?	↔ 75	M 67 H 3	x 43 H 3
Bold	ABCDEFGHIJKLMNOPQRSTUVWXYZ ÄÖÜ abcdefghijklmnopqrstuvwxyz äöüß 0123456789 &!?	↔ 73	M 68	x 43

[URW]

Humanist 521

→Gill Sans

Gilbert[3]

Hammersmith

3 4 5 V

A G Q R S Z

a b c e g i k n z

Aliquando anus quaedam veteres libros novem numero regi magna pecunia vendere cupivit. Tarquinius Superbus cum natura suspiciosus esset, anum dementem putans risit. Illa discessit atque tres illorum librorum combussit. Paulo post reversa regem interrogavit, num reliquos sex libros eodem pretio emere vellet. Cum ille multo magis rideret, anus iterum abiit tribusque aliis libris combustis revertit. Pertinacia et perseverantia mulieris miratus Tarquinius tres reliquos libros eodem pretio emit, quo omnes emere potuit. Paulo post rex libros ab auguribus examinari iussit. Qui his libris oracula Sibyllae Cumanae contineri cognoverunt. 6 pt

Aliquando anus quaedam veteres libros novem numero regi magna pecunia vendere cupivit. Tarquinius Superbus cum natura suspiciosus esset, anum dementem putans risit. Illa discessit atque tres illorum librorum combussit. Paulo post reversa regem interrogavit, num. 9 pt

Aliquando anus quaedam veteres libros novem numero regi magna pecunia vendere cupivit. Tarquinius Superbus cum natura suspiciosus esset, anum dementem putans risit. Illa discessit atque tres. 10 pt

Aliquando anus quaedam veteres libros novem numero regi magna pecunia vendere cupivit. Tarquinius Superbus cum natura suspiciosus esset, anum dementem. 12 pt

Roman ABCDEFGHIJKLMNOPQRSTUVWXYZ ÄÖÜ
abcdefghijklmnopqrstuvwxyz äöüß 0123456789 &!?
|←→| 69 M 68 x 45
H 10 H 10

Italic *ABCDEFGHIJKLMNOPQRSTUVWXYZ ÄÖÜ*
abcdefghijklmnopqrstuvwxyz äöüß 0123456789 &!?
|←→| 73 M 68 x 45
I 8° H 9 H 9

Light ABCDEFGHIJKLMNOPQRSTUVWXYZ ÄÖÜ
abcdefghijklmnopqrstuvwxyz äöüß 0123456789 &!?
|←→| 73 M 68 x 45
H 6 H 6

Light Italic *ABCDEFGHIJKLMNOPQRSTUVWXYZ ÄÖÜ*
abcdefghijklmnopqrstuvwxyz äöüß 0123456789 &!?
|←→| 77 M 68 x 45
I 8° H 5 H 5

Bold **ABCDEFGHIJKLMNOPQRSTUVWXYZ ÄÖÜ**
abcdefghijklmnopqrstuvwxyz äöüß
0123456789 &!?
|←→| 63 M 68 x 45
H 10 H 10

Bold Italic ***ABCDEFGHIJKLMNOPQRSTUVWXYZ ÄÖÜ***
abcdefghijklmnopqrstuvwxyz äöüß
0123456789 &!?
|←→| 65 M 68 x 45
I 8° H 13 H 13

Extra Bold	ABCDEFGHIJKLMNOPQRSTUVWXYZ ÄÖÜ abcdefghijklmnopqrstuvwxyz äöüß 0123456789 &!?	⟷ 53	M 68 H 23	X 53 H 21
Ultra Bold	ABCDEFGHIJKLMNOPQRSTUVWXYZ ÄÖÜ abcdefghijklmnopqrstuvwxyz äöüß 0123456789 &!?	⟷ 45	M 74 H 56	X 58 H 56
Cond.	ABCDEFGHIJKLMNOPQRSTUVWXYZ ÄÖÜ abcdefghijklmnopqrstuvwxyz äöüß 0123456789 &!?	⟷ 98	M 68 H 7	X 45 H 7
Bold Cond.	ABCDEFGHIJKLMNOPQRSTUVWXYZ ÄÖÜ abcdefghijklmnopqrstuvwxyz äöüß 0123456789 &!?	⟷ 71	M 68 H 28	X 46 H 14
Extra Bold Cond.	ABCDEFGHIJKLMNOPQRSTUVWXYZ ÄÖÜ abcdefghijklmnopqrstuvwxyz äöüß 0123456789 &!?	⟷ 66	M 68 H 18	X 53 H 18

Eric Gill zeichnete diese Schrift in den Jahren von 1928 bis 1932 für die englische Monotype Corporation. Der Engländer Gill (1882-1940) zeichnete neben seiner Gill Sans auch die Perpetua (in Corel: Lapidary 333). Beide Schriften sind bis in die heutigen Tage hinein überdurchschnittlich weit verbreitet.

Bitstream 1932

Humanist 777

→ Frutiger
Roissy
Frutus
Frugal

4 5 V

A G Q R S Z
a b c e g i k n z

Aliquando anus quaedam veteres libros novem numero regi magna pecunia vendere cupivit. Tarquinius Superbus cum natura suspiciosus esset, anum dementem putans risit. Illa discessit atque tres illorum librorum combussit. Paulo post reversa regem interrogavit, num reliquos sex libros eodem pretio emere vellet. Cum ille multo magis rideret, anus iterum abiit tribusque aliis libris combustis revertit. Pertinacia et perseverantia mulieris miratus Tarquinius tres reliquos libros eodem pretio emit. 6 pt

Aliquando anus quaedam veteres libros novem numero regi magna pecunia vendere cupivit. Tarquinius Superbus cum natura suspiciosus esset, anum dementem putans risit. Illa discessit atque tres illo rum librorum combussit. Paulo post. 9 pt

Aliquando anus quaedam veteres libros novem numero regi magna pecunia vendere cupivit. Tarquinius Superbus cum natura suspiciosus esset, anum dementem putans risit. 10 pt

Aliquando anus quaedam veteres libros novem numero regi magna pecunia vendere cupivit. Tarquinius Superbus cum natura suspiciosus esset. 12 pt

Roman (55)
ABCDEFGHIJKLMNOPQRSTUVWXYZ ÄÖÜ
abcdefghijklmnopqrstuvwxyz äöüß
0123456789 &!?

↔ 62 M 69 x 50
H 10 H 10

Italic (56)
ABCDEFGHIJKLMNOPQRSTUVWXYZ ÄÖÜ
abcdefghijklmnopqrstuvwxyz äöüß
0123456789 &!?

↔ 62 M 69 x 51
I 12° H 10 H 10

Light (45)
ABCDEFGHIJKLMNOPQRSTUVWXYZ ÄÖÜ
abcdefghijklmnopqrstuvwxyz äöüß
0123456789 &!?

↔ 66 M 69 x 50
H 6 H 6

Light Italic (46)
ABCDEFGHIJKLMNOPQRSTUVWXYZ ÄÖÜ
abcdefghijklmnopqrstuvwxyz äöüß
0123456789 &!?

↔ 66 M 69 x 50
I 12° H 6 H 6

Bold (65)	**ABCDEFGHIJKLMNOPQRSTUVWXYZ ÄÖÜ abcdefghijklmnopqrstuvwxyz äöüß 0123456789 &!?**	⟷ 58	M 69 H 13	X 51 H 13
Bold Italic (66)	***ABCDEFGHIJKLMNOPQRSTUVWXYZ ÄÖÜ abcdefghijklmnopqrstuvwxyz äöüß 0123456789 &!?***	⟷ 57 I 12°	M 69 H 13	X 51 H 13
Black (75)	**ABCDEFGHIJKLMNOPQRSTUVWXYZ ÄÖÜ abcdefghijklmnopqrstuvwxyz äöüß 0123456789 &!?**	⟷ 53	M 69 H 18	X 51 H 18
Black Italic (76)	***ABCDEFGHIJKLMNOPQRSTUVWXYZ ÄÖÜ abcdefghijklmnopqrstuvwxyz äöüß 0123456789 &!?***	⟷ 53 I 12°	M 69 H 19	X 51 H 17

Bitstream 1976

Die Frutiger stammt von dem Schweizer Typographen Adrian Frutiger (geb. 1920). Von Frutiger stammt die Univers (in Corel „Zurich"), die er Mitte der 50er Jahre zeichnet. Deren Besonderheit war, daß sie von Anfang an als komplette Schriftfamilie von insgesamt 21 Schnitten konzipiert war, die sich untereinander somit problemlos kombinieren ließen. Die Schrift war sehr universell einsetzbar – wie der Name schon sagt.

1968 entwarf Frutiger eine weitere serifenlose Schrift, ein Paradebeispiel dafür, wie eine Serifenlose auch ohne ins Auge fallende Besonderheiten zeitlos elegant sein kann. Frutiger gab ihr den Namen „Concorde". Er benutzte die Schrift für das Leitsystem des neuen Flughafens Charles de Gaulle in Roissy bei Paris. Linotype erwarb später die Rechte und lizenziert sie seit 1976 unter dem Namen Frutiger. In der Corel-Schriftensammlung finden Sie von Frutiger, neben Hermann Zapf einer der größten Typographen dieses Jahrhunderts, noch die erwähnte Univers, hier unter Anspielung auf die Schweizer Herkunft Frutigers als „Zurich", sowie die Ondine als „Formal Script 421".

Die Zahlen in Klammern zu den jeweiligen Schriftschnitten sind Bezeichnungen von Adrian Frutiger, der statt der üblichen Bezeichnungen wie „bold" oder „light" ein eigenes numerisches System entwickelte. Das System ist im Begleittext zur Schrift Univers (in Corel: „Zurich") erläutert (siehe Seite 186).

Humanist
970

→Adsans

4 5 V

AGQRSZ
abcegiknz

Aliquando anus quaedam veteres libros novem numero regi magna pecunia vendere cupivit. Tarquinius Superbus cum natura suspiciosus esset, anum dementem putans risit. Illa discessit atque tres illorum librorum combussit. Paulo post reversa regem interrogavit, num reliquos sex libros eodem pretio emere vellet. Cum ille multo magis rideret, anus iterum abiit tribusque. 6 pt

Aliquando anus quaedam veteres libros novem numero regi magna pecunia vendere cupivit. Tarquinius Superbus cum natura suspiciosus esset, anum dementem putans risit. 9 pt

Aliquando anus quaedam veteres libros novem numero regi magna pecunia vendere cupivit. Tarquinius Superbus cum natura. 10 pt

Aliquando anus quaedam veteres libros novem numero regi magna pecunia vendere cupivit. Tarquinius 12 pt

Aliquando anus quaedam veteres libros novem numero regi magna pecunia vendere cupivit. Tarquinius Superbus cum natura suspiciosus esset, anum dementem. 14 pt

Roman ABCDEFGHIJKLMNOPQRSTUVW XYZ ÄÖÜ
abcdefghijklmnopqrstuvwxyz äöüß
0123456789 &!?

⟷ 45 M 78 x 57
H 16 H 16

Bold ABCDEFGHIJKLMNOPQRSTUVW XYZ ÄÖÜ
abcdefghijklmnopqrstuvwxyz äöüß
0123456789 &!?

⟷ 44 M 78 x 57
H 21 H 21

Der Engländer Walter Tracy (geb. 1914), damals Chef-Designer von Linotype in England, zeichnete diese Schrift 1959.

Bitstream 1959

A G Q R S Z
a b c e g i k n z

Incised 901

→Antique
Olive
Provence

4 | 5 | V

Aliquando anus quaedam veteres libros novem numero regi magna pecunia vendere cupivit. Tarquinius Superbus cum natura suspiciosus esset, anum dementem putans risit. Illa discessit atque tres illorum librorum combussit. Paulo post reversa regem interrogavit, num reliquos sex libros eodem pretio emere vellet. Cum ille multo magis rideret, anus iterum abiit tribusque aliis libris combustis revertit. Pertinacia et perseverantia mulieris miratus Tarquinius, 6 pt

Aliquando anus quaedam veteres libros novem numero regi magna pecunia vendere cupivit. Tarquinius Superbus cum natura suspiciosus esset, anum dementem putans risit. Illa discessit atque tres illorum librorum combussit. 9 pt

Aliquando anus quaedam veteres libros novem numero regi magna pecunia vendere cupivit. Tarquinius Superbus cum natura suspiciosus esset, anum dementem. 10 pt

Aliquando anus quaedam veteres libros novem numero regi magna pecunia vendere cupivit. Tarquinius Superbus cum natura. 12 pt

Roman ABCDEFGHIJKLMNOPQRSTUVWXYZ ÄÖÜ
abcdefghijklmnopqrstuvwxyz äöüß
0123456789 &!?

⟷ 57 M 74 x 66
H 12 H 12

Italic *ABCDEFGHIJKLMNOPQRSTUVWXYZ ÄÖÜ*
abcdefghijklmnopqrstuvwxyz äöüß
0123456789 &!?

⟷ 58 M 74 x 60
I 9° H 11 H 11

Light ABCDEFGHIJKLMNOPQRSTUVWXYZ ÄÖÜ
abcdefghijklmnopqrstuvwxyz äöüß
0123456789 &!?

⟷ 60 M 74 x 59
H 7 H 7

Bold **ABCDEFGHIJKLMNOPQRSTUVWXYZ ÄÖÜ**
abcdefghijklmnopqrstuvwxyz äöüß
0123456789 &!?

⟷ 55 M 74 x 61
H 15 H 15

Black **ABCDEFGHIJKLMNOPQRSTUVWXYZ ÄÖÜ**
abcdefghijklmnopqrstuvwxyz äöüß
0123456789 &!?

⟷ 53 M 74 x 62
H 19 H 19

Compact	ABCDEFGHIJKLMNOPQRSTUVWXYZ ÄÖÜ abcdefghijklmnopqrstuvwxyz äöüß 0123456789 &!?	↔ 44 M 74 x 63 H 26 H 26	
Nord	ABCDEFGHIJKLMNOPQRSTU VWXYZ ÄÖÜ abcdefghijklmnopqrstuvw xyz äöüß 0123456789 &!?	↔ 35 M 74 x 63 H 37 H 37	
Nord Italic	*ABCDEFGHIJKLMNOPQRSTUVW XYZ ÄÖÜ* *abcdefghijklmnopqrstuvwxyz äöüß 0123456789 &!?*	↔ 39 M 74 x 63 I 15°	
Bold Cond.	ABCDEFGHIJKLMNOPQRSTUVWXYZ ÄÖÜ abcdefghijklmnopqrstuvwxyz äöüß 0123456789 &!?	↔ 74 M 74 x 63 H 15 H 15	

Bitstream 1968

Ein ehernes Gesetz in der Typographie lautet, daß die Buchstaben „stehen" müssen, daß das Gewicht (also der größte Teil) des Buchstabens zwischen Grundlinie und Mittellinie zu liegen habe, weil sie sonst Gefahr laufen, „kippelig", also instabil zu erscheinen. Roger Excoffon verblüffte seine Kollegen mit der Antique Olive, die er in den Jahren 1962 bis 1968 für die französische Schriftgießerei Olive entwarf, in dem er das Gegenteil tat. Viele der Buchstaben sind „kopflastig", beispielsweise ist der obere Bogen des S ausgeprägter und offener als der untere. Dennoch erscheint die Schrift insgesamt in sich schlüssig. Der Namensbestandteil „Antique" bezeichnet nicht wie in Deutschland üblich die Antiqua, sondern ist die früher in Frankreich übliche Bezeichnung für serifenlose Schriftarten.

Der Franzose Roger Excoffon (1910-1983) war hauptsächlich als Designer tätig, er entwarf aber eine Reihe von Schriften, die weite Verbreitung fanden. In der Corel-Schriftensammlung finden Sie beispielsweise die Choc (in Corel: „Staccato 555") und die Mistral („Staccato 222").

A G Q R S Z

a b c e g i k n z

→ITC Kabel

Kabana[3]

Gometric 731

3 4 5

Aliquando anus quaedam veteres libros novem numero regi magna pecunia vendere cupivit. Tarquinius Superbus cum natura suspiciosus esset, anum dementem putans risit. Illa discessit atque tres illorum librorum combussit. Paulo post reversa regem interrogavit, num reliquos sex libros eodem pretio emere vellet. Cum ille multo magis rideret, anus iterum abiit tribusque aliis libris combustis revertit. Pertinacia et perseverantia mulieris miratus Tarquinius tres reliquos libros eodem pretio emit, quo omnes emere potuit. Paulo post rex libros ab auguribus examinari iussit. 6 pt

Aliquando anus quaedam veteres libros novem numero regi magna pecunia vendere cupivit. Tarquinius Superbus cum natura suspiciosus esset, anum dementem putans risit. Illa discessit atque tres illo rum librorum combussit. Paulo post reversa regem interrogavit, num. 9 pt

Aliquando anus quaedam veteres libros novem numero regi magna pecunia vendere cupivit. Tarquinius Superbus cum natura suspiciosus esset, anum dementem putans risit. Illa discessit atque tres. 10 pt

Aliquando anus quaedam veteres libros novem numero regi magna pecunia vendere cupivit. Tarquinius Superbus cum natura suspiciosus esset, anum dementem. 12 pt

Book ABCDEFGHIJKLMNOPQRSTUVWXYZ ÄÖÜ
abcdefghijklmnopqrstuvwxyz äöüß 0123456789 &!?

|—| 69 M 71 x 52
H 7 H 7

Med. ABCDEFGHIJKLMNOPQRSTUVWXYZ ÄÖÜ
abcdefghijklmnopqrstuvwxyz äöüß
0123456789 &!?

|—| 66 M 71 x 52
H 10 H 10

Demi **ABCDEFGHIJKLMNOPQRSTUVWXYZ ÄÖÜ**
abcdefghijklmnopqrstuvwxyz äöüß
0123456789 &!?

|—| 64 M 71 x 53
H 14 H 14

Ultra **ABCDEFGHIJKLMNOPQRSTUVWXYZ ÄÖÜ**
abcdefghijklmnopqrstuvwxyz äöüß
0123456789 &!?

|—| 61 M 72 x 53
H 20 H 20

Bold **ABCDEFGHIJKLMNOPQRSTUVWXYZ ÄÖÜ**
abcdefghijklmnopqrstuvwxyz äöüß
0123456789 &!?

48 M 90 X 69
H 38 H 36

ITC [Bitstream / Corel] 1976

Die ITC Kabel ist eine Bearbeitung der Schrift Kabel von 1976. Typisch für ITC ist dabei, daß die Mittellänge der Schrift deutlich vergrößert wurde. Damit kommt man Engländern und Amerikanern entgegen, bei denen Versalien im Mengensatz nur eine untergeordnete Rolle spielen, da sie meist nur am Satzanfang gebraucht werden.

Ursprünglich stammt sie von dem Deutschen Rudolf Koch, der sie 1927 zeichnete. Hier zeigte sich deutlich der Einfluß der Bauhaus-Bewegung. Den ursprünglichen Schnitt für die Schriftgießerei Stempel finden Sie in der Corel-Schriftensammlung als Geometric 231. Koch (1876-1934) ist in der Corel-Schriftensammlung noch mit seiner Neuland von 1923 vertreten, die hier „Informal 001" heißt.

Wundern Sie sich nicht, daß der angebliche Bold-Font gravierend fetter ist als der Ultra-Font, der – wie der Name schon sagt – deutlich massiver sein müßte. Der Grund ist, daß sich zwischen die ITC-Schriftschnitte einer geschmuggelt hat, der von Corel selber digitalisiert wurde, nämlich der Bold-Schriftschnitt.

A G Q R S Z
a b c e g i k n z

→Letter Gothic 12 Pitch

Mono-spaced[3]

Fixed Pitch 850

3 4 5 V

Aliquando anus quaedam veteres libros novem numero regi magna pecunia vendere cupivit. Tarquinius Superbus cum natura suspiciosus esset, anum dementem putans risit. Illa discessit atque tres illorum librorum combussit. Paulo post reversa regem interrogavit, num reliquos sex libros eodem pretio emere vellet. Cum ille multo magis rideret, anus iterum abiit tribusque aliis libris combustis revertit. Pertinacia et perseverantia mulieris. 6 pt

Aliquando anus quaedam veteres libros novem numero regi magna pecunia vendere cupivit. Tarquinius Superbus cum natura suspiciosus esset, anum dementem putans risit. Illa discessit atque tres illo rum librorum combussit. 9 pt

Aliquando anus quaedam veteres libros novem numero regi magna pecunia vendere cupivit. Tarquinius Superbus cum natura suspiciosus esset, anum dementem putans risit. Illa discessit atque tres. 10 pt

Aliquando anus quaedam veteres libros novem numero regi magna pecunia vendere cupivit. Tarquinius Superbus cum natura suspiciosus. 12 pt

Roman ABCDEFGHIJKLMNOPQRSTUVWXYZ ÄÖÜ
abcdefghijklmnopqrstuvwxyz äöüß
0123456789 &!?

56 M 67 x 49
H 7 H 7

Italic *ABCDEFGHIJKLMNOPQRSTUVWXYZ ÄÖÜ*
abcdefghijklmnopqrstuvwxyz äöüß
0123456789 &!?

56 M 67 x 49
I 12° H 8 H 8

Bold **ABCDEFGHIJKLMNOPQRSTUVWXYZ ÄÖÜ**
abcdefghijklmnopqrstuvwxyz äöüß
0123456789 &!?

56 M 67 x 49
H 12 H 12

Bold Italic ***ABCDEFGHIJKLMNOPQRSTUVWXYZ ÄÖÜ***
abcdefghijklmnopqrstuvwxyz äöüß
0123456789 &!?

56 M 67 x 49
I 12° H 11 H 11

Die Letter Gothic wurde 1956 von Roger Robertson für IBM entworfen. Die Schrift wurde zunächst für die elektrischen Schreibmaschinen des Büromaschinenherstellers verwendet.

Bitstream 1956

➛ocr-a

4 5 V

A G Q R S Z
a b c e g i k n z

Aliquando anus quaedam veteres libros novem numero regi magna pecunia vendere cupivit. Tarquinius Superbus cum natura suspiciosus esset, anum dementem putans risit. Illa discessit atque tres illorum librorum combussit. Paulo post reversa regem interrogavit, num reliquos sex libros eodem pretio emere vellet. Cum ille multo magis rideret, anus iterum abiit tribusque aliis. 6 pt

Aliquando anus quaedam veteres libros novem numero regi magna pecunia vendere cupivit. Tarquinius Superbus cum natura suspiciosus esset, anum dementem putans risit. 9 pt

Aliquando anus quaedam veteres libros novem numero regi magna pecunia vendere cupivit. Tarquinius Superbus cum natura suspiciosus. 10 pt

Aliquando anus quaedam veteres libros novem numero regi magna pecunia vendere cupivit. Tarquinius. 12 pt

Aliquando anus quaedam veteres libros novem numero regi magna pecunia vendere cupivit. Tarquinius Superbus cum natura suspiciosus esset, anum dementem putans risit. 14 pt

ABCDEFGHIJKLMNOPQRSTUVWXYZ ÄÖÜ
abcdefghijklmnopqrstuvwxyz
0123456789 &!?

Die ocr-a wurde in den 60er Jahren bei ATF entwickelt. Ziel war es, Buchstaben zu zeichnen, die möglichst eindeutig zu erkennen waren – nämlich für Computer. Rechnern sollte es mit dieser Schrift möglich sein, möglichst fehlerfrei Buchstaben und somit Wörter und ganze Texte zu erkennen und einzulesen. Daher auch die Bezeichnung „ocr" die für „optical character recognition" steht, übersetzt: Optische Zeichenerkennung.

Bitstream 1968

A G Q R S Z

a b c e g i k n z

→ocr-b

4 5 V

Aliquando anus quaedam veteres libros novem numero regi magna pecunia vendere cupivit. Tarquinius Superbus cum natura suspiciosus esset, anum dementem putans risit. Illa discessit atque tres illorum librorum combussit. Paulo post reversa regem interrogavit, num reliquos sex libros eodem pretio emere vellet. Cum ille multo magis rideret, anus iterum abiit tribusque aliis libris combustis revertit. 6 pt

Aliquando anus quaedam veteres libros novem numero regi magna pecunia vendere cupivit. Tarquinius Superbus cum natura suspiciosus esset, anum dementem putans risit. 9 pt

Aliquando anus quaedam veteres libros novem numero regi magna pecunia vendere cupivit. Tarquinius Superbus cum natura suspiciosus esset, anum dementem putans. 10 pt

Aliquando anus quaedam veteres libros novem numero regi magna pecunia vendere cupivit. Tarquinius Superbus. 12 pt

Aliquando anus quaedam veteres libros novem numero regi magna pecunia vendere cupivit. Tarquinius Superbus cum natura suspiciosus esset, anum dementem putans risit. 14 pt

ABCDEFGHIJKLMNOPQRSTUVWXYZ ÄÖÜ
abcdefghijklmnopqrstuvwxyz ß
0123456789 &!?

Wie die ocr-a (siehe dort) so dient auch die ocr-b der exakten Texterfassung durch Computer. Während bei der ocr-a die Lesbarkeit durch spezielle Maschinen so weit in den Vordergrund gerückt wurde, daß die Lesbarkeit durch Menschen schon sehr litt, beachtete der Schweizer Adrian Frutiger diesen Aspekt beim Entwurf seiner ocr-b weit mehr. Von Frutiger (geb. 1914) stammen außerdem die Univers (in Corel: „Zurich") und die Frutiger („Humanist 777").

Bitstream 1968

➛Orator

Fixed Pitch 910

4 5 V

A G Q R S Z

abcegiknz

Aliquando anus quaedam veteres libros novem numero regi magna pecunia vendere cupivit. Tarquinius Superbus cum natura suspiciosus esset, anum dementem putans risit. Illa discessit atque tres illorum librorum combussit. Paulo post reversa regem interrogavit, num reliquos sex libros eodem pretio emere vellet. Cum ille multo mcgis rideret, anus iterum abiit. 6 pt

Aliquando anus quaedam veteres libros novem numero regi magna pecunia vendere cupivit. Tarquinius Superbus cum natura suspiciosus esset, anum dementem putans risit. Illa discessit. 9 pt

Aliquando anus quaedam veteres libros novem numero regi magna pecunia vendere cupivit. Tarquinius Superbus cum natura suspiciosus esset, anum dementem. 10 pt

Aliquando anus quaedam veteres libros novem numero regi magna pecunia vendere cupivit. Tarquinius Superbus. 12 pt

Aliquando anus quaedam veteres libros novem numero regi magna pecunia vendere cupivit. Tarquinius Superbus cum natura suspiciosus esset, anum dementem. 14 pt

10-pitch
ABCDEFGHIJKLMNOPQRSTUVWXYZ ÄÖÜ
abcdefghijklmnopqrstuvwxyz äöüß
0123456789 &!?

47 M 87 x 70
H 8 H 8

15-pitch
ABCDEFGHIJKLMNOPQRSTUVWXYZ ÄÖÜ
abcdefghijklmnopqrstuvwxyz äöüß 0123456789 &!?

70 M 67 x 54
H 6 H 6

Gezeichnet von John Scheppler für IBM.

Bitstream

A G Q R S Z

→Serpentine

5 V

abcegiknz

Aliquando anus quaedam veteres libros novem numero regi magna pecunia vendere cupivit. Tarquinius Superbus cum natura suspiciosus esset, anum dementem putans risit. Illa discessit atque tres illorum librorum combussit. Paulo post reversa regem interrogavit, num reliquos sex libros eodem pretio emere vellet. Cum ille multo magis rideret, anus iterum abiit tribusque aliis libris combustis revertit.. 6 pt

Aliquando anus quaedam veteres libros novem numero regi magna pecunia vendere cupivit. Tarquinius Superbus cum natura suspiciosus esset, anum dementem putans risit. 9 pt

Aliquando anus quaedam veteres libros novem numero regi magna pecunia vendere cupivit. Tarquinius Superbus cum natura suspiciosus. 10 pt

Aliquando anus quaedam veteres libros novem numero regi magna pecunia vendere cupivit. Tarquinius. 12 pt

Aliquando anus quaedam veteres libros novem numero regi magna pecunia vendere cupivit. Tarquinius Superbus cum natura suspiciosus esset, anum dementem. 14 pt

Bold
ABCDEFGHIJKLMNOPQRSTUVWXYZ ÄÖÜ
abcdefghijklmnopqrstuvwxyz äöüß
0123456789 &!?

47 M 67 x 49
H 27 H 11

Bold Italic
ABCDEFGHIJKLMNOPQRSTUVWXYZ ÄÖÜ
abcdefghijklmnopqrstuvwxyz äöüß
0123456789 &!?

48 M 67 x 49
I 14° H 26 H 12

[URW]

Square 721

→Eurostile

Euromode[3]

3 4 5 V

A G Q R S Z

a b c e g i k n z

Aliquando anus quaedam veteres libros novem numero regi magna pecunia vendere cupivit. Tarquinius Superbus cum natura suspiciosus esset, anum dementem putans risit. Illa discessit atque tres illorum librorum combussit. Paulo post reversa regem interrogavit, num reliquos sex libros eodem pretio emere vellet. Cum ille multo magis rideret, anus iterum abiit tribusque aliis libris combustis revertit. Pertinacia et perseverantia mulieris miratus Tarquinius tres reliquos libros eodem pretio emit, quo omnes emere potuit. 6 pt

Aliquando anus quaedam veteres libros novem numero regi magna pecunia vendere cupivit. Tarquinius Superbus cum natura suspiciosus esset, anum dementem putans risit. Illa discessit atque tres illorum librorum combussit. 9 pt

Aliquando anus quaedam veteres libros novem numero regi magna pecunia vendere cupivit. Tarquinius Superbus cum natura suspiciosus esset, anum dementem putans. 10 pt

Aliquando anus quaedam veteres libros novem numero regi magna pecunia vendere cupivit. Tarquinius Superbus cum natura suspiciosus. 12 pt

Roman ABCDEFGHIJKLMNOPQRSTUVWXYZ ÄÖÜ
abcdefghijklmnopqrstuvwxyz äöüß
0123456789&!?
↔ 57 M 73 x 51
H 8 H 8

Italic *ABCDEFGHIJKLMNOPQRSTUVWXYZ ÄÖÜ*
abcdefghijklmnopqrstuvwxyz äöüß
0123456789 &!?
↔ 59 M 75 x 52
I 9° H 9 H 9

Bold **ABCDEFGHIJKLMNOPQRSTUVWXYZ ÄÖÜ**
abcdefghijklmnopqrstuvwxyz äöüß
0123456789 &!?
↔ 55 M 73 x 51
H 20 H 20

Bold Italic ***ABCDEFGHIJKLMNOPQRSTUVWXYZ ÄÖÜ***
abcdefghijklmnopqrstuvwxyz äöüß
0123456789 &!?
↔ 57 M 73 x 52
I 9° H 20 H 20

Demi ABCDEFGHIJKLMNOPQRSTUVWXYZ ÄÖÜ
abcdefghijklmnopqrstuvwxyz äöüß
0123456789 &!?
↔ 56 M 75 x 52
H 15 H 15

Schnitt	Muster			
Demi Italic	*ABCDEFGHIJKLMNOPQRSTUVWXYZ ÄÖÜ*	↔ 57	M 73	x 52
	abcdefghijklmnopqrstuvwxyz äöüß	I 9°	H 18	H 18
	0123456789 &!?			
Black	**ABCDEFGHIJKLMNOPQRSTUVWXYZ ÄÖÜ**	↔ 53	M 73	x 52
	abcdefghijklmnopqrstuvwxyz äöüß		H 22	H 22
	0123456789 &!?			
Black Italic	***ABCDEFGHIJKLMNOPQRSTUVWXYZ ÄÖÜ***	↔ 53	M 73	x 52
	abcdefghijklmnopqrstuvwxyz äöüß	I 9°	H 22	H 22
	0123456789 &!?			
Cond.	ABCDEFGHIJKLMNOPQRSTUVWXYZ ÄÖÜ	↔ 77	M 73	x 51
	abcdefghijklmnopqrstuvwxyz äöüß 0123456789 &!?		H 7	H 7
Bold Cond.	**ABCDEFGHIJKLMNOPQRSTUVWXYZ ÄÖÜ**	↔ 72	M 73	x 51
	abcdefghijklmnopqrstuvwxyz äöüß 0123456789 &!?		H 16	H 16
Extend.	ABCDEFGHIJKLMNOPQRSTUV WXYZ ÄÖÜ	↔ 42	M 73	x 51
	abcdefghijklmnopqrstuvwxyz äöüß 0123456789 &!?		H 10	H 10
Bold Extend.	**ABCDEFGHIJKLMNOPQRSTU VWXYZ ÄÖÜ**	↔ 41	M 73	x 51
	abcdefghijklmnopqrstuvwxyz äöüß 0123456789 &!?		H 25	H 25

Die Eurostile wurde 1952 von Allessandro Butto und Aldo Novarese für die italienische Schriftgießerei Nebiolo entworfen. Seinerzeit bestand sie nur aus Großbuchstaben und führt den Namen Microgramma (siehe Seite 174). Vorbild der Microgramma war die Bank Gothic von Morris Fuller Benton, die Sie ebenfalls in der Corel-Schriftensammlung finden. Erst 1962 zeichnete Novarese die zugehörigen Kleinbuchstaben und gab der Schrift den Namen Eurostile. Von Novarese stammen neben vielen anderen auch die Fenice und die Stop.

Bitstream 1962

Micro-gramma

→Eurostile

5 V

AGQRSZ

abcegiknz

Aliquando anus quaedam veteres libros novem numero regi magna pecunia vendere cupivit. Tarquinius Superbus cum natura suspiciosus esset, anum cementem putans risit. Illa discessit atque tres illorum librorum combussit. Paulo post reversa regem interrogavit, num reliquos sex libros eodem pretio emere vellet. Cum ille multo magis rideret, anus iterum abiit tribusque aliis libris combustis revertit. Pertinacia et perseverantia mulieris. 6 pt

Aliquando anus quaedam veteres libros novem numero regi magna pecunia vendere cupivit. Tarquinius Superbus cum natura suspiciosus esset, anum dementem putans risit. Illa discessit atque tres. 9 pt

Aliquando anus quaedam veteres libros novem numero regi magna pecunia vendere cupivit. Tarquinius Superbus cum natura suspiciosus esset, anum. 10 pt

Aliquando anus quaedam veteres libros novem numero regi magna pecunia vendere cupivit. Tarquinius Superbus cum. 12 pt

Med. Extend.	ABCDEFGHIJKLMNOPQRSTUVW XYZ ÄÖÜ abcdefghijklmnopqrstuvwxyz äöüß 0123456789 &!?	↔ 53 M 67 X 46	H 10 H 10
Bold Extend.	ABCDEFGHIJKLMNOPQRSTUVW XYZ ÄÖÜ abcdefghijklmnopqrstuvwxyz äöüß 0123456789 &!?	↔ 48 M 67 X 47	H 22 H 22

Die Microgramma wurde 1952 von Allessandro Butto und Aldo Novarese für die italienische Schriftgießerei Nebiolo entworfen. Sie bestand nur aus Großbuchstaben. Vorbild der Microgramma war die Bank Gothic, die Sie ebenfalls in der Corel-Schriftensammlung finden. Erst 1962 zeichnete Novarese die zugehörigen Kleinbuchstaben und gab der Schrift den Namen Eurostile, woraus Sie ersehen können, daß die obige Schrift eben auch eine Eurostile und keineswegs eine „echte" Microgramma ist. Von Novarese stammen neben vielen anderen auch die Fenice und die Stop

[URW] 1952

A G Q R S Z
a b c e g i k n z

Swiss 721

→ Helvetica

Switzerland[3]

3 4 5 V

Aliquando anus quaedam veteres libros novem numero regi magna pecunia vendere cupivit. Tarquinius Superbus cum natura suspiciosus esset, anum dementem putans risit. Illa discessit atque tres illorum librorum combussit. Paulo post reversa regem interrogavit, num reliquos sex libros eodem pretio emere vellet. Cum ille multo magis rideret, anus iterum abiit tribusque aliis libris combustis revertit. Pertinacia et perseverantia mulieris miratus Tarquinius tres reliquos libros eodem pretio emit, quo omnes emere potuit. Paulo post rex libros. 6 pt

Aliquando anus quaedam veteres libros novem numero regi magna pecunia vendere cupivit. Tarquinius Superbus cum natura suspiciosus esset, anum dementem putans risit. Illa discessit atque tres illorum librorum combussit. Paulo post reversa. 9 pt

Aliquando anus quaedam veteres libros novem numero regi magna pecunia vendere cupivit. Tarquinius Superbus cum natura suspiciosus esset, anum dementem putans risit. 10 pt

Aliquando anus quaedam veteres libros novem numero regi magna pecunia vendere cupivit. Tarquinius Superbus cum natura suspiciosus esset. 12 pt

Roman ABCDEFGHIJKLMNOPQRSTUVWXYZ ÄÖÜ
abcdefghijklmnopqrstuvwxyz äöüß
0123456789 &!?

↔ 63 M 72 x 52
H 9 H 9

Italic *ABCDEFGHIJKLMNOPQRSTUVWXYZ ÄÖÜ*
abcdefghijklmnopqrstuvwxyz äöüß
0123456789&!

↔ 63 M 72 x 52
I 12° H 10 H 10

Thin ABCDEFGHIJKLMNOPQRSTUVWXYZ ÄÖÜ
abcdefghijklmnopqrstuvwxyz äöüß 0123456789 &!?

↔ 68 M 72 x 52
H 3 H 3

Thin Italic *ABCDEFGHIJKLMNOPQRSTUVWXYZ ÄÖÜ*
abcdefghijklmnopqrstuvwxyz äöüß 0123456789 &!?

↔ 68 M 72 x 52
I 12° H 4 H 4

Light ABCDEFGHIJKLMNOPQRSTUVWXYZ ÄÖÜ
abcdefghijklmnopqrstuvwxyz äöüß
0123456789 &!?

↔ 65 M 72 x 52
H 7 H 7

Light Italic *ABCDEFGHIJKLMNOPQRSTUVWXYZ ÄÖÜ*
abcdefghijklmnopqrstuvwxyz äöüß
0123456789 &!?

↔ 66 M 72 x 52
I 12° H 7 H 7

Bold	**ABCDEFGHIJKLMNOPQRSTUVWXYZ ÄÖÜ abcdefghijklmnopqrstuvwxyz äöüß 0123456789 &!?**	59		72	53	15	15
Bold Italic	***ABCDEFGHIJKLMNOPQRSTUVWXYZ ÄÖÜ abcdefghijklmnopqrstuvwxyz äöüß 0123456789 &!?***	59	10°	72	53	14	14
Med.	ABCDEFGHIJKLMNOPQRSTUVWXYZ ÄÖÜ abcdefghijklmnopqrstuvwxyz äöüß 0123456789 &!?	62		72	53	12	12
Med. Italic	*ABCDEFGHIJKLMNOPQRSTUVWXYZ ÄÖÜ abcdefghijklmnopqrstuvwxyz äöüß 0123456789 &!?*	61	12°	72	53	12	12
Heavy	**ABCDEFGHIJKLMNOPQRSTUVWXYZ ÄÖÜ abcdefghijklmnopqrstuvwxyz äöüß 0123456789 &!?**	56		72	53	17	17
Heavy Italic	***ABCDEFGHIJKLMNOPQRSTUVWXYZ ÄÖÜ abcdefghijklmnopqrstuvwxyz äöüß 0123456789 &!?***	55	12°	72	53	16	16
Black	**ABCDEFGHIJKLMNOPQRSTUVWXYZ ÄÖÜ abcdefghijklmnopqrstuvwxyz äöüß 0123456789 &!?**	50		72	53	21	21
Black Italic	***ABCDEFGHIJKLMNOPQRSTUVWXYZ ÄÖÜ abcdefghijklmnopqrstuvwxyz äöüß 0123456789 &!?***	52	8°	72	55	21	19
Light Cond.	ABCDEFGHIJKLMNOPQRSTUVWXYZ ÄÖÜ abcdefghijklmnopqrstuvwxyz äöüß 0123456789 &!?	79		75	55	7	7
Light Cond. Italic	*ABCDEFGHIJKLMNOPQRSTUVWXYZ ÄÖÜ abcdefghijklmnopqrstuvwxyz äöüß 0123456789 &!?*	79	12°	75	55	7	7

		↔	M	x		H	H
Cond.	ABCDEFGHIJKLMNOPQRSTUVWXYZ ÄÖÜ abcdefghijklmnopqrstuvwxyz äöüß 0123456789 &!?	74	75	56		8	8
Cond. Italic	*ABCDEFGHIJKLMNOPQRSTUVWXYZ ÄÖÜ* *abcdefghijklmnopqrstuvwxyz äöüß 0123456789 &!?*	73	75	56	12°	9	9
Bold Cond.	**ABCDEFGHIJKLMNOPQRSTUVWXYZ ÄÖÜ** **abcdefghijklmnopqrstuvwxyz äöüß 0123456789 &!?**	70	75	57		14	15
Bold Cond. Italic	***ABCDEFGHIJKLMNOPQRSTUVWXYZ ÄÖÜ*** ***abcdefghijklmnopqrstuvwxyz äöüß 0123456789 &!?***	69	75	56	12°	13	13
Black Cond.	**ABCDEFGHIJKLMNOPQRSTUVWXYZ ÄÖÜ** **abcdefghijklmnopqrstuvwxyz äöüß 0123456789 &!?**	67	75	57		17	17
Black Cond. Italic	***ABCDEFGHIJKLMNOPQRSTUVWXYZ ÄÖÜ*** ***abcdefghijklmnopqrstuvwxyz äöüß*** ***0123456789 &!?***	66	75	57	12°	15	15
Light Extend.	ABCDEFGHIJKLMNOPQRSTUVWXYZ ÄÖÜ abcdefghijklmnopqrstuvwxyz äöüß 0123456789 &!?	55	72	53		7	7
Extend.	ABCDEFGHIJKLMNOPQRSTUVWXYZ ÄÖÜ abcdefghijklmnopqrstuvwxyz äöüß 0123456789 &!?	52	72	54		11	11
Bold Extend.	**ABCDEFGHIJKLMNOPQRSTUVWXYZ** **ÄÖÜ** **abcdefghijklmnopqrstuvwxyz äöüß** **0123456789 &!?**	46	72	54		19	19
Black Extend.	**ABCDEFGHIJKLMNOPQRSTUV** **WXYZ ÄÖÜ** **abcdefghijklmnopqrstuvwxyz** **äöüß 0123456789 &!?**	39	72	56		27	27

Bold Outline	ABCDEFGHIJKLMNOPQRSTUVWXYZ ÄÖÜ abcdefghijklmnopqrstuvwxyz äöüß 0123456789 &!?	↔ 60 M 72 x 53
Black Outline	ABCDEFGHIJKLMNOPQRSTUVWXYZ ÄÖÜ abcdefghijklmnopqrstuvwxyz äöüß 0123456789 &!?	↔ 50 M 72 x 53
Bold Cond. Outline	ABCDEFGHIJKLMNOPQRSTUVWXYZ ÄÖÜ abcdefghijklmnopqrstuvwxyz äöüß 0123456789 &!?	↔ 70 M 75 x 57
Bold Round.	**ABCDEFGHIJKLMNOPQRSTUVWXYZ ÄÖÜ** **abcdefghijklmnopqrstuvwxyz äöüß** **0123456789 &!?**	↔ 59 M 74 x 55 H 14 H 14
Black Round.	**ABCDEFGHIJKLMNOPQRSTUVWXYZ** **ÄÖÜ** **abcdefghijklmnopqrstuvwxyz äöüß** **0123456789 &!?**	↔ 50 M 76 x 57 H 21 H 21

Bitstream 1957

Als „Blockbuchstaben" werden die Zeichen der Helvetica im allgemeinen bezeichnet – ein Beweis dafür, wie sehr sich diese Schriftart im Bewußtsein der Menschen verankert hat und wie allgegenwärtig sie ist. Sie beruht auf ähnlich konstruierten serifenlosen Schriften des 19. Jahrhunderts, die damals als „Grotesk" bezeichnet wurden, weil seinerzeit vielen Betrachtern Schriften ohne Serifen als sehr absonderlich erschienen.

In ihrer gegenwärtigen Form wurde die Helvetica von Edouard Hoffmann konzipiert, dem Leiter der kleinen deutschen Schriftgießerei Haas. Gezeichnet wurde sie zuerst von Max Miedinger, einem Designer von Haas. Als sie veröffentlicht wurde, hieß sie „Haas Neue Grotesk". Nach einer Überarbeitung wurde sie 1961 von Linotype unter ihrem endgültigen Namen Helvetica herausgegeben.

A G Q R S Z

a b c e g i k n z

Swiss 911

→Helvetica Compressed
Switzerland Compressed

4 5 V

Aliquando anus quaedam veteres libros novem numero regi magna pecunia vendere cupivit. Tarquinius Superbus cum natura suspiciosus esset, anum dementem putans risit. Illa discessit atque tres illorum librorum combussit. Paulo post reversa regem interrogavit, num reliquos sex libros eodem pretio emere vellet. Cum ille multo magis rideret, anus iterum abiit tribusque aliis libris combustis revertit. Pertinacia et perseverantia mulieris miratus Tarquinius tres reliquos libros eodem pretio emit, quo omnes emere potuit. Paulo post rex libros ab auguribus examinari iussit. Qui his libris oracula Sibyllae Cumanae contineri cognoverunt. 6 pt

Aliquando anus quaedam veteres libros novem numero regi magna pecunia vendere cupivit. Tarquinius Superbus cum natura suspiciosus esset, anum dementem putans risit. Illa discessit atque tres illo rum librorum combussit. Paulo post reversa regem interrogavit, num reliquos ses libros. 9 pt

Aliquando anus quaedam veteres libros novem numero regi magna pecunia vendere cupivit. Tarquinius Superbus cum natura suspiciosus esset, anum dementem putans risit. Illa discessit atque tres. 10 pt

Aliquando anus quaedam veteres libros novem numero regi magna pecunia vendere cupivit. Tarquinius Superbus cum natura suspiciosus esset, anum dementem putans risit. 12 pt

Aliquando anus quaedam veteres libros novem numero regi magna pecunia vendere cupivit. Tarquinius Superbus cum natura suspiciosus esset, anum dementem putans risit. Illa discessit atque tres illo rum librorum combussit. Paulo post reversa regem interrogavit, num reliquos ses libros. 14 pt

Extra Compr.
ABCDEFGHIJKLMNOPQRSTUVWXYZ ÄÖÜ
abcdefghijklmnopqrstuvwxyz äöüß 0123456789 &!?

97 M 72 x 58
H 13 H 13

Ultra Compr.
ABCDEFGHIJKLMNOPQRSTUVWXYZ ÄÖÜ
abcdefghijklmnopqrstuvwxyz äöüß 0123456789 &!?

119 M 72 x 58
H 11 H 11

Bitstream 1957

Swiss 921

→Helvetica
Inserat
Switzerland
Inserat3

3 | 4 | 5 | V

A G Q R S Z
a b c e g i k n z

Aliquando anus quaedam veteres libros novem numero regi magna pecunia vendere cupivit. Tarquinius Superbus cum natura suspiciosus esset, anum dementem putans risit. Illa discessit atque tres illorum librorum combussit. Paulo post reversa regem interrogavit, num reliquos sex libros eodem pretio emere vellet. Cum ille multo magis rideret, anus iterum abiit tribusque aliis libris combustis revertit. Pertinacia et perseverantia mulieris miratus Tarquinius tres reliquos libros eodem pretio emit, quo omnes emere potuit. Paulo post rex libros ab auguribus examinari iussit. Qui his libris oracula Sibyllae Cumanae contineri cognoverunt. 6 pt

Aliquando anus quaedam veteres libros novem numero regi magna pecunia vendere cupivit. Tarquinius Superbus cum natura suspiciosus esset, anum dementem putans risit. Illa discessit atque tres illo rum librorum combussit. Paulo post reversa regem interrogavit. 9 pt

Aliquando anus quaedam veteres libros novem numero regi magna pecunia vendere cupivit. Tarquinius Superbus cum natura suspiciosus esset, anum dementem putans risit. Illa discessit atque tres. 10 pt

Aliquando anus quaedam veteres libros novem numero regi magna pecunia vendere cupivit. Tarquinius Super bus cum natura suspiciosus esset, anum dementem. 12 pt

Aliquando anus quaedam veteres libros novem numero regi magna pecunia vendere cupivit. Tarquinius Superbus cum natura suspiciosus esset, anum dementem putans risit. Illa discessit atque tres illo rum librorum combussit. Paulo post reversa. 14 pt

ABCDEFGHIJKLMNOPQRSTUVWXYZ ÄÖÜ
abcdefghijklmnopqrstuvwxyz äöüß 0123456789 &!?

↤↦ 69 M 80 x 64
H 16 H 16

Die Helvetica Inserat ist eine modifizierte, schmal laufende Version der Helvetica (siehe „Swiss 721"). Nach der Veröffentlichung der Helvetica 1961 wurde der Schnitt Inserat 1966 herausgegeben. Ihren Charakter als Poster-Schrift verdankt sie der hohen Mittellinie und der geringen Unterlänge.

Bitstream 1966

Swiss 924

→ Hanseatic

4 5 V

A G Q R S Z

a b c e g i k n z

Aliquando anus quaedam veteres libros novem numero regi magna pecunia vendere cupivit. Tarquinius Superbus cum natura suspiciosus esset, anum dementem putans risit. Illa discessit atque tres illorum librorum combussit. Paulo post reversa regem interrogavit, num reliquos sex libros eodem pretio emere vellet. Cum ille multo magis rideret, anus iterum abiit tribusque aliis libris combustis revertit. Pertinacia et perseverantia mulieris miratus Tarquinius tres reliquos libros eodem pretio emit, quo omnes emere potuit. Paulo post rex libros ab auguribus examinari iussit. Qui his libris oracula Sibyllae Cumanae contineri. 6 pt

Aliquando anus quaedam veteres libros novem numero regi magna pecunia vendere cupivit. Tarquinius Superbus cum natura suspiciosus esset, anum dementem putans risit. Illa discessit atque tres illo rum librorum combussit. Paulo post reversa regem interrogavit, num reliquos ses libros. 9 pt

Aliquando anus quaedam veteres libros novem numero regi magna pecunia vendere cupivit. Tarquinius Superbus cum natura suspiciosus esset, anum dementem putans risit. Illa discessit atque tres illorum librorum. 10 pt

Aliquando anus quaedam veteres libros novem numero regi magna pecunia vendere cupivit. Tarquinius Superbus cum natura suspiciosus esset, anum dementem putans risit. 12 pt

Aliquando anus quaedam veteres libros novem numero regi magna pecunia vendere cupivit. Tarquinius Superbus cum natura suspiciosus esset, anum dementem putans risit. Illa discessit atque tres illo rum librorum combussit. Paulo post reversa regem interrogavit, num reliquos ses libros. 14 pt

ABCDEFGHIJKLMNOPQRSTUVWXYZ ÄÖÜ
abcdefghijklmnopqrstuvwxyz äöüß 0123456789 &!?

|←→| 105 M 78 x 63
H 10 H 10

Bitstream

Switzerland Narrow

→ Helvetica Narrow

3 4 5 V

A G Q R S Z

a b c e g i k n z

Aliquando anus quaedam veteres libros novem numero regi magna pecunia vendere cupivit. Tarquinius Superbus cum natura suspiciosus esset, anum dementem putans risit. Illa discessit atque tres illorum librorum combussit. Paulo post reversa regem interrogavit, num reliquos sex libros eodem pretio emere vellet. Cum ille multo magis rideret, anus iterum abiit tribusque aliis libris combustis revertit. Pertinacia et perseverantia mulieris miratus Tarquinius tres reliquos libros eodem pretio emit, quo omnes emere potuit. Paulo post rex libros ab auguribus examinari iussit. Qui his libris oracula Sibyllae Cumanae contineri cognoverunt. 6 pt

Aliquando anus quaedam veteres libros novem numero regi magna pecunia vendere cupivit. Tarquinius Superbus cum natura suspiciosus esset, anum dementem putans risit. Illa discessit atque tres illorum librorum combussit. Paulo post reversa regem interrogavit, num reliquos ses libros. 9 pt

Aliquando anus quaedam veteres libros novem numero regi magna pecunia vendere cupivit. Tarquinius Superbus cum natura suspiciosus esset, anum dementem putans risit. Illa discessit atque tres. 10 pt

Aliquando anus quaedam veteres libros novem numero regi magna pecunia vendere cupivit. Tarquinius Superbus cum natura suspiciosus esset, anum dementem putans risit. 12 pt

Roman ABCDEFGHIJKLMNOPQRSTUVWXYZ ÄÖÜ
abcdefghijklmnopqrstuvwxyz äöüß 0123456789 &!?

↔ 77	M 73	x 52
	H 9	H 9

Italic *ABCDEFGHIJKLMNOPQRSTUVWXYZ ÄÖÜ*
abcdefghijklmnopqrstuvwxyz äöüß 0123456789 &!?

↔ 77	M 73	x 53
I 10°	H 8	H 8

Bold **ABCDEFGHIJKLMNOPQRSTUVWXYZ ÄÖÜ**
abcdefghijklmnopqrstuvwxyz äöüß 0123456789 &!?

↔ 72	M 73	x 54
	H 12	H 12

Bold Italic ***ABCDEFGHIJKLMNOPQRSTUVWXYZ ÄÖÜ***
abcdefghijklmnopqrstuvwxyz äöüß 0123456789 &!?

↔ 72	M 73	x 54
I 10°	H 12	H 12

Als Alternative zu den Condensed-Schnitten der Helvetica wurde 1986 von Adobe dieser „Narrow"-Schnitt angelegt. Er kam erstmals beim Apple Laserwriter zum Einsatz. Im Gegensatz zu sonst üblichen optischen Ausgleichen wurde bei der „Narrow"-Version der Original-Schnitt der Helvetica einfach „gestaucht", weshalb im Zweifel die Condensed-Version vorzuziehen ist.

[Corel] 1986

A G Q R S Z
a b c e g i k n z

→VAG
rounded

Vogue[3]
Informal 801

3 | 4 | 5 | V

Aliquando anus quaedam veteres libros novem numero regi magna pecunia vendere cupivit. Tarquinius Superbus cum natura suspiciosus esset, anum dementem putans risit. Illa discessit atque tres illorum librorum combussit. Paulo post reversa regem interrogavit, num reliquos sex libros eodem pretio emere vellet. Cum ille multo magis rideret, anus iterum abiit tribusque aliis libris combustis revertit. Pertinacia et perseverantia mulieris miratus Tarquinius tres reliquos libros. 6 pt

Aliquando anus quaedam veteres libros novem numero regi magna pecunia vendere cupivit. Tarquinius Superbus cum natura suspiciosus esset, anum dementem putans risit. Illa discessit atque tres illo rum librorum combussit. 9 pt

Aliquando anus quaedam veteres libros novem numero regi magna pecunia vendere cupivit. Tarquinius Superbus cum natura suspiciosus esset, anum dementem putans risit. 10 pt

Aliquando anus quaedam veteres libros novem numero regi magna pecunia vendere cupivit. Tarquinius Superbus cum natura suspiciosus esset. 12 pt

Aliquando anus quaedam veteres libros novem numero regi magna pecunia vendere cupivit. Tarquinius Superbus cum natura suspiciosus esset, anum dementem putans risit. Illa discessit atque tres illo rum. 14 pt

ABCDEFGHIJKLMNOPQRSTUVWXYZ ÄÖÜ
abcdefghijklmnopqrstuvwxyz äöüß
0123456789 &!?

|←→| 60 M 73 x 56
H 17 H 17

Light ABCDEFGHIJKLMNOPQRSTUVWXYZ ÄÖÜ
abcdefghijklmnopqrstuvwxyz äöüß 0123456789 &!?

|←→| 68 M 74 x 54
H 9 H 9

VAG steht für Volkswagen-AG, die VAG-Rundschrift ist seit 1979 die Hausschrift dieses Unternehmens. Die normale Version der oben gezeigten VAG-Rundschrift ist von Bitstream, die Light-Version von Corel.

Bitstream
Corel

1979

Zapf Humanist 601

→Optima
Ottawa[3]

3 4 5 V

A G Q R S Z

a b c e g i k n z

Aliquando anus quaedam veteres libros novem numero regi magna pecunia vendere cupivit. Tarquinius Superbus cum natura suspiciosus esset, anum dementem putans risit. Illa discessit atque tres illorum librorum combussit. Paulo post reversa regem interrogavit, num reliquos sex libros eodem pretio emere vellet. Cum ille multo magis rideret, anus iterum abiit tribusque aliis libris combustis revertit. Pertinacia et perseverantia mulieris miratus Tarquinius tres reliquos libros eodem pretio emit, quo omnes emere potuit. Paulo post rex libros ab auguribus. 6 pt

Aliquando anus quaedam veteres libros novem numero regi magna pecunia vendere cupivit. Tarquinius Superbus cum natura suspiciosus esset, anum dementem putans risit. Illa discessit atque tres illorum librorum combussit. Paulo post reversa regem. 9 pt

Aliquando anus quaedam veteres libros novem numero regi magna pecunia vendere cupivit. Tarquinius Superbus cum natura suspiciosus esset, anum dementem putans risit. Illa discessit atque tres. 10 pt

Aliquando anus quaedam veteres libros novem numero regi magna pecunia vendere cupivit. Tarquinius Superbus cum natura suspiciosus esset, anum. 12 pt

Roman ABCDEFGHIJKLMNOPQRSTUVWXYZ ÄÖÜ
abcdefghijklmnopqrstuvwxyz äöüß
0123456789 &!?

⟷ 67 M 68 x 47
H 8 H 5

Italic *ABCDEFGHIJKLMNOPQRSTUVWXYZ ÄÖÜ*
abcdefghijklmnopqrstuvwxyz äöüß
0123456789 &!?

⟷ 68 M 69 x 47
I 10° H 7 H 5

Bold **ABCDEFGHIJKLMNOPQRSTUVWXYZ ÄÖÜ**
abcdefghijklmnopqrstuvwxyz äöüß
0123456789 &!?

⟷ 64 M 68 x 48
H 16 H 7

Bold Italic ***ABCDEFGHIJKLMNOPQRSTUVWXYZ ÄÖÜ***
abcdefghijklmnopqrstuvwxyz äöüß
0123456789 &!?

⟷ 64 M 69 x 48
I 11° H 14 H 7

Demi	ABCDEFGHIJKLMNOPQRSTUVWXYZ ÄÖÜ abcdefghijklmnopqrstuvwxyz äöüß 0123456789 &!?	↔ 65 M 68 x 48 H 10 H 5
Demi Italic	*ABCDEFGHIJKLMNOPQRSTUVWXYZ ÄÖÜ* *abcdefghijklmnopqrstuvwxyz äöüß* *0123456789 &!?*	↔ 66 M 68 x 48 I 11° H 8 H 6
Ultra	**ABCDEFGHIJKLMNOPQRSTUVWXYZ ÄÖÜ** **abcdefghijklmnopqrstuvwxyz äöüß** **0123456789 &!?**	↔ 62 M 68 x 49 H 18 H 9
Ultra Italic	***ABCDEFGHIJKLMNOPQRSTUVWXYZ ÄÖÜ*** ***abcdefghijklmnopqrstuvwxyz äöüß*** ***0123456789 &!?***	↔ 62 M 69 x 49 I 11° H 16 H 8

Bitstream 1954

Die Optima wurde in den Jahren 1951-1954 von dem Deutschen Hermann Zapf entworfen. Sie wurde erstmals von der Schriftgießerei D. Stempel in Frankfurt herausgegeben. Von Zapf stammen außerdem die Melior (in Corel „Zapf Elliptical 711"), die Zapf Chancery, und die Palatino („Zapf Calligraphic 801"). Ebenfalls von ihm stammen die Zapf-Dingbats, eine Sammlung von Ornamenten und Blickfängen, die sich zum Standard im DTP entwickelt haben.

Die Optima ist ein Meilenstein in der Geschichte der Schrift dieses Jahrhunderts, vielleicht sogar darüber hinaus. Wie keinem zuvor und danach ist es Zapf (geboren 1918 in Nürnberg) mit der Optima gelungen, die Schönheit und Lesbarkeit von Serifen-Schriften mit der Funktionalität und Klarheit der Serifenlosen zu verbinden. Obwohl genaugenommen eine Serifenlose, ist sie doch deutlich erkennbar von den zeitlos schönen Schriftzeichen der Römer inspiriert.

Zurich

→Univers
USA[3]
Swiss 742

3 4 5 V

A G Q R S Z

a b c e g i k n z

Aliquando anus quaedam veteres libros novem numero regi magna pecunia vendere cupivit. Tarquinius Superbus cum natura suspiciosus esset, anum dementem putans risit. Illa discessit atque tres illorum librorum combussit. Paulo post reversa regem interrogavit, num reliquos sex libros eodem pretio emere vellet. Cum ille multo magis rideret, anus iterum abiit tribusque aliis libris combustis revertit. Pertinacia et perseverantia mulieris miratus Tarquinius tres reliquos libros eodem pretio emit, quo omnes emere potuit. 6 pt

Aliquando anus quaedam veteres libros novem numero regi magna pecunia vendere cupivit. Tarquinius Superbus cum natura suspiciosus esset, anum dementem putans risit. Illa discessit atque tres illorum librorum combussit. Paulo post. 9 pt

Aliquando anus quaedam veteres libros novem numero regi magna pecunia vendere cupivit. Tarquinius Superbus cum natura suspiciosus esset, anum dementem putans risit. 10 pt

Aliquando anus quaedam veteres libros novem numero regi magna pecunia vendere cupivit. Tarquinius Superbus cum natura suspiciosus. 12 pt

Roman (55)
ABCDEFGHIJKLMNOPQRSTUVWXYZ ÄÖÜ
abcdefghijklmnopqrstuvwxyz äöüß
0123456789 &!?
61 72 50
10 10

Italic (56)
ABCDEFGHIJKLMNOPQRSTUVWXYZ ÄÖÜ
abcdefghijklmnopqrstuvwxyz äöüß
0123456789 &!?
61 72 50
16° 10 10

Light (45)
ABCDEFGHIJKLMNOPQRSTUVWXYZ ÄÖÜ
abcdefghijklmnopqrstuvwxyz äöüß
0123456789 &!?
62 72 50
6 6

Light Italic (46)
ABCDEFGHIJKLMNOPQRSTUVWXYZ ÄÖÜ
abcdefghijklmnopqrstuvwxyz äöüß
0123456789 &!?
63 72 50
16° 7 7

Bold (65)
ABCDEFGHIJKLMNOPQRSTUVWXYZ ÄÖÜ
abcdefghijklmnopqrstuvwxyz äöüß
0123456789 &!?
59 72 50
15 15

Bold Italic (66)	*ABCDEFGHIJKLMNOPQRSTUVWXYZ ÄÖÜ abcdefghijklmnopqrstuvwxyz äöüß 0123456789 &!?*	59	72	50	16°	15	13
Black (75)	**ABCDEFGHIJKLMNOPQRSTUVWXYZ ÄÖÜ abcdefghijklmnopqrstuvwxyz äöüß 0123456789 &!?**	52	72	50		20	18
Black Italic (76)	***ABCDEFGHIJKLMNOPQRSTUVWXYZ ÄÖÜ abcdefghijklmnopqrstuvwxyz äöüß 0123456789 &!?***	52	72	50	16°	18	18
Extra Black (85)	**ABCDEFGHIJKLMNOPQRSTUVWXYZ ÄÖÜ abcdefghijklmnopqrstuvwxyz äöüß 0123456789 &!?**	50	72	50		25	25
Light Cond. (47)	ABCDEFGHIJKLMNOPQRSTUVWXYZ ÄÖÜ abcdefghijklmnopqrstuvwxyz äöüß 0123456789 &!?	77	72	50		7	7
Light Cond. Italic (48)	*ABCDEFGHIJKLMNOPQRSTUVWXYZ ÄÖÜ abcdefghijklmnopqrstuvwxyz äöüß 0123456789 &!?*	79	72	50	12°	7	7
Cond. (57)	ABCDEFGHIJKLMNOPQRSTUVWXYZ ÄÖÜ abcdefghijklmnopqrstuvwxyz äöüß 0123456789 &!?	74	72	50		9	9
Cond. Italic (58)	*ABCDEFGHIJKLMNOPQRSTUVWXYZ ÄÖÜ abcdefghijklmnopqrstuvwxyz äöüß 0123456789 &!?*	74	72	50	12°	9	9
Bold Cond. (67)	**ABCDEFGHIJKLMNOPQRSTUVWXYZ ÄÖÜ abcdefghijklmnopqrstuvwxyz äöüß 0123456789 &!?**	69	72	50		14	14
Bold Cond. Italic (68)	***ABCDEFGHIJKLMNOPQRSTUVWXYZ ÄÖÜ abcdefghijklmnopqrstuvwxyz äöüß 0123456789 &!?***	68	72	50	12°	15	15

Light Extra Cond. (49)	ABCDEFGHIJKLMNOPQRSTUVWXYZ ÄÖÜ abcdefghijklmnopqrstuvwxyz äöüß 0123456789 &!?	120	72	50	6	6
Extra Cond. (59)	ABCDEFGHIJKLMNOPQRSTUVWXYZ ÄÖÜ abcdefghijklmnopqrstuvwxyz äöüß 0123456789 &!?	101	72	50	8	8
Bold Extra Cond. (69)	ABCDEFGHIJKLMNOPQRSTUVWXYZ ÄÖÜ abcdefghijklmnopqrstuvwxyz äöüß 0123456789 &!?	79	72	50	12	12
Extend. (53)	ABCDEFGHIJKLMNOPQRSTUVWXYZ ÄÖÜ abcdefghijklmnopqrstuvwxyz äöüß 0123456789 &!?	49	72	50	10	10
Bold Extend. (63)	ABCDEFGHIJKLMNOPQRSTUVWXYZ ÄÖÜ abcdefghijklmnopqrstuvwxyz äöüß 0123456789 &!?	47	72	50	17	17
Black Extend. (73)	ABCDEFGHIJKLMNOPQRSTUVW XYZ ÄÖÜ abcdefghijklmnopqrstuvwxyz äöüß 0123456789 &!?	46	72	50	21	19
Ultra Black Extend. (83)	ABCDEFGHIJKLMNOPQRSTUVW XYZ ÄÖÜ abcdefghijklmnopqrstuvwxyz äöüß 0123456789 &!?	44	72	50	25	23

Monotype [Bitstream] 1957

Adrian Frutiger, geboren 1928 in der Schweiz, wurde in den fünfziger Jahren von der französischen Schriftgießerei gebeten, auf der Basis der Futura von Paul Renner eine neue Schriftfamilie zu schaffen. Daraus entwickelte sich ein überaus ehrgeiziges Projekt, denn Frutiger schuf stattdessen seine Univers mit einer bis dahin nicht erreichten Anzahl von verschiedenen Schnitten. Die Schrift, die 1957 veröffentlicht wurde, sollte – wie der Name schon andeutet – universell einsetzbar und seine Schnitte miteinander beliebig kombinierbar sein. Wie in der Liste oben erkennbar, sind die Versal- und x-Höhen der Schriftschnitte immer gleich.

Von Adrian Frutiger stammt unter anderem auch der Entwurf der Schriftart Frutiger, die Sie in der Corel-Schriftensammlung als „Humanist 777" wiederfinden.

Die Ziffern, die Sie unterhalb der Schnitt-Bezeichnungen eingeklammert sehen, gehören zu einem einfachen und um so genialeren System, Schriften zu klassifizieren. Frutiger entwickelte es gleicheitig mit der Univers. Er beschreibt die Schriftschnitte nicht herkömmlich mit „fett", „mager" oder „breit", was zu Problemen beim Austausch über die Länder- resp. Sprachgrenzen hinaus führt. Was in Amerika „bold" ist, ist in Deutschland beispielsweise „halbfett".

Frutiger ersann stattdessen ein numerisches System. Demnach erhält jeder Schriftschnitt zwei Ziffern, die ihn kennzeichnen. Die erste gibt Auskunft darüber, wie fett oder mager ein Schnitt ist, die zweite gibt an, wie weit die Buchstaben laufen. Ursprung in diesem System ist die Roman-Version mit der Ziffernfolge 55. Statt „bold" oder „halbfett" heißt die kräftigere Variante nun 65, noch kräftiger wird sie als 75 (extrabold resp. fett) oder gar 85 bezeichnet. Umgekehrt hat die magere Version die Nummer 45.

Ebenso verhält es sich mit der Laufweite: Sind die Buchstaben eines Schnittes breiter, so verringert sich die Zahl der Zeichen pro Zeile, die zweite Ziffer in Frutigers System wird also kleiner. Die breite Version der Univers hat folglich die Nummer 53, schmalere Versionen haben die Zahlen 57 oder gar 47. Die geradezahligen Ziffern sind dabei für die Kursiv- oder Oblique-Schnitte reserviert. Die einfache Italic-Variante der Univers hat die Numer 56, die halbfette Kursive (bold-italic) die Nummer 66.

VII Antiqua-Varianten

→Ad Lib

Adelaide[3]

Informal 761

3 4 5 V

A B Q R

c k e f g

Hamburgefonts

ABCDEFGHIJKLMNOP

QRSTUVWXYZÄÖÜabc

defghijklmnopqrstuvw

xyzäöüß0123456789&

.!?#/¶„“«»<>{}=[]* %

@ ¤ ¢ $ £ ¥§©®Æ•ƒ†‡

çñéèêëðþ

Gezeichnet von Freeman Craw.

ATF 1961
[Bitstream]

→Algerian

Algiers[43]

3 | 4 | 5 | V

A B Q R

C K E F G

HAMBURGEFONTS

ABCDEFGHIJKLMNOPQRS

TUVWXYZÄÖÜSS0123456

789&.!?#/¶„“«»<>{}=[]*%

@¤¢$£¥§©®Æ•ƒ†‡ÇÑ

ÉÈÊËĐÞ

Die Algerian wurde erstmals 1911 von der britischen Schriftgießerei Stephenson & Blake veröffentlicht. Mit den seitlichen Linien hat sie einen sehr plastischen Charakter. Einen ähnlichen Effekt finden Sie bei der Horndon.

Corel
[URW]

1911

→Algerian
Basic

5 V

A B Q R

C K E F G

HAMBURGEFONTS

ABCDEFGHIJKLMNOPQRST
UVWXYZÄÖÜSS012345678
9&.!?#/¶„“«»<>{}=[]* % @ ¤
¢ $ £ ¥§©® Æ •ƒ†‡ÇÑÉÈÊ
ËÐÞ

Die Algerian Basic ist identisch mit der Algerian auf der vorigen Seite, nur daß die seitlichen Linien, die ihr den auffälligen dreidimensionalen Charakter geben, fortgelassen wurden.

[URW] 1911

→Amelia

Amy

Computer 651

4 5 V

A B Q R

c k e f g

Hamburgefonts

ABCDEFGHIJKLMNOPQRSTUVWXY

ZÄÖÜabcdefghijklmnopqrstuvwx

yzäöüß0123456789&.!?#/¶„“«

»<>{}=▯*%@¤¢$£¥§©

®Æ•ƒ†‡çñéèêëðþ

Gezeichnet von Stanley Davis.

VGC [Bitstream] 1967

→American Uncial

5 V

a B Q R

c k e f g

hamburgefonts

abcdefghijklmnopq
rstuvwxyzäöüß012
3456789&.!?#/¶„“«»<>{
}=[]* % @ ¤ ¢ $ £ ¥ § © ®
æ • ƒ † ‡ çñéèêëðþ

Die American Uncial basiert auf der Unzial-Schrift des vorigen Jahrtausends. Etwa um das 9. Jahrhundert herum genoß sie weite Verbreitung, aus ihren Zeichen entwickelten sich später die Kleinbuchstaben der Antiqua. Die Großbuchstaben der Antiqua entstammen dem römischen Alphabet. Die Unziale selber hatte keine Versalien. Die Schrift wurde 1943 von dem Australier Victor Hammer zur American Uncial adaptiert.

[URW] 1943

Libra

Uncial 911

4 5 V

a B q R

c k e f G

hamburgefonts

abcdefghijklmnopqrstuvw

xyzäöüss0123456789&.!?#/¶„“

«»<>{}=[]* % @ ¤ ¢ $ £ ¥

§©®æ•ƒ†‡çñéèêëðþ

Gezeichnet von S.H. de Roos.

Tetterode 1938
Nederland
[Bitstream]

A G Q R S Z
a b c e g i k n z

→Americana

Amherst

Flareserif 721

4 5 V

Aliquando anus quaedam veteres libros novem numero regi magna pecunia vendere cupivit. Tarquinius Superbus cum natura suspiciosus esset, anum dementem putans risit. Illa discessit atque tres illorum librorum combussit. Paulo post reversa regem interrogavit, num reliquos sex libros eodem pretio emere vellet. Cum ille multo magis rideret, anus iterum abiit tribusque aliis libris combustis revertit. Pertinacia et perseverantia mulieris miratus. 6 pt

Aliquando anus quaedam veteres libros novem numero regi magna pecunia vendere cupivit. Tarquinius Superbus cum natura suspiciosus esset, anum dementem putans risit. Illa discessit atque tres illorum librorum. 9 pt

Aliquando anus quaedam veteres libros novem numero regi magna pecunia vendere cupivit. Tarquinius Superbus cum natura suspiciosus esset, anum dementem putans risit. Illa discessit atque tres. 10 pt

Aliquando anus quaedam veteres libros novem numero regi magna pecunia vendere cupivit. Tarquinius Superbus cum natura. 12 pt

Roman	ABCDEFGHIJKLMNOPQRSTUVWXYZ ÄÖÜ abcdefghijklmnopqrstuvwxyz äöüß 0123456789 &!?	↔ 56	M 67 H 10	x 52 H 3
Italic	*ABCDEFGHIJKLMNOPQRSTUVWXYZ ÄÖÜ* *abcdefghijklmnopqrstuvwxyz äöüß* *0123456789 &!?*	↔ 57 I 9°	M 66 H 9	x 52 H 4
Bold	ABCDEFGHIJKLMNOPQRSTUVWXYZ ÄÖÜ abcdefghijklmnopqrstuvwxyz äöüß 0123456789 &!?	↔ 54	M 66 H 12	x 52 H 3
Extra Bold	**ABCDEFGHIJKLMNOPQRSTUVWXYZ ÄÖÜ** **abcdefghijklmnopqrstuvwxyz äöüß** **0123456789 &!?**	↔ 54	M 67 H 19	x 52 H 4
Extra Bold Cond.	**ABCDEFGHIJKLMNOPQRSTUVWXYZ ÄÖÜ** **abcdefghijklmnopqrstuvwxyz äöüß** **0123456789 &!?**	↔ 67	M 66 H 17	x 52 H 5

Gezeichnet von Robert Isbell für die American Type Foundry.

ATF [Bitstream] 1967

➛Bitstream Amerigo

Flareserif 831

4 5 V

A G Q R S Z

a b c e g i k n z

Aliquando anus quaedam veteres libros novem numero regi magna pecunia vendere cupivit. Tarquinius Superbus cum natura suspiciosus esset, anum dementem putans risit. Illa discessit atque tres illorum librorum combussit. Paulo post reversa regem interrogavit, num reliquos sex libros eodem pretio emere vellet. Cum ille multo magis rideret, anus iterum abiit tribusque aliis libris combustis revertit. Pertinacia et perseverantia mulieris miratus Tarquinius tres reliquos libros eodem pretio emit, quo omnes emere potuit. Paulo post rex libros ab auguribus examinari iussit. Qui his libris oracula Sibyllae Cumanae. 6 pt

Aliquando anus quaedam veteres libros novem numero regi magna pecunia vendere cupivit. Tarquinius Superbus cum natura suspiciosus esset, anum dementem putans risit. Illa discessit atque tres illo rum librorum combussit. Paulo post reversa regem interrogavit. 9 pt

Aliquando anus quaedam veteres libros novem numero regi magna pecunia vendere cupivit. Tarquinius Superbus cum natura suspiciosus esset, anum dementem putans risit. Illa discessit atque tres. 10 pt

Aliquando anus quaedam veteres libros novem numero regi magna pecunia vendere cupivit. Tarquinius Superbus cum natura suspiciosus esset, anum dementem. 12 pt

Roman ABCDEFGHIJKLMNOPQRSTUVWXYZ ÄÖÜ ↔ 68 M 65 x 46
abcdefghijklmnopqrstuvwxyz äöüß 0123456789 &!? H 9 H (serif) 5

Italic *ABCDEFGHIJKLMNOPQRSTUVWXYZ ÄÖÜ* ↔ 74 M 66 x 48
abcdefghijklmnopqrstuvwxyz äöüß 0123456789 &!? / 10° H 8 H (serif) 5

Bold **ABCDEFGHIJKLMNOPQRSTUVWXYZ ÄÖÜ** ↔ 67 M 65 x 46
abcdefghijklmnopqrstuvwxyz äöüß 0123456789 &!? H 13 H (serif) 7

Bold Italic ***ABCDEFGHIJKLMNOPQRSTUVWXYZ ÄÖÜ*** ↔ 73 M 65 x 48
abcdefghijklmnopqrstuvwxyz äöüß 0123456789 &!? / 10° H 11 H (serif) 6

Med. ABCDEFGHIJKLMNOPQRSTUVWXYZ ÄÖÜ ↔ 74 M 65 x 49
abcdefghijklmnopqrstuvwxyz äöüß 0123456789 &!? H 11 H (serif) 6

Med. Italic *ABCDEFGHIJKLMNOPQRSTUVWXYZ ÄÖÜ* ↔ 74 M 65 x 49
abcdefghijklmnopqrstuvwxyz äöüß 0123456789 &!? / 10° H 9 H (serif) 6

Gezeichnet von Gerard Unger.

Bitstream 1987

A G Q R S Z

a b c e g i k n z

→Bitstream
Arrus

Lapidary 721

| 4 | 5 | V |

Aliquando anus quaedam veteres libros novem numero regi magna pecunia vendere cupivit. Tarquinius Superbus cum natura suspiciosus esset, anum dementem putans risit. Illa discessit atque tres illorum librorum combussit. Paulo post reversa regem interrogavit, num reliquos sex libros eodem pretio emere vellet. Cum ille multo magis rideret, anus iterum abiit tribusque aliis libris combustis revertit. Pertinacia et perseverantia mulieris miratus Tarquinius tres reliquos libros eodem pretio emit, quo omnes emere potuit. Paulo post rex libros. 6 pt

Aliquando anus quaedam veteres libros novem numero regi magna pecunia vendere cupivit. Tarquinius Superbus cum natura suspiciosus esset, anum dementem putans risit. Illa discessit atque tres illo rum librorum combussit. Paulo post. 9 pt

Aliquando anus quaedam veteres libros novem numero regi magna pecunia vendere cupivit. Tarquinius Superbus cum natura suspiciosus esset, anum dementem putans risit. 10 pt

Aliquando anus quaedam veteres libros novem numero regi magna pecunia vendere cupivit. Tarquinius Superbus cum natura suspiciosus esset, anum. 12 pt

Roman ABCDEFGHIJKLMNOPQRSTUVWXYZ ÄÖÜ
abcdefghijklmnopqrstuvwxyz äöüß
0123456789 &!?

↔ 62 M 73 x 47
H 9 H 4

Italic *ABCDEFGHIJKLMNOPQRSTUVWXYZ ÄÖÜ*
abcdefghijklmnopqrstuvwxyz äöüß
0123456789 &!?

↔ 70 M 73 x 50
I 12° H 10 H 4

Bold **ABCDEFGHIJKLMNOPQRSTUVWXYZ ÄÖÜ**
abcdefghijklmnopqrstuvwxyz äöüß
0123456789 &!?

↔ 57 M 70 x 47
H 14 H 6

Bold Italic ***ABCDEFGHIJKLMNOPQRSTUVWXYZ ÄÖÜ***
abcdefghijklmnopqrstuvwxyz äöüß
0123456789 &!?

↔ 64 M 73 x 51
I 12° H 14 H 7

Black	**ABCDEFGHIJKLMNOPQRSTUVWXYZ ÄÖÜ** **abcdefghijklmnopqrstuvwxyz äöüß** **0123456789 &!?**	⟷ 52 M 73 x 48 H 20 H 8
Black Italic	***ABCDEFGHIJKLMNOPQRSTUVWXYZ ÄÖÜ*** ***abcdefghijklmnopqrstuvwxyz äöüß*** ***0123456789 &!?***	⟷ 55 M 73 x 51 I 12° H 18 H 8

Gezeichnet von Richard Lipton. Bitstream 1991

A B Q R

C K E F G

Atlantic
Inline

4 5 V

HAMBURGEFONTS

ABCDEFGHIJKLMN
OPQRSTUVWXYZÄÖ
ÜABCDEFGHIJKLMNOPQ
RSTUVWXYZÄÖÜß 0 1 2
3 4 5 6 7 8 9 & . ! ? # / ¶ „ " « » <
> { } = [ ] * % @ ¤ ¢ $ £ ¥ ƒ
© ® Æ • • † ‡ Ç Ñ É È Ê Ë • Þ

Corel

Bedrock

→ Badloc

3 4 5 V

A B Q R

c k e f g

Hamburgefonts

ABCDEFGHIJKLMNOPQRSTUVWXYZÄÖÜabcd

efghijklmnopqrstuvwxyzäöüß012345678

9+.!?#/¶ "«»‹›{}=[]×%@ ¢$£¥§

©®Æ ƒ† çñéèêë

Corel

Beehive

BeeBopp

3 4 5 V

Corel

➝Belwe

Kuenstler816

4 5 V

A G Q R S Z

a b c e g i k n z

Aliquando anus quaedam veteres libros novem numero regi magna pecunia vendere cupivit. Tarquinius Superbus cum natura suspiciosus esset, anum dementem putans risit. Illa discessit atque tres illorum librorum combussit. Paulo post reversa regem interrogavit, num reliquos sex libros eodem pretio emere vellet. Cum ille multo magis rideret, anus iterum abiit tribusque aliis libris combustis revertit. Pertinacia et perseverantia mulieris miratus Tarquinius tres reliquos libros eodem. 6 pt

Aliquando anus quaedam veteres libros novem numero regi magna pecunia vendere cupivit. Tarquinius Superbus cum natura suspiciosus esset, anum dementem putans risit. Illa discessit atque tres illo rum librorum combussit. 9 pt

Aliquando anus quaedam veteres libros novem numero regi magna pecunia vendere cupivit. Tarquinius Superbus cum natura suspiciosus esset, anum dementem putans risit. Illa discessit atque tres. 10 pt

Aliquando anus quaedam veteres libros novem numero regi magna pecunia vendere cupivit. Tarquinius Superbus cum natura suspiciosus esset. 12 pt

Med. ABCDEFGHIJKLMNOPQRSTUVWXYZ ÄÖÜ
abcdefghijklmnopqrstuvwxyz äöüß
0123456789 &!?

↔ 62 M 68 x 48
H 14 H 7

Light ABCDEFGHIJKLMNOPQRSTUVWXYZ ÄÖÜ
abcdefghijklmnopqrstuvwxyz äöüß
0123456789 &!?

↔ 65 M 68 x 47
H 7 H 4

Bold **ABCDEFGHIJKLMNOPQRSTUVWXYZ ÄÖÜ**
abcdefghijklmnopqrstuvwxyz äöüß
0123456789 &!?

↔ 58 M 68 x 49
H 21 H 10

Cond. **ABCDEFGHIJKLMNOPQRSTUVWXYZ ÄÖÜ**
abcdefghijklmnopqrstuvwxyz äöüß 0123456789 &!?

↔ 73 M 68 x 49
H 15 H 49

Gezeichnet von dem Deutschen Georg Belwe 1913, überarbeitet für Letraset 1975 von Alan Meeks. Von Meeks stammen auch die Princetown, die Frankfurter Highlight und die Plaza.

Bitstream 1975

A G Q R S Z
a b c e g i k n z

→ITC
Benguiat

Bangkok[3]
Revival 832

3 4 5

Aliquando anus quaedam veteres libros novem numero regi magna pecunia vendere cupivit. Tarquinius Superbus cum natura suspiciosus esset, anum dementem putans risit. Illa discessit atque tres illorum librorum combussit. Paulo post reversa regem interrogavit, num reliquos sex libros eodem pretio emere vellet. Cum ille multo magis rideret, anus iterum abiit tribusque aliis libris combustis revertit. Pertinacia et perseverantia mulieris miratus Tarquinius tres reliquos libros. 6 pt

Aliquando anus quaedam veteres libros novem numero regi magna pecunia vendere cupivit. Tarquinius Superbus cum natura suspiciosus esset, anum dementem putans risit. 10 pt

Aliquando anus quaedam veteres libros novem numero regi magna pecunia vendere cupivit. Tarquinius Superbus cum natura suspiciosus esset, anum dementem putans risit. Illa discessit atque tres illo rum librorum combussit. 9 pt

Aliquando anus quaedam veteres libros novem numero regi magna pecunia vendere cupivit. Tarquinius Superbus cum natura suspiciosus esset. 12 pt

Book
ABCDEFGHIJKLMNOPQRSTUVWXYZ ÄÖÜ
abcdefghijklmnopqrstuvwxyz äöüß
0123456789 &!?

⟼ 60 M 67 X 50
H 12 H 7

Book Italic
ABCDEFGHIJKLMNOPQRSTUVWXYZ ÄÖÜ
abcdefghijklmnopqrstuvwxyz äöüß
0123456789 &!?

⟼ 59 M 67 X 53
I 12° H 12 H 7

Bold
ABCDEFGHIJKLMNOPQRSTUVWXYZ ÄÖÜ
abcdefghijklmnopqrstuvwxyz äöüß
0123456789 &!?

⟼ 53 M 67 X 50
H 21 H 10

Bold Italic
ABCDEFGHIJKLMNOPQRSTUVWXYZ ÄÖÜ
abcdefghijklmnopqrstuvwxyz äöüß
0123456789 &!?

⟼ 54 M 67 X 53
I 12 H 21 H 9

Gezeichnet von Ed Benguiat 1977. Von Benguiat stammen neben anderen die Bauhaus, Tiffany, Benguiat Gothic, Souvenir und Korinna.

ITC
[Bitstream]

1977

➛Bernhard Fashion

Geometric 175

| | 4 | 5 | V |

A B Q R

c k e f g

Hamburgefonts

ABCDEFGHIJKLMN
OPQRSTUVWXYZÄ
ÖÜabcdefghijklmnopqrstuvwxyzä
öüß0123456789&-.!?#/¶„"«»<
>{}=[]* % @ ¤ ¢ $ £ ¥ § ©
® Æ • ƒ † ‡ çñéèêëðþ

Gezeichnet 1929 von Lucian Bernhard für die Schriftgießerei Bauer in Frankfurt.

ATF [Bitstream] 1929

A G Q R S Z
a b c e g i k n z

→Bernhard Modern

Engraver's Oldstyle 126

4 5 V

Aliquando anus quaedam veteres libros novem numero regi magna pecunia vendere cupivit. Tarquinius Superbus cum natura suspiciosus esset, anum dementem putans risit. Illa discessit atque tres illorum librorum combussit. Paulo post reversa regem interrogavit, num reliquos sex libros eodem pretio emere vellet. Cum ille multo magis rideret, anus iterum abiit tribusque aliis libris combustis revertit. Pertinacia et perseverantia mulieris miratus Tarquinius tres reliquos libros eodem pretio emit, quo omnes emere potuit. Paulo post rex libros ab auguribus examinari iussit. Qui his libris oracula Sibyllae Cumanae contineri cognoverunt. 6 pt

Aliquando anus quaedam veteres libros novem numero regi magna pecunia vendere cupivit. Tarquinius Superbus cum natura suspiciosus esset, anum dementem putans risit. Illa discessit atque tres illo rum librorum combussit. Paulo post reversa regem interrogavit, num. 9 pt

Aliquando anus quaedam veteres libros novem numero regi magna pecunia vendere cupivit. Tarquinius Superbus cum natura suspiciosus esset, anum dementem putans risit. Illa discessit atque tres. 10 pt

Aliquando anus quaedam veteres libros novem numero regi magna pecunia vendere cupivit. Tarquinius Superbus cum natura suspiciosus esset, anum dementem putans risit. 12 pt

Roman	ABCDEFGHIJKLMNOPQRSTUVWXYZ ÄÖÜ abcdefghijklmnopqrstuvwxyz äöüß 0123456789 &!?	↔ 71	M 72	x 37	
			H 8	H 2	
Italic	*ABCDEFGHIJKLMNOPQRSTUVWXYZ ÄÖÜ abcdefghijklmnopqrstuvwxyz äöüß 0123456789 &!?*	↔ 75	M 72	x 37	
		I 14°	H 7	H 4	
Bold	**ABCDEFGHIJKLMNOPQRSTUVWXYZ ÄÖÜ abcdefghijklmnopqrstuvwxyz äöüß 0123456789 &!?**	↔ 64	M 72	x 37	
			H 12	H 3	
Bold Italic	***ABCDEFGHIJKLMNOPQRSTUVWXYZ ÄÖÜ abcdefghijklmnopqrstuvwxyz äöüß 0123456789 &!?***	↔ 67	M 72	x 37	
		I 14	H 10	H 4	

Gezeichnet 1937/38 von Lucian Bernhard für die Schriftgießerei Bauer in Frankfurt.

ATF [Bitstream] 1938

→Binner

5 V

A G Q R S Z
a b c e g i k n z

Aliquando anus quaedam veteres libros novem numero regi magna pecunia vendere cupivit. Tarquinius Superbus cum natura suspiciosus esset, anum dementem putans risit. Illa discessit atque tres illorum librorum combussit. Paulo post reversa regem interrogavit, num reliquos sex libros eodem pretio emere vellet. Cum ille multo magis rideret, anus iterum abiit tribusque aliis libris combustis revertit. Pertinacia et perseverantia mulieris miratus Tarquinius tres reliquos libros eodem pretio emit, quo omnes emere potuit. 6 pt

Aliquando anus quaedam veteres libros novem numero regi magna pecunia vendere cupivit. Tarquinius Superbus cum natura suspiciosus esset, anum dementem putans risit. Illa discessit atque tres illo rum librorum combussit. 9 pt

Aliquando anus quaedam veteres libros novem numero regi magna pecunia vendere cupivit. Tarquinius Superbus cum natura suspiciosus esset, anum dementem putans risit. 10 pt

Aliquando anus quaedam veteres libros novem numero regi magna pecunia vendere cupivit. Tarquinius Superbus cum natura suspiciosus. 12 pt

Aliquando anus quaedam veteres libros novem numero regi magna pecunia vendere cupivit. Tarquinius Superbus cum natura suspiciosus esset, anum dementem putans risit. Illa discessit atque tres illo rum. 14 pt

ABCDEFGHIJKLMNOPQRSTUVWXYZ ÄÖÜ
abcdefghijklmnopqrstuvwxyz äöüß
0123456789 &!?

|→| 60 M 67 x 51
H 32 H 32

Veröffentlicht von Facsimile Fonts.

[URW]

Blacklight

5 V

A B Q R

c k e f g

Hamburgefonts

ABCDEFGHIJKLMNOPQRS
TUVWXYZÄÖÜabcdefghijkl
mnopqrstuvwxyzäöüß012
3456789&.!?#/¶„"«»<>{}
=[]* % @ ¤ ¢ $ £ ¥§©®Æ
•ƒ†‡çñéèêëðþ

Diese Schrift wird im Corel-Handbuch nirgends erwähnt.

[URW]

Bremen

Exotic 011

4 5 V

A G Q R S Z

ABCEGIKNZ

ALIQUANDO ANUS QUAEDAM VETERES LIBROS NOVEM NUMERO REGI MAGNA PECUNIA VENDERE CUPIVIT. TARQUINIUS SUPERBUS CUM NATURA SUSPICIOSUS ESSET, ANUM DEMENTEM PUTANS RISIT. ILLA DISCESSIT ATQUE TRES ILLORUM LIBRORUM COMBUSSIT. PAULO POST REVERSA REGEM INTERROGAVIT, NUM RELIQUOS SEX LIBROS EODEM PRETIO EMERE VELLET. CUM ILLE MULTO MAGIS RIDERET, ANUS ITERUM ABIIT TRIBUSQUE ALIIS LIBRIS COMBUSTIS REVERTIT. 6 PT

ALIQUANDO ANUS QUAEDAM VETERES LIBROS NOVEM NUMERO REGI MAGNA PECUNIA VENDERE CUPIVIT. TARQUINIUS SUPERBUS CUM NATURA SUSPICIOSUS ESSET, ANUM DEMENTEM PUTANS RISIT. ILLA DISCESSIT. 9 PT

ALIQUANDO ANUS QUAEDAM VETERES LIBROS NOVEM NUMERO REGI MAGNA PECUNIA VENDERE CUPIVIT. TARQUINIUS SUPERBUS CUM NATURA SUSPICIOSUS ESSET. 10 PT

ALIQUANDO ANUS QUAEDAM VETERES LIBROS NOVEM NUMERO REGI MAGNA PECUNIA VENDERE CUPIVIT. TARQUINIUS. 12 PT

ALIQUANDO ANUS QUAEDAM VETERES LIBROS NOVEM NUMERO REGI MAGNA PECUNIA VENDERE CUPIVIT. TARQUINIUS SUPERBUS CUM NATURA SUSPICIOSUS ESSET, ANUM DEMENTEM PUTANS RISIT. 14 PT

Bold ABCDEFGHIJKLMNOPQRSTUVWXYZ ÄÖÜß
0123456789 &!? ⟷ 47 M 73 x 73

Black ABCDEFGHIJKLMNOPQRSTUVWXYZ ÄÖÜß
0123456789 &!? ⟷ 38 M 73 x 75

Gezeichnet von Richard Lipton.

Bitstream 1992

Brisk

→Bisque

3 4 5 V

A B Q R

c k e f g

Hamburgefonts

ABCDEFGHIJKLMNOPQR

STUVWXYZÄÖÜabcdefghij

klmnopqrstuvwxyzäöüß012

3456789&!?#/¶ "«»<>{}=[

]*%@¢$£¥§©®Æ .†

çñéèêë

Corel

➛Broadway

Bravo³

Deco 901

3 4 5 V

A B Q R

c k e f g

Hamburgefonts

ABCDEFGHIJKLMNO

PQRSTUVWXYZÄÖÜa

bcdefghijklmnopqrs

tuvwxyzäöüß01234

56789&.!?#/¶„“‹›< >

{}=[]* % @ ¤ ¢ $ £ ¥

§©®Æ•ƒ†‡çñéèêëðþ

Gezeichnet von Morris Fuller Benton. Von Benton (1872-1948) stammen zahllose Schriften, die Corel-Kollektion enthält unter anderem Parisian, Century Schoolbook, Hobo und Bank Gothic.

ATF 1928

[Bitstream]

Brochure

→Book Jacket

3 4 5 V

A B Q R

c k e f g

Hamburgefonts

ABCDEFGHIJKLMNOPQRSTUV
WXYZÄÖÜabcdefghijklmno
pqrstuvwxyzäöüß01234567
89&.,!?#/¶ “«‹›»<>{}=[]* %
@ ¢ $ £ ¥§©®Æ ƒ† çñé
èêë

Corel

→Letraset

Buster

Busker[3]

3 4 5

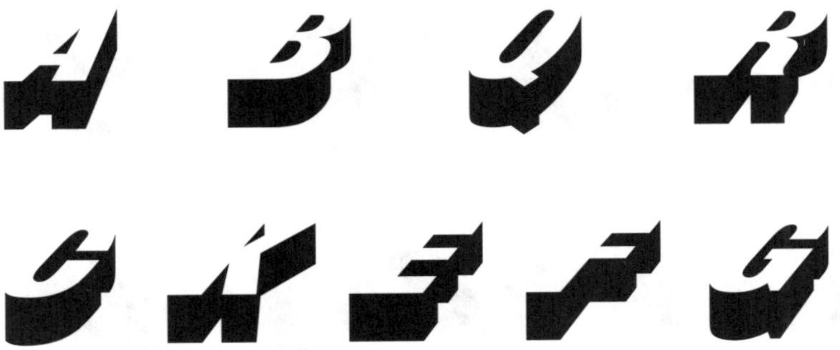

Gezeichnet von Tony Wenman 1972.

Nebiolo
[URW]

1972

Buxom

Fat Shadow

5 V

A B Q R

C K E F G

HAMBURGEFONTS

ABCDEFGHIJKLMNOPQRS

TUVWXYZÄÖÜSS0123456

789&.!?#/¶„“«»<>{}=[

]* % @ ¤ ¢ $ £ ¥ § © ® Æ

• ƒ†‡çÑÉÈÊËÐÞ

[URW]

Calligraphic 810

→Diotima

4 5 V

A G Q R S Z
abcegiknz

Aliquando anus quaedam veteres libros novem numero regi magna pecunia vendere cupivit. Tarquinius Superbus cum natura suspiciosus esset, anum dementem putans risit. Illa discessit atque tres illorum librorum combussit. Paulo post reversa regem interrogavit, num reliquos sex libros eodem pretio emere vellet. Cum ille multo magis rideret, anus iterum abiit tribusque aliis libris combustis revertit. Pertinacia et perseverantia mulieris miratus Tarquinius tres reliquos libros eodem pretio emit, quo omnes emere potuit. 6 pt

Aliquando anus quaedam veteres libros novem numero regi magna pecunia vendere cupivit. Tarquinius Superbus cum natura suspiciosus esset, anum dementem. 10 pt

Aliquando anus quaedam veteres libros novem numero regi magna pecunia vendere cupivit. Tarquinius Superbus cum natura suspiciosus esset, anum dementem putans risit. Illa discessit atque tres illorum. 9 pt

Aliquando anus quaedam veteres libros novem numero regi magna pecunia vendere cupivit. Tarquinius Superbus cum natura. 12 pt

Aliquando anus quaedam veteres libros novem numero regi magna pecunia vendere cupivit. Tarquinius Superbus cum natura suspiciosus esset, anum dementem putans risit. Illa discessit atque tres illo rum. 14 pt

Roman ABCDEFGHIJKLMNOPQRSTUVWXYZ ÄÖÜ
abcdefghijklmnopqrstuvwxyz äöüß
0123456789 &!?

↔ 56	M 73	x 47
	H 6	H 2

Italic *ABCDEFGHIJKLMNOPQRSTUVWXYZ ÄÖÜ*
abcdefghijklmnopqrstuvwxyz äöüß 0123456789 &!?

↔ 72	M 72	x 47
I 7°	H 5	H 2

Die Deutsche Gudrun Zapf-von Hesse schuf diese Schrift 1952/53. Zapf-von Hesse (geb.1918), die später Ehefrau von Herrmann Zapf wurde, zeichnete auch die Carmina, die Sie ebenfalls in der Corel-Schriftensammlung finden.

Bitstream 1953

Camellia

5 V

a b q r

c k e f g

hamburgefonts

abcdefghijklmnopqrst

uvwxyzäöüß0123456789&.!?

#/¶„“«»<>{}=[]* % @ ¤ ¢ $ £ ¥§

©®æ • ƒ†‡çñéèêëðþ

[URW]

Carleton

→Carolus

4 5 V

A B Q R

C K E F G

HAMBURGEFONTS

ABCDEFGHIJKLMNOP
QRSTUVWXYZÄÖÜ

ABCDEFGHIJKLMNOPQRSTU
VWXYZÄÖÜß012345678
9&.!?#/¶· “‹◇›‹›{}=[]*%@¢
$£¥§©®Æƒ†ÇÑÉÈÊË

Gezeichnet von Karl Erik Forsberg 1954. Von Forsberg stammt außerdem die Berling (in Corel: Revival 565).

Corel 1954

A G Q R S Z
a b c e g i k n z

→Bitstream
Carmina

Calligraphic 811

4 | 5 | V

Aliquando anus quaedam veteres libros novem numero regi magna pecunia vendere cupivit. Tarquinius Superbus cum natura suspiciosus esset, anum dementem putans risit. Illa discessit atque tres illorum librorum combussit. Paulo post reversa regem interrogavit, num reliquos sex libros eodem pretio emere vellet. Cum ille multo magis rideret, anus iterum abiit tribusque aliis libris combustis revertit. Pertinacia et perseverantia mulieris miratus Tarquinius tres reliquos libros eodem pretio. 6 pt

Aliquando anus quaedam veteres libros novem numero regi magna pecunia vendere cupivit. Tarquinius Superbus cum natura suspiciosus esset, anum dementem putans risit. Illa discessit atque tres illo rum librorum combussit. 9 pt

Aliquando anus quaedam veteres libros novem numero regi magna pecunia vendere cupivit. Tarquinius Superbus cum natura suspiciosus esset, anum dementem putans risit. Illa discessit atque tres. 10 pt

Aliquando anus quaedam veteres libros novem numero regi magna pecunia vendere cupivit. Tarquinius Superbus cum natura suspiciosus esset. 12 pt

Med.
ABCDEFGHIJKLMNOPQRSTUVWXYZ ÄÖÜ
abcdefghijklmnopqrstuvwxyz äöüß
0123456789 &!?
⟷ 61 M 65 x 47
H 11 H 4

Med. Italic
ABCDEFGHIJKLMNOPQRSTUVWXYZ ÄÖÜ
abcdefghijklmnopqrstuvwxyz äöüß
0123456789 &!?
⟷ 65 M 66 x 48
I 10° H 66 H 48

Light
ABCDEFGHIJKLMNOPQRSTUVWXYZ ÄÖÜ
abcdefghijklmnopqrstuvwxyz äöüß
0123456789 &!?
⟷ 63 M 65 x 46
H 8 H 4

Light Italic
ABCDEFGHIJKLMNOPQRSTUVWXYZ ÄÖÜ
abcdefghijklmnopqrstuvwxyz äöüß
0123456789 &!?
⟷ 67 M 66 x 47
I 10° H 8 H 3

Bold
ABCDEFGHIJKLMNOPQRSTUVWXYZ ÄÖÜ
abcdefghijklmnopqrstuvwxyz äöüß
0123456789 &!?
⟷ 56 M 65 x 48
H 16 H 4

Bold Italic	*ABCDEFGHIJKLMNOPQRSTUVWXYZ ÄÖÜ* *abcdefghijklmnopqrstuvwxyz äöüß* *0123456789 &!?*	58 M 66 X 49 10° H 15 H 4	
Black	**ABCDEFGHIJKLMNOPQRSTUVWXYZ ÄÖÜ** **abcdefghijklmnopqrstuvwxyz äöüß** **0123456789 &!?**	51 M 65 X 49 H 22 H 4	
Black Italic	***ABCDEFGHIJKLMNOPQRSTUVWXYZ ÄÖÜ*** ***abcdefghijklmnopqrstuvwxyz äöüß*** ***0123456789 &!?***	51 M 65 X 51 10° H 19 H 5	

Gezeichnet von der Deutschen Gudrun Zapf-von Hesse für Bitstream 1987. Zapf-von Hesse, Ehefrau von Hermann Zapf, schuf außerdem die Diotima (in Corel: Calligraphic 810).

Bitstream 1987

A G Q R S Z

ABCEGIKNZ

Charlesworth

→Charlemagne

3 4 5 V

ALIQUANDO ANUS QUAEDAM VETERES LIBROS NOVEM NUMERO REGI MAGNA PECUNIA VENDERE CUPIVIT. TARQUINIUS SUPERBUS CUM NATURA SUSPICIOSUS ESSET, ANUM DEMENTEM PUTANS RISIT. ILLA DISCESSIT ATQUE TRES ILLORUM LIBRORUM COMBUSSIT. PAULO POST REVERSA REGEM INTERROGAVIT, NUM RELIQUOS SEX LIBROS EODEM PRETIO EMERE VELLET. CUM ILLE MULTO MAGIS RIDERET, ANUS ITERUM ABIIT TRIBUSQUE ALIIS LIBRIS. 6 PT

ALIQUANDO ANUS QUAEDAM VETERES LIBROS NOVEM NUMERO REGI MAGNA PECUNIA VENDERE CUPIVIT. TARQUINIUS SUPERBUS CUM NATURA SUSPICIOSUS ESSET, ANUM DEMENTEM PUTANS. 9 PT

ALIQUANDO ANUS QUAEDAM VETERES LIBROS NOVEM NUMERO REGI MAGNA PECUNIA VENDERE CUPIVIT. TARQUINIUS SUPERBUS CUM NATURA. 10 PT

ALIQUANDO ANUS QUAEDAM VETERES LIBROS NOVEM NUMERO REGI MAGNA PECUNIA VENDERE CUPIVIT. 12 PT

ALIQUANDO ANUS QUAEDAM VETERES LIBROS NOVEM NUMERO REGI MAGNA PECUNIA VENDERE CUPIVIT. TARQUINIUS SUPERBUS CUM NATURA SUSPICIOSUS ESSET, ANUM. 14 PT

Roman ABCDEFGHIJKLMNOPQRSTUVWXYZ
ÄÖÜSS
0123456789 &!?

⟷ 42 M 70 X 74

Bold ABCDEFGHIJKLMNOPQRSTUVWXYZ
ÄÖÜSS
0123456789 &!?

⟷ 42 M 70 X 75

Die Charlemagne wurde von Carol Twombly 1989 für Adobe gezeichnet. Von Carol Twombly stammen neben vielen anderen auch die Mirarae, die Lithos (in Corel „Lithograph") sowie die Juniper („Jupiter") und die Ironwood („Ireland").

Corel 1989

→Chisel

5 V

A B Q R

c k e f g

Hamburgefonts

ABCDEFGHIJKLMNOPQRST
UVWXYZÄÖÜabcdefghijklmno
pqrstuvwxyzäöüß0123456789
&.!?#/¶„"«»<>{}=[]* % @ ¤ ¢
$ £ ¥§©®Æ • ƒ†‡çñéèêëðþ

Das englische Wort „Chisel" heißt übersetzt „Meißel" und verweist auf die plastischen, herausmodellierten Formen der Zeichen. Die Schrift wurde 1939 von Robert Harling für Stephenson & Blake gezeichnet. Von Harling stammt auch die Playbill.

[URW] 1939

Circle Round

→Cirkulus

5 V

a b q r

c k e f g

hamburgefonts

abcdefghijklmnopqrstuvwxyzäö

üabcdefghijklmnopqrstuvwxyzä

öüß0123456789&.!?#/¶„“«»<>{}=[]* %

@ ¤ ¢ $ £ ¥§©®æ • ƒ†‡çñéèêëð

þ

Entworfen von Michael Neugebauer 1970.

[URW] 1970

→Bitstream
Cooper

Cupertino[3]
Freeform 741

3 4 5 V

A G Q R S Z
abcegiknz

Aliquando anus quaedam veteres libros novem numero regi magna pecunia vendere cupivit. Tarquinius Superbus cum natura suspiciosus esset, anum dementem putans risit. Illa discessit atque tres illorum librorum combussit. Paulo post reversa regem interrogavit, num reliquos sex libros eodem pretio emere vellet. Cum ille multo magis rideret, anus iterum abiit tribusque aliis libris combustis revertit.. 6 pt

Aliquando anus quaedam veteres libros novem numero regi magna pecunia vendere cupivit. Tarquinius Superbus cum natura suspiciosus esset, anum dementem putans risit. Paulo postses libros. 9 pt

Aliquando anus quaedam veteres libros novem numero regi magna pecunia vendere cupivit. Tarquinius Superbus cum natura suspiciosus esset, anum. 10 pt

Aliquando anus quaedam veteres libros novem numero regi magna pecunia vendere cupivit. Tarquinius Superbus cum. 12 pt

Black **ABCDEFGHIJKLMNOPQRSTUVWXYZ ÄÖÜ**
abcdefghijklmnopqrstuvwxyz äöüß
0123456789 &!?
⟷ 51 M 74 x 56

Black Italic ***ABCDEFGHIJKLMNOPQRSTUVWXYZ ÄÖÜ***
abcdefghijklmnopqrstuvwxyz äöüß
0123456789 &!?
⟷ 52 M 74 x 56
I 8°

Black Headline **ABCDEFGHIJKLMNOPQRSTUVWXYZ ÄÖÜ**
abcdefghijklmnopqrstuvwxyz äöüß
0123456789 &!?
⟷ 51 M 73 x 55

Black Headline Italic ***ABCDEFGHIJKLMNOPQRSTUVWXYZ ÄÖÜ***
abcdefghijklmnopqrstuvwxyz äöüß
0123456789 &!?
⟷ 52 M 74 x 56
I 6°

Schnitt	Zeichensatz	Maße
Black Outline	ABCDEFGHIJKLMNOPQRSTUVWXYZ ÄÖÜ abcdefghijklmnopqrstuvwxyz äöüß 0123456789 &!?	↔ 50 M 74 x 55
Light	ABCDEFGHIJKLMNOPQRSTUVWXYZ ÄÖÜ abcdefghijklmnopqrstuvwxyz äöüß 0123456789 &!?	↔ 64 M 73 x 50 H 9 H 9
Light Italic	*ABCDEFGHIJKLMNOPQRSTUVWXYZ ÄÖÜ* *abcdefghijklmnopqrstuvwxyz äöüß* *0123456789 &!?*	↔ 67 M 73 x 53 I 8° H 8 H 5
Bold	**ABCDEFGHIJKLMNOPQRSTUVWXYZ ÄÖÜ** **abcdefghijklmnopqrstuvwxyz äöüß** **0123456789 &!?**	↔ 56 M 73 x 51 H 18 H 11
Bold Italic	***ABCDEFGHIJKLMNOPQRSTUVWXYZ ÄÖÜ*** ***abcdefghijklmnopqrstuvwxyz äöüß*** ***0123456789 &!?***	↔ 58 M 74 x 54 I 8° H 18 H 10
Med.	ABCDEFGHIJKLMNOPQRSTUVWXYZ ÄÖÜ abcdefghijklmnopqrstuvwxyz äöüß 0123456789 &!?	↔ 60 M 73 x 50 H 13 H 8
Med. Italic	*ABCDEFGHIJKLMNOPQRSTUVWXYZ ÄÖÜ* *abcdefghijklmnopqrstuvwxyz äöüß* *0123456789 &!?*	↔ 62 M 73 x 53 I 8° H 12 H 6

Diese Schrift wurde von dem Amerikaner Oswald Cooper gezeichnet, der dabei großen Wert auf gute Lesbarkeit besonders bei hohen Punktgrößen legte. Er wird mit der Aussage zitiert, er habe seine Schrift für „weitsichtige Druckereien mit kurzsichtigen Kunden" geschaffen.

Bitstream 1921

→Count-down

5 V

A B Q R

c k e f g

Hamburgefonts

ABCDEFGHIJKLMNOPQRSTUV

WXYZÄÖÜabcdefghijklmnopqrstu

vwxyzäöüß0123456789&.!?#/¶„

“«»<>{}=[]* % @ ¤ ¢ $ £ ¥§©

®Æ • ƒ†‡çñéèêëøþ

Gezeichnet von Collin Brignall, veröffentlicht 1965 von Letraset. Von Brignall stammen außerdem Aachen, Revue, Tango und Harlow.

[URW] 1965

→Letraset
Croissant

Crescent³

3 4 5

A B Q R

c k e f g

Hamburgefonts

ABCDEFGHIJKLMNOPQRSTU

VWXYZÄÖÜabcdefghijklmnopq

rstuvwxyzäöüß0123456789

&.!?#/¶„“«»<>{}=[]* % @

¤ ¢ $ £ ¥§©®Æ•ƒ†‡çñéèêë

ðþ

Gezeichnet von Phillip Kelley.

Fonderie
Olive [URW]

1978

➝Davida

Decorated 021

4 5 V

A B Q R

C K E F G

HAMBURGEFONTS

ABCDEFGHIJKLMNOPQRST

UVWXYZÄÖÜSS0123 4567

89&.!?#/¶„“«» < > {}=[]*

% @ ¤ ¢ $ £ ¥§©®Æ•f†

‡ÇÑÉÈÊËĐÞ

Gezeichnet 1965 von Lewis Minott.

VGC [Bitstream] 1965

Decorated
035

→Profil

4 5 V

A B Q

C K E

HAMBURG

ABCDEFGHIJ

KLMNOPQRS

TUVWXYZÄÖ

ÜSS0123456

789&.!?#/¶„“

«»<>{}=[]* % @

¤ ¢ $ £ ¥ § © ®

ÆƒƚƛÇÑÉÈÊË
ÐÞ

Gezeichnet 1946 von Max und Eugen Lenz.

Bitstream 1946

A G Q R S Z
a b c e g i k n z

→Della Robbia

Westminster Oldstyle

Lapidary 383

4 | 5 | V

Aliquando anus quaedam veteres libros novem numero regi magna pecunia vendere cupivit. Tarquinius Superbus cum natura suspiciosus esset, anum dementem putans risit. Illa discessit atque tres illorum librorum combussit. Paulo post reversa regem interrogavit, num reliquos sex libros eodem pretio emere vellet. Cum ille multo magis rideret, anus iterum abiit tribusque aliis libris combustis revertit. Pertinacia et perseverantia mulieris miratus Tarquinius tres reliquos libros eodem pretio emit, quo omnes emere potuit. Paulo post rex libros ab auguribus examinari iussit. Qui his libris oracula Sibyllae Cumanae contineri cognoverunt. 6 pt

Aliquando anus quaedam veteres libros novem numero regi magna pecunia vendere cupivit. Tarquinius Superbus cum natura suspiciosus esset, anum dementem putans risit. Illa discessit atque tres illo rum librorum combussit. Paulo post reversa regem interrogavit, num. 9 pt

Aliquando anus quaedam veteres libros novem numero regi magna pecunia vendere cupivit. Tarquinius Superbus cum natura suspiciosus esset, anum dementem putans risit. Illa discessit atque tres. 10 pt

Aliquando anus quaedam veteres libros novem numero regi magna pecunia vendere cupivit. Tarquinius Superbus cum natura suspiciosus esset, anum dementem putans risit. 12 pt

Aliquando anus quaedam veteres libros novem numero regi magna pecunia vendere cupivit. Tarquinius Superbus cum natura suspiciosus esset, anum dementem putans risit. Illa discessit atque tres illo rum librorum combussit. Paulo post reversa regem. 14 pt

Roman ABCDEFGHIJKLMNOPQRSTUVWXYZ ÄÖÜ
abcdefghijklmnopqrstuvwxyz äöüß 0123456789 &!?

↔ 70 M 72 x 42 H 10 H 7

Bold **ABCDEFGHIJKLMNOPQRSTUVWXYZ ÄÖÜ**
abcdefghijklmnopqrstuvwxyz äöüß
0123456789 &!?

↔ 67 M 72 x 42 H 13 H 11

Gezeichnet 1902 von Thomas Maitland Cleland. Benannt nach dem italienischen Bildhauer Luca della Robbia (1400-1482).

ATF [Bitstream] 1902

Dex Gothic

5 V

A B Q R

C K E F G

HAMBURGEFONTS

ABCDEFGHIJKLMNOPQRSTUV

WXYZÄÖÜSS0123456789

&.!?#/¶„"«»<>{}=[]* % @ ¤ ¢

$ £ ¥ § © ® Æ • ƒ ﬁ ﬂ Ç Ñ É È Ê Ë Ð Þ

[URW]

Dextor

5 V

A B Q R

C K E F G

HAMBURGEFONTS

ABCDEFGHIJKLMNOPQ

RSTUVWXYZÄÖÜSS012

3456789&.!?#/¶„“«‹›»<>{}

=[]* % @ ¤ ¢ $ £ ¥§©®Æ •

ƒﬁÇÑÉÈÊËÐÞ

[URW]

Dextor Outline

5 V

A B Q R

C K E F G

HAMBURGEFONTS

ABCDEFGHIJKLMNOPQ

RSTUVWXYZÄÖÜSS012

3456789&.!?#/¶„“«»<>(

)=[]* % @ ¤ ¢ $ £ ¥§©®

Æ • ƒ†‡ÇÑÉÈÊËÐÞ

Die Dextor Outline wird im Corel-Handbuch nicht erwähnt.

[URW]

Eklektic

→ Elektrik

3 4 5 V

A B Q R

C K E F G

HAMBURGEFONT

ABCDEFGHIJKLMNO

PQRSTUVWXYZÄÖÜ

130123456789&.!?#/“

« < > { } = [ ]* % @ ¢ $ £ ¥ §

©®Æƒ†ÇÑÉÈÊË

Corel

Emboss

4 5 V

A B Q R

c k e f g

Hamburgefonts

ABCDEFGHIJKLMNOP

QRSTUVWXYZÄÖÜabc

defghijklmnopqrstuvw

xyzäöüß0123456789&.!?#/

¶„“«»<>{}=[]*%@¤¢$£

¥§©®Æ‹ƒ†‡çñéèêë∂þ

Corel

A B Q R

C K E F G

→ Empire

Geometric 651

4 5 V

HAMBURGEFONTS

ABCDEFGHIJKLMNOPQRSTUVWXYZÄÖÜSS0123456789&.!?#/¶„“«»

< > { } = [] * % @ ¤ ¢ $ £ ¥ § © ® Æ • ƒ † ‡ Ç Ñ É È

Ê Ë Ð Þ

ATF 1938
[Bitstream]

→Flamenco

5 V

A B Q R

c k e f g

Hamburgefonts

ABCDEFGHIJKLMNOPQRSTU
VWXYZÄÖÜabcdefghijklmno
pqrstuvwxyzäöüß0123456
789&.!?#/¶„“«»<>{}=[]*
%@¤¢$£¥§©®Æ•ƒ†‡ç
ñéèêëðþ

Der Brite Tony Geddes zeichnete diese Schrift. Dieser Schriftschnitt wird im Corel-Handbuch nicht aufgeführt.

[URW] 1979

→Flamenco Inline

5 V

A B Q R

c k e f g

Hamburgefonts

ABCDEFGHIJKLMNOPQRSTU
VWXYZÄÖÜabcdefghijklmn
opqrstuvwxyzäöüß0 12345
6789&.!?#/¶„“«»<>{}=[]*
%@¤¢$£¥§©®Æ•ƒ†‡ç
ñéèêëðþ

Der Brite Tony Geddes zeichnete diese Schrift. [URW] 1979

Flareserif 821

→Albertus

4 5 V

A G Q R S Z

a b c e g i k n z

Aliquando anus quaedam veteres libros novem numero regi magna pecunia vendere cupivit. Tarquinius Superbus cum natura suspiciosus esset, anum dementem putans risit. Illa discessit atque tres illorum librorum combussit. Paulo post reversa regem interrogavit, num reliquos sex libros eodem pretio emere vellet. Cum ille multo magis rideret, anus iterum abiit tribusque aliis libris combustis revertit. Pertinacia et perseverantia mulieris miratus Tarquinius tres reliquos libros eodem pretio emit, quo omnes emere potuit. 6 pt

Aliquando anus quaedam veteres libros novem numero regi magna pecunia vendere cupivit. Tarquinius Superbus cum natura suspiciosus esset, anum dementem putans risit. 10 pt

Aliquando anus quaedam veteres libros novem numero regi magna pecunia vendere cupivit. Tarquinius Superbus cum natura suspiciosus esset, anum dementem putans risit. Illa discessit atque tres illorum librorum combussit. Paulo post reversa. 9 pt

Aliquando anus quaedam veteres libros novem numero regi magna pecunia vendere cupivit. Tarquinius Superbus cum natura suspiciosus esset, anum risit. 12 pt

Roman ABCDEFGHIJKLMNOPQRSTUVWXYZ ÄÖÜ
abcdefghijklmnopqrstuvwxyz äöüß
0123456789 &!?

↔ 64	M 76	x 53
	H 12	H 12

Light ABCDEFGHIJKLMNOPQRSTUVWXYZ ÄÖÜ
abcdefghijklmnopqrstuvwxyz äöüß
0123456789 &!?

↔ 66	M 76	x 52
	H 9	H 9

Bold ABCDEFGHIJKLMNOPQRSTUVWXYZ ÄÖÜ
abcdefghijklmnopqrstuvwxyz äöüß
0123456789 &!?

↔ 62	M 76	x 52
	H 17	H 13

Gezeichnet 1938 von Berthold Wolpe. Wolpe (geb. 1904 in Offenbach) begann schon 1932 mit dem ersten Entwurf für diese Schriftart, die schließlich von Monotype 1938 veröffentlicht wurde.

Bitstream 1938

Ewie

5 V

A B Q R

c k e f g

Hamburgefonts

ABCDEFGHIJKLMNOPQRS
TUVWXYZÄÖÜabcdefghij
klmnopqrstuvwxyzäöüß
0 1 2 3 4 5 6 7 8 9&.!?#/¶„“«
»<>{}=[]* % @ ¤ ¢ $ £ ¥ §
©®Æ • ƒ †‡çñéèêëðþ

[URW]

Exotic 350

→Peignot

Penguin[3]

3 4 5 V

A G Q R S Z

a b c e g i k n z

Aliquando anus quaedam veteres libros novem numero regi magna pecunia vendere cupivit. Tarquinius Superbus cum natura suspiciosus esset, anum dementem putans risit. Illa discessit atque tres illorum librorum combussit. Paulo post reversa regem interrogavit, num reliquos sex libros eodem pretio emere vellet. Cum ille multo magis rideret, anus iterum abiit tribusque aliis libris combustis revertit. Pertinacia et perseverantia mulieris miratus Tarquinius tres reliquos libros eodem pretio emit, quo omnes emere potuit. Paulo post rex libros ab auguribus examinari iussit. Qui his libris oracula Sibyllae. 6 pt

Aliquando anus quaedam veteres libros novem numero regi magna pecunia vendere cupivit. Tarquinius Superbus cum natura suspiciosus esset, anum dementem putans risit. Illa discessit atque tres illorum librorum combussit. Paulo post reversa regem interrogavit, num reliquos ses libros. 9 pt

Aliquando anus quaedam veteres libros novem numero regi magna pecunia vendere cupivit. Tarquinius Superbus cum natura suspiciosus esset, anum dementem putans risit. Illa discessit atque tres. 10 pt

Aliquando anus quaedam veteres libros novem numero regi magna pecunia vendere cupivit. Tarquinius Superbus cum natura suspiciosus esset, anum dementem putans risit. 12 pt

Demi	ABCDEFGHIJKLMNOPQRSTUVWXYZ ÄÖÜ abcdefghijklmnopqrstuvwxyz äöüß 0123456789 &!?	⟼ 72	M 67	x 43
Light	ABCDEFGHIJKLMNOPQRSTUVWXYZ ÄÖÜ abcdefghijklmnopqrstuvwxyz äöüß 0123456789 &!?	⟼ 76	M 67	x 43
Bold	**ABCDEFGHIJKLMNOPQRSTUVWXYZ ÄÖÜ abcdefghijklmnopqrstuvwxyz äöüß 0123456789 &!?**	⟼ 67	M 65	x 43

Die Peignot wurde zeitgleich mit der Broadway 1928 von dem Amerikaner Morris Fuller Benton für ATF gezeichnet. Von Fuller stammen außerdem beispielsweise die Hobo, die Century Schoolbook, die Franklin Gothic und die Marriage (in Corel mit nur einem r und als „Wedding Text").

Bitstream 1928

→Letraset
Frankfurter
Highlight

Frank
Highlight[3]

3 4 5

A B Q R
C K E F G

HAMBURGEFONTS

ABCDEFGHIJKLMNOPQRS
TUVWXYZÄÖÜSS0123456
789&.!?#/¶„“«»<>{}=[]*
%@¤¢$£¥§©®Æ•ƒ†‡
ÇÑÉÈÊËÐÞ

Bob Newman zeichnete diese Schrift. Sie basiert auf der Frankfurter von Alan Meeks. Von Meeks stammen auch die Princetown, die Belwe und die Plaza.

Letraset
[URW]

1978

Freeform 721

→Auriol

4 | 5 | V

A G Q R S Z

a b c e g i k n z

Aliquando anus quaedam veteres libros novem numero regi magna pecunia vendere cupivit. Tarquinius Superbus cum natura suspiciosus esset, anum dementem putans risit. Illa discessit atque tres illorum librorum combussit. Paulo post reversa regem interrogavit, num reliquos sex libros eodem pretio emere vellet. Cum ille multo magis rideret, anus iterum abiit tribusque aliis libris combustis revertit. Pertinacia et perseverantia mulieris miratus Tarquinius tres reliquos libros eodem pretio emit, quo omnes emere potuit. Paulo post rex libros ab auguribus examinari iussit. 6 pt

Aliquando anus quaedam veteres libros novem numero regi magna pecunia vendere cupivit. Tarquinius Superbus cum natura suspiciosus esset, anum dementem putans risit. Illa discessit atque tres illo rum librorum combussit. Paulo post reversa regem. 9 pt

Aliquando anus quaedam veteres libros novem numero regi magna pecunia vendere cupivit. Tarquinius Superbus cum natura suspiciosus esset, anum dementem putans risit. Illa discessit atque tres. 10 pt

Aliquando anus quaedam veteres libros novem numero regi magna pecunia vendere cupivit. Tarquinius Superbus cum natura suspiciosus esset, anum dementem. 12 pt

Roman	ABCDEFGHIJKLMNOPQRSTUVWXYZ ÄÖÜ abcdefghijklmnopqrstuvwxyz äöüß 0123456789 &!?	↔ 68	M 73	x 57	
Italic	*ABCDEFGHIJKLMNOPQRSTUVWXYZ ÄÖÜ* *abcdefghijklmnopqrstuvwxyz äöüß 0123456789 &!?*	↔ 76	M 72	x 56	I 21°
Bold	**ABCDEFGHIJKLMNOPQRSTUVWXYZ ÄÖÜ** **abcdefghijklmnopqrstuvwxyz äöüß 0123456789 &!?**	↔ 64	M 74	x 57	
Bold Italic	***ABCDEFGHIJKLMNOPQRSTUVWXYZ ÄÖÜ*** ***abcdefghijklmnopqrstuvwxyz äöüß*** ***0123456789&!?***	↔ 68	M 73	x 59	I 21°
Black	**ABCDEFGHIJKLMNOPQRSTUVWXYZ** **ÄÖÜ** **abcdefghijklmnopqrstuvwxyz äöüß 0123456789 &!?**	↔ 59	M 72	x 61	
Black Italic	***ABCDEFGHIJKLMNOPQRSTUVWXYZ*** ***ÄÖÜ*** ***abcdefghijklmnopqrstuvwxyz äöüß*** ***0123456789 &!?***	↔ 61	M 75	x 59	I 21°

Diese Schrift wurde von 1901 bis 1904 von dem Franzosen George Auriol für die Schriftgießerei Deberny & Peignot gezeichnet.

Bitstream 1904

A G Q R S Z
a b c e g i k n z

→Friz Quadrata

France[3]

3 4 5 V

Aliquando anus quaedam veteres libros novem numero regi magna pecunia vendere cupivit. Tarquinius Superbus cum natura suspiciosus esset, anum dementem putans risit. Illa discessit atque tres illorum librorum combussit. Paulo post reversa regem interrogavit, num reliquos sex libros eodem pretio emere vellet. Cum ille multo magis rideret, anus iterum abiit tribusque aliis libris combustis revertit. Pertinacia et perseverantia mulieris miratus Tarquinius tres reliquos libros eodem pretio emit, quo omnes emere potuit. Paulo post rex libros ab auguribus examinari iussit. 6 pt

Aliquando anus quaedam veteres libros novem numero regi magna pecunia vendere cupivit. Tarquinius Superbus cum natura suspiciosus esset, anum dementem putans risit. 10 pt

Aliquando anus quaedam veteres libros novem numero regi magna pecunia vendere cupivit. Tarquinius Superbus cum natura suspiciosus esset, anum dementem putans risit. Illa discessit atque tres illorum librorum combussit. Paulo post. 9 pt

Aliquando anus quaedam veteres libros novem numero regi magna pecunia vendere cupivit. Tarquinius Superbus cum natura suspiciosus esset. 12 pt

Aliquando anus quaedam veteres libros novem numero regi magna pecunia vendere cupivit. Tarquinius Superbus cum natura suspiciosus esset, anum dementem putans risit. Illa discessit atque tres illo rum librorum combussit. 14 pt

Roman ABCDEFGHIJKLMNOPQRSTUVWXYZ ÄÖÜ
abcdefghijklmnopqrstuvwxyz äöüß
0123456789 &!?

⟷ 62	M 69	x 48
	H 11	H 9

Bold **ABCDEFGHIJKLMNOPQRSTUVWXYZ ÄÖÜ**
abcdefghijklmnopqrstuvwxyz äöüß
0123456789 &!?

⟷ 59	M 69	x 48
	H 20	H 11

Gezeichnet von Ernst Friz.

Bitstream 1965

➛Futura Black

Fujiyama Black[3]

Stencil 851

3 4 5 V

A B Q R

c k e f g

Hamburgefonts

ABCDEFGHIJKLMNOPQRS

TUVWXYZÄÖÜabcdefghijkl

mnopqrstuvwxyzäöüß0123

456789&.!?#/¶„“«» < > {}

=[]* % @ ¤ ¢ $ £ ¥§©®

Æ • ƒ†‡çñéèêëðþ

Die Futura Black wurde 1927 von dem Deutschen Paul Renner gezeichnet. Sie ist nicht im herkömmlichen Sinne ein Schriftschnitt zu seiner serifenlosen Futura (siehe dort), die er im selben Jahr entworfen hatte, sondern hat einen sehr eigenständigen Charakter.

Bitstream 1927

Galleria

→Gallia

3 4 5 V

ABQR

CKEFG

HAMBURGEFO

ABCDEFGHIJKLM

NOPQRSTUVWXY

ZÄÖÜẞ012345678

9&.!?#/¶“«»‹›{}=[]*%

@¢$£¥§©®Æƒ†ÇÑÉ

ÈÊË

Corel 1928

Glacier

→ Glyphic

3 4 5 V

abcd
efgh

Hamburgefont

abcdefghijklmnop
qrstuvwxyzäöüß01
23456789&.!?#/¶“«‹›»
<>{}=[]* % @ ¢ $ £ ¥ § ©
® Æ ƒ † çñéèêë

Corel

→Glaser Stencil

		5	V

A B Q R

C K E F G

HAMBURGEFONTS

ABCDEFGHIJKLMNOPQR

STUVWXYZÄÖÜSS0123456

7899.!?#/¶„“«»<>{}=[]*

% @ ¤ ¢ $ £ ¥§©®Æ • ƒ†‡

ÇÑÉÈÊËÐÞ

Veröffentlicht von Photo Lettering. [URW]

➛ITC Gorilla

Revival 425

4 5

A B Q R

c k e f g

Hamburgefonts

ABCDEFGHIJKLMNOPQ
RSTUVWXYZÄÖÜabcdef
ghijklmnopqrstuvwxyzäöü
ß0123456789&.!?#/¶„“
«»<>{}=[]* % @ ¤ ¢ $
£ ¥§©®Æ•ƒ†‡çñéèêëðþ

Gezeichnet von 1970 Tom Carnase und Ronne Bonder für ITC. Carnase zeichnete unter anderem Grizzly, Avant Garde, Bauhaus, Machine und Pioneer.

ITC [Bitstream] 1970

Goldmine

→ Goldrush

3 4 5 V

ABQR

CKEFG

HAMBURGEFO

ABCDEFGHIJKLM

NOPQRSTUVWXY

ZÄÖÜß0123456789&

.!?#/¶“«»<>{}=[]*%@¢$£

¥§©®Æƒ†ÇÑÉÈÊË

Corel ca. 1885

Griffon

→Graphique
Graphik

3 | 4 | 5 | V

A B Q R

C K E F G

HAMBURGEFONTS

ABCDEFGHIJKLMNOPQRSTUVWXYZÄÖ

ÜßO123456789&.!?#/¶"«‹›»<>[]

=[]* % @ ¢ $ £ ¥§©®Æ ƒ

†ÇÑÉÈÊË

Gezeichnet von Hermann Eidenbenz, der auch die Clarendon entwarf.

Corel 1946

Griffon
Shadow

→ Graphique
Shadow

3 4 5 V

A B Q R

C K E F G

HAMBURGEFONTS

ABCDEFGHIJKLMNOPQRSTUVWXYZÄ
ÖÜß0123456789&.!?#/¶"«‹›»<>{
}=[]* % @ ¢ $ £ ¥§©®Æ ƒ
† ÇÑÉÈÊË

Gezeichnet von Hermann Eidenbenz, der auch die Clarendon entwarf.

Corel 1946

→Goudy Heavyface

Freeform 744

4 | 5 | V

A G Q R S Z
abcegiknz

Aliquando anus quaedam veteres libros novem numero regi magna pecunia vendere cupivit. Tarquinius Superbus cum natura suspiciosus esset, anum dementem putans risit. Illa discessit atque tres illorum librorum combussit. Paulo post reversa regem interrogavit, num reliquos sex libros eodem pretio emere vellet. Cum ille multo magis rideret, anus iterum abiit tribusque aliis libris combustis revertit. Pertinacia et perseverantia mulieris miratus Tarquinius tres reliquos libros 6 pt

Aliquando anus quaedam veteres libros novem numero regi magna pecunia vendere cupivit. Tarquinius Superbus cum natura suspiciosus esset, anum dementem putans risit. Illa discessit atque. 9 pt

Aliquando anus quaedam veteres libros novem numero regi magna pecunia vendere cupivit. Tarquinius Superbus cum natura suspiciosus esset, anum. 10 pt

Aliquando anus quaedam veteres libros novem numero regi magna pecunia vendere cupivit. Tarquinius Superbus cum natura 12 pt

Aliquando anus quaedam veteres libros novem numero regi magna pecunia vendere cupivit. Tarquinius Superbus cum natura suspiciosus esset, anum dementem putans risit. 14 pt

Roman ABCDEFGHIJKLMNOPQRSTUVWXYZ ÄÖÜ
abcdefghijklmnopqrstuvwxyz äöüß
0123456789 &!?

⟷ 52 M 68 x 51
H 43 H 27

Cond. ABCDEFGHIJKLMNOPQRSTUVWXYZ ÄÖÜ
abcdefghijklmnopqrstuvwxyz äöüß
0123456789 &!?

⟷ 65 M 68 x 52
H 30 H 30

Die Goudy Heavyface wurde von dem Amerikaner Frederic Goudy zusammen mit Sol Hess für die American Lanston Monotype Corporation geschaffen. Von Goudy stammen eine Reihe von Schriften, die Sie unter seinem Namen in der Corel-Schriftensammlung finden, sowie die Copperplate.

Bitstream 1932

→Letraset Harlow

Hollow³

3 4 5

A B Q R

c k e f g

Hamburgefonts

A B C D E F G H I J K L

M N O P Q R S T U V W

X Y Z Ä Ö Ü a b c d e f g h i j k l m

n o p q r s t u v w x y z ä ö ü ß 0 1 2 3 4 5

6 7 8 9 & . ! ? # / ¶ „ " « » < > { } = [ ] * %

@ ¤ ¢ $ £ ¥ § © ® Æ • f † ‡ ç ñ é

è ê ë ð þ

Gezeichnet 1977 von Collin Brignall. Von Brignall stammen außerdem Aachen, Countdown, Revue und Tango.

ITC [URW] 1977

Harpoon

→Hairpin

3 4 5 V

a b q r

c k e f g

hamburgefonts

abcdefghijklmnopqrstuvwxy

zäöüß 0123456789&.!?#/¶ “«»

<>{}=[]* % @ ¢ $ £ ¥ § © ® æ

ƒ† çñéèêë

Corel

→Hobo

Homeward Bound[3]

3 4 5 V

A B Q R

c k e f g

Hamburgefonts

ABCDEFGHIJKLMNOPQRS
TUVWXYZÄÖÜabcdefghijkl
mnopqrstuvwxyzäöüß01234
56789&.!?#/¶„“«»<>{}=[
]* % @ ¤ ¢ $ £ ¥§©®Æ•
ƒ†‡çñéèêëðþ

Die Hobo stammt von Morris Fuller Benton (1872-1948), dem amerikanischen Typographen, der sie für die American Type Founders entwarf. Von Benton stammen neben vielen anderen die Franklin Gothic, die Broadway, die Peignot (in Corel „Exotic 350“), die Century Schoolbook und die Marriage (in Corel mit einem r oder als „Wedding Text“).

ATF [Bitstream] 1910

➛ITC Honda

Heidelberg[3]

3 4 5

A B Q R

c k e f g

Hamburgefonts

ABCDEFGHIJKLMNOPQRSTUV

WXYZÄÖÜabcdefghijklmnop

qrstuvwxyzäöüß012345678

9&.!?#/¶"«‹›»<>{}=[]*%@

¢$£¥§©®Æ.ƒ†çñéèêë□

ITC
[Bitstream]

→Horndon

5 V

A B Q R

C K E F G

HAMBURGEFONTS

ABCDEFGHIJKLMNOPQRSTUVWXYZ

ÄÖÜSSO123456789&.!?#/¶„“«»<>

{}=[]* % @ ¤ ¢ $ £ ¥§©®Æ • ƒ†

‡ÇÑÉÈÊËÐÞ

Gezeichnet von Martin Wait.

[URW]

➛Huxley Vertical

Geometric 052

4 5 V

A B Q R

C K E F G

HAMBURGEFONTS

ABCDEFGHIJKLMNOPQRSTUVWXYZÄÖÜSS0123456789&.!?

/ ¶ „ " « » < > { } = [] * % @ ¤ ¢ $ £ ¥ § ©

® Æ • ƒ † ‡ Ç Ñ É È Ê Ë Ð Þ

Gezeichnet 1935 von Walter Huxley.

ATF [Bitstream] 1935

Cottage

→Cotton-
wood

3 4 5 V

A B Q R

C K E F G

HAMBURGEFONTS

ABCDEFGHIJKLMNOPQRS
TUVWXYZÄÖÜSS0123456
789&.!?/„“«»() []* % ¢ $ £ ¥
©®ÆßÇÑÉÈÊËÐÞ

Die Cottonwood gehört zu einer Schriftenkollektion, die Adobe 1990 herausgab. In der Corel-Schriftensammlung finden Sie noch weitere Fonts dieser speziellen Kollektion, nämlich die Ironwood (in Corel: Ireland), Juniper (Jupiter) und Ponderosa (Posse).

Corel 1990

Ireland

→ Ironwood

3 4 5 V

A B Q R

C K E F G

HAMBURGEFONTS

ABCDEFGHIJKLMNOPQRSTUVWXYZÄÖÜSS0123

456789&.:!?/,„"«»{}[]*% ¢$£¥·©®Æ

ƒÇÑÉÈÊËÆÞ

Die Ironwood gehört zu einer Schriftenkollektion, die Adobe 1990 herausgab. In der Corel-Schriftensammlung finden Sie noch weitere Fonts dieser speziellen Kollektion, nämlich die Cottonwood (in Corel: Cottage), Juniper (Jupiter) und Ponderosa (Posse).

Corel 1990

Jupiter

→Juniper

3 4 5 V

A B Q R

C K E F G

HAMBURGEFONTS

ABCDEFGHIJKLMNOPQRSTUV

WXYZÄÖÜSS0123456789&.!?/„

“«»{}[]* % ¢ $ £ ¥©®ÆƒÇÑÉÈ

ÊËÐÞ

Die Juniper gehört zu e ner Schriftenkollektion, die Adobe 1990 herausgab. In der Corel-Schriftensammlung finden Sie noch weitere Fonts dieser speziellen Kollektion, nämlich die Ironwood (in Corel: Ireland), Cottonwood (Cottage) und Ponderosa (Posse).

Corel 1990

Posse

→Ponderosa

3 4 5 V

A B Q R

C K E F G

HAMBURGEFONTS

ABCDEFGHIJKLMNOPQRSTUVWXYZÄÖÜSS0123456789&.!? / „“«» () []*% ¢$£¥ ©®Æ ƒ ÇÑÊÈÉËÎÞ

Die Ponderosa gehört zu einer Schriftenkollektion, die Adobe 1990 herausgab. In der Corel-Schriftensammlung finden Sie noch weitere Fonts dieser speziellen Kollektion, nämlich die Ironwood (in Corel: Ireland), Cottonwood (Cottage) und Ponderosa (Posse).

Corel 1990

IceAge

5 V

A B Q R

c k e f g

Hamburgefonts

ABCDEFGHIJKLMNOPQ
RSTUVWXYZÄÖÜabcdef
ghijklmnopqrstuvwxyz
äöüß0123456789&.!?#/
¶„“«»<>{}=[]* % @ ¤ ¢ $
£ ¥§©®Æ•ƒ†‡çñéèêëðþ

[URW]

Kabarett

→Cabaret

5 V

A B Q R

c k e f g

Hamburgefonts

ABCDEFGHIJKLMNOPQRS
TUVWXYZÄÖÜabcdefghijkl
mnopqrstuvwxyzäöüß01234
56789&.!?#/¶„“«»<>{}=[]* %
@ ¤ ¢ $ £ ¥§©®Æ •ƒ†‡çñé
èêëðþ

In der Schriftart Cabaret enthält jedes Zeichen üblicherweise eine Art Farbverlauf von Schwarz rechts unten nach Weiß links oben. Die Corel-Version ist (leider) massiv.

[URW]

Keypunch

→Data 70

3 4 5 V

Die Kapitälchenversion der Schriftart Data 70, die 1970 von Letraset veröffentlicht wurde.

Corel 1970

Keystroke

3 4 5 V

A B Q R

C K E F G

HAMBURGEFON

ABCDEFGHIJKLM

NOPQRSTUVWXYZ

ABCDEFGHIJ

KLMNOPQRSTUVW

XYZ 012345

6789&.!?#/

<>{}=[]*%@

↓ $↑

Corel

A G Q R S Z
a b c e g i k n z

→ITC Korinna

Korinthia3
Stubserif 711

3 4 5

Aliquando anus quaedam veteres libros novem numero regi magna pecunia vendere cupivit. Tarquinius Superbus cum natura suspiciosus esset, anum dementem putans risit. Illa discessit atque tres illorum librorum combussit. Paulo post reversa regem interrogavit, num reliquos sex libros eodem pretio emere vellet. Cum ille multo magis rideret, anus iterum abiit tribusque a iis libris combustis revertit. Pertinacia et perseverantia mulieris miratus Tarquinius tres reliquos libros eodem pretio emit, quo omnes emere potuit. 6 pt

Aliquando anus quaedam veteres libros novem numero regi magna pecunia vendere cupivit. Tarquinius Superbus cum natura suspiciosus esset, anum dementem putans risit. Illa discessit atque tres illorum librorum combussit. Paulo post reversa regem. 9 pt

Aliquando anus quaedam veteres libros novem numero regi magna pecunia vendere cupivit. Tarquinius Superbus cum natura suspiciosus esset, anum dementem putans risit. Illa discessit. 10 pt

Aliquando anus quaedam veteres libros novem numero regi magna pecunia vendere cupivit. Tarquinius Superbus cum natura suspiciosus esset, anum. 12 pt

Roman ABCDEFGHIJKLMNOPQRSTUVWXYZ ÄÖÜ
abcdefghijklmnopqrstuvwxyz äöüß
0123456789 &!?

↔ 66 M 70 x 47
H 9 H 7

Italic *ABCDEFGHIJKLMNOPQRSTUVWXYZ ÄÖÜ*
abcdefghijklmnopqrstuvwxyz äöüß
0123456789 &!?

↔ 64 M 70 x 50
I 12° H 8 H 6

Bold **ABCDEFGHIJKLMNOPQRSTUVWXYZ ÄÖÜ**
abcdefghijklmnopqrstuvwxyz äöüß
0123456789 &!?

↔ 62 M 70 x 48
H 14 H 11

Bold Italic ***ABCDEFGHIJKLMNOPQRSTUVWXYZ ÄÖÜ***
abcdefghijklmnopqrstuvwxyz äöüß
0123456789 &!?

↔ 61 M 70 x 51
I 12° H 13 H 10

Die Korinna wurde 1904 für die Berliner Schriftgießerei Berthold geschaffen. Sie wurde für ITC von Ed Benguiat und Victor Caruso 1974 überarbeitet. Von Benguiat stammen neben anderen die Bauhaus, Tiffany, Benguiat, Benguiat Gothic und Souvenir.

ITC
[Bitstream]

1974

Lapidary 333

→Perpetua

4 5 V

A G Q R S Z

a b c e g i k n z

Aliquando anus quaedam veteres libros novem numero regi magna pecunia vendere cupivit. Tarquinius Superbus cum natura suspiciosus esset, anum dementem putans risit. Illa discessit atque tres illorum librorum combussit. Paulo post reversa regem interrogavit, num reliquos sex libros eodem pretio emere vellet. Cum ille multo magis rideret, anus iterum abiit tribusque aliis libris combustis revertit. Pertinacia et perseverantia mulieris miratus Tarquinius tres reliquos libros eodem pretio emit, quo omnes emere potuit. Paulo post rex libros ab auguribus examinari iussit. Qui his libris oracula Sibyllae Cumanae contineri cognoverunt. 6 pt

Aliquando anus quaedam veteres libros novem numero regi magna pecunia vendere cupivit. Tarquinius Superbus cum natura suspiciosus esset, anum dementem putans risit. Illa discessit atque tres illorum librorum combussit. Paulo post reversa regem interrogavit, num reliquos ses libros. 9 pt

Aliquando anus quaedam veteres libros novem numero regi magna pecunia vendere cupivit. Tarquinius Superbus cum natura suspiciosus esset, anum dementem putans risit. Illa discessit atque tres illorum librorum. 10 pt

Aliquando anus quaedam veteres libros novem numero regi magna pecunia vendere cupivit. Tarquinius Superbus cum natura suspiciosus esset, anum dementem putans risit. 12 pt

Roman	ABCDEFGHIJKLMNOPQRSTUVWXYZ ÄÖÜ abcdefghijklmnopqrstuvwxyz äöüß 0123456789 &!?	↔ 79		M 57	H 8	X 35	H 2
Italic	*ABCDEFGHIJKLMNOPQRSTUVWXYZ ÄÖÜ abcdefghijklmnopqrstuvwxyz äöüß 0123456789 &!?*	↔ 91	I 12°	M 57	H 6	X 33	H 2
Bold	**ABCDEFGHIJKLMNOPQRSTUVWXYZ ÄÖÜ abcdefghijklmnopqrstuvwxyz äöüß 0123456789 &!?**	↔ 68		M 58	H 14	X 38	H 4
Bold Italic	***ABCDEFGHIJKLMNOPQRSTUVWXYZ ÄÖÜ abcdefghijklmnopqrstuvwxyz äöüß 0123456789 &!?***	↔ 79	I 12°	M 57	H 11	X 36	H 4
Black	**ABCDEFGHIJKLMNOPQRSTUVWXYZ ÄÖÜ abcdefghijklmnopqrstuvwxyz äöüß 0123456789 &!?**	↔ 56		M 61	H 25	X 40	H 4

Die Perpetua wurde von dem Briten Eric Gill für die Monotype Corporation gezeichnet. Mit ersten Entwürfen begann er 1925, erst vier Jahre später wurde die Schrift fertiggestellt und veröffentlicht. Von Gill (1882-1940) stammt auch die Gill Sans (in Corel: Humanist 521).

Bitstream 1929

LasVegas

5 V

A B Q R

c k e f g

Hamburgefonts

ABCDEFGHIJKLMNOP

QRSTUVWXYZÄÖÜabcd

efghijklmnopqrstuvwxy

zäöüß0123456789&.!?

#/¶„"«»<>()=[]* % @ ¤

¢ $ £ ¥§©®Œ•ƒ†‡çñé

èêëðþ

Gezeichnet von David Quay. Diese Schriftart wird im Corel-Handbuch nicht aufgeführt, findet sich aber auf der CD.

[URW] 1984

➛Latin Extra Condensed

Latin 711

4 5 V

A B Q R

C K E F G

HAMBURGEFONTS

ABCDEFGHIJKLMNOPQRSTUVWXYZÄÖÜSS012345

6789&.!?#/¶„“«»<>{}=[]*%@

¤¢$£¥§©®Æ•ƒ†‡ÇÑÉÈÊËÐþ

Berthold
[Bitstream]

→Latin Wide

5 V

ABS

kefg

Hamburge

A B C D E

F G H I J

K L M N O

P Q R S T

U V W X Y

Z Ä Ö Ü a

b c d e f g

h i j k l m

n o p q r s

t u v w x y

z ä ö ü ß 0

1 2 3 4 5 6

7 8 9 & . ! ?

/ ¶ „ “ « »

< > { } = [ ] ★

% @ ¤ ¢ $

£ ¥ § © ®

Æ · ƒ † ‡ ç

ñ é è ê ë ð

þ

Die Latin Wide wurde im 19. Jahrhundert häufig im Zeitungswesen eingesetzt. [URW] 19. Jh.

→Letraset
LCD

Liquid
Crystal[3]

3 4 5

A B Q R

C K E F G

HAMBURGEFONTS

ABCDEFGHIJKLMNOPQRSTUVWXY
ZÄÖÜSS0123456789&.!?#/¶„"«
»<>()=[]* % @ ¤ ¢ $ £ ¥§©®
Æ • ƒ†‡ÇÑÉÈÊËÐÞ

Gezeichnet von Alan Birch.

Letraset [URW] 1981

Liberty

Demi-Formal 131

5 V

A B Q R

C K E F G

HAMBURGEFONTS

ABCDEFGHIJKLMNOPQRSTU

VWXYZÄÖÜSS0123456789&.

!?#/¶„"«»<>{}=[]* % @ ¤ ¢ $

£ ¥§©®Æ • ƒ†‡ÇÑÉÈÊËÐÞ

[URW]

Lithograph

→ Lithos

3 4 5 V

A G Q R S Z

ABCEGIKNZ

ALIQUANDO ANUS QUAEDAM VETERES LIBROS NOVEM NUMERO REGI MAGNA PECUNIA VENDERE CUPIVIT. TARQUINIUS SUPERBUS CUM NATURA SUSPICIOSUS ESSET, ANUM DEMENTEM PUTANS RISIT. ILLA DISCESSIT ATQUE TRES ILLORUM LIBRORUM COMBUSSIT. PAULO POST REVERSA REGEM INTERROGAVIT, NUM RELIQUOS SEX LIBROS EODEM PRETIO EMERE VELLET. CUM ILLE MULTO MAGIS RIDERET, ANUS ITERUM ABIIT TRIBUSQUE ALIIS LIBRIS COMBUSTIS REVERTIT. 6 PT

ALIQUANDO ANUS QUAEDAM VETERES LIBROS NOVEM NUMERO REGI MAGNA PECUNIA VENDERE CUPIVIT. TARQUINIUS SUPERBUS CUM NATURA SUSPICIOSUS ESSET, ANUM DEMENTEM PUTANS RISIT. 9 PT

ALIQUANDO ANUS QUAEDAM VETERES LIBROS NOVEM NUMERO REGI MAGNA PECUNIA VENDERE CUPIVIT. TARQUINIUS SUPERBUS CUM NATURA SUSPICIOSUS ESSET, ANUM DEMENTEM. 10 PT

ALIQUANDO ANUS QUAEDAM VETERES LIBROS NOVEM NUMERO REGI MAGNA PECUNIA VENDERE CUPIVIT. TARQUINIUS. 12 PT

Roman ABCDEFGHIJKLMNOPQRSTUVWXYZ
ÄÖÜSS
0123456789 &!?

⟷ 45 M 73 x 72

Light ABCDEFGHIJKLMNOPQRSTUVWXYZ
ÄÖÜSS
0123456789 &!?

⟷ 45 M 75 x 72

Bold **ABCDEFGHIJKLMNOPQRSTUVWXYZ**
ÄÖÜSS
0123456789 &!?

⟷ 44 M 76 x 79

Die Lithos wurde 1989 von Carol Twombly für Adobe gezeichnet. Sie wurde besonders bekannt, als der amerikanische Musiksender MTV sie für Einblendungen gebrauchte, und daraufhin die Werbebranche die Lithos massiv einsetzte, um ihre Produkte mit dem jugendlich-dynamischen Image von MTV zu assoziieren. Von Twombly stammen unter anderem die Mirarae, die Charlemagne (in Corel „Charlesworth"), die Ironwood („Ireland") und die Juniper („Jupiter").

Corel 1989

Lucian

Kuenstler 185

4 5 V

A G Q R S Z

a b c e g i k n z

Aliquando anus quaedam veteres libros novem numero regi magna pecunia vendere cupivit. Tarquinius Superbus cum natura suspiciosus esset, anum dementem putans risit. Illa discessit atque tres illorum librorum combussit. Paulo post reversa regem interrogavit, num reliquos sex libros eodem pretio emere vellet. Cum ille multo magis rideret, anus iterum abiit tribusque aliis libris combustis revertit. Pertinacia et perseverantia mulieris miratus Tarquinius tres reliquos libros eodem pretio emit, quo omnes emere potuit. Paulo post rex libros ab auguribus examinari iussit. 6 pt

Aliquando anus quaedam veteres libros novem numero regi magna pecunia vendere cupivit. Tarquinius Superbus cum natura suspiciosus esset, anum dementem putans risit. Illa discessit atque tres illo rum librorum combussit. Paulo post reversa regem interrogavit. 9 pt

Aliquando anus quaedam veteres libros novem numero regi magna pecunia vendere cupivit. Tarquinius Superbus cum natura suspiciosus esset, anum dementem putans risit. Illa discessit atque tres. 10 pt

Aliquando anus quaedam veteres libros novem numero regi magna pecunia vendere cupivit. Tarquinius Superbus cum natura suspiciosus esset, anum dementem putans risit. 12 pt

Aliquando anus quaedam veteres libros novem numero regi magna pecunia vendere cupivit. Tarquinius Superbus cum natura suspiciosus esset, anum dementem putans risit. Illa discessit atque tres illo rum librorum combussit. Paulo post reversa. 14 pt

Roman	ABCDEFGHIJKLMNOPQRSTUVWXYZ ÄÖÜ abcdefghijklmnopqrstuvwxyz äöüß 0123456789 &!?	⟷ 71	M 68	x 33	
			H 10	H 3	
Bold	ABCDEFGHIJKLMNOPQRSTUVWXYZ ÄÖÜ abcdefghijklmnopqrstuvwxyz äöüß 0123456789 &!?	⟷ 66	M 68	x 35	
			H 17	H 2	

Gezeichnet 1928 von Lucian Bernhard, von dem es auch Schriften gibt, die er nach seinem Nachnamen benannt hat, nämlich die Bernhard Fashion und die Bernhard Modern.

FotoStar [Bitstream]

1928

A B Q R

C K E F G

→ITC
Machine

Motor[3]
Square 880

3 4 5

HAMBURGEFONTS

ABCDEFGHIJKLMNOPQRSTUVWXYZÄ
ÖÜSS0123456789&.!?#/¶„"«»<
>{}=[]*%@¤¢$£¥§©®
Æ•ƒ†‡ÇÑÉÈÊËĐÞ

Gezeichnet 1970 von Tom Carnase und Ronne Bonder. Carnase zeichnete unter anderem Grizzly, Avant Garde, Bauhaus, Gorilla und Pioneer.

ITC [Bitstream] 1970

→Metro-politaines

5 V

A B Q R

C K E F G

HAMBURGEFONTS

ABCDEFGHIJKLMNOPQRSTUV

WXYZÄÖÜSSO123456789&.!

?#/¶„“«»<>{}=[]* % @ ¤ ¢ $

£ ¥§©®Æ•ƒ†‡ÇÑÉÈÊËÐÞ

Die Metropolitaines gab es bereits im vorigen Jahrhundert. Bei der Bezeichnung „Metropolitan“ im CorelDraw-5-Handbuch handelt es sich um einen Schreibfehler.

[URW] 19. Jh.

→ITC Mona Lisa Recut

New Order

Engraved[3]

New Yorker

Engraved

3 4 5

A B Q R

c k e f g

Hamburgefonts

ABCDEFGHIJKLMNOPQR
STUVWXYZÄÖÜabcdefghijk
lmnopqrstuvwxyzäöüß012345
6789&.!?#/¶"«»<>{}=[]* % @
¢ $ £ ¥§©®Æƒ†çñéèêë•

Die ursprüngliche Version zeichnete 1930 Albert Auspurg, sie wurde 1991 von Pat Hickson für ITC überarbeitet.

ITC [Bitstream] 1991

➛ITC Mona Lisa Solid

New Order3
New Yorker
3 4 5

A B Q R
c k e f g

Hamburgefonts
ABCDEFGHIJKLMNOPQR
STUVWXYZÄÖÜabcdefghijk
lmnopqrstuvwxyzäöüß012345
6789&.!?#/¶“«»<>{}=[]* % @
¢ $ £ ¥§©® Æ ƒ†çñéèêë

Die ursprüngliche Version zeichnete 1930 Albert Auspurg, sie wurde 1991 von Pat Hickson für ITC überarbeitet.

ITC [Bitstream] 1992

→Motter Femina

5 V

A B Q R

c k e f g

Hamburgefonts

ABCDEFGHIJKLMN

OPQRSTUVWXYZÄÖ

Üabcdefghijklmnopqrst

uvwxyzäöüß012345678

9&.!?#/¶„“«»< >{}=[]*%

@ ø ¢ $ £ ¥ § © ® Æ • ƒ † ‡

çñéèêëðþ

Veröffentlicht vom Vorarlberger Grafik-Atelier Otmer Motter. [URW] 1976

Orbit-B

Computer 851

4 5 V

A B Q R

c k e f g

Hamburgefonts

ABCDEFGHIJKLMNOPQR

STUVWXYZÄÖÜabcdefghij

klmnopqrstuvwxyzäöüß01

23456789&.!?#/¶„“«»<

>{}=[]* % @ ¤ ¢ $ £ ¥§

©®Æ•ƒ†‡çñéèêëðþ

Gezeichnet von S. Biggenden.

VGC [Bitstream] 1972

→Parisian

Paragon³

Deco 111

3 4 5 V

A B Q R

c k e f g

Hamburgefonts

ABCDEFGHIJKLMNOPQRS

TUVWXYZÄÖÜabcdefghijklmnop

qrstuvwxyzäöüß0123456789&.!?

#/¶„“«»<>{}=[]* % @ ¤ ¢

$ £ ¥§©®Æ•ƒ†‡çñéèêëðþ

1928 zeichnete Morris Fuller Benton für ATF diese kunstvolle Schrift im Stil des Art Deco. Im selben Jahr schuf er auch die Broadway. Von Benton (1872-1948) stammen zahllose Schriften, die Corel-Kollektion enthält unter anderem Century Schoolbook, Hobo und Bank Gothic.

ATF [Bitstream] 1928

Pipeline

→Paper Clip

3 4 5 V

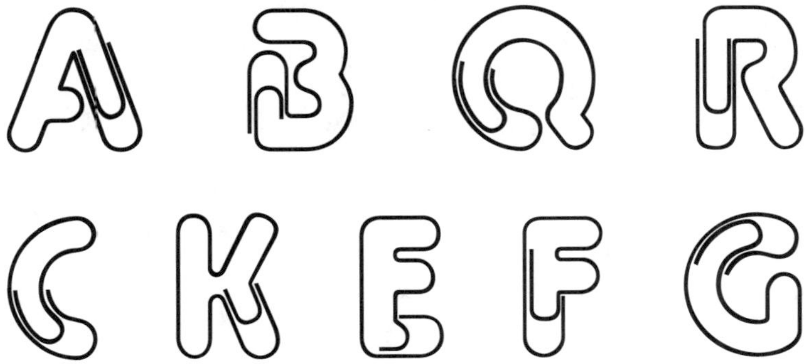

Corel

→Letraset
Plaza

Playwright[3]

3 | 4 | 5 | V

A B Q R

C K E F G

HAMBURGEFONTS

ABCDEFGHIJKLMNOPQRSTUVWXYZÄÖÜSS01

23456789&.!?#/¶„“«»<>{}=[]* % @

¤ ¢ $ £ ¥ § © ® Æ • ƒ † ‡ ÇÑÉÈÊËÐÞ

Gezeichnet 1975 von Alan Meeks. Von Meeks stammen auch die Princetown, die Belwe und die Frankfurter Highlight.

Letraset
[URW]

1975

➛ITC Pioneer

Decorated 081

4 5

A B Q R

C K E F G

HAMBURGEFONTS

ABCDEFGHIJKLMNOPQ
RSTUVWXYZÄÖÜß 012
3456789&.!?#/¶„“«»
< > { } = [ ]* % @ ¤ ¢ $
£ ¥§©®Æ•ƒ†‡ÇÑÉÈÊË
ÐÞ

Die Pioneer wurde von Zeichnern der ITC entworfen, wesentlich beteiligt war auch Ronne Bonder und Tom Carnase, der zusammen mit Herb Lubalin die Avant Garde konstruierte. Carnase zeichnete darüber hinaus Grizzly, Bauhaus, Machine und Gorilla .

ITC
[Bitstream]

1970

→Letraset

Pump Triline

Powerline3

3 4 5

A B Q R

c k e f g

Hamburgefonts

ABCDEFGHIJKLMNOPQRSTU

VWXYZÄÖÜabcdefghijklmno

pqrstuvwxyzäöüß012345678

9&.!?#/¶„“«»<>{}=[]* % @

¤ ¢ $ £ ¥§©®Æ • ƒ†‡çñéèêë

ðþ

Veröffentlicht von Letraset 1976, basiert auf der Pump von 1970.

Letraset [URW] 1976

→Letraset
Quicksilver

Quantum3
3 4 5

A B Q R
C K E F G

HAMBURGEFONTS

ABCDEFGHIJKLMNOPQRST
UVWXYZÄÖÜßO 12345678
9& .!? #/¶„“«»<>{}=[]* %
@ ¤ ¢ $ £ ¥§©®Æ•ƒ†‡Ç
ÑÉÈÊËÐÞ

Gezeichnet von Dean Morris.

Letraset
[Corel]

→Shotgun

Geometric 091

4 5 V

A B Q R

C K E F G

HAMBURGEFONTS

ABCDEFGHIJKLMNOPQ

RSTUVWXYZÄÖÜSSO123

4567890&.!?#/¶„"«» < >

{}=[]* % @ ¤ ¢ $ £ ¥§

©®ÆŒ•ƒ†‡ÇÑÉÈÊËÐÞ

Gezeichnet von J. Looney.

VGC [Bitstream] 1972

➛Shotgun Blanks

Geometric 091

4 5 V

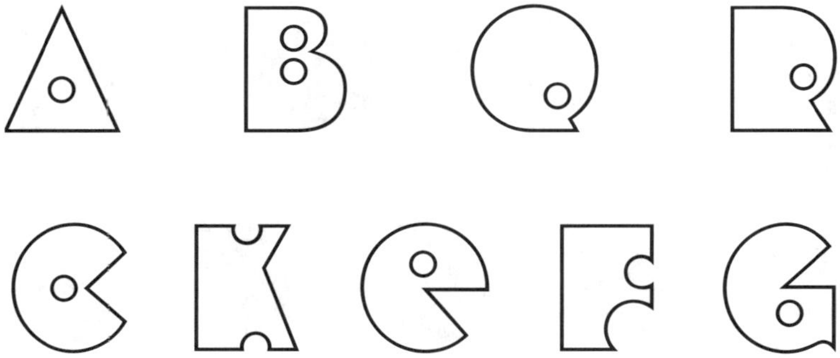

Gezeichnet von J. Looney.

VGC 1972
[Bitstream]

Skidoos

5 V

A B O R

b k e f g

Hamburgefonts

ABCDEFGHIJKLMNOPQRSTUV

WXYZÄÖÜabcdefghijklmnopqr

stuvwxyzäöüß0123456789&.

!?#/¶,„“«»<>{}=[]* % @ ¤ ∂

$ € ¥§©®Æ•ƒ†‡çñéèêëðþ

[URW]

➛Stencil

Stamp³
Stencil 011
3 4 5 V

A B Q R

C K E F G

HAMBURGEFONTS

ABCDEFGHIJKLMNOPQ
RSTUVWXYZÄÖÜSS0123
456789&.!?#/¶„“«»<>{}
=[]* % @ ¤ ¢ $ £ ¥§©®
Æ•ƒ†‡ÇÑÉÈÊËÐÞ

Gerry Powell zeichnete die Stencil 1938 für die American Type Foundry. Ihr Einsatz ist offensichtlich: Als Schablonenschrift. Von Powell stammt außerdem die Arsis.

ATF
[Bitstream]

1938

→Stop

Scott[43]

3 | 4 | 5 | V

A B Q R

C K E F G

HAMBURGEFONTS

ABCDEFGHIJKLMNOPQRSTUV

WXYZÄÖÜSS0123456789&

.!?#/¶„“«»<>{}=[]* % @ ¤

¢ $ £ ¥§©®Æ • ƒ†‡ÇÑÉÈÊË

ÐÞ

Aldo Novarese von der italienischen Schriftgießerei Nebiolo in Turin zeichnete die Stop. Von Novarese stammen außerdem die Eurostile (in Corel „Square 721“, siehe auch Microgramma) und die Fenice.

[URW] 1970

➛Letraset

Tango

Revival 809

4 5

A B Q R

c k e f g

Hamburgefonts

ABCDEFGHIJKLMNOPQ
RSTUVWXYZÄÖÜabcdefghi
jklmnopqrstuvwxyzäöüß012345
6789&.!?#/¶„“«» < > { } = [] *
% @ ¤ ¢ $ £ ¥§©®Æ•ƒ†‡ç
ñéèêëðþ

Gezeichnet von Collin Brignall 1974. Von Brignall stammen außerdem Aachen, Countdown, Revue und Harlow.

ATF
[Bitstream]

1974

→Thunderbird

Thunder Bay[3]

3 | 4 | 5 | V

ABQ

KEF

HAMBUR

ABCDEFGH

IJKLMNOP

QRSTUVW

X Y Z Ä Ö Ü

SS0123456

789&.:?#/¶„“«

»<>{}=[]* % @ ¤

¢ $ £ ¥ § © ®

ÆŒ•ƒ†‡ÇÑÉÈÊ
ËÐÞ

FTN
[Bitstream]

→Umbra

Umbrella[3]

3	4	5	V

A B Q R

C K E F G

HAMBURGEFONTS

ABCDEFGHIJKLMNOPQRST

UVWXYZÄÖÜSS012345678

9&.,!?#/¶„"«» < > {} = []* %

@ ¤ ¢ $ £ ¥ § © ® Æ • ƒ † ‡ Ç

ÑÉÈÊËÐÞ

Gezeichnet von Robert Hunter Middleton. Von Middleton (1898-1985) stammen außerdem die Coronet (in Corel: Ribbon 131), Mandate (Freehand 521)und Bodoni Campanile (Modern 735).

Ludlow [Bitstream] 1932

→ITC Uptight
Neon

Uptown[3]

3 4 5

A B Q R

c k e f g

Hamburgefonts

ABCDEFGHIJKLMNOP
QRSTUVWXYZÄÖÜa
bcdefghijklmnopqrs
tuvwxyzäöüß01234
56789&.!?#/¶" «<>»<>{}=[
]* % @ ¢ $ £ ¥§©®Æ
ƒ†çñéèêë

ITC
[Bitstream]

→Letraset
Traffic

Trafalgar[3]

3 | 4 | 5

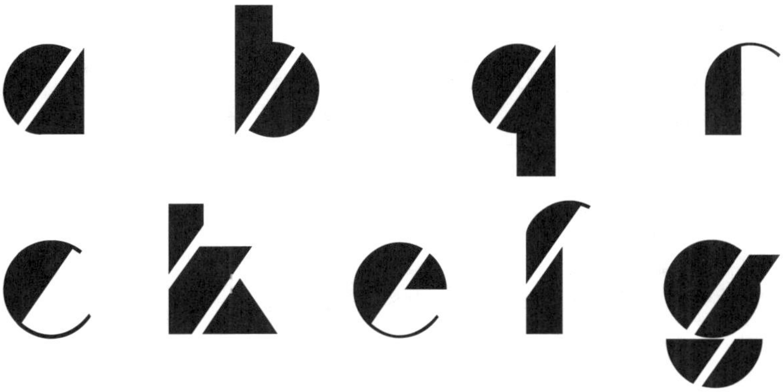

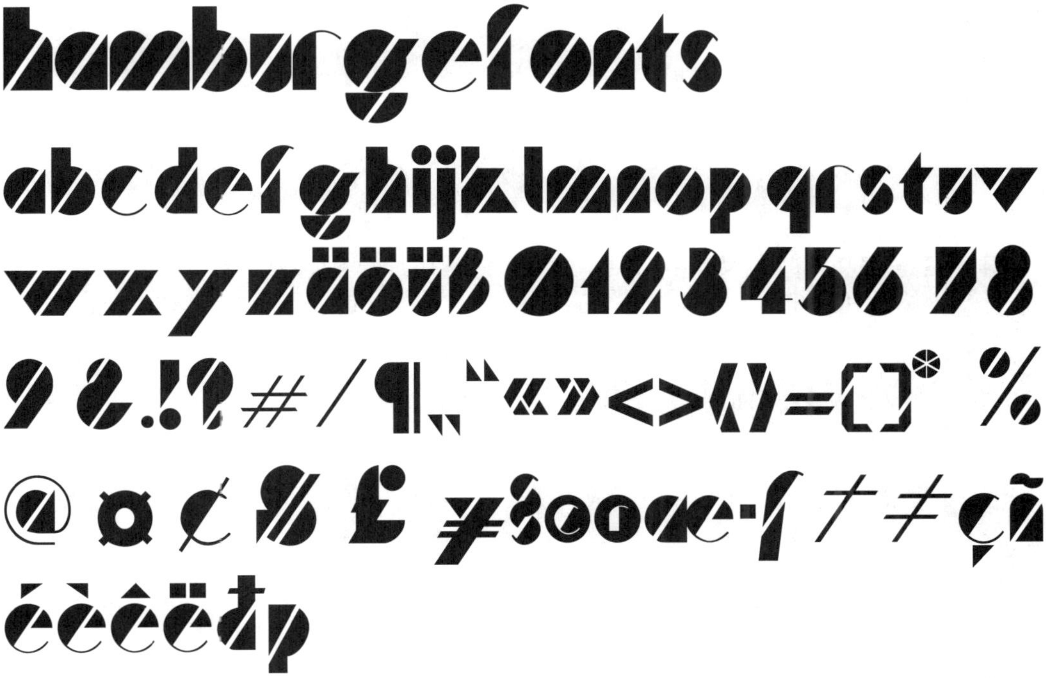

Gezeichnet von Tom Hultgren, veröffentlicht 1973 von Letraset.

Letraset
[Corel]

1973

→Letraset University Roman

Unicorn³

Revival 851

3 4 5

A G Q R S Z

a b c e g i k n z

Aliquando anus quaedam veteres libros novem numero regi magna pecunia vendere cupivit. Tarquinius Superbus cum natura suspiciosus esset, anum dementem putans risit. Illa discessit atque tres illorum librorum combussit. Paulo post reversa regem interrogavit, num reliquos sex libros eodem pretio emere vellet. Cum ille multo magis rideret, anus iterum abiit tribusque aliis libris combustis revertit. Pertinacia et perseverantia mulieris miratus Tarquinius tres reliquos libros eodem pretio emit, quo omnes emere potuit. Paulo post rex libros ab auguribus examinari iussit. Qui his libris oracula Sibyllae Cumanae contineri cognoverunt. 6 pt

Aliquando anus quaedam veteres libros novem numero regi magna pecunia vendere cupivit. Tarquinius Superbus cum natura suspiciosus esset, anum dementem putans risit. Illa discessit atque tres illo rum librorum combussit. Paulo post reversa regem interrogavit, num reliquos ses libros. 9 pt

Aliquando anus quaedam veteres libros novem numero regi magna pecunia vendere cupivit. Tarquinius Superbus cum natura suspiciosus esset, anum dementem putans risit. 10 pt

Aliquando anus quaedam veteres libros novem numero regi magna pecunia vendere cupivit. Tarquinius Superbus cum natura suspiciosus esset, anum. 12 pt

Aliquando anus quaedam veteres libros novem numero regi magna pecunia vendere cupivit. Tarquinius Superbus cum natura suspiciosus esset, anum dementem putans risit. Illa discessit atque tres illo rum librorum combussit. Paulo post reversa regem interrogavit, num reliquos ses libros. 14 pt

Regular ABCDEFGHIJKLMNOPQRSTUVWXYZ ÄÖÜ
abcdefghijklmnopqrstuvwxyz äöüß 0123456789 &!? ⟷ 77 M 64 x 42

Bold ABCDEFGHIJKLMNOPQRSTUVWXYZ ÄÖÜ
abcdefghijklmnopqrstuvwxyz äöüß 0123456789 &!? ⟷ 76 M 64 x 42

Veröffentlicht 1972 von Letraset, gezeichnet von Michael Daines.

Letraset [Bitstream] 1972

→URW
Woodtype

5 V

A B Q R

C K E F G

HAMBURGEFONTS

ABCDEFGHIJKLMNOPQRSTUVWXY

ZÄÖÜSS0123456789&.!?#/¶„“«»<

>{}=[]* % @ ¤ ¢ $ £ ¥§©®Æ • ƒ

†‡ÇÑÉÈÊËÐÞ

Diese Schriftart wird im Corel-5-Handbuch nicht aufgeführt, ist aber auf der CD vorhanden.

[URW]

→Victorian

5 V

A B Q R

c k e f g

Hamburgefonts

ABCDEFGHIJKLMNOPQRST
UVWXYZÄÖÜabcdefghijklmno
pqrstuvwxyzäöüß0123456789&.!
?#/¶„“«»<>{}=[]* % @ ¤ ¢ $ £
¥§©®Æ • ƒ†‡çñéèêëðþ

Veröffentlicht 1976 von Letraset, beruht auf einer Vorlage aus dem vorigen Jahrhundert.

[URW] 1976

→Vineta

4 5 V

ABQR

ckefg

Hamburgefo

ABCDEFGHIJK

LMNOPQRSTU

VWXYZÄÖÜab

cdefghijklmno

pqrstuvwxyzäö

üß0123456789

&.!?#/¶„“«»< >{}=[

]* % @ ¤ ¢ $ £ ¥

§©®Æ·ƒ†‡çñéèêë

ðþ

Gezeichnet 1973 von Ernst Volker.

VGC 1973
[Bitstream]

VIII Schreibschriften

bel

A G Q R S T

a b c e g i k n z

→Letraset
Alexei
Copperplate

Campaign[3]

3 4 5

Aliquando anus quaedam veteres libros novem numero regi magna pecunia vendere cupivit. Tarquinius Superbus cum natura suspiciosus esset, anum dementem putans risit. Illa discessit atque tres illorum librorum combussit. Paulo post reversa regem interrogavit, num reliquos sex libros eodem pretio emere vellet. Cum ille multo magis rideret, anus iterum abiit tribusque aliis libris combustis revertit. Pertinacia et perseverantia mulieris miratus Tarquinius tres reliquos libros eodem pretio emit, quo omnes emere potuit. Paulo post rex libros ab auguribus examinari iussit. Qui his libris oracula Sibyllae Cumanae contineri cognoverunt. 6 pt

Aliquando anus quaedam veteres libros novem numero regi magna pecunia vendere cupivit. Tarquinius Superbus cum natura suspiciosus esset, anum dementem putans risit. Illa discessit atque tres illorum librorum combussit. Paulo post reversa regem interrogavit, num reliquos sex libros eodem pretio emere. 9 pt

Aliquando anus quaedam veteres libros novem numero regi magna pecunia vendere cupivit. Tarquinius Superbus cum natura suspiciosus esset, anum dementem putans risit. Illa discessit atque tres. 10 pt

Aliquando anus quaedam veteres libros novem numero regi magna pecunia vendere cupivit. Tarquinius Superbus cum natura suspiciosus esset, anum dementem putans risit. 12 pt

Aliquando anus quaedam veteres libros novem numero regi magna pecunia vendere cupivit. Tarquinius Superbus cum natura suspiciosus esset, anum dementem putans risit. Illa discessit atque tres illorum librorum combussit. Paulo post reversa regem interrogavit, num reliquos sex libros eodem pretio emere. 14 pt

ABCDEFGHIJKLMNOPQRSTUVWXYZ ÄÖÜ
abcdefghijklmnopqrstuvwxyz äöüß 0123456789 &!?

↔ 143 M 78 x 42

Gezeichnet von David Harris.

Letraset
[Bitstream]

➛Amazone

4 5 V

A G Q R S Z

a b c e g i k n z

Aliquando anus quaedam veteres libros novem numero regi magna pecunia vendere cupivit. Tarquinius Superbus cum natura suspiciosus esset, anum dementem putans risit. Illa discessit atque tres illorum librorum combussit. Paulo post reversa regem interrogavit, num reliquos sex libros eodem pretio emere vellet. Cum ille multo magis rideret, anus iterum abiit tribusque aliis libris combustis revertit. Pertinacia et perseverantia mulieris miratus Tarquinius tres reliquos libros eodem pretio emit, quo omnes emere potuit. Paulo post rex libros ab auguribus examinari iussit. Qui his libris oracula Sibyllae Cumanae contineri cognoverunt. 6 pt

Aliquando anus quaedam veteres libros novem numero regi magna pecunia vendere cupivit. Tarquinius Superbus cum natura suspiciosus esset, anum dementem putans risit. Illa discessit atque tres illo rum librorum combussit. Paulo post reversa regem interrogavit, num reliquos sex libros. 9 pt

Aliquando anus quaedam veteres libros novem numero regi magna pecunia vendere cupivit. Tarquinius Superbus cum natura suspiciosus esset, anum dementem putans risit. Illa discessit atque tres illorum librorum. 10 pt

Aliquando anus quaedam veteres libros novem numero regi magna pecunia vendere cupivit. Tarquinius Superbus cum natura suspiciosus esset, anum dementem putans risit. 12 pt

Aliquando anus quaedam veteres libros novem numero regi magna pecunia vendere cupivit. Tarquinius Superbus cum natura suspiciosus esset, anum dementem putans risit. Illa discessit atque tres illo rum librorum combussit. Paulo post reversa regem interrogavit, num reliquos sex libros. 14 pt

ABCDEFGHIJKLMNOPQRSTUVW ⟷ 79 M 71 X 39
XYZ ÄÖÜ
abcdefghijklmnopqrstuvwxyz äöüß 0123456789 &!? I 16°

Gezeichnet von L.H.D. Smith. Von Smith stammt auch die Orator.

Tetterode
Nederland
[Bitstream]

A G Q R S Z

a b c e g i k n z

→Bernhard Tango

Ballroom Tango[3]

3 | 4 | 5 | V

Aliquando anus quaedam veteres libros novem numero regi magna pecunia vendere cupivit. Tarquinius Superbus cum natura suspiciosus esset, anum dementem putans risit. Illa discessit atque tres illorum librorum combussit. Paulo post reversa regem interrogavit, num reliquos sex libros eodem pretio emere vellet. Cum ille multo magis rideret, anus iterum abiit tribusque aliis libris combustis revertit. Pertinacia et perseverantia mulieris miratus Tarquinius tres reliquos libros eodem pretio emit, quo omnes emere potuit. Paulo post rex libros ab auguribus examinari iussit. Qui his libris oracula Sibyllae Cumanae contineri cognoverunt. 6 pt

Aliquando anus quaedam veteres libros novem numero regi magna pecunia vendere cupivit. Tarquinius Superbus cum natura suspiciosus esset, anum dementem putans risit. Illa discessit atque tres illo rum librorum combussit. Paulo post reversa regem interrogavit, num reliquos sex libros. 9 pt

Aliquando anus quaedam veteres libros novem numero regi magna pecunia vendere cupivit. Tarquinius Superbus cum natura suspiciosus esset, anum dementem putans risit. Illa discessit atque tres. 10 pt

Aliquando anus quaedam veteres libros novem numero regi magna pecunia vendere cupivit. Tarquinius Superbus cum natura suspiciosus esset, anum dementem putans risit. 12 pt

Aliquando anus quaedam veteres libros novem numero regi magna pecunia vendere cupivit. Tarquinius Superbus cum natura suspiciosus esset, anum dementem putans risit. Illa discessit atque tres illo rum librorum combussit. Paulo post reversa regem interrogavit, num reliquos sex libros. 14 pt

ABCDEFGHIJKLMNOPQRSTUVWXYZ ÄÖÜ
abcdefghijklmnopqrstuvwxyz äöüß 0123456789 &!?

86 | M 72 | x 36 | I 9°

Gezeichnet von Lucian Bernhard.

[Bitstream] 1931

➛Bible Script

5 V

A G Q R S Z

a b c e g i k n z

Aliquando anus quaedam veteres libros novem numero regi magna pecunia vendere cupivit. Tarquinius Superbus cum natura suspiciosus esset, anum dementem putans risit. Illa discessit atque tres illorum librorum combussit. Paulo post reversa regem interrogavit, num reliquos sex libros eodem pretio emere vellet. Cum ille multo magis rideret, anus iterum abiit tribusque aliis libris combustis revertit. Pertinacia et perseverantia mulieris miratus Tarquinius tres reliquos libros eodem pretio emit, quo omnes emere potuit. Paulo post rex libros ab auguribus examinari iussit. Qui his libris oracula Sibyllae Cumanae contineri cognoverunt. 6 pt

Aliquando anus quaedam veteres libros novem numero regi magna pecunia vendere cupivit. Tarquinius Superbus cum natura suspiciosus esset, anum dementem putans risit. Illa discessit atque tres illorum librorum combussit. Paulo post reversa regem interrogavit, num reliquos sex libros. 9 pt

Aliquando anus quaedam veteres libros novem numero regi magna pecunia vendere cupivit. Tarquinius Superbus cum natura suspiciosus esset, anum dementem putans risit. Illa discessit. 10 pt

Aliquando anus quaedam veteres libros novem numero regi magna pecunia vendere cupivit. Tarquinius Superbus cum natura suspiciosus esset, anum dementem putans risit. 12 pt

Aliquando anus quaedam veteres libros novem numero regi magna pecunia vendere cupivit. Tarquinius Superbus cum natura suspiciosus esset, anum dementem putans risit. Illa discessit atque tres illo rum librorum combussit. Paulo post reversa regem interrogavit, num reliquos sex libros. 14 pt

ABCDEFGHIJKLMNOPQRSTUVWXYZ ÄÖÜ
abcdefghijklmnopqrstuvwxyz äöüß 0123456789 &!?

78 M 69 X 46
I 16°

Gezeichnet von Richard Bradley.

[URW] 1979

A G Q R S Z

a b c e g i k n z

→ Brody

Briquet43

3 4 5 V

Aliquando anus quaedam veteres libros novem numero regi magna pecunia vendere cupivit. Tarquinius Superbus cum natura suspiciosus esset, anum dementem putans risit. Illa discessit atque tres illorum librorum combussit. Paulo post reversa regem interrogavit, num reliquos sex libros eodem pretio emere vellet. Cum ille multo magis rideret, anus iterum abiit tribusque aliis libris combustis revertit. Pertinacia et perseverantia mulieris miratus Tarquinius tres reliquos libros eodem pretio emit, quos omnes emere potuit. Paulo post rex libros ab auguribus examinari iussit. Qui his libris oracula Sibyllae Cumanae contineri cognoverunt. 6 pt

Aliquando anus quaedam veteres libros novem numero regi magna pecunia vendere cupivit. Tarquinius Superbus cum natura suspiciosus esset, anum dementem putans risit. Illa discessit atque tres illorum librorum combussit. Paulo post reversa regem interrogavit, num reliquos sex libros. 9 pt

Aliquando anus quaedam veteres libros novem numero regi magna pecunia vendere cupivit. Tarquinius Superbus cum natura suspiciosus esset, anum dementem putans risit. Illa discessit atque tres. 10 pt

Aliquando anus quaedam veteres libros novem numero regi magna pecunia vendere cupivit. Tarquinius Superbus cum natura suspiciosus esset, anum dementem putans risit. 12 pt

Aliquando anus quaedam veteres libros novem numero regi magna pecunia vendere cupivit. Tarquinius Superbus cum natura suspiciosus esset, anum dementem putans risit. Illa discessit atque tres illo rum librorum combussit. Paulo post reversa regem interrogavit, num reliquos sex libros. 14 pt

ABCDEFGHIJKLMNOPQRSTUVWXYZ ÄÖÜ
abcdefghijklmnopqrstuvwxyz äöüß 0123456789 &!?

95 M 70 X 42

Gezeichnet von Harold Broderson.

[URW] 1953

Brush 455

→Palette

3 4 5 V

A G Q R S Z

a b c e g i k n z

Aliquando anus quaedam veteres libros novem numero regi magna pecunia vendere cupivit. Tarquinius Superbus cum natura suspiciosus esset, anum dementem putans risit. Illa discessit atque tres illorum librorum combussit. Paulo post reversa regem interrogavit, num reliquos sex libros eodem pretio emere vellet. Cum ille multo magis rideret, anus iterum abiit tribusque aliis libris combustis revertit. Pertinacia et perseverantia mulieris miratus Tarquinius tres reliquos libros eodem pretio emit, quo omnes emere potuit. Paulo post rex libros ab auguribus examinari iussit. Qui his libris oracula Sibyllae Cumanae contineri cognoverunt. 6 pt

Aliquando anus quaedam veteres libros novem numero regi magna pecunia vendere cupivit. Tarquinius Superbus cum natura suspiciosus esset, anum dementem putans risit. Illa discessit atque tres illorum librorum combussit. Paulo post reversa regem interrogavit, num. 9 pt

Aliquando anus quaedam veteres libros novem numero regi magna pecunia vendere cupivit. Tarquinius Superbus cum natura suspiciosus esset, anum dementem putans risit. Illa discessit atque tres. 10 pt

Aliquando anus quaedam veteres libros novem numero regi magna pecunia vendere cupivit. Tarquinius Superbus cum natura suspiciosus esset, anum dementem putans risit. 12 pt

Aliquando anus quaedam veteres libros novem numero regi magna pecunia vendere cupivit. Tarquinius Superbus cum natura suspiciosus esset, anum dementem putans risit. Illa discessit atque tres illo rum librorum combussit. Paulo post reversa regem interrogavit. 14 pt

ABCDEFGHIJKLMNOPQRSTUVW
XYZ ÄÖÜ
abcdefghijklmnopqrstuvwxyz äöüß 0123456789 &!?

↔ 73 M 70 x 41

I 15°

Gezeichnet von Martin Wilke. Von Wilke stammt auch die Diskus. Bitstream 1953

Brush 738

→Bison
Blizzard

4 5 V

A G Q R S Z

a b c e g i k n z

Aliquando anus quaedam veteres libros novem numero regi magna pecunia vendere cupivit. Tarquinius Superbus cum natura suspiciosus esset, anum dementem putans risit. Illa discessit atque tres illorum librorum combussit. Paulo post reversa regem interrogavit, num reliquos sex libros eodem pretio emere vellet. Cum ille multo magis rideret, anus iterum abiit tribusque aliis libris combustis revertit. Pertinacia et perseverantia mulieris miratus Tarquinius tres reliquos libros eodem pretio emit, quo omnes emere potuit. Paulo post rex libros ab auguribus examinari iussit. Qui his libris oracula Sibyllae Cumanae contineri cognoverunt. 6 pt

Aliquando anus quaedam veteres libros novem numero regi magna pecunia vendere cupivit. Tarquinius Superbus cum natura suspiciosus esset, anum dementem putans risit. Illa discessit atque tres illorum librorum combussit. Paulo post reversa regem interrogavit, num reliquos sex libros. 9 pt

Aliquando anus quaedam veteres libros novem numero regi magna pecunia vendere cupivit. Tarquinius Superbus cum natura suspiciosus esset, anum dementem putans risit. Illa discessit. 10 pt

Aliquando anus quaedam veteres libros novem numero regi magna pecunia vendere cupivit. Tarquinius Superbus cum natura suspiciosus esset, anum dementem putans risit. 12 pt

Aliquando anus quaedam veteres libros novem numero regi magna pecunia vendere cupivit. Tarquinius Superbus cum natura suspiciosus esset, anum dementem putans risit. Illa discessit atque tres illo rum librorum combussit. Paulo post reversa regem interrogavit, num reliquos sex libros. 14 pt

ABCDEFGHIJKLMNOPQRSTUVWXYZ ÄÖÜ
abcdefghijklmnopqrstuvwxyz äöüß 0123456789 &!?

↔ 80 M 75 x 48
I 11

Gezeichnet von Julius K rn.

Bitstream 1935

➛Brush Script

Banff3

3 4 5 V

A G 2 R S Z

a b c e g i k n z

Aliquando anus quaedam veteres libros novem numero regi magna pecunia vendere cupivit. Tarquinius Superbus cum natura suspiciosus esset, anum dementem putans risit. Illa discessit atque tres illorum librorum combussit. Paulo post reversa regem interrogavit, num reliquos sex libros eodem pretio emere vellet. Cum ille multo magis rideret, anus iterum abiit tribusque aliis libris combustis revertit. Pertinacia et perseverantia mulieris miratus Tarquinius tres reliquos libros eodem pretio emit, quo omnes emere potuit. Paulo post rex libros ab auguribus examinari iussit. Qui his libris oracula Sibyllae Cumanae contineri cognoverunt. 6 pt

Aliquando anus quaedam veteres libros novem numero regi magna pecunia vendere cupivit. Tarquinius Superbus cum natura suspiciosus esset, anum dementem putans risit. Illa discessit atque tres illo rum librorum combussit. Paulo post reversa regem interrogavit, num reliquos sex libros. 9 pt

Aliquando anus quaedam veteres libros novem numero regi magna pecunia vendere cupivit. Tarquinius Superbus cum natura suspiciosus esset, anum dementem putans risit. Illa discessit. 10 pt

Aliquando anus quaedam veteres libros novem numero regi magna pecunia vendere cupivit. Tarquinius Superbus cum natura suspiciosus esset, anum dementem putans risit. 12 pt

Aliquando anus quaedam veteres libros novem numero regi magna pecunia vendere cupivit. Tarquinius Superbus cum natura suspiciosus esset, anum dementem putans risit. Illa discessit atque tres illo rum librorum combussit. Paulo post reversa regem interrogavit, num reliquos sex libros. 14 pt

ABCDEFGHIJKLMNOPQRSTUVWXYZ ÄÖÜ
abcdefghijklmnopqrstuvwxyz äöüß 0123456789 &!?

⟼ 80 M 77 x 42
I 40

Wurde 1942 von Robert Smith für die American Type Founders gezeichnet. Die Brush Script ist bis in die jüngste Zeit hinein eine am häufigsten für die Werbung ge- und mißbrauchten Schriften. Von Smith stammt auch die Park Avenue.

ATF [Bitstream] 1942

A G Q R S Z

a b c e g i k n z

→Commercial Script

English 144

4 5 V

Aliquando anus quaedam veteres libros novem numero regi magna pecunia vendere cupivit. Tarquinius Superbus cum natura suspiciosus esset, anum dementem putans risit. Illa discessit atque tres illorum librorum combussit. Paulo post reversa regem interrogavit, num reliquos sex libros eodem pretio emere vellet. Cum ille multo magis rideret, anus iterum abiit tribusque aliis libris combustis revertit. Pertinacia et perseverantia mulieris motus Tarquinius tres reliquos libros eodem pretio emit, quo omnes emere potuit. Paulo post rex libros ab auguribus examinari iussit. Qui his libris oracula Sibyllae Cumanae contineri cognoverunt. 6 pt

Aliquando anus quaedam veteres libros novem numero regi magna pecunia vendere cupivit. Tarquinius Superbus cum natura suspiciosus esset, anum dementem putans risit. Illa discessit atque tres illorum librorum combussit. Paulo post reversa regem interrogavit, num reliquos sex libros. 9 pt

Aliquando anus quaedam veteres libros novem numero regi magna pecunia vendere cupivit. Tarquinius Superbus cum natura suspiciosus esset, anum dementem putans risit. Illa discessit atque tres. 10 pt

Aliquando anus quaedam veteres libros novem numero regi magna pecunia vendere cupivit. Tarquinius Superbus cum natura suspiciosus esset, anum dementem putans risit. 12 pt

Aliquando anus quaedam veteres libros novem numero regi magna pecunia vendere cupivit. Tarquinius Superbus cum natura suspiciosus esset, anum dementem putans risit. Illa discessit atque tres illo rum librorum combussit. Paulo post reversa regem interrogavit, num. 14 pt

ABCDEFGHIJKLMNOPQRSTUVWXYZÄÖÜ
abcdefghijklmnopqrstuvwxyz äöüß 0123456789 &!?

⟷ 76 M 63 x 32

Gezeichnet von dem Amerikaner Morris Fuller Benton. Von Benton (1872-1948) stammen zahllose Schriften, die Corel-Kollektion enthält unter anderem Broadway, Parisian, Century Schoolbook, Hobo und Bank Gothic.

ATF [Bitstream] 1906

→Diskus

5 V

A G Q R S Z

a b c e g i k n z

Aliquando anus quaedam veteres libros novem numero regi magna pecunia vendere cupivit. Tarquinius Superbus cum natura suspiciosus esset, anum dementem putans risit. Illa discessit atque tres illorum librorum combussit. Paulo post reversa regem interrogavit, num reliquos sex libros eodem pretio emere vellet. Cum ille multo magis rideret, anus iterum abiit tribusque aliis libris combustis revertit. Pertinacia et perseverantia mulieris miratus Tarquinius tres reliquos libros eodem pretio emit, quo omnes emere posuit. Paulo post rex libros ab auguribus examinari iussit. Qui his libris oracula Sibyllae Cumanae contineri cognoverunt. 6 pt

Aliquando anus quaedam veteres libros novem numero regi magna pecunia vendere cupivit. Tarquinius Superbus cum natura suspiciosus esset, anum dementem putans risit. Illa discessit atque tres illorum librorum combussit. Paulo post reversa regem interrogavit, num reliquos sex libros. 9 pt

Aliquando anus quaedam veteres libros novem numero regi magna pecunia vendere cupivit. Tarquinius Superbus cum natura suspiciosus esset, anum dementem putans risit. Illa discessit atque tres. 10 pt

Aliquando anus quaedam veteres libros novem numero regi magna pecunia vendere cupivit. Tarquinius Superbus cum natura suspiciosus esset, anum dementem putans risit. 12 pt

Aliquando anus quaedam veteres libros novem numero regi magna pecunia vendere cupivit. Tarquinius Superbus cum natura suspiciosus esset, anum dementem putans risit. Illa discessit atque tres illo rum librorum combussit. Paulo post reversa regem interrogavit, num reliquos sex libros. 14 pt

ABCDEFGHIJKLMNOPQRSTUVW XYZ ÄÖÜ

abcdefghijklmnopqrstuvwxyz äöüß 0123456789 &!?

⟷ 89 M 79 x 30

Gezeichnet 1955 von dem Deutschen Martin Wilke. Von Wilke stammt auch die Palette (in Corel: Brush 455).

[URW] 1955

A G Q R S Z

Embassy

English 116

4 5 V

a b c e g i k n z

Aliquando anus quaedam veteres libros novem numero regi magna pecunia vendere cupivit. Tarquinius Superbus cum natura suspiciosus esset, anum dementem putans risit. Illa discessit atque tres illorum librorum combussit. Paulo post reversa regem interrogavit, num reliquos sex libros eodem pretio emere vellet. Cum ille multo magis rideret, anus iterum abiit tribusque aliis libris combustis revertit. Pertinacia et perseverantia mulieris miratus Tarquinius tres reliquos libros eodem pretio emit, quo omnes emere potuit. Paulo post rex libros ab auguribus examinari iussit. Qui his libris oracula Sibyllae Cumanae contineri cognoverunt. 6 pt

Aliquando anus quaedam veteres libros novem numero regi magna pecunia vendere cupivit. Tarquinius Superbus cum natura suspiciosus esset, anum dementem putans risit. Illa discessit atque tres. 10 pt

Aliquando anus quaedam veteres libros novem numero regi magna pecunia vendere cupivit. Tarquinius Superbus cum natura suspiciosus esset, anum dementem putans risit. Illa discessit atque tres illorum librorum combussit. Paulo post reversa regem interrogavit, num reliquos sex eodem. 9 pt

Aliquando anus quaedam veteres libros novem numero regi magna pecunia vendere cupivit. Tarquinius Superbus cum natura suspiciosus esset, anum dementem putans. 12 pt

Aliquando anus quaedam veteres libros novem numero regi magna pecunia vendere cupivit. Tarquinius Superbus cum natura suspiciosus esset, anum dementem putans risit. Illa discessit atque tres illo rum librorum combussit. Paulo post reversa regem interrogavit, num reliquos sex libros eodem pretio. 14 pt

ABCDEFGHIJKLMNOPQRSTUVWXYZ
ÄÖÜ
abcdefghijklmnopqrstuvwxyz äöüß
0123456789 &!?

85 M 74 x 26

Bitstream 1924

➛Englische Schreibschrift

English 157

5 V

A G Q R S Z

a b c e g i k n z

Aliquando anus quaedam veteres libros novem numero regi magna pecunia vendere cupivit. Tarquinius Superbus cum natura suspiciosus esset, anum dementem putans risit. Illa discessit atque tres illorum librorum combussit. Paulo post reversa regem interrogavit, num reliquos sex libros eodem pretio emere vellet. Cum ille multo magis rideret, anus iterum abiit tribusque aliis libris combustis revertit. Pertinacia et perseverantia mulieris miratus Tarquinius tres reliquos libros eodem pretio emit, quo omnes emere potuit. Paulo post rex libros ab auguribus examinari iussit. Qui his libris oracula Sibyllae Cumanae contineri cognoverunt. 6 pt

Aliquando anus quaedam veteres libros novem numero regi magna pecunia vendere cupivit. Tarquinius Superbus cum natura suspiciosus esset, anum dementem putans risit. Illa discessit atque tres. 10 pt

Aliquando anus quaedam veteres libros novem numero regi magna pecunia vendere cupivit. Tarquinius Superbus cum natura suspiciosus esset, anum dementem putans risit. Illa discessit atque tres illorum librorum combussit. Paulo post reversa regem interrogavit, num reliquos sex libros. 9 pt

Aliquando anus quaedam veteres libros novem numero regi magna pecunia vendere cupivit. Tarquinius Superbus cum natura suspiciosus esset, anum dementem putans. 12 pt

Aliquando anus quaedam veteres libros novem numero regi magna pecunia vendere cupivit. Tarquinius Superbus cum natura suspiciosus esset, anum dementem putans risit. Illa discessit atque tres illo rum librorum combussit. Paulo post reversa regem interrogavit, num reliquos sex libros. 14 pt

Roman	ABCDEFGHIJKLMNOPQRSTUVWXYZ ÄÖÜ abcdefghijklmnopqrstuvwxyz äöüß 0123456789 &!?	⟷ 84	M 69	x 32	I 37°
Demi Bold	ABCDEFGHIJKLMNOPQRSTUVWXYZ ÄÖÜ abcdefghijklmnopqrstuvwxyz äöüß 0123456789 &!?	⟷ 79	M 72	x 33	I 37°
Bold	ABCDEFGHIJKLMNOPQRSTUVWXYZ ÄÖÜ abcdefghijklmnopqrstuvwxyz äöüß 0123456789 &!?	⟷ 75	M 68	x 32	I 37°

Diese Schrift wurde für Berthold, Berlin, entworfen. [URW] 1970

English 157

→ Englische Schreibschrift

4 5 V

A G Q R S Z

a b c e g i k n z

Aliquando anus quaedam veteres libros novem numero regi magna pecunia vendere cupivit. Tarquinius Superbus cum natura suspiciosus esset, anum dementem putans risit. Illa discessit atque tres illorum librorum combussit. Paulo post reversa regem interrogavit, num reliquos sex libros eodem pretio emere vellet. Cum ille multo magis rideret, anus iterum abiit tribusque aliis libris combustis revertit. Pertinacia et perseverantia mulieris miratus Tarquinius tres reliquos libros eodem pretio emit, quo omnes emere potuit. Paulo post rex libros ab auguribus examinari iussit. Qui his libris oracula Sibyllae Cumanae contineri cognoverunt. 6pt

Aliquando anus quaedam veteres libros novem numero regi magna pecunia vendere cupivit. Tarquinius Superbus cum natura suspiciosus esset, anum dementem putans risit. Illa discessit atque tres illo rum librorum combussit. Paulo post reversa regem interrogavit, num reliquos sex libros. 9pt

Aliquando anus quaedam veteres libros novem numero regi magna pecunia vendere cupivit. Tarquinius Superbus cum natura suspiciosus esset, anum dementem putans risit. Illa discessit atque tres. 10pt

Aliquando anus quaedam veteres libros novem numero regi magna pecunia vendere cupivit. Tarquinius Superbus cum natura suspiciosus esset, anum dementem putans risit. 12pt

Aliquando anus quaedam veteres libros novem numero regi magna pecunia vendere cupivit. Tarquinius Superbus cum natura suspiciosus esset, anum dementem putans risit. Illa discessit atque tres illo rum librorum combussit. Paulo post reversa regem interrogavit, num reliquos sxs libros. 14pt

ABCDEFGHIJKLMNOPQRSTUVWXYZ ÄÖÜ
abcdefghijklmnopqrstuvwxyz äöüß 0123456789 &!?

87 M 66 x 31
I 36°

Diese Schrift wurde für Berthold, Berlin, entworfen.

Bitstream 1970

Flemish Script

English 175

4 | 5 | V

A G Q R S Z

a b c e g i k n z

Aliquando anus quaedam veteres libros novem numero regi magna pecunia vendere cupivit. Tarquinius Superbus cum natura suspiciosus esset, anum dementem putans risit. Illa discessit atque tres illorum librorum combussit. Paulo post reversa regem interrogavit, num reliquos sex libros eodem pretio emere vellet. Cum ille multo magis rideret, anus iterum abiit tribusque aliis libris combustis revertit. Pertinacia et perseverantia mulieris miratus Tarquinius tres reliquos libros eodem pretio emit, quo omnes emere potuit. Paulo post rex libros ab auguribus examinari iussit. Qui his libris oracula Sibyllae Cumanae contineri cognoverunt. 6 pt

Aliquando anus quaedam veteres libros novem numero regi magna pecunia vendere cupivit. Tarquinius Superbus cum natura suspiciosus esset, anum dementem putans risit. Illa discessit atque tres illorum librorum combussit. Paulo post reversa regem interrogavit, num reliquos ses libros. 9 pt

Aliquando anus quaedam veteres libros novem numero regi magna pecunia vendere cupivit. Tarquinius Superbus cum natura suspiciosus esset, anum dementem putans risit. Illa discessit atque tres illorum librorum. 10 pt

Aliquando anus quaedam veteres libros novem numero regi magna pecunia vendere cupivit. Tarquinius Superbus cum natura suspiciosus esset, anum dementem putans risit. 12 pt

Aliquando anus quaedam veteres libros novem numero regi magna pecunia vendere cupivit. Tarquinius Superbus cum natura suspiciosus esset, anum dementem putans risit. Illa discessit atque tres illo rum librorum combussit. Paulo post reversa regem interrogavit, num reliquos sex libros eodem pretio. 14 pt

ABCDEFGHIJKLMNOPQRSTUVWXYZ ÄÖÜ
abcdefghijklmnopqrstuvwxyz äöüß 0123456789 &!?

105 M 73 x 27

I 39

Bitstream

A G Q R S Z

a b c e g i k n z

→Gando

French 111

4 5 V

Aliquando anus quaedam veteres libros novem numero regi magna pecunia vendere cupivit. Tarquinius Superbus cum natura suspiciosus esset, anum dementem putans risit. Illa discessit atque tres illorum librorum combussit. Paulo post reversa regem interrogavit, num reliquos sex libros eodem pretio emere vellet. Cum ille multo magis rideret, anus iterum abiit tribusque aliis libris combustis revertit. Pertinacia et perseverantia mulieris miratus Tarquinius tres reliquos libros eodem pretio emit, quo omnes emere potuit. Paulo post rex libros ab auguribus examinari iussit. Qui bis libris oracula Sibyllae Cumanae contineri cognoverunt. 6 pt

Aliquando anus quaedam veteres libros novem numero regi magna pecunia vendere cupivit. Tarquinius Superbus cum natura suspiciosus esset, anum dementem putans risit. Illa discessit atque tres illorum librorum combussit. Paulo post reversa regem interrogavit, num reliquos sex libros. 9 pt

Aliquando anus quaedam veteres libros novem numero regi magna pecunia vendere cupivit. Tarquinius Superbus cum natura suspiciosus esset, anum dementem putans risit. Illa discessit atque tres. 10 pt

Aliquando anus quaedam veteres libros novem numero regi magna pecunia vendere cupivit. Tarquinius Superbus cum natura suspiciosus esset, anum dementem putans risit. 12 pt

Aliquando anus quaedam veteres libros novem numero regi magna pecunia vendere cupivit. Tarquinius Superbus cum natura suspiciosus esset, anum dementem putans risit. Illa discessit atque tres illo rum librorum combussit. Paulo post reversa regem interrogavit, num reliquos sex libros eodem pretio. 14 pt

ABCDEFGHIJKLMNOPQRSTUVWXYZ ÄÖÜ
abcdefghijklmnopqrstuvwxyz äöüß 0123456789 &!?

102 M 65 X 32
H 8 H 8

Gezeichnet von Matthew Carter und Hans-Jörg Hunziker. Von Carter stammen zahlreiche weitere Schriften, unter anderem Cascade, Shelley, Snell, ITC Galliard, ITC New Baskerville und Charter.

Bitstream 1970

➝Impuls

Brush 439

4 5 V

A G Q R S Z

a b c e g i k n z

Aliquando anus quaedam veteres libros novem numero regi magna pecunia vendere cupivit. Tarquinius Superbus cum natura suspiciosus esset, anum dementem putans risit. Illa discessit atque tres illorum librorum combussit. Paulo post reversa regem interrogavit, num reliquos sex libros eodem pretio emere vellet. Cum ille multo magis rideret, anus iterum abiit tribusque aliis libris combustis revertit. Pertinacia et perseverantia mulieris miratus Tarquinius tres reliquos libros eodem pretio emit, quo omnes emere potuit. Paulo post rex libros ab auguribus examinari iussit. Qui his libris oracula Sibyllae Cumanae contineri cognoverunt. 6 pt

Aliquando anus quaedam veteres libros novem numero regi magna pecunia vendere cupivit. Tarquinius Superbus cum natura suspiciosus esset, anum dementem putans risit. Illa discessit atque tres illo rum librorum combussit. Paulo post reversa regem interrogavit, num reliquos sex libros. 9 pt

Aliquando anus quaedam veteres libros novem numero regi magna pecunia vendere cupivit. Tarquinius Superbus cum natura suspiciosus esset, anum dementem putans risit. Illa discessit atque tres. 10 pt

Aliquando anus quaedam veteres libros novem numero regi magna pecunia vendere cupivit. Tarquinius Superbus cum natura suspiciosus esset, anum dementem putans risit. 12 pt

Aliquando anus quaedam veteres libros novem numero regi magna pecunia vendere cupivit. Tarquinius Superbus cum natura suspiciosus esset, anum dementem putans risit. Illa discessit atque tres illo rum librorum combussit. Paulo post reversa regem interrogavit, num reliquos sex libros. 14 pt

ABCDEFGHIJKLMNOPQRSTUVWXYZ ÄÖÜ
abcdefghijklmnopqrstuvwxyz äöüß 0123456789 &!?

↔ 87 M 68 x 45
I 11

Gezeichnet von P. Zimmermann.

Johannes Wagner [Bitstream] 1954

A G Q R S Z

a b c e q i k n z

→Kaufmann

Koala³

Monoline 241

3 4 5 V

Aliquando anus quaedam veteres libros novem numero regi magna pecunia vendere cupivit. Tarquinius Superbus cum natura suspiciosus esset, anum dementem putans risit. Illa discessit atque tres illorum librorum combussit. Paulo post reversa regem interrogavit, num reliquos sex libros eodem pretio emere vellet. Cum ille multo magis rideret, anus iterum abiit tribusque aliis libris combustis revertit. Pertinacia et perseverantia mulieris miratus Tarquisius tres reliquos libros eodem pretio emit, quo omnes emere potuit. Paulo post rex libros ab auguribus examinari iussit. Qui his libris oracula Sibyllae Cumanae contineri cognoverunt. 6 pt

Aliquando anus quaedam veteres libros novem numero regi magna pecunia vendere cupivit. Tarquinius Superbus cum natura suspiciosus esset, anum dementem putans risit. Illa discessit atque tres illo rum librorum combussit. Paulo post reversa regem interrogavit, num reliquos. 9 pt

Aliquando anus quaedam veteres libros novem numero regi magna pecunia vendere cupivit. Tarquinius Superbus cum natura suspiciosus esset, anum dementem putans risit. 10 pt

Aliquando anus quaedam veteres libros novem numero regi magna pecunia vendere cupivit. Tarquinius Superbus cum natura suspiciosus esset, anum dementem. 12 pt

Aliquando anus quaedam veteres libros novem numero regi magna pecunia vendere cupivit. Tarquinius Superbus cum natura suspiciosus esset, anum dementem putans risit. Illa discessit atque tres illo rum librorum combussit. Paulo post reversa regem interrogavit, num reliquos. 14 pt

Roman	ABCDEFGHIJKLMNOPQRSTUVWXYZ ÄÖÜ abcdefghijklmnopqrstuvwxyz äöüß 0123456789 &!?	⟷ 83 M 70 X 38	I 15°
Bold	**ABCDEFGHIJKLMNOPQRSTUVWXYZ ÄÖÜ abcdefghijklmnopqrstuvwxyz äöüß 0123456789 &!?**	⟷ 76 M 73 X 37	I 15°

Diese Schriftart trägt den Namen ihres Schöpfers, nämlich von Max Kaufmann. Er zeichnete sie 1936 für die American Type Founders. Die Schrift war insbesondere in den 50er Jahren sehr beliebt. Von Kaufmann stammt auch die Balloon.

ATF
[Bitstream]

1936

➛Künstler-schreibschrift

Kastler[4]

4 | 5 | V

A G Q R S Z

a b c e g i k n z

Aliquando anus quaedam veteres libros novem numero regi magna pecunia vendere cupivit. Tarquinius Superbus cum natura suspiciosus esset, anum dementem putans risit. Illa discessit atque tres illorum librorum combussit. Paulo post reversa regem interrogavit, num reliquos sex libros eodem pretio emere vellet. Cum ille multo magis rideret, anus iterum abiit tribusque aliis libris combustis revertit. Pertinacia et perseverantia mulieris miratus Tarquinius tres reliquos libros eodem pretio emit, quo omnes emere potuit. Paulo post res libros ab auguribus examinari iussit. Qui his libris oracula Sibyllae Cumanae contineri cognoverunt. 6 pt

Aliquando anus quaedam veteres libros novem numero regi magna pecunia vendere cupivit. Tarquinius Superbus cum natura suspiciosus esset, anum dementem putans risit. Illa discessit atque tres illorum librorum combussit. Paulo post reversa regem interrogavit, num reliquos sex libros. 9 pt

Aliquando anus quaedam veteres libros novem numero regi magna pecunia vendere cupivit. Tarquinius Superbus cum natura suspiciosus esset, anum dementem putans risit. Illa discessit atque tres 10 pt

Aliquando anus quaedam veteres libros novem numero regi magna pecunia vendere cupivit. Tarquinius Superbus cum natura suspiciosus esset, anum dementem 12 pt

Aliquando anus quaedam veteres libros novem numero regi magna pecunia vendere cupivit. Tarquinius Superbus cum natura suspiciosus esset, anum dementem putans risit. Illa discessit atque tres illorum librorum combussit. Paulo post reversa regem interrogavit, num reliquos sex libros. 14 pt

Med.	ABCDEFGHIJKLMNOPQRSTUVWXYZ ÄÖÜ abcdefghijklmnopqrstuvwxyz äöüß 0123456789 &!?	⟷ 115	M 68	x 20
Bold	ABCDEFGHIJKLMNOPQRSTUVW XYZ ÄÖÜ abcdefghijklmnopqrstuvwxyz äöüß 0123456789 &!?	⟷ 79	M 69	x 30
		I 42°		

Gezeichnet von Hans Bohn. [URW] 1957

→Liberty

4 5 V

A G Q R S Z

a b c e g i k n z

Aliquando anus quaedam veteres libros novem numero regi magna pecunia vendere cupivit. Tarquinius Superbus cum natura suspiciosus esset, anum dementem putans risit. Illa discessit atque tres illorum librorum combussit. Paulo post reversa regem interrogavit, num reliquos sex libros eodem pretio emere vellet. Cum ille multo magis rideret, anus iterum abiit tribusque aliis libris combustis revertit. Pertinacia et perseverantia mulieris miratus Tarquinius tres reliquos libros eodem pretio emit, quo omnes emere potuit. Paulo post rex libros ab auguribus examinari iussit. Qui his libris oracula Sibyllae Cumanae contineri cognoverunt. 6 pt

Aliquando anus quaedam veteres libros novem numero regi magna pecunia vendere cupivit. Tarquinius Superbus cum natura suspiciosus esset, anum dementem putans risit. Illa discessit atque tres illo rum librorum combussit. Paulo post reversa regem interrogavit, num reliquos sex libros. 9 pt

Aliquando anus quaedam veteres libros novem numero regi magna pecunia vendere cupivit. Tarquinius Superbus cum natura suspiciosus esset, anum dementem putans risit. Illa discessit atque tres illorum librorum. 10 pt

Aliquando anus quaedam veteres libros novem numero regi magna pecunia vendere cupivit. Tarquinius Superbus cum natura suspiciosus esset, anum dementem putans risit. 12 pt

Aliquando anus quaedam veteres libros novem numero regi magna pecunia vendere cupivit. Tarquinius Superbus cum natura suspiciosus esset, anum dementem putans risit. Illa discessit atque tres illo rum librorum combussit. Paulo post reversa regem interrogavit, num reliquos sex libros. 14 pt

ABCDEFGHIJKLMNOPQRSTUVWXYZ ÄÖÜ
abcdefghijklmncpqrstuvwxyz äöüß 0123456789 &!?

⟷ 108 M 76 X 24
I 10° H 8 H 8

Gezeichnet von Willard T. Sniffin.

ATF [Bitstream] 1927

→Lucia

English 151

3 4 5 V

A G Q R S Y

a b c e g i k n z

Aliquando anus quaedam veteres libros novem numero regi magna pecunia vendere cupivit. Tarquinius Superbus cum natura suspiciosus essel, anum dementem putans risit. Illa discessit atque tres illorum librorum combussit. Paulo post reversa regem interrogavit, num reliquos sex libros eodem pretio emere vellet. Cum ille multo magis rideret, anus iterum abiit tribusque aliis libris combustis revertit. Pertinacia et perseverantia mulieris miratus Tarquinius tres reliquos libros eodem pretio emit, quo omnes emere potuit. Paulo post rex libros ab auguribus examinari iussit. Qui his libris oracula Sibyllae Cumanae contineri cognoverunt. 6 pt

Aliquando anus quaedam veteres libros novem numero regi magna pecunia vendere cupivit. Tarquinius Superbus cum natura suspiciosus essel, anum dementem putans risit. Illa discessit atque tres illo rum librorum combussit. Paulo post reversa regem interrogavit, num. 9 pt

Aliquando anus quaedam veteres libros novem numero regi magna pecunia vendere cupivit. Tarquinius Superbus cum natura suspiciosus essel, anum dementem putans risit. Illa discessit atque tres illoruum librorum. 10 pt

Aliquando anus quaedam veteres libros novem numero regi magna pecunia vendere cupivit. Tarquinius Superbus cum natura suspiciosus essel, anum dementem putans risit. 12 pt

Aliquando anus quaedam veteres libros novem numero regi magna pecunia vendere cupivit. Tarquinius Superbus cum natura suspiciosus essel, anum dementem putans risit. Illa discessit atque tres illo rum librorum combussit. Paulo post reversa regem interrogavit, num reliquos sex libros. 14 pt

ABCDEFGHIJKLMNOPQRSTUVWXYZ
ÄÖÜ
abcdefghijklmnopqrstuvwxyz äöüß 0123456789 &!?

107 M 71 X 23

Bitstream

➛Murray Hill

Ribbon 147

4 | 5 | V

A G Q R S Z

a b c e g i k n z

Aliquando anus quaedam veteres libros novem numero regi magna pecunia vendere cupivit. Tarquinius Superbus cum natura suspiciosus esset, anum dementem putans risit. Illa discessit atque tres illorum librorum combussit. Paulo post reversa regem interrogavit, num reliquos sex libros eodem pretio emere vellet. Cum ille multo magis rideret, anus iterum abiit tribusque aliis libris combustis revertit. Pertinacia et perseverantia mulieris miratus Tarquinius tres reliquos libros eodem pretio emit, quo omnes emere potuit. Paulo post rex libros ab auguribus examinari iussit. Qui his libris oracula Sibyllae Cumanae contineri cognoverunt. 6 pt

Aliquando anus quaedam veteres libros novem numero regi magna pecunia vendere cupivit. Tarquinius Superbus cum natura suspiciosus esset, anum dementem putans risit. Illa discessit atque tres illorum librorum combussit. Paulo post reversa regem interrogavit, num reliquos sex libros. 9 pt

Aliquando anus quaedam veteres libros novem numero regi magna pecunia vendere cupivit. Tarquinius Superbus cum natura suspiciosus esset, anum dementem putans risit. Illa discessit atque tres. 10 pt

Aliquando anus quaedam veteres libros novem numero regi magna pecunia vendere cupivit. Tarquinius Superbus cum natura suspiciosus esset, anum dementem putans risit. 12 pt

Aliquando anus quaedam veteres libros novem numero regi magna pecunia vendere cupivit. Tarquinius Superbus cum natura suspiciosus esset, anum dementem putans risit. Illa discessit atque tres illo rum librorum combussit. Paulo post reversa regem interrogavit, num reliquos sexs libros. 14 pt

Bold ABCDEFGHIJKLMNOPQRSTUVWXYZ ÄÖÜ
abcdefghijklmnopqrstuvwxyz äöüß 0123456789 &!?

⟷ 94 M 77 X 46

Emil Klumpp zeichnete die Murray Hill 1956 für die American Type Founders.

ATF [Bitstream] 1956

→Nevison Casual

5 V

A G Q R S Z

a b c e g i k n z

Aliquando anus quaedam veteres libros novem numero regi magna pecunia vendere cupivit. Tarquinius Superbus cum natura suspiciosus esset, anum dementem putans risit. Illa discessit atque tres illorum librorum combussit. Paulo post reversa regem interrogavit, num reliquos sex libros eodem pretio emere vellet. Cum ille multo magis rideret, anus iterum abiit tribusque aliis libris combustis revertit. Pertinacia et perseverantia mulieris miratus Tarquinius tres reliquos libros eodem pretio emit, quos omnes emere potuit. Paulo post rex libros ab auguribus examinari iussit. Qui his libris oracula Sibyllae Cumanae contineri cognoverunt. 6 pt

Aliquando anus quaedam veteres libros novem numero regi magna pecunia vendere cupivit. Tarquinius Superbus cum natura suspiciosus esset, anum dementem putans risit. Illa discessit atque tres illorum librorum combussit. Paulo post reversa regem interrogavit, num reliquos sex libros. 9 pt

Aliquando anus quaedam veteres libros novem numero regi magna pecunia vendere cupivit. Tarquinius Superbus cum natura suspiciosus esset, anum dementem putans risit. Illa discessit atque tres. 10 pt

Aliquando anus quaedam veteres libros novem numero regi magna pecunia vendere cupivit. Tarquinius Superbus cum natura suspiciosus esset, anum dementem putans risit. 12 pt

Aliquando anus quaedam veteres libros novem numero regi magna pecunia vendere cupivit. Tarquinius Superbus cum natura suspiciosus esset, anum dementem putans risit. Illa discessit atque tres illo rum librorum combussit. Paulo post reversa regem interrogavit, num reliquos sex libros. 14 pt

ABCDEFGHIJKLMNOPQRSTUVWXYZ ÄÖÜ
abcdefghijklmnopqrstuvwxyz äöüß 0123456789 $!?

↔ 99 M 76 x 66

Gezeichnet von R. Birch.

[URW]

A G Q R S Z

a b c e g i k n z

→Nuptial

Nuance³
Ribbon 185

3 4 5 V

Aliquando anus quaedam veteres libros novem numero regi magna pecunia vendere cupivit. Tarquinius Superbus cum natura suspiciosus esset, anum dementem putans risit. Illa discessit atque tres illorum librorum combussit. Paulo post reversa regem interrogavit, num reliquos sex libros eodem pretio emere vellet. Cum ille multo magis rideret, anus iterum abiit tribusque aliis libris combustis revertit. Pertinacia et perseverantia mulieris miratus Tarquinius tres reliquos libros eodem pretio emit, quo omnes emere potuit. Paulo post rex libros ab auguribus excminari iussit. Qui his libris oracula Sibyllae Cumanae contineri cognoverunt. 6 pt

Aliquando anus quaedam veteres libros novem numero regi magna pecunia vendere cupivit. Tarquinius Superbus cum natura suspiciosus esset, anum dementem putans risit. Illa discessit atque tres illo rum librorum combussit. Paulo post reversa regem interrogavit, num reli- quos sex libros. 9 pt

Aliquando anus quaedam veteres libros novem numero regi magna pecunia vendere cupivit. Tarquinius Superbus cum na- tura suspiciosus esset, anum dementem putans risit. Illa disces- sit atque tres. 10 pt

Aliquando anus quaedam veteres libros novem nu- mero regi magna pecunia vendere cupivit. Tarquini- us Superbus cum natura suspiciosus esset, anum de- mentem putans risit. 12 pt

Aliquando anus quaedam veteres libros novem numero regi magna pecunia vendere cupivit. Tarquinius Superbus cum natura suspiciosus esset, anum dementem putans risit. Illa discessit atque tres illo rum librorum combussit. Paulo post reversa regem interrogavit. 14 pt

ABCDEFGHIJKLMNOPQRSTUVWXYZ ÄÖÜ
abcdefghijklmnopqrstuvwxyz äöüß 0123456789 &!?

⟷ 99 M 60 x 29
I 27°

Gezeichnet von Edwin Shaar. Nuptial heißt auf deutsch „hochzeitlich" oder „ehelich", und wird insbesondere in Wortverbindungen wie „nuptial bed" (Ehebett) verwendet. Das Wort soll an den gedachten Verwendungszweck der Schrift erinnern, nämlich auf Hochzeitseinladungen oder ähnlichem.

Bitstream 1952

→Park Avenue

Paradise[3]
Ribbon 251

3 4 5 V

A G Q R S T

a b c e g i k n z

Aliquando anus quaedam veteres libros novem numero regi magna pecunia vendere cupivit. Tarquinius Superbus cum natura suspiciosus esset, anum dementem putans risit. Illa discessit atque tres illorum librorum combussit. Paulo post reversa regem interrogavit, num reliquos sex libros eodem pretio emere vellet. Cum ille multo magis rideret, anus iterum abiit tribusque aliis libris combustis revertit. Pertinacia et perseverantia mulieris miratus Tarquinius tres reliquos libros eodem pretio emit, quo omnes emere potuit. Paulo post rex libros ab auguribus examinari iussit. Qui his libris oracula Sibyllae Cumanae contineri cognoverunt. 6 pt

Aliquando anus quaedam veteres libros novem numero regi magna pecunia vendere cupivit. Tarquinius Superbus cum natura suspiciosus esset, anum dementem putans risit. Illa discessit atque tres. 10 pt

Aliquando anus quaedam veteres libros novem numero regi magna pecunia vendere cupivit. Tarquinius Superbus cum natura suspiciosus esset, anum dementem putans risit. Illa discessit atque tres illo rum librorum combussit. Paulo post reversa regem interrogavit, num reliquos sex libros. 9 pt

Aliquando anus quaedam veteres libros novem numero regi magna pecunia vendere cupivit. Tarquinius Superbus cum natura suspiciosus esset, anum dementem putans risit. 12 pt

Aliquando anus quaedam veteres libros novem numero regi magna pecunia vendere cupivit. Tarquinius Superbus cum natura suspiciosus esset, anum dementem putans risit. Illa discessit atque tres illo rum librorum combussit. Paulo post reversa regem interrogavit, num reliquos sex libros. 14 pt

ABCDEFGHIJKLMNOPQRSTUVWXYZ ÄÖÜ
abcdefghijklmnopqrstuvwxyz äöüß 0123456789 &!?

↔ 87 M 79 x 30
I 13°

Gezeichnet 1933 von dem Amerikaner Robert Smith. Von Smith stammt auch die Brush Script.

ATF [Bitstream] 1933

Pepper

→ Pepita

3 | 4 | 5 | V

A G Q R S Z

a b c e g i k n z

Aliquando anus quaedam veteres libros novem numero regi magna pecunia vendere cupivit. Tarquinius Superbus cum natura suspiciosus esset, anum dementem putans risit. Illa discessit atque tres illorum librorum combussit. Paulo post reversa regem interrogavit, num reliquos sex libros eodem pretio emere vellet. Cum ille multo magis rideret, anus iterum abiit tribusque aliis libris combustis revertit. Pertinacia et perseverantia mulieris miratus Tarquinius tres reliquos libros eodem pretio emit, quo omnes emere potuit. Paulo post rex libros ab auguribus examinari iussit. Qui his libris oracula Sibyllae Cumanae contineri cognoverunt. 6 pt

Aliquando anus quaedam veteres libros novem numero regi magna pecunia vendere cupivit. Tarquinius Superbus cum natura suspiciosus esset, anum dementem putans risit. Illa discessit atque tres illorum librorum combussit. Paulo post reversa regem interrogavit, num reliquos sex libros. 9 pt

Aliquando anus quaedam veteres libros novem numero regi magna pecunia vendere cupivit. Tarquinius Superbus cum natura suspiciosus esset, anum dementem putans risit. Illa discessit atque tres. 10 pt

Aliquando anus quaedam veteres libros novem numero regi magna pecunia vendere cupivit. Tarquinius Superbus cum natura suspiciosus esset, anum dementem putans risit. 12 pt

Aliquando anus quaedam veteres libros novem numero regi magna pecunia vendere cupivit. Tarquinius Superbus cum natura suspiciosus esset, anum dementem putans risit. Illa discessit atque tres illo rum librorum combussit. Paulo post reversa regem interrogavit, num reliquos sex libros. 14 pt

ABCDEFGHIJKLMNOPQRSTUVWXYZ ÄÖÜ
abcdefghijklmnopqrstuvwxyz äöüß 0123456789 &!?

↔ 88 M 54 X 31

Gezeichnet von dem Schweizer Typographen Imre Reiner.

Corel 1959

→Phyllis

5 V

A G Q R S Z

a b c e g i k n z

Aliquando anus quaedam veteres libros novem numero regi magna pecunia vendere cupivit. Tarquinius Superbus cum natura suspiciosus esset, anum dementem putans risit. Illa discessit atque tres illorum librorum combussit. Paulo post reversa regem interrogavit, num reliquos sex libros eodem pretio emere vellet. Cum ille multo magis rideret, anus iterum abiit tribusque aliis libris combustis revertit. Pertinacia et perseverantia mulieris miratus Tarquinius tres reliquos libros eodem pretio erat, quo omnes emere potuit. Paulo post rex libros ab auguribus examinari iussit. Qui bis libris oracula Sibyllae Cumanae contineri cognoverunt. 6 pt

Aliquando anus quaedam veteres libros novem numero regi magna pecunia vendere cupivit. Tarquinius Superbus cum natura suspiciosus esset, anum dementem putans risit. Illa discessit atque tres illorum librorum combussit. Paulo post reversa regem interrogavit, num reliquos sex libros. 9 pt

Aliquando anus quaedam veteres libros novem numero regi magna pecunia vendere cupivit. Tarquinius Superbus cum natura suspiciosus esset, anum dementem putans risit. Illa discessit atque tres. 10 pt

Aliquando anus quaedam veteres libros novem numero regi magna pecunia vendere cupivit. Tarquinius Superbus cum natura suspiciosus esset, anum dementem putans risit. 12 pt

Aliquando anus quaedam veteres libros novem numero regi magna pecunia vendere cupivit. Tarquinius Superbus cum natura suspiciosus esset, anum dementem putans risit. Illa discessit atque tres illo rum librorum combussit. Paulo post reversa regem interrogavit, num reliquos sex libros eodem pretio. 14 pt

ABCDEFGHIJKLMNOPQRSTUVWXYZ ÄÖÜ
abcdefghijklmnopqrstuvwxyz äöüß 0123456789 &!?

↔ 97 M 65 X 34
I 20°

1904 entworfen von Heinrich Wienyk.

[URW] 1904

President

→Present Script

3 4 5 V

A G Q R S Z

a b c e g i k n z

Aliquando anus quaedam veteres libros novem numero regi magna pecunia vendere cupivit. Tarqu nius Superbus cum natura suspiciosus esset, anum dementem putans risit. Jlla discessit atque tres illorum librorum combussit. Paulo post reversa regem interrogavit, num reliquos sex libros eodem pretio emere vellet. Cum ille multo magis rideret, anus iterum abiit tribusque aliis libris combustis revertit. Pertinacia et perseverantia mulieris miratus Tarquinius tres reliquos libros eodem pretio emit, quo omnes emere potuit. Paulo post. 6 pt

Aliquando anus quaedam veteres libros novem numero regi magna pecunia vendere cupivit. Tarquinius Superbus cum natura suspiciosus esset, anum dementem putans risit. Jlla discessit atque tres illorum librorum combussit. Paulo post reversa regem. 9 pt

Aliquando anus quaedam veteres libros novem numero regi magna pecunia vendere cupivit. Tarquinius Superbus cum natura suspiciosus esset, anum dementem putans risit. Jlla discessit atque tres. 10 pt

Aliquando anus quaedam veteres libros novem numero regi magna pecunia vendere cupivit. Tarquinius Superbus cum natura suspiciosus esset, anum. 12 pt

Aliquando anus quaedam veteres libros novem numero regi magna pecunia vendere cupivit. Tarquinius Superbus cum natura suspiciosus esset, anum dementem putans risit. Jlla discessit atque tres illo rum librorum combussit. Paulo post. 14 pt

ABCDEFGHIJJKLMNOPQRSTUVWXYZ ÄÖÜ
abcdefghijklmnopqrstuvwxyz äöüß
0123456789 &!?

↔ 66 M 73 X 42

Gezeichnet von Friedrich Karl Sallwey. [Corel] 1974

Ribbon 131

→ Coronet

4 5 V

A G Q R S Z

a b c e g i k n z

Aliquando anus quaedam veteres libros novem numero regi magna pecunia vendere cupivit. Tarquinius Superbus cum natura suspiciosus esset, anum dementem putans risit. Illa discessit atque tres illorum librorum combussit. Paulo post reversa regem interrogavit, num reliquos sex libros eodem pretio emere vellet. Cum ille multo magis rideret, anus iterum abiit tribusque aliis libris combustis revertit. Pertinacia et perseverantia mulieris miratus Tarquinius tres reliquos libros eodem pretio emit, quo omnes emere potuit. Paulo post rex libros ab auguribus examinari iussit. Qui his libris oracula Sibyllae Cumanae contineri cognoverunt. 6 pt

Aliquando anus quaedam veteres libros novem numero regi magna pecunia vendere cupivit. Tarquinius Superbus cum natura suspiciosus esset, anum dementem putans risit. Illa discessit atque tres illorum librorum combussit. Paulo post reversa regem interrogavit, num reliquos sxs libros. 9 pt

Aliquando anus quaedam veteres libros novem numero regi magna pecunia vendere cupivit. Tarquinius Superbus cum natura suspiciosus esset, anum dementem putans risit. Illa discessit atque tres. 10 pt

Aliquando anus quaedam veteres libros novem numero regi magna pecunia vendere cupivit. Tarquinius Superbus cum natura suspiciosus esset, anum dementem putans risit. 12 pt

Aliquando anus quaedam veteres libros novem numero regi magna pecunia vendere cupivit. Tarquinius Superbus cum natura suspiciosus esset, anum dementem putans risit. Illa discessit atque tres illo rum librorum combussit. Paulo post reversa regem interrogavit, num reliquos sex libros. 14 pt

Roman *ABCDEFGHIJKLMNOPQRSTUVWXYZ ÄÖÜ*
abcdefghijklmnopqrstuvwxyz äöüß 0123456789 &!?

↔ 123 M 79 X 22
I 15°

Bold ***ABCDEFGHIJKLMNOPQRSTUVWXYZ ÄÖÜ***
abcdefghijklmnopqrstuvwxyz äöüß 0123456789 &!?

↔ 107 M 77 X 23
I 15°

Gezeichnet von Robert Hunter Middleton. Von Middleton (1898-1985) stammen außerdem die Mandate (Freehand 521), Bodoni Campanile (Modern 735) und Umbra.

Bitstream 1937

→Shelley

English 111

4 5 V

A G Q R S Z

a b c e g i k n z

Aliquando anus quaedam veteres libros novem numero regi magna pecunia vendere cupivit. Tarquinius Superbus cum natura suspiciosus esset, anum dementem putans risit. Illa discessit atque tres illorum librorum combussit. Paulo post reversa regem interrogavit, num reliquos sex libros eodem pretio emere vellet. Cum ille multo magis rideret, anus iterum abiit tribusque aliis libris combustis revertit. Pertinacia et perseverantia mulieris miratus Tarquinius tres reliquos libros eodem pretio emit, quo omnes emere potuit. Paulo post rex libros ab auguribus examinari iussit. Qui his libris oracula Sibyllae Cumanae contineri cognoverunt. 6 pt

Aliquando anus quaedam veteres libros novem numero regi magna pecunia vendere cupivit. Tarquinius Superbus cum natura suspiciosus esset, anum dementem putans risit. Illa discessit atque tres illorum librorum combussit. Paulo post reversa regem interrogavit, num reliquos sex libros. 9 pt

Aliquando anus quaedam veteres libros novem numero regi magna pecunia vendere cupivit. Tarquinius Superbus cum natura suspiciosus esset, anum dementem putans risit. Illa discessit atque tres. 10 pt

Aliquando anus quaedam veteres libros novem numero regi magna pecunia vendere cupivit. Tarquinius Superbus cum natura suspiciosus esset, anum dementem putans risit. 12 pt

Allegro ABCDEFGHIJKLMNOPQRSTUVW XYZ ÄÖÜ
abcdefghijklmnopqrstuvwxyz äöüß 0123456789 &!?
↔ 92 M 73 X 28
I 28°

Andante ABCDEFGHIJKLMNOPQRSTUVWXYZ ÄÖÜ
abcdefghijklmnopqrstuvwxyz äöüß 0123456789 &!?
↔ 92 M 71 X 28
I 28°

Volante ABCDEFGHIJKLMNOPQRSTUV WXYZ ÄÖÜ
abcdefghijklmnopqrstuvwxyz äöüß 0123456789 &!?
↔ 92 M 73 X 30
I 28°

Gezeichnet von Matthew Carter. Von Carter stammen zahlreiche weitere Schriften, unter anderem Cascade, Gando, Snell, ITC Galliard, ITC New Baskerville und Charter. Eine Besonderheit der Shelley ist, daß sich die drei Schriftschnitte nur in den Versalien unterscheiden.

Linotype [Bitstream]

1972

➛Slogan

Shogun[43]

Charme

3 | 4 | 5 | V

A G Q R S Z

a b c e g i k n z

Aliquando anus quaedam veteres libros novem numero regi magna pecunia vendere cupivit. Tarquinius Superbus cum natura suspiciosus esset, anum dementem putans risit. Illa discessit atque tres illorum librorum combussit. Paulo post reversa regem interrogavit, num reliquos sex libros eodem pretio emere vellet. Cum ille multo magis rideret, anus iterum abiit tribusque aliis libris combustis revertit. Pertinacia et perseverantia mulieris miratus Tarquinius tres reliquos libros eodem pretio emit, quo omnes emere potuit. Paulo post rex libros ab auguribus examinari iussit. Qui his libris oracula Sibyllae Cumanae contineri cognoverunt. 6 pt

Aliquando anus quaedam veteres libros novem numero regi magna pecunia vendere cupivit. Tarquinius Superbus cum natura suspiciosus esset, anum dementem putans risit. Illa discessit atque tres illorum librorum combussit. Paulo post reversa regem interrogavit, num reliquos sex libros illorum librorum. 9 pt

Aliquando anus quaedam veteres libros novem numero regi magna pecunia vendere cupivit. Tarquinius Superbus cum natura suspiciosus esset, anum dementem putans risit. Illa discessit atque tres illorum librorum. 10 pt

Aliquando anus quaedam veteres libros novem numero regi magna pecunia vendere cupivit. Tarquinius Superbus cum natura suspiciosus esset, anum dementem putans risit. Illa discessit. 12 pt

Aliquando anus quaedam veteres libros novem numero regi magna pecunia vendere cupivit. Tarquinius Superbus cum natura suspiciosus esset, anum dementem putans risit. Illa discessit atque tres illo rum librorum combussit. Paulo post reversa regem interrogavit, num reliquos sex libros. 14 pt

ABCDEFGHIJKLMNOPQRSTUVWX YZ ÄÖÜ ⟷ 82 M 61 x 29

abcdefghijklmnopqrstuvwxyz äöüß 0123456789 &!?

Gezeichnet von Helmut Matheis. [URW] 1959

A G Q R S Z

→Snell
English 401
4 5 V

a b c e g i k n z

Aliquando anus quaedam veteres libros novem numero regi magna pecunia vendere cupivit. Tarquinius Superbus cum natura suspiciosus esset, anum dementem putans risit. Illa discessit atque tres illorum librorum combussit. Paulo post reversa regem interrogavit, num reliquos sex libros eodem pretio emere vellet. Cum ille multo magis rideret, anus iterum abiit tribusque aliis libris combustis revertit. Pertinacia et perseverantia mulieris miratus Tarquinius tres reliquos libros eodem pretio emit, quo omnes emere potuit. Paulo post rex libros ab auguribus examinari iussit. Qui his libris oracula Sibyllae Cumanae contineri cognoverunt. 6 pt

Aliquando anus quaedam veteres libros novem numero regi magna pecunia vendere cupivit. Tarquinius Superbus cum natura suspiciosus esset, anum dementem putans risit. Illa discessit atque tres illo rum librorum combussit. Paulo post reversa regem interrogavit, num reliquos ses libros. 9 pt

Aliquando anus quaedam veteres libros novem numero regi magna pecunia vendere cupivit. Tarquinius Superbus cum natura suspiciosus esset, anum dementem putans risit. Illa discessit atque tr esillorum librorum. 10 pt

Aliquando anus quaedam veteres libros novem numero regi magna pecunia vendere cupivit. Tarquinius Superbus cum natura suspiciosus esset, anum dementem putans risit. 12 pt

	ABCDEFGHIJKLMNOPQRSTUVWXYZ ÄÖÜ	↔ 79 M 71 x 36
	abcdefghijklmnopqrstuvwxyz äöüß 0123456789 &!?	I 30°
Bold	***ABCDEFGHIJKLMNOPQRSTUVWXYZ ÄÖÜ***	↔ 70 M 71 x 37
	abcdefghijklmnopqrstuvwxyz äöüß 0123456789 &!?	I 30°
Black	***ABCDEFGHIJKLMNOPQRSTUVW XYZ ÄÖÜ***	↔ 64 M 72 x 36
	abcdefghijklmnopqrstuvwxyz äöüß 0123456789 &!?	I 30°

Gezeichnet 1972 von Matthew Carter. Von Carter stammen zahlreiche weitere Schriften, unter anderem Cascade, Gando, Shelley, ITC Galliard, ITC New Baskerville und Charter. Er gründete 1981 das Unternehmen Bitstream.

Bitstream 1972

Staccato 222

→ Mistral

Mystical[3]

3 | 4 | 5 | V

A G Q R S Z

a b c e g i k n z

Aliquando anus quaedam veteres libros novem numero regi magna pecunia vendere cupivit. Tarquinius Superbus cum natura suspiciosus esset, anum dementem putans risit. Illa discessit atque tres illorum librorum combussit. Paulo post reversa regem interrogavit, num reliquos sex libros eodem pretio emere vellet. Cum ille multo magis rideret, anus iterum abiit tribusque aliis libris combustis revertit. Pertinacia et perseverantia mulieris miratus Tarquinius tres reliquos libros eodem pretio emit, quo omnes emere potuit. Paulo post rex libros ab auguribus examinari iussit. Qui his libris oracula Sibyllae Cumanae contineri cognoverunt. 6 pt

Aliquando anus quaedam veteres libros novem numero regi magna pecunia vendere cupivit. Tarquinius Superbus cum natura suspiciosus esset, anum dementem putans risit. Illa discessit atque tres illorum librorum combus-
sit. Paulo post reversa regem interrogavit, num 9 pt

Aliquando anus quaedam veteres libros novem nu-
mero regi magna pecunia vendere cupivit. Tarquini-
us Superbus cum natura suspiciosus esset, anum de-
mentem putans risit. Illa discessit tres. 10 pt

Aliquando anus quaedam veteres libros
novem numero regi magna pecunia vendere
cupivit. Tarquinius Superbus cum natura
suspiciosus esset, anum dementem. 12 pt

Aliquando anus quaedam veteres libros novem numero regi magna pecunia vendere cupivit. Tarquinius Superbus cum natura suspiciosus esset, anum de-
mentem putans risit. Illa discessit atque tres illo rum librorum combussit. Paulo post reversa regem interrogavit, num reliquos. 14 pt

ABCDEFGHIJKLMNOPQRSTUVWXYZ ÄÖÜ
abcdefghijklmnopqrstuvwxyz äöüß 0123456789 &!?

↔ 82 M 74 X 41 I 6

Roger Excoffon (1910-1983) war einer der talentiertesten Zeichner der Schriftgießerei Olive. Zu seinen bekanntesten Entwürfen zählen die Antique Olive (in Corel „Incised 901") und die Choc („Staccato 555").

Bitstream 1953

Staccato 555

→Choc

Chalk

4 5 V

A G Q R S Z

a b c e g i k n z

Aliquando anus quaedam veteres libros novem numero regi magna pecunia vendere cupivit. Tarquinius Superbus cum natura suspiciosus esset, anum dementem putans risit. Illa discessit atque tres illorum librorum combussit. Paulo post reversa regem interrogavit, num reliquos sex libros eodem pretio emere vellet. Cum ille multo magis rideret, anus iterum abiit tribusque aliis libris combustis revertit. Pertinacia et perseverantia mulieris miratus Tarquinius tres reliquos libros eodem pretio emit, quo omnes emere potuit. Paulo post rex libros ab auguribus examinari iussit. Qui his libris oracula Sibyllae Cumanae contineri cognoverunt. 6 pt

Aliquando anus quaedam veteres libros novem numero regi magna pecunia vendere cupivit. Tarquinius Superbus cum natura suspiciosus esset, anum dementem putans risit. Illa discessit atque tres illorum librorum combussit. Paulo post reversa regem interrogavit, num reliquos sex libros. 9 pt

Aliquando anus quaedam veteres libros novem numero regi magna pecunia vendere cupivit. Tarquinius Superbus cum natura suspiciosus esset, anum dementem putans risit. Illa discessit tres. 10 pt

Aliquando anus quaedam veteres libros novem numero regi magna pecunia vendere cupivit. Tarquinius Superbus cum natura suspiciosus esset, anum dementem putans risit. 12 pt

Aliquando anus quaedam veteres libros novem numero regi magna pecunia vendere cupivit. Tarquinius Superbus cum natura suspiciosus esset, anum dementem putans risit. Illa discessit atque tres illo rum librorum combussit. Paulo post reversa regem interrogavit, num reliquos sex libros. 14 pt

ABCDEFGHIJKLMNOPQRSTUVWXYZ ÄÖÜ
abcdefghijklmnopqrstuvwxyz äöüß 0123456789 &!?

↔ 81 M 76 x 45 I 9°

Roger Excoffon (1910-1983) war einer der talentiertesten Zeichner der Schriftgießerei Olive. Zu seinen bekanntesten Entwürfen zählen die Antique Olive (in Corel „Incised 901“) und die Mistral („Staccato 222“).

Bitstream 1952

➛Stuyvesant

4 5 V

A G Q R S Z

a b c e q i k n z

Aliquando anus quaedam veteres libros novem numero regi magna pecunia vendere cupivit. Tarquinius Superbus cum natura suspiciosus esset, anum dementem putans risit. Illa discessit atque tres illorum librorum combussit. Paulo post reversa regem interrogavit, num reliquos sex libros eodem pretio emere vellet. Cum ille multo magis rideret, anus iterum abiit tribusque aliis libris combustis revertit. Pertinacia et perseverantia mulieris miratus Tarquinius tres reliquos libros eodem pretio emit, quo omnes emere potuit. Paulo post rex libros ab auguribus examinari iussit. 6 pt

Aliquando anus quaedam veteres libros novem numero regi magna pecunia vendere cupivit. Tarquinius Superbus cum natura suspiciosus esset, anum dementem putans risit. Illa discessit atque tres illorum librorum combussit. Paulo post reversa regem interrogavit, num reliquos sex libros. 9 pt

Aliquando anus quaedam veteres libros novem numero regi magna pecunia vendere cupivit. Tarquinius Superbus cum natura suspiciosus esset, anum dementem putans risit. Illa discessit atque tres. 10 pt

Aliquando anus quaedam veteres libros novem numero regi magna pecunia vendere cupivit. Tarquinius Superbus cum natura suspiciosus esset, anum dementem putans risit. 12 pt

Aliquando anus quaedam veteres libros novem numero regi magna pecunia vendere cupivit. Tarquinius Superbus cum natura suspiciosus esset, anum dementem putans risit. Illa discessit atque tres illo rum librorum combussit. Paulo post reversa regem interrogavit, num reliquos sex libros. 14 pt

ABCDEFGHIJKLMNOPQRSTUVWXYZ ÄÖÜ
abcdefghijklmnopqrstuvwxyz äöüß 0123456789 &!?

↔ 123 M 72 X 23
I 21°

Diese Schrift ist im Corel-4-Handbuch nicht aufgeführt, ist jedoch auf der CD vorhanden.

Bitstream

Typo Upright

French 118

4 5 V

A G Q R S Z

a b c e g i k n z

Aliquando anus quaedam veteres libros novem numero regi magna pecunia vendere cupivit. Tarquinius Superbus cum natura suspiciosus esset, anum dementem putans risit. Illa discessit atque tres illorum librorum combussit. Paulo post reversa regem interrogavit, num reliquos sex libros eodem pretio emere vellet. Cum ille multo magis rideret, anus iterum abiit tribusque aliis libris combustis revertit. Pertinacia et perseverantia mulieris miratus Tarquinius tres reliquos libros eodem pretio emit, quo omnes emere potuit. Paulo post rex libros ab auguribus examinari iussit. Qui his libris oracula Sibyllae Cumanae contineri cognoverunt. 6 pt

Aliquando anus quaedam veteres libros novem numero regi magna pecunia vendere cupivit. Tarquinius Superbus cum natura suspiciosus esset, anum dementem putans risit. Illa discessit atque tres illo rum librorum combussit. Paulo post reversa regem interrogavit, num reliquos sex libros. 9 pt

Aliquando anus quaedam veteres libros novem numero regi magna pecunia vendere cupivit. Tarquinius Superbus cum natura suspiciosus esset, anum dementem putans risit. Paulo post reversa regem interrogavit, num reliquos sex libros.. 10 pt

Aliquando anus quaedam veteres libros novem numero regi magna pecunia vendere cupivit. Tarquinius Superbus cum natura suspiciosus esset, anum dementem putans risit. 12 pt

Aliquando anus quaedam veteres libros novem numero regi magna pecunia vendere cupivit. Tarquinius Superbus cum natura suspiciosus esset, anum dementem putans risit. Illa discessit atque tres illo rum librorun combussit. Paulo post reversa regem interrogavit, num. 14 pt

ABCDEFGHIJKLMNOPQRSTUVWXYZ ÄÖÜ
abcdefghijklmnopqrstuvwxyz äöüß 0123456789 &!?

↦	101	M	64	X	21
		H	8	H	8

Gezeichnet 1905 von Morris Fuller Benton. Von Benton (1872-1948) stammen zahllose Schriften, die Corel-Kollektion enthält unter anderem Broadway, Parisian, Century Schoolbook, Hobo und Bank Gothic.

ATF [Bitstream] 1905

➛Vivaldi

Vivienne[43]

Vivante

3 | 4 | 5 | V

A G Q R S Z

a b c e g i k n z

Aliquando anus quaedam veteres libros novem numero regi magna pecunia vendere cupivit. Tarquinius Superbus cum natura suspiciosus esset, anum dementem putans risit. Illa discessit atque tres illorum librorum combussit. Paulo post reversa regem interrogavit, num reliquos sex libros eodem pretio emere vellet. Cum ille multo magis rideret, anus iterum abiit tribusque aliis libris combustis revertit. Pertinacia et perseverantia mulieris miratus Tarquinius tres reliquos libros eodem pretio emit, quo omnes emere potuit. Paulo post rex libros ab auguribus examinari iussit. Qui his libris oracula Sibyllae Cumanae contineri cognoverunt. 6 pt

Aliquando anus quaedam veteres libros novem numero regi magna pecunia vendere cupivit. Tarquinius Superbus cum natura suspiciosus esset, anum dementem putans risit. Illa discessit atque tres illorum librorum combussit. Paulo post reversa regem interrogavit, num reliquos sex libros. 9 pt

Aliquando anus quaedam veteres libros novem numero regi magna pecunia vendere cupivit. Tarquinius Superbus cum natura suspiciosus esset, anum dementem putans risit. Illa discessit atque tres. 10 pt

Aliquando anus quaedam veteres libros novem numero regi magna pecunia vendere cupivit. Tarquinius Superbus cum natura suspiciosus esset, anum dementem putans risit. 12 pt

ABCDEFGHIJKLMNOPQRST ⟷ 94 M 70 x 41
UVWXYZ ÄÖÜ
abcdefghijklmnopqrstuvwxyz äöüß 0123456789 &!? I 20°

Gezeichnet 1970 von Fritz Peters. [URW] 1970

Vladimir Script

5 V

A G Q R S Z

a b c e g i k n z

Aliquando anus quaedam veteres libros novem numero regi magna pecunia vendere cupivit. Tarquinius Superbus cum natura suspiciosus esset, anum dementem putans risit. Illa discessit atque tres illorum librorum combussit. Paulo post reversa regem interrogavit, num reliquos sex libros eodem pretio emere vellet. Cum ille multo magis rideret, anus iterum abiit tribusque aliis libris combustis revertit. Pertinacia et perseverantia mulieris miratus Tarquinius tres reliquos libros eodem pretio emit, quo omnes emere potuit. Paulo post sex libros ab auguribus examinari iussit. Qui his libris oracula Sibyllae Cumanae contineri cognoverunt. 6 pt

Aliquando anus quaedam veteres libros novem numero regi magna pecunia vendere cupivit. Tarquinius Superbus cum natura suspiciosus esset, anum dementem putans risit. Illa discessit atque tres illo rum librorum combussit. Paulo post reversa regem interrogavit, num reliquos sex libros. 9 pt

Aliquando anus quaedam veteres libros novem numero regi magna pecunia vendere cupivit. Tarquinius Superbus cum natura suspiciosus esset, anum dementem putans risit. Illa discessit atque tres. 10 pt

Aliquando anus quaedam veteres libros novem numero regi magna pecunia vendere cupivit. Tarquinius Superbus cum natura suspiciosus esset, anum dementem putans risit. 12 pt

Aliquando anus quaedam veteres libros novem numero regi magna pecunia vendere cupivit. Tarquinius Superbus cum natura suspiciosus esset, anum dementem putans risit. Illa discessit atque tres illo rum librorum combussit. Paulo post reversa regem interrogavit, num reliquos sex libros. 14 pt

ABCDEFGHIJKLMNOPQRSTUVWXYZ ÄÖÜ
abcdefghijklmnopqrstuvwxyz äöüß 0123456789 &!?

⟷ 87 M 68 x 29
I 41°

Gezeichnet von Vladimir Andrich.

[URW]

ITC Zapf Chancery

Zurich Calligraphic[3]
Chancery 801

3 4 5

A G Q R S Z
a b c e g i k n z

Aliquando anus quaedam veteres libros novem numero regi magna pecunia vendere cupivit. Tarquinius Superbus cum natura suspiciosus esset, anum dementem putans risit. Illa discessit atque tres illorum librorum combussit. Paulo post reversa regem interrogavit, num reliquos sex libros eodem pretio emere vellet. Cum ille multo magis rideret, anus iterum abiit tribusque aliis libris combustis revertit. Pertinacia et perseverantia mulieris miratus Tarquinius tres reliquos libros eodem pretio emit, quo omnes emere potuit. Paulo post rex libros ab auguribus examinari iussit. Qui his libris oracula Sibyllae Cumanae contineri cognoverunt. 6 pt

Aliquando anus quaedam veteres libros novem numero regi magna pecunia vendere cupivit. Tarquinius Superbus cum natura suspiciosus esset, anum dementem putans risit. Illa discessit atque tres illorum librorum combussit. Paulo post reversa regem interrogavit, num reliquos sex libros. 9 pt

Aliquando anus quaedam veteres libros novem numero regi magna pecunia vendere cupivit. Tarquinius Superbus cum natura suspiciosus esset, anum dementem putans risit. Illa discessit atque tres illorum librorum. 10 pt

Aliquando anus quaedam veteres libros novem numero regi magna pecunia vendere cupivit. Tarquinius Superbus cum natura suspiciosus esset, anum dementem putans risit. 12 pt

		Breite	M	x	Neigung
Med.	ABCDEFGHIJKLMNOPQRSTUVWXYZ ÄÖÜ abcdefghijklmnopqrstuvwxyz äöüß 0123456789 &!?	78	64	53	
Med. Italic	ABCDEFGHIJKLMNOPQRSTUVWXYZ ÄÖÜ abcdefghijklmnopqrstuvwxyz äöüß 0123456789 &!?	79	72	63	14°
Demi	ABCDEFGHIJKLMNOPQRSTUVWXYZ ÄÖÜ abcdefghijklmnopqrstuvwxyz äöüß 0123456789 &!?	74	62	50	
Bold	**ABCDEFGHIJKLMNOPQRSTUVWXYZ ÄÖÜ** **abcdefghijklmnopqrstuvwxyz äöüß 0123456789 &!?**	69	63	56	

Hermann Zapf, einer der bedeutendsten deutschen Typographen, zeichnete die nach ihm benannte Chancery in Anlehnung an die Kanzleischriften des 15. und 16. Jahrhunderts. Die Schrift wurde erstmals 1979 von der International Typeface Corporation veröffentlicht. Von Zapf stammen außerdem die Optima (in Corel „Zapf Humanist 601“), die Melior („Zapf Elliptical 711“) und die Palatino („Zapf Calligraphic 801“). Ebenfalls von Zapf stammt die Sammlung von Ornamenten und Blickfängen mit dem Namen Zapf-Dingbats.

ITC [Bitstream] 1979

IX Handschriftliche Antiqua

bel

A G Q R S Z
a b c e g i k n z

→Allegro

Alto[3]

3 4 5 V

Aliquando anus quaedam veteres libros novem numero regi magna pecunia vendere cupivit. Tarquinius Superbus cum natura suspiciosus esset, anum dementem putans risit. Illa discessit atque tres illorum librorum combussit. Paulo post reversa regem interrogavit, num reliquos sex libros eodem pretio emere vellet. Cum ille multo magis rideret, anus iterum abiit tribusque aliis libris combustis revertit. Pertinacia et perseverantia mulieris miratus Tarquinius tres reliquos libros eodem pretio emit, quo omnes emere potuit. Paulo post rex libros ab anguribus examinari iussit. Qui his libris oracula Sibyllae Cumanae contineri cognoverunt. 6 pt

Aliquando anus quaedam veteres libros novem numero regi magna pecunia vendere cupivit. Tarquinius Superbus cum natura suspiciosus esset, anum dementem putans risit. Illa discessit atque tres.   10 pt

Aliquando anus quaedam veteres libros novem numero regi magna pecunia vendere cupivit. Tarquinius Superbus cum natura suspiciosus esset, anum dementem putans risit. Illa discessit atque tres illo rum librorum combussit. Paulo post reversa regem interrogavit. 9 pt

Aliquando anus quaedam veteres libros novem numero regi magna pecunia vendere cupivit. Tarquinius Superbus cum natura suspiciosus esset, anum dementem putans risit. 12 pt

Aliquando anus quaedam veteres libros novem numero regi magna pecunia vendere cupivit. Tarquinius Superbus cum natura suspiciosus esset, anum dementem putans risit. Illa discessit atque tres illo rum librorum combussit. Paulo post reversa regem. 14 pt

ABCDEFGHIJKLMNOPQRSTUVWXYZ ÄÖÜ
abcdefghijklmnopqrstuvwxyz äöüß 0123456789 &!?

↦ 70 M 75 x 57

Gezeichnet 1937 von Hans Bohn. Von Bohn stammt außerdem die Künstler Schreibschrift.

FTN [Bitstream] 1937

→Arnold Böcklin

Arabia[43]

3 4 5 V

A B Q R

c k e f g

Hamburgefonts

ABCDEFGHIJKLMNOPQRS
TUVWXYZÄÖÜabcdefghijkl
mnopqrstuvwxyzäöüß0123
456789&.!?#/¶„“«»<>{}=[]*
% @ ¤ ¢ $ £ ¥§©®Æ • ƒ†‡ç
ñéèêëðþ

Diese Schriftart wurde 1904 von Otto Weisert gezeichnet. Er benannte Sie nach dem Schweizer Maler Arnold Böcklin (1827-1901). Die Schrift erinnert an die seinerzeit moderne handschriftliche Gestaltung von Jugendstil-Plakaten.

Corel [URW] 1904

A G Q R S Z

→Balloon

Bassoon[3]

3 | 4 | 5 | V

A B C E G I K N Z

ALIQUANDO ANUS QUAEDAM VETERES LIBROS NOVEM NUMERO REGI MAGNA PECUNIA VENDERE CUPIVIT. TARQUINIUS SUPERBUS CUM NATURA SUSPICIOSUS ESSET, ANUM DEMENTEM PUTANS RISIT. ILLA DISCESSIT ATQUE TRES ILLORUM LIBRORUM COMBUSSIT. PAULO POST REVERSA REGEM INTERROGAVIT, NUM RELIQUOS SEX LIBROS EODEM PRETIO EMERE VELLET. CUM ILLE MULTO MAGIS RIDERET, ANUS ITERUM ABIIT TRIBUSQUE ALIIS LIBRIS COMBUSTIS REVERTIT. PERTINACIA ET PERSEVERANTIA MULIERIS MIRATUS TARQUINIUS TRES RELIQUOS LIBROS EODEM PRETIO EMIT, QUO OMNES EMERE POTUIT. PAULO POST REX LIBROS AB AUGURIBUS EXAMINARI IUSSIT. QUI HIS LIBRIS ORACULA SIBYLLAE CUMANAE CONTINERI COGNOVERUNT. 6 PT

ALIQUANDO ANUS QUAEDAM VETERES LIBROS NOVEM NUMERO REGI MAGNA PECUNIA VENDERE CUPIVIT. TARQUINIUS SUPERBUS CUM NATURA SUSPICIOSUS ESSET, ANUM DEMENTEM PUTANS RISIT. ILLA DISCESSIT ATQUE TRES. 10 PT

ALIQUANDO ANUS QUAEDAM VETERES LIBROS NOVEM NUMERO REGI MAGNA PECUNIA VENDERE CUPIVIT. TARQUINIUS SUPERBUS CUM NATURA SUSPICIOSUS ESSET, ANUM DEMENTEM PUTANS RISIT. ILLA DISCESSIT ATQUE TRES ILLORUM LIBRORUM COMBUSSIT. PAULO POST REVERSA REGEM INTERROGAVIT. 9 PT

ALIQUANDO ANUS QUAEDAM VETERES LIBROS NOVEM NUMERO REGI MAGNA PECUNIA VENDERE CUPIVIT. TARQUINIUS SUPERBUS CUM NATURA SUSPICIOSUS ESSET, ANUM DEMENTEM PUTANS RISIT. 12 PT

Bold	ABCDEFGHIJKLMNOPQRSTUVWXYZ ÄÖÜSS 0123456789 &!?	↔ 70 M 71 x 71 I 14°
Light	ABCDEFGHIJKLMNOPQRSTUVWXYZ ÄÖÜSS 0123456789 &!?	↔ 74 M 71 x 71 I 14°
Extra Bold	ABCDEFGHIJKLMNOPQRSTUVWXYZ ÄÖÜSS 0123456789 &!?	↔ 59 M 71 x 71 I 14°

Die Balloon wurde 1939 von Max Kaufmann gezeichnet und zuerst von der American Type Foundry veröffentlicht. Von Kaufmann stammt auch die Schriftart Kaufmann.

ATF 1939
[Bitstream]

Bard

→Bamboo

3 4 5 V

A B Q R

c k e f g

Hamburgefonts

ABCDEFGHIJKLMNOP

QRSTUVWXYZÄÖÜ

abcdefghijklmnopqrstuvwxyzä

öüß0123456789&.!?#/¶“

«‹›»‹= {}› []* % @ ¢ $ £ ¥§

©®Æ ƒ† ç ñéèêë

Corel

Mandarin

5 V

A B Q R

C K E F G

HAMBURGEFONTS

ABCDEFGHIJKLMNOPQRSTUV

WXYZÄÖÜSS0123456789&.!?#

/¶„“«»<>{}=[]* % @ ¤ ¢ $ £ ¥§

©®Æ • ƒ†‡ÇÑÉÈÊËÐÞ

[URW]

Bernhard Bold Condensed

→ Bernhard Antique

Freeform 921

| | 4 | 5 | V |

A G Q R S Z

a b c e g i k n z

Aliquando anus quaedam veteres libros novem numero regi magna pecunia vendere cupivit. Tarquinius Superbus cum natura suspiciosus esset, anum dementem putans risit. Illa discessit atque tres illorum librorum combussit. Paulo post reversa regem interrogavit, num reliquos sex libros eodem pretio emere vellet. Cum ille multo magis rideret, anus iterum abiit tribusque aliis libris combustis revertit. Pertinacia et perseverantia mulieris miratus Tarquinius tres reliquos libros eodem pretio emit, quo omnes emere potuit. Paulo post rex libros ab auguribus examinari iussit. Qui his libris oracula Sibyllae Cumanae contineri cognoverunt. 6 pt

Aliquando anus quaedam veteres libros novem numero regi magna pecunia vendere cupivit. Tarquinius Superbus cum natura suspiciosus esset, anum dementem putans risit. Illa discessit atque tres illo rum librorum combussit. Paulo post reversa regem interrogavit, num. 9 pt

Aliquando anus quaedam veteres libros novem numero regi magna pecunia vendere cupivit. Tarquinius Superbus cum natura suspiciosus esset, anum dementem putans risit. Illa discessit atque tres illorum librorum combussit. 10 pt

Aliquando anus quaedam veteres libros novem numero regi magna pecunia vendere cupivit. Tarquinius Superbus cum natura suspiciosus esset, anum dementem putans risit. Illa discessit. 12 pt

Aliquando anus quaedam veteres libros novem numero regi magna pecunia vendere cupivit. Tarquinius Superbus cum natura suspiciosus esset, anum dementem putans risit. Illa discessit atque tres illo rum librorum combussit. Paulo post reversa regem interrogavit, num. 14 pt

ABCDEFGHIJKLMNOPQRSTUVWXYZ ÄÖÜ
abcdefghijklmnopqrstuvwxyz äöüß 0123456789 &!?

↔ 81 M 71 x 68

Von Lucian Bernhard 1912 gezeichnet, erstmals veröffentlicht von der Schriftgießerei Bauer in Frankfurt. Bernhard hat eine Reihe von Schriften geschaffen, die seinen Namen tragen, die Bernhard Bold Condensed war seine erste.

Bitstream 1912

A G Q R S Z

a b c e g i k n z

Calligraphic 421

→ Codex

4 5 V

Aliquando anus quaedam veteres libros novem numero regi magna pecunia vendere cupivit. Tarquinius Superbus cum natura suspiciosus esset, anum dementem putans risit. Illa discessit atque tres illorum librorum combussit. Paulo post reversa regem interrogavit, num reliquos sex libros eodem pretio emere vellet. Cum ille multo magis rideret, anus iterum abiit tribusque aliis libris combustis revertit. Pertinacia et perseverantia mulieris miratus Tarquinius tres reliquos libros eodem pretio emit, quo omnes emere potuit. Paulo post rex libros ab auguribus examinari iussit. Qui his libris oracula Sibyllae Cumanae. 6 pt

Aliquando anus quaedam veteres libros novem numero regi magna pecunia vendere cupivit. Tarquinius Superbus cum natura suspiciosus esset, anum dementem putans risit. Illa discessit atque tres illorum librorum combussit. Paulo post reversa regem interrogavit, num. 9 pt

Aliquando anus quaedam veteres libros novem numero regi magna pecunia vendere cupivit. Tarquinius Superbus cum natura suspiciosus esset, anum dementem putans risit. Illa discessit atque tres. 10 pt

Aliquando anus quaedam veteres libros novem numero regi magna pecunia vendere cupivit. Tarquinius Superbus cum natura suspiciosus esset, anum dementem. 12 pt

Aliquando anus quaedam veteres libros novem numero regi magna pecunia vendere cupivit. Tarquinius Superbus cum natura suspiciosus esset, anum dementem putans risit. Illa discessit atque tres illo rum librorum combussit. Paulo post reversa. 14 pt

ABCDEFGHIJKLMNOPQRSTUVWXYZ ÄÖÜ

abcdefghijklmnopqrstuvwxyz äöüß 0123456789 &!?

⟷ 68 M 83 X 49

Die Codex wurde 1953 von Georg Trump gezeichnet. Von Trump stammen neben anderen noch die Trump-Mediaeval (in Corel „Kuenstler 480") und die Delphin (in Corel „Dauphin").

Bitstream 1953

Cancun

Cartoon

3 4 5 V

A B Q R

C K E F G

HAMBURGEFONTS

ABCDEFGHIJKLMNOP

QRSTUVWXYZÄÖÜßOI2

3456789&.!?#/¶“ «›»‹›

{}=[]* % @ ¢ $ £ ¥§©®

Æƒ†ÇÑÉÈÊË

Corel

Cosmic

Comic Book

3 4 5 V

A B Q R

C K E F G

HAMBURGEFONTS

ABCDEFGHIJKLMNOPQR

STUVWXYZÄÖÜABCDEFGHI

JKLMNOPQRSTUVWXYZÄÖÜßo

123456789&.!?#/¶|"«»<>{}=[

]*%@¢$£¥§©®Æ ƒ† ÇÑ

ÉÈÊË

Corel

Cosmic Two

Comic Book Two

3 4 5 V

A B Q R

C K E F G

HAMBURGEFONTS

ABCDEFGHIJKLMNOPQRSTUV

WXYZÄÖÜß012345678

9&.!?#/¶“«»‹›{}=[]* %

@ ¢ $ £ ¥§©®Æ†çÑÉÈÊË

Corel

A G Q R S Z

a b c e g i k n z

Dauphin

→ Delphin

3 4 5 V

Aliquando anus quaedam veteres libros novem numero regi magna pecunia vendere cupivit. Tarquinius Superbus cum natura suspiciosus esset, anum dementem putans risit. Illa discessit atque tres illorum librorum combussit. Paulo post reversa regem interrogavit, num reliquos sex libros eodem pretio emere vellet. Cum ille multo magis rideret, anus iterum abiit tribusque aliis libris combustis revertit. Pertinacia et perseverantia mulieris miratus Tarquinius tres reliquos libros eodem pretio emit, quo omnes emere potuit. Paulo post rex libros ab auguribus examinari iussit. Qui his libris oracula Sibyllae Cumanae contineri cognoverunt. 6 pt

Aliquando anus quaedam veteres libros novem numero regi magna pecunia vendere cupivit. Tarquinius Superbus cum natura suspiciosus esset, anum dementem putans risit. Illa discessit atque tres illorum librorum combussit. Paulo post reversa regem interrogavit, num reliquos sex libros. 9 pt

Aliquando anus quaedam veteres libros novem numero regi magna pecunia vendere cupivit. Tarquinius Superbus cum natura suspiciosus esset, anum dementem putans risit. 10 pt

Aliquando anus quaedam veteres libros novem numero regi magna pecunia vendere cupivit. Tarquinius Superbus cum natura suspiciosus esset, anum dementem putans risit. 12 pt

Aliquando anus quaedam veteres libros novem numero regi magna pecunia vendere cupivit. Tarquinius Superbus cum natura suspiciosus esset, anum dementem putans risit. Illa discessit atque tres illo rum librorum combussit. Paulo post reversa regem interrogavit, num reliquos. 14 pt

ABCDEFGHIJKLMNOPQRSTUVWXYZ ÄÖÜ
abcdefghijklmnopqrstuvwxyz äöüß 0123456789 &!?

⟷ 77 M 61 x 50

Der Deutsche Georg Trump zeichnete die Delphin 1951. Von Trump stammen unter anderem noch die Trump-Mediaeval (in Corel „Kuenstler 480") und die Codex (in Corel „Calligraphic 421").

Corel 1951

➛Dom

Dawncastle³

3 4 5 V

A G Q R S Z

a b c e g i k n z

Aliquando anus quaedam veteres libros novem numero regi magna pecunia vendere cupivit. Tarquinius Superbus cum natura suspiciosus esset, anum dementem putans risit. Illa discessit atque tres illorum librorum combussit. Paulo post reversa regem interrogavit, num reliquos sex libros eodem pretio emere vellet. Cum ille multo magis rideret, anus iterum abiit tribusque aliis libris combustis revertit. Pertinacia et perseverantia mulieris miratus Tarquinius tres reliquos libros eodem pretio emit, quo omnes emere potuit. Paulo post rex libros ab auguribus examinari iussit. Qui his libris oracula Sibyllae Cumanae contineri cognoverunt. 6 pt

Aliquando anus quaedam veteres libros novem numero regi magna pecunia vendere cupivit. Tarquinius Superbus cum natura suspiciosus esset, anum dementem putans risit. Illa discessit atque tres illorum librorum combussit. Paulo post reversa regem interrogavit, num reliquos sex libros. 9 pt

Aliquando anus quaedam veteres libros novem numero regi magna pecunia vendere cupivit. Tarquinius Superbus cum natura suspiciosus esset, anum dementem putans risit. Illa discessit atque tres. 10 pt

Aliquando anus quaedam veteres libros novem numero regi magna pecunia vendere cupivit. Tarquinius Superbus cum natura suspiciosus esset, anum dementem putans risit. 12 pt

Casual	ABCDEFGHIJKLMNOPQRSTUVWXYZ ÄÖÜ abcdefghijklmnopqrstuvwxyz äöüß 0123456789 &!?	⟷ 91 M 73 x 52
Diagonal	*ABCDEFGHIJKLMNOPQRSTUVWXYZ ÄÖÜ abcdefghijklmnopqrstuvwxyz äöüß 0123456789 &!?*	⟷ 92 M 74 x 48 *I* 12
Bold	**ABCDEFGHIJKLMNOPQRSTUVWXYZ ÄÖÜ abcdefghijklmnopqrstuvwxyz äöüß 0123456789 &!?**	⟷ 82 M 73 x 52
Diagonal Bold	***ABCDEFGHIJKLMNOPQRSTUVWXYZ ÄÖÜ abcdefghijklmnopqrstuvwxyz äöüß 0123456789 &!?***	⟷ 82 M 73 x 56 *I* 12

Die Dom Casual wurde 1951 von Pete Dombrezian (daher der Name) für die American Type Founders gezeichnet.

ATF [Bitstream] 1951

→Eckmann

Freeform 710

5 V

A B Q R

c k e f g

Hamburgefonts

ABCDEFGHIJKLMNOPQRSTUV

WXYZÄÖÜabcdefghijklmnopqrstuv

wxyzäöüß0123456789&.!?#/¶„“«

»<>{}=[]* % @ ¤ ¢ $ £ ¥§©®Æ

• ƒ†‡çñéèêëðþ

Die Eckmann ist eine Jugendstil-Schrift, die nach ihrem Designer, nämlich Otto Eckmann, benannt ist. Eckmann zeichnete sie 1900 für Klingspor.

[URW] 1900

Freeform 710

→Eckmann

4 5 V

A B Q R

c k e f g

Hamburgefonts

ABCDEFGHIJKLMNOPQRSTU
VWXYZÄÖÜabcdefghijklmnopqr
stuvwxyzäöüß0123456789&.!?#
/¶„“«» < > {} = [] * % @ ¤ ¢ $
£ ¥ § © ® Æ • ƒ † ‡ çñéèêëðþ

Die Eckmann ist eine Jugendstil-Schrift, die nach ihrem Designer, nämlich Otto Eckmann, benannt ist. Eckmann zeichnete sie 1900 für Klingspor.

Prägnantester Unterschied der Bitstream-Variante zur Eckmann auf Seite 363 (und zur Vorlage) sind neben einer leicht höheren Laufweite vor allem das große H, das große I und das große T, die nicht dem Original entsprechen.

Bitstream 1900

A B Q R

→Letraset
Enviro

Envision3

3 4 5

c k e f g

Hamburgefonts

A B C D E F G H I J K L M
N O P Q R S T U V W X Y
Z Ä Ö Ü a b c d e f g h i j k l
m n o p q r s t u v w x y z ä ö ü
ß 0 1 2 3 4 5 6 7 8 9 & . !
? # / ¶ „ “ « » < > { } = [ ] *
% @ ¤ ¢ $ £ ¥ § © ®
Æ • ƒ † ‡ ç ñ é è ê ë ð þ

Von F. Scott Garland.

Letraset [URW] 1982

Expo

→Estro

3 4 5 V

A B Q R

c k e f g

Hamburgefonts

ABCDEFGHIJKLMNO

PQRSTUVWXYZÄÖÜ

abcdefghijklmnopqrst

uvwxyzäöüß01234567

89&.!?#/¶“«‹›»<>{}=[]*%

@¢$£¥§©®Æƒ†çñéèêë

Gezeichnet 1961 von Aldo Novarese. Von dem Italiener Novarese stammen unter anderem die Eurostile, die Stop und die Fenice.

Corel 1961

Flash

5 V

A G Q R S Z

a b c e g i k n z

Aliquando anus quaedam veteres libros novem numero regi magna pecunia vendere cupivit. Tarquinius Superbus cum natura suspiciosus esset. anum dementem putans risit. Illa discessit atque tres illorum librorum combussit. Paulo post reversa regem interrogavit. num reliquos sex libros eodem pretio emere vellet. Cum ille multo magis rideret. anus iterum abiit tribusque aliis libris combustis revertit. Pertinacia et perseverantia mulieris miratus Tarquinius tres reliquos libros eodem pretio emit. quo omnes emere potuit. Paulo post rex libros ab auguribus examinari iussit. Qui his libris oracula Sibyllae Cumanae contineri cognoverunt. 6 pt

Aliquando anus quaedam veteres libros novem numero regi magna pecunia vendere cupivit. Tarquinius Superbus cum natura suspiciosus esset. anum dementem putans risit. Illa discessit atque tres illorum librorum combussit. Paulo post reversa regem interrogavit. num reliquos sex libros. 9 pt

Aliquando anus quaedam veteres libros novem numero regi magna pecunia vendere cupivit. Tarquinius Superbus cum natura suspiciosus esset. anum dementem putans risit. Illa discessit atque tres. 10 pt

Aliquando anus quaedam veteres libros novem numero regi magna pecunia vendere cupivit. Tarquinius Superbus cum natura suspiciosus esset. anum dementem putans risit. 12 pt

Aliquando anus quaedam veteres libros novem numero regi magna pecunia vendere cupivit. Tarquinius Superbus cum natura suspiciosus esset. anum dementem putans risit. Illa discessit atque tres illo rum librorum combussit. Paulo post reversa regem interrogavit. num reliquos sex libros. 14 pt

Light	ABCDEFGHIJKLMNOPQRSTUVWXYZ ÄÖÜ abcdefghijklmnopqrstuvwxyz äöüß 0123456789 &!?	⟷ 92	M 71	X 50
Bold	**ABCDEFGHIJKLMNOPQRSTUVWXYZ ÄÖÜ abcdefghijklmnopqrstuvwxyz äöüß 0123456789 &!?**	⟷ 77	M 71	X 52

Gezeichnet 1939 von Sol Hess. Von Hess stammen neben anderen noch die Goudy Heavyface und die Broadway Engraved.

[URW] 1939

Formal Script 421

Merlin[3]
→Ondine
Bodacious
Mermaid

3 4 5 V

A B Q R
c k e f g

Hamburgefonts

ABCDEFGHIJKLMNOPQ
RSTUVWXYZÄÖÜabcde
fghijklmnopqrstuvwxyz
äöüß0123456789&.!?#/¶„“«
»<>{}=[]* % @ ¤ ¢ $ £
¥§©®Æ•ƒ†‡çñéèêëðþ

Geschaffen von einem der ganz Großen dieses Jahrhunderts, dem Schweizer Typographen Adrian Frutiger. Von Frutiger stammen neben zahlreichen anderen noch die Univers (in Corel: „Zurich“) und die Frutiger („Humanist 777“).

Bitstream 1954

Freehand 471

Castanet[3]
→Cascade

3 4 5 V

A G Q R S Z
a b c e g i k n z

Aliquando anus quaedam veteres libros novem numero regi magna pecunia vendere cupivit. Tarquinius Superbus cum natura suspiciosus esset, anum dementem putans risit. Illa discessit atque tres illorum librorum combussit. Paulo post reversa regem interrogavit, num reliquos sex libros eodem pretio emere vellet. Cum ille multo magis rideret, anus iterum abiit tribusque aliis libris combustis revertit. Pertinacia et perseverantia mulieris miratus Tarquinius tres reliquos libros eodem pretio emit, quo omnes emere potuit. Paulo post rex libros ab auguribus examinari iussit. Qui his libris oracula Sibyllae Cumanae contineri cognoverunt. 6 pt

Aliquando anus quaedam veteres libros novem numero regi magna pecunia vendere cupivit. Tarquinius Superbus cum natura suspiciosus esset, anum dementem putans risit. Illa discessit atque tres illo rum librorum combussit. Paulo post reversa regem interrogavit, num. 9 pt

Aliquando anus quaedam veteres libros novem numero regi magna pecunia vendere cupivit. Tarquinius Superbus cum natura suspiciosus esset, anum dementem putans risit. Illa discessit atque tres. 10 pt

Aliquando anus quaedam veteres libros novem numero regi magna pecunia vendere cupivit. Tarquinius Superbus cum natura suspiciosus esset, anum dementem. 12 pt

Aliquando anus quaedam veteres libros novem numero regi magna pecunia vendere cupivit. Tarquinius Superbus cum natura suspiciosus esset, anum dementem putans risit. Illa discessit atque tres illo rum librorum combussit. Paulo post reversa. 14 pt

ABCDEFGHIJKLMNOPQRSTUVWXYZ ÄÖÜ
abcdefghijklmnopqrstuvwxyz äöüß
0123456789 &!?

⟷ 69 M 74 x 50

Gezeichnet von Matthew Carter. Von Carter stammen zahlreiche weitere Schriften, unter anderem Gando, Shelley, Snell, ITC Galliard, ITC New Baskerville und Charter. Carter gründete 1981 das Unternehmen Bitstream.

Bitstream 1966

Freehand 521

→Mandate

4 5 V

a G Q R S Z

a b c e g i k n z

Aliquando anus quaedam veteres libros novem numero regi magna pecunia vendere cupivit. Tarquinius Superbus cum natura suspiciosus esset, anum dementem putans risit. Illa discessit atque tres illorum librorum combussit. Paulo post reversa regem interrogavit, num reliquos sex libros eodem pretio emere vellet. Cum ille multo magis rideret, anus iterum abiit tribusque aliis libris combustis revertit. Pertinacia et perseverantia mulieris miratus Tarquinius tres reliquos libros eodem pretio emit, quo omnes emere potuit. Paulo post. 6 pt

Aliquando anus quaedam veteres libros novem numero regi magna pecunia vendere cupivit. Tarquinius Superbus cum natura suspiciosus esset, anum dementem putans risit. Illa discessit atque tres illorum librorum combussit. Paulo post reversa. 9 pt

Aliquando anus quaedam veteres libros novem numero regi magna pecunia vendere cupivit. Tarquinius Superbus cum natura suspiciosus esset, anum dementem putans risit. Illa discessit atque tres. 10 pt

Aliquando anus quaedam veteres libros novem numero regi magna pecunia vendere cupivit. Tarquinius Superbus cum natura suspiciosus esset, anum dementem. 12 pt

Aliquando anus quaedam veteres libros novem numero regi magna pecunia vendere cupivit. Tarquinius Superbus cum natura suspiciosus esset, anum dementem putans risit. Illa discessit atque tres illo rum librorum combussit. Paulo post. 14 pt

ABCDEFGHIJKLMNOPQRSTUVWXYZ ÄÖÜ ↔ 68 M 77 x 46
abcdefghijklmnopqrstuvwxyz äöüß
0123456789 &!?

Gezeichnet 1934 von Robert Hunter Middleton. Von Middleton (1898-1985) stammen außerdem die Coronet (in Corel: Ribbon 131), Bodoni Campanile (Modern 735) und Umbra.

Bitstream 1934

Freehand
575

Jefferson

4 5 V

A G Q R S Z

a b c e g i k n z

Aliquando anus quandam veteres libros novem numero regi magna pecunia vendere cupivit. Tarquinius Superbus cum natura suspiciosus esset, anum dementem putans risit. Illa discessit atque tres illorum librorum combussit. Paulo post reversa regem interrogavit, num reliquos sex libros eodem pretio emere vellet. Cum ille multo magis rideret, anus iterum abiit tribusque aliis libris combustis revertit. Pertinacia et perseverantia mulieris miratus Tarquinius tres reliquos libros eodem pretio emit, quo omnes emere potuit. Paulo post rex libros ab auguribus examinari iussit. Qui his libris oracula Sibyllae Cumanae contineri cognoverunt. 6 pt

Aliquando anus quaedam veteres libros novem numero regi magna pecunia vendere cupivit. Tarquinius Superbus cum natura suspiciosus esset, anum dementem putans risit. Illa discessit atque tres illorum librorum combussit. Paulo post reversa regem interrogavit, num reliquos sex libros. 9 pt

Aliquando anus quaedam veteres libros novem numero regi magna pecunia vendere cupivit. Tarquinius Superbus cum natura suspiciosus esset, anum dementem putans risit. Illa discessit atque tres. 10 pt

Aliquando anus quaedam veteres libros novem numero regi magna pecunia vendere cupivit. Tarquinius Superbus cum natura suspiciosus esset, anum dementem putans risit. 12 pt

Aliquando anus quaedam veteres libros novem numero regi magna pecunia vendere cupivit. Tarquinius Superbus cum natura suspiciosus esset, anum dementem putans risit. Illa discessit atque tres illo rum librorum combussit. Paulo post reversa regem interrogavit, num reliquos sex libros. 14 pt

ABCDEFGHIJKLMNOPQRSTUVWXYZ ÄÖÜ
abcdefghijklmnopqrstuvwxyz äöüß 0123456789 &!?

↔ 125 M 63 x 34

Bitstream

Freehand 591

Bingham Script

4 5 V

A G Q R S Z

a b c e g i k n z

Aliquando anus quaedam veteres libros novem numero regi magna pecunia vendere cupivit. Tarquinius Superbus cum natura suspiciosus esset, anum dementem putans risit. Illa discessit atque tres illorum librorum combussit. Paulo post reversa regem interrogavit, num reliquos sex libros eodem pretio emere vellet. Cum ille multo magis rideret, anus iterum abiit tribusque aliis libris combustis revertit. Pertinacia et perseverantia mulieris miratus Tarquinius tres reliquos libros eodem pretio emit, cuo omnes emere potuit. Paulo post rex libros ab auguribus examinari iussit. Qui his libris oracula Sibyllae Cumanae contineri cognoverunt. 6 pt

Aliquando anus quaedam veteres libros novem numero regi magna pecunia vendere cupivit. Tarquinius Superbus cum natura suspiciosus esset, anum dementem putans risit. Illa discessit atque tres illo rum librorum combussit. Paulo post reversa regem interrogavit, num. 9 pt

Aliquando anus quaedam veteres libros novem numero regi magna pecunia vendere cupivit. Tarquinius Superbus cum natura suspiciosus esset, anum dementem putans risit. Illa discessit atque tres. 10 pt

Aliquando anus quaedam veteres libros novem numero regi magna pecunia vendere cupivit. Tarquinius Superbus cum natura suspiciosus esset, anum dementem. 12 pt

Aliquando anus quaedam veteres libros novem numero regi magna pecunia vendere cupivit. Tarquinius Superbus cum natura suspiciosus esset, anum dementem putans risit. Illa discessit atque tres illo rum librorum combussit. Paulo post reversa regem interrogavit, num reliquos sex libros. 14 pt

ABCDEFGHIJKLMNOPQRSTUVWXYZ ÄÖÜ
abcdefghijklmnopqrstuvwxyz äöüß 0123456789 &!?

⟷ 81 M 92 x 43

Bitstream

A G Q R S Z

a b c e g i k n z

→Letraset Freestyle Script

Freeport³
Carino³
Casino

3	4	5	

Aliquando anus quaedam veteres libros novem numero regi magna pecunia vendere cupivit. Tarquinius Superbus cum natura suspiciosus esset, anum dementem putans risit. Illa discessit atque tres illorum librorum combussit. Paulo post reversa regem interrogavit, num reliquos sex libros eodem pretio emere vellet. Cum ille multo magis rideret, anus iterum abiit tribusque aliis libris combustis revertit. Pertinacia et perseverantia mulieris miratus Tarquinius tres reliquos libros eodem pretio emit, quo omnes emere putuit. Paulo post rex libros ab auguribus examinari iussit. Qui his libris oracula Sibyllae Cumanae contineri cognoverunt. 6 pt

Aliquando anus quaedam veteres libros novem numero regi magna pecunia vendere cupivit. Tarquinius Superbus cum natura suspiciosus esset, anum dementem putans risit. Illa discessit atque tres illo rum librorum combussit. Paulo post reversa regem interrogavit, num reliquos sex libros. 9 pt

Aliquando anus quaedam veteres libros novem numero regi magna pecunia vendere cupivit. Tarquinius Superbus cum natura suspiciosus esset, anum dementem putans risit. Illa discessit atque tres. 10 pt

Aliquando anus quaedam veteres libros novem numero regi magna pecunia vendere cupivit. Tarquinius Superbus cum natura suspiciosus esset, anum dementem putans. 12 pt

Aliquando anus quaedam veteres libros novem numero regi magna pecunia vendere cupivit. Tarquinius Superbus cum natura suspiciosus esset, anum dementem putans risit. Illa discessit atque tres illo rum librorum combussit. Paulo post reversa regem interrogavit, num reliquos sex libros. 14 pt

ABCDEFGHIJKLMNOPQRSTUVWXYZ ÄÖÜ abcdefghijklmnopqrstuvwxyz äöüß 0123456789 &!?	⟷ 107	M 70	X 30
Bold **ABCDEFGHIJKLMNOPQRSTUVWXYZ ÄÖÜ** **abcdefghijklmnopqrstuvwxyz äöüß** **0123456789 &!?**	⟷ 65	M 71	X 53

Diese Schrift wurde von Martin Wait gezeichnet. Von Wait ist auch die Horndon. Der normale Schriftschnitt ist laut Corel-Handbuch von Letraset lizensiert, laut Datei-Info liegt das Copyright bei URW, der Schriftschnitt Bold ist laut Datei-Info von Corel.

Letraset [URW] 1981

➛Impress

Freehand 571

3 4 5 V

A G Q R S Z

a b c e g i k n z

Aliquando anus quaedam veteres libros novem numero regi magna pecunia vendere cupivit. Tarquinius Superbus cum natura suspiciosus esset, anum dementem putans risit. Illa discessit atque tres illorum librorum combussit. Paulo post reversa regem interrogavit, num reliquos sex libros eodem pretio emere vellet. Cum ille multo magis rideret, anus iterum abiit tribusque aliis libris combustis revertit. Pertinacia et perseverantia mulieris miratus Tarquinius tres reliquos libros eodem pretio emit, quo omnes emere potuit. Paulo post rex libros ab auguribus examinari iussit. Qui his libris oracula Sibyllae Cumanae contineri cognoverunt. 6 pt

Aliquando anus quaedam veteres libros novem numero regi magna pecunia vendere cupivit. Tarquinius Superbus cum natura suspiciosus esset, anum dementem putans risit. Illa discessit atque tres illorum librorum combussit. Paulo post reversa regem. 9 pt

Aliquando anus quaedam veteres libros novem numero regi magna pecunia vendere cupivit. Tarquinius Superbus cum natura suspiciosus esset, anum dementem putans risit. Illa discessit atque tres. 10 pt

Aliquando anus quaedam veteres libros novem numero regi magna pecunia vendere cupivit. Tarquinius Superbus cum natura suspiciosus esset, anum dementem. 12 pt

Aliquando anus quaedam veteres libros novem numero regi magna pecunia vendere cupivit. Tarquinius Superbus cum natura suspiciosus esset, anum dementem putans risit. Illa discessit atque tres illo rum librorum combussit. 14 pt

ABCDEFGHIJKLMNOPQRSTUVWXYZ ÄÖÜ
abcdefghijklmnopqrstuvwxyz äöüß
0123456789 &!?

⟼ 66 M 71 x 48

Bitstream

Informal 011

→Neuland

Newfoundland[3]

3 4 5 V

A B Q R

C K E F G

HAMBURGEFONTS

ABCDEFGHIJKLMNOPQR

STUVWXYZÄÖÜSS01234

56789&.!?#/¶„“«»<>{}

=[]* % @ ¤ ¢ $ £ ¥§©

®Æ•ƒ†‡ÇÑÉÈÊËÐÞ

Der Deutsche Rudolf Koch (1876-1934) schuf diese Schrift für die Schriftgießerei Gebrüder Klingspor in Offenbach am Main. – Daß diese Schrift von einem Deutschen geschaffen wurde, sieht man auch an den originellen Umlauten. Häufig ist erkennbar, daß deren Gestaltung beispielsweise von den Amerikanern nur als lästige Notwendigkeit angesehen wird.

Bitstream 1923

Informal 011

→Neuland

Newfoundland[3]

3 4 5 V

BLACK

A B Q R

C K E F G

HAMBURGEFONTS

ABCDEFGHIJKLMNOP

QRSTUVWXYZÄÖÜSSO

123456789&.!?#/¶„“«»

< > { } = [ ] * % @ ¤ ¢ $ £

¥§©®Æ•ƒ†‡ÇÑÉÈÊËÐÞ

Der Deutsche Rudolf Koch (1876-1934) schuf diese Schrift für die Schriftgießerei Gebrüder Klingspor in Offenbach am Main. – Daß diese Schrift von einem Deutschen geschaffen wurde, sieht man auch an den originellen Umlauten. Häufig ist erkennbar, daß deren Gestaltung beispielsweise von den Amerikanern nur als lästige Notwendigkeit angesehen wird.

Bitstream 1923

→Kids

3 4 5 V

A B Q R

c k e f g

Hamburgefonts

ABCDEFGHIJKLMNOPQ
RSTUVWXYZÄÖÜabcde
fghijklmnopqrstuvwxyz
äöüß0123456789&.!?#/¶
„“«‹›»<>{}=[]* % @ ¤ ¢ $ £
¥§© ® Æ•ƒ†‡çñéèêëðþ

Corel

Lydian

Humanist 581

4 5 V

A G Q R S Z

a b c e g i k n z

Aliquando anus quaedam veteres libros novem numero regi magna pecunia vendere cupivit. Tarquinius Superbus cum natura suspiciosus esset, anum dementem putans risit. Illa discessit atque tres illorum librorum combussit. Paulo post reversa regem interrogavit, num reliquos sex libros eodem pretio emere vellet. Cum ille multo magis rideret, anus iterum abiit tribusque aliis libris combustis revertit. Pertinacia et perseverantia mulieris miratus Tarquinius tres reliquos libros eodem pretio emit, quo omnes emere potuit. Paulo post rex libros ab auguribus examinari iussit. 6 pt

Aliquando anus quaedam veteres libros novem numero regi magna pecunia vendere cupivit. Tarquinius Superbus cum natura suspiciosus esset, anum dementem putans risit. Illa discessit atque tres illorum librorum combussit. Paulo post reversa regem interrogavit, num reliquos sex libros. 9 pt

Aliquando anus quaedam veteres libros novem numero regi magna pecunia vendere cupivit. Tarquinius Superbus cum natura suspiciosus esset, anum dementem putans risit. Illa discessit atque tres. 10 pt

Aliquando anus quaedam veteres libros novem numero regi magna pecunia vendere cupivit. Tarquinius Superbus cum natura suspiciosus esset, anum dementem putans risit. 12 pt

Aliquando anus quaedam veteres libros novem numero regi magna pecunia vendere cupivit. Tarquinius Superbus cum natura suspiciosus esset, anum dementem putans risit. Illa discessit atque tres illo rum librorum combussit. Paulo post reversa regem interrogavit. 14 pt

Roman ABCDEFGHIJKLMNOPQRSTUVWXYZ ÄÖÜ
abcdefghijklmnopqrstuvwxyz äöüß 0123456789 &!? — ↔ 74 M 71 x 48

Italic *ABCDEFGHIJKLMNOPQRSTUVWXYZ ÄÖÜ*
abcdefghijklmnopqrstuvwxyz äöüß 0123456789 &!? — ↔ 75 M 73 x 48, *I* 5°

Bold **ABCDEFGHIJKLMNOPQRSTUVWXYZ ÄÖÜ**
abcdefghijklmnopqrstuvwxyz äöüß 0123456789 &!? — ↔ 70 M 71 x 49

Bold Italic ***ABCDEFGHIJKLMNOPQRSTUVWXYZ ÄÖÜ***
abcdefghijklmnopqrstuvwxyz äöüß 0123456789 &!? — ↔ 71 M 74 x 50, *I* 5°

Gezeichnet 1938 von Warren Chappell.

ATF 1983
[Bitstream]

→Lydian Cursive

Freehand 511

4 5 V

A G Q R S Z

a b c e g i k n z

Aliquando anus quaedam veteres libros novem numero regi magna pecunia vendere cupivit. Tarquinius Superbus cum natura suspiciosus esset, anum dementem putans risit. Illa discessit atque tres illorum librorum combussit. Paulo post reversa regem interrogavit, num reliquos sex libros eodem pretio emere vellet. Cum ille multo magis rideret, anus iterum abiit tribusque aliis libris combustis revertit. Pertinacia et perseverantia mulieris miratus Tarquinius tres reliquos libros eodem pretio emit, quo omnes emere potuit. Paulo post rex libros ab auguribus examinari iussit. Qui his libris oracula Sibyllae Cumanae contineri cognoverunt. 6 pt

Aliquando anus quaedam veteres libros novem numero regi magna pecunia vendere cupivit. Tarquinius Superbus cum natura suspiciosus esset, anum dementem putans risit. Illa discessit atque tres illo rum librorum combussit. Paulo post reversa regem interrogavit, num reliquos sex. 9 pt

Aliquando anus quaedam veteres libros novem numero regi magna pecunia vendere cupivit. Tarquinius Superbus cum natura suspiciosus esset, anum dementem putans risit. Illa discessit atque tres. 10 pt

Aliquando anus quaedam veteres libros novem numero regi magna pecunia vendere cupivit. Tarquinius Superbus cum natura suspiciosus esset, anum dementem. 12 pt

Aliquando anus quaedam veteres libros novem numero regi magna pecunia vendere cupivit. Tarquinius Superbus cum natura suspiciosus esset, anum dementem putans risit. Illa discessit atque tres illo rum librorum combussit. Paulo post reversa regem interrogavit, num reliquos sex. 14 pt

ABCDEFGHIJKLMNOPQRSTUVWXYZ ÄÖÜ
abcdefghijklmnopqrstuvwxyz äöüß 0123456789 &!?

↔ 83 M 77 x 52

Gezeichnet von Warren Chappell.

Bitstream 1940

➛Mirarae

Calligraphic 809

4 | 5 | V

A G Q R S Z
a b c e g i k n z

Aliquando anus quaedam veteres libros novem numero regi magna pecunia vendere cupivit. Tarquinius Superbus cum natura suspiciosus esset, anum dementem putans risit. Illa discessit atque tres illorum librorum combussit. Paulo post reversa regem interrogavit, num reliquos sex libros eodem pretio emere vellet. Cum ille multo magis rideret, anus iterum abiit tribusque aliis libris combustis revertit. Pertinacia et perseverantia mulieris miratus Tarquinius tres reliquos libros. 6 pt

Aliquando anus quaedam veteres libros novem numero regi magna pecunia vendere cupivit. Tarquinius Superbus cum natura suspiciosus esset, anum dementem putans risit. Illa discessit atque tres illo rum librorum combussit. 9 pt

Aliquando anus quaedam veteres libros novem numero regi magna pecunia vendere cupivit. Tarquinius Superbus cum natura suspiciosus esset, anum dementem putans risit. 10 pt

Aliquando anus quaedam veteres libros novem numero regi magna pecunia vendere cupivit. Tarquinius Superbus cum natura suspiciosus esset. 12 pt

Aliquando anus quaedam veteres libros novem numero regi magna pecunia vendere cupivit. Tarquinius Superbus cum natura suspiciosus esset, anum dementem putans risit. Illa discessit atque tres illo rum. 14 pt

Roman ABCDEFGHIJKLMNOPQRSTUVWXYZ ÄÖÜ
abcdefghijklmnopqrstuvwxyz äöüß
0123456789 &!? ⟷ 61 M 64 x 48

Bold **ABCDEFGHIJKLMNOPQRSTUVWXYZ ÄÖÜ**
abcdefghijklmnopqrstuvwxyz äöüß
0123456789 &!? ⟷ 57 M 64 x 48

Diese Schrift wurde von Carol Twombly entworfen. Von Twombly stammen auch die Lithos (in Corel „Lithograph"), die Charlemagne („Charlesworth") sowie die Juniper („Jupiter") und Ironwood („Ireland").

Carol Twombly [Bitstream] 1992

→Mister Earl

Freehand 651

4 5 V

A B Q R

c k e f g

Hamburgefonts

ABCDEFGHIJKLMNOPQRSTUVWXYZÄÖÜabcd

efghijklmnopqrstuvwxyzäöüß0123456789

&.!?#/¶„"«» < > {} = []* % @ ¤ ¢

$ £ ¥§©®Æ • ƒ†‡çñéèêëðþ

Gezeichnet 1992 von Jennifer Maestre.

Bitstream 1992

Okay

5 V

A G Q R S Z

a b c e g i k n z

Aliquando anus quaedam veteres libros novem numero regi magna pecunia vendere cupivit. Tarquinius Superbus cum natura suspiciosus esset, anum dementem putans risit. Illa discessit atque tres illorum librorum combussit. Paulo post reversa regem interrogavit, num reliquos sex libros eodem pretio emere vellet. Cum ille multo magis rideret, anus iterum abiit tribusque aliis libris combustis revertit. Pertinacia et perseverantia mulieris miratus Tarquinius tres reliquos libros eodem pretio emit, quo omnes emere potuit. Paulo post rex libros ab auguribus examinari iussit. Qui his libris oracula Sibyllae Cumanae contineri cognoverunt. 6 pt

Aliquando anus quaedam veteres libros novem numero regi magna pecunia vendere cupivit. Tarquinius Superbus cum natura suspiciosus esset, anum dementem putans risit. Illa discessit atque tres illorum librorum combussit. Paulo post reversa regem interrogavit,. 9 pt

Aliquando anus quaedam veteres libros novem numero regi magna pecunia vendere cupivit. Tarquinius Superbus cum natura suspiciosus esset, anum dementem putans risit. 10 pt

Aliquando anus quaedam veteres libros novem numero regi magna pecunia vendere cupivit. Tarquinius Superbus cum natura suspiciosus esset, anum dementem putans. 12 pt

Aliquando anus quaedam veteres libros novem numero regi magna pecunia vendere cupivit. Tarquinius Superbus cum natura suspiciosus esset, anum dementem putans risit. Illa discessit atque tres illo rum librorum combussit. Paulo post reversa regem interrogavit, num reliquos. 14 pt

ABCDEFGHIJKLMNOPQRSTUVWXYZ ÄÖÜ
abcdefghijklmnopqrstuvwxyz äöüß 0123456789 &!?

⟷ 79 M 68 x 50

[URW]

A G Q R S Z

a b c e g i k n z

→Oz

Handicraft

Freehand 701

4 5 V

Aliquando anus quaedam veteres libros novem numero regi magna pecunia vendere cupivit. Tarquinius Superbus cum natura suspiciosus esset, anum dementem putans risit. Illa discessit atque tres illorum librorum combussit. Paulo post reversa regem interrogavit, num reliquos sex libros eodem pretio emere vellet. Cum ille multo magis rideret, anus iterum abiit tribusque aliis libris combustis revertit. Pertinacia et perseverantia mulieris miratus Tarquinius tres reliquos libros eodem pretio emit, quo omnes emere potuit. Paulo post rex libros ab auguribus examinari iussit. Qui his libris oracula Sibyllae Cumanae contineri cognoverunt. 6 pt

Aliquando anus quaedam veteres libros novem numero regi magna pecunia vendere cupivit. Tarquinius Superbus cum natura suspiciosus esset, anum dementem putans risit. Illa discessit atque tres illorum librorum combussit. Paulo post reversa regem interrogavit, num reliquos sex libros. 9 pt

Aliquando anus quaedam veteres libros novem numero regi magna pecunia vendere cupivit. Tarquinius Superbus cum natura suspiciosus esset, anum dementem putans risit. Illa discessit atque tres. 10 pt

Aliquando anus quaedam veteres libros novem numero regi magna pecunia vendere cupivit. Tarquinius Superbus cum natura suspiciosus esset, anum dementem putans risit. 12 pt

Aliquando anus quaedam veteres libros novem numero regi magna pecunia vendere cupivit. Tarquinius Superbus cum natura suspiciosus esset, anum dementem putans risit. Illa discessit atque tres illo rum librorum combussit. Paulo post reversa regem interrogavit, num reliquos sex libros. 14 pt

ABCDEFGHIJKLMNOPQRSTUVWXYZ ÄÖÜ
abcdefghijklmnopqrstuvwxyz äöüß 0123456789 &!?

113 M 77 x 60

Gezeichnet von Ryan Georg, beruht auf der Schrift Oz Bruhs von Ozwald Cooper.

Bitstream 1991

➛Palette

Paintbrush

3 4 5 V

A B Q R

C K E F G

HAMBURGEFONTS

ABCDEFGHIJKLMNOP
QRSTUVWXYZÄÖÜABC
DEFGHIJKLMNOPQRSTUVWXY
ZÄÖÜß0123456789&.!
?#/¶“«‹›»‹›{}=[]* % @ ¢ $
£ ¥• ©®Æƒ†ÇÑÉÈÊË

Gezeichnet von Martin Wilke 1953. Von Wilke stammt auch die Diskus.

Berthold [Corel] 1953

A G Q R S Z
a b c e g i k n z

Prose Antiqua

→Post-Antiqua

3 4 5 V

Aliquando anus quaedam veteres libros novem numero regi magna pecunia vendere cupivit. Tarquinius Superbus cum natura suspiciosus esset, anum dementem putans risit. Illa discessit atque tres illorum librorum combussit. Paulo post reversa regem interrogavit, num reliquos sex libros eodem pretio emere vellet. Cum ille multo magis rideret, anus iterum abiit tribusque aliis libris combustis revertit. Pertinacia et perseverantia mulieris miratus Tarquinius tres reliquos libros eodem pretio emit, quo omnes emere potuit. Paulo post rex libros ab auguribus examinari iussit. Qui his libris oracula Sibyllae Cumanae contineri cognoverunt. 6 pt

Aliquando anus quaedam veteres libros novem numero regi magna pecunia vendere cupivit. Tarquinius Superbus cum natura suspiciosus esset, anum dementem putans risit. Illa discessit atque tres illorum librorum combussit. Paulo post reversa regem interrogavit, num reliquos. 9 pt

Aliquando anus quaedam veteres libros novem numero regi magna pecunia vendere cupivit. Tarquinius Superbus cum natura suspiciosus esset, anum dementem putans risit. Illa discessit atque tres. 10 pt

Aliquando anus quaedam veteres libros novem numero regi magna pecunia vendere cupivit. Tarquinius Superbus cum natura suspiciosus esset, anum dementem putans risit. 12 pt

Aliquando anus quaedam veteres libros novem numero regi magna pecunia vendere cupivit. Tarquinius Superbus cum natura suspiciosus esset, anum dementem putans risit. Illa discessit atque tres illo rum librorum combussit. Paulo post reversa regem. 14 pt

Roman ABCDEFGHIJKLMNOPQRSTUVWXYZ ÄÖÜ ⟷ 71 M 73 x 49
abcdefghijklmnopqrstuvwxyz äöüß 0123456789 &!?

Bold ABCDEFGHIJKLMNOPQRSTUVWXYZ ÄÖÜ ⟷ 66 M 75 x 51
abcdefghijklmnopqrstuvwxyz äöüß
0123456789 &!?

Die Post-Antiqua wurde 1932 von dem Deutschen Herbert Post gezeichnet, sie bestand nur aus Versalien und trug den Namen „Altschrift". Erst sieben Jahre später wurden die Kleinbuchstaben hinzugefügt.

[Corel] 1932

Quill Script

4 5 V

A G Q R S Z

a b c e g i k n z

Aliquando anus quaedam veteres libros novem numero regi magna pecunia vendere cupivit. Tarquinius Superbus cum natura suspiciosus esset, anum dementem putans risit. Illa discessit atque tres illorum librorum combussit. Paulo post reversa regem interrogavit, num reliquos sex libros eodem pretio emere vellet. Cum ille multo magis rideret, anus iterum abiit tribusque aliis libris combustis revertit. Pertinacia et perseverantia mulieris miratus Tarquinius tres reliquos libros eodem pretio emit, quo omnes emere potuit. Paulo post rex libros ab auguribus examinari iussit. Qui his libris oracula Sibyllae Cumanae contineri cognoverunt. 6 pt

Aliquando anus quaedam veteres libros novem numero regi magna pecunia vendere cupivit. Tarquinius Superbus cum natura suspiciosus esset, anum dementem putans risit. Illa discessit atque tres illorum librorum combussit. Paulo post reversa regem interrogavit, num reliquos sex libros. 9 pt

Aliquando anus quaedam veteres libros novem numero regi magna pecunia vendere cupivit. Tarquinius Superbus cum natura suspiciosus esset, anum dementem putans risit. Illa discessit atque tres. 10 pt

Aliquando anus quaedam veteres libros novem numero regi magna pecunia vendere cupivit. Tarquinius Superbus cum natura suspiciosus esset, anum dementem putans risit. 12 pt

Aliquando anus quaedam veteres libros novem numero regi magna pecunia vendere cupivit. Tarquinius Superbus cum natura suspiciosus esset, anum dementem putans risit. Illa discessit atque tres illo rum librorum combussit. Paulo post reversa regem. 14 pt

ABCDEFGHIJKLMNOPQRSTUVWXYZ ÄÖÜ
abcdefghijklmnopqrstuvwxyz äöüß 0123456789 &!?

⟷ 70 M 70 X 38

Corel

A G Q R S Z

a b c e g i k n z

→Piranesi Italic

4 5 V

Aliquando anus quaedam veteres libros novem numero regi magna pecunia vendere cupivit. Tarquinius Superbus cum natura suspiciosus esset, anum dementem putans risit. Illa discessit atque tres illorum librorum combussit. Paulo post reversa regem interrogavit, num reliquos sex libros eodem pretio emere vellet. Cum ille multo magis rideret, anus iterum abiit tribusque aliis libris combustis revertit. Pertinacia et perseverantia mulieris miratus Tarquinius tres reliquos libros eodem pretio emit, quo omnes emere potuit. Paulo post rex libros ab auguribus examinari iussit. Qui his libris oracula Sibyllae Cumanae contineri cognoverunt. 6 pt

Aliquando anus quaedam veteres libros novem numero regi magna pecunia vendere cupivit. Tarquinius Superbus cum natura suspiciosus esset, anum dementem putans risit. Illa discessit atque tres illorum librorum combussit. Paulo post reversa regem interrogavit, num reliquos sex libros. 9 pt

Aliquando anus quaedam veteres libros novem numero regi magna pecunia vendere cupivit. Tarquinius Superbus cum natura suspiciosus esset, anum dementem putans risit. Illa discessit atque tres. 10 pt

Aliquando anus quaedam veteres libros novem numero regi magna pecunia vendere cupivit. Tarquinius Superbus cum natura suspiciosus esset, anum dementem putans risit. 12 pt

Aliquando anus quaedam veteres libros novem numero regi magna pecunia vendere cupivit. Tarquinius Superbus cum natura suspiciosus esset, anum dementem putans risit. Illa discessit atque tres illorum librorum combussit. Paulo post reversa regem interrogavit, num reliquos sex libros. 14 pt

ABCDEFGHIJKLMNOPQRSTUVWXYZ
ÄÖÜ
abcdefghijklmnopqrstuvwxyz äöüß 0123456789 &!?

⟷ 100 M 77 X 31

Gezeichnet 1930 von Morris Fuller Benton. Von Benton (1872-1948) stammen zahllose Schriften, die Corel-Kollektion enthält unter anderem Broadway, Parisian, Century Schoolbook, Hobo und Bank Gothic.

ATF
[Bitstream]

1930

Raleigh

Calligraphic 631

4 5 V

A G Q R S Z

a b c e g i k n z

Aliquando anus quaedam veteres libros novem numero regi magna pecunia vendere cupivit. Tarquinius Superbus cum natura suspiciosus esset, anum dementem putans risit. Illa discessit atque tres illorum librorum combussit. Paulo post reversa regem interrogavit, num reliquos sex libros eodem pretio emere vellet. Cum ille multo magis rideret, anus iterum abiit tribusque aliis libris combustis revertit. Pertinacia et perseverantia mulieris miratus Tarquinius tres reliquos libros eodem pretio emit, quo omnes emere potuit. Paulo post rex libros ab auguribus examinari iussit. Qui his libris oracula Sibyllae Cumanae contineri cognoverunt. 6 pt

Aliquando anus quaedam veteres libros novem numero regi magna pecunia vendere cupivit. Tarquinius Superbus cum natura suspiciosus esset, anum dementem putans risit. Illa discessit atque tres illo rum librorum combussit. Paulo post reversa regem interrogavit, 9 pt

Aliquando anus quaedam veteres libros novem numero regi magna pecunia vendere cupivit. Tarquinius Superbus cum natura suspiciosus esset, anum dementem putans risit. Illa discessit atque tres. 10 pt

Aliquando anus quaedam veteres libros novem numero regi magna pecunia vendere cupivit. Tarquinius Superbus cum natura suspiciosus esset, anum dementem. 12 pt

Roman	ABCDEFGHIJKLMNOPQRSTUVWXYZ ÄÖÜ abcdefghijklmnopqrstuvwxyz äöüß 0123456789 &!?	67	M 65 H 8	x 46 H 6
Light	ABCDEFGHIJKLMNOPQRSTUVWXYZ ÄÖÜ abcdefghijklmnopqrstuvwxyz äöüß 0123456789 &!?	68	M 65 H 8	x 46 H 5
Bold	**ABCDEFGHIJKLMNOPQRSTUVWXYZ ÄÖÜ abcdefghijklmnopqrstuvwxyz äöüß 0123456789 &!?**	66	M 65 H 13	x 46 H 8
Medium	ABCDEFGHIJKLMNOPQRSTUVWXYZ ÄÖÜ abcdefghijklmnopqrstuvwxyz äöüß 0123456789 &!?	67	M 65 H 9	x 46 H 6
Demibold	ABCDEFGHIJKLMNOPQRSTUVWXYZ ÄÖÜ abcdefghijklmnopqrstuvwxyz äöüß 0123456789 &!?	66	M 65 H 10	x 46 H 7
Extra bold	**ABCDEFGHIJKLMNOPQRSTUVWXYZ ÄÖÜ abcdefghijklmnopqrstuvwxyz äöüß 0123456789 &!?**	64	M 65 H 15	x 46 H 9

Gezeichnet 1977 von Adrian Williams. Von Williams stammt auch die Seagull.

Ingrama [Bitstream] 1977

→Letraset
Revue

Renfrew[3]
Informal 870

3 4 5

A B Q R

c k e f g

Hamburgefonts

ABCDEFGHIJKLMNOPQR
STUVWXYZÄÖÜabcdefghi
jklmnopqrstuvwxyzäöüß
0123456789&.!?#/¶„"«
»<>{}=[]* % @ ¤ ¢ $
£ ¥§©®Æ• ƒ †‡çñéèêëðþ

Gezeichnet von Colin Brignall. Von Brignall stammen außerdem Aachen, Countdown, Tango und Harlow.

Letraset
[Bitstream]

1969

➛Letraset Squire

Scribe

4 5

A G Q R S Z

a b c e g i k n z

Aliquando anus quaedam veteres libros novem numero regi magna pecunia vendere cupivit. Tarquinius Superbus cum natura suspiciosus esset, anum dementem putans risit. Illa discessit atque tres illorum librorum combussit. Paulo post reversa regem interrogavit, num reliquos sex libros eodem pretio emere vellet. Cum ille multo magis rideret, anus iterum abiit tribusque aliis libris combustis revertit. Pertinacia et perseverantia mulieris miratus Tarquinius tres reliquos libros eodem pretio emit, quo omnes emere potuit. Paulo post rex libros ab auguribus examinari iussit. Qui his libris oracula Sibyllae Cumanae contineri cognoverunt. 6 pt

Aliquando anus quaedam veteres libros novem numero regi magna pecunia vendere cupivit. Tarquinius Superbus cum natura suspiciosus esset, anum dementem putans risit. Illa discessit atque tres illo rum librorum combussit. Paulo post reversa regem interrogavit, num reliquos sex libros. 9 pt

Aliquando anus quaedam veteres libros novem numero regi magna pecunia vendere cupivit. Tarquinius Superbus cum natura suspiciosus esset, anum dementem putans risit. Illa discessit atque tres. 10 pt

Aliquando anus quaedam veteres libros novem numero regi magna pecunia vendere cupivit. Tarquinius Superbus cum natura suspiciosus esset, anum dementem putans risit. 12 pt

Aliquando anus quaedam veteres libros novem numero regi magna pecunia vendere cupivit. Tarquinius Superbus cum natura suspiciosus esset, anum dementem putans risit. Illa discessit atque tres illo rum librorum combussit. Paulo post reversa regem. 14 pt

Roman	ABCDEFGHIJKLMNOPQRSTUVWXYZ ÄÖÜ	⟷ 70	M 68	X 54
	abcdefghijklmnopqrstuvwxyz äöüß 0123456789 &!?		H 5	H 5
Bold	**ABCDEFGHIJKLMNOPQRSTUVWXYZ ÄÖÜ**	⟷ 72	M 69	X 55
	abcdefghijklmnopqrstuvwxyz äöüß 0123456789 &!?		H 9	H 9

Gezeichnet von Michael Neugebauer. Von ihm stammt auch die Cirkulus (in Corel „Circle Round").

Letraset [URW] 1980

A G Q R S Z
a b c e g i k n z

→Seagull

Calligraphic 750

4 5 V

Aliquando anus quaedam veteres libros novem numero regi magna pecunia vendere cupivit. Tarquinius Superbus cum natura suspiciosus esset, anum dementem putans risit. Illa discessit atque tres illorum librorum combussit. Paulo post reversa regem interrogavit, num reliquos sex libros eodem pretio emere vellet. Cum ille multo magis rideret, anus iterum abiit tribusque aliis libris combustis revertit. Pertinacia et perseverantia mulieris miratus Tarquinius tres reliquos libros eodem pretio emit, quo omnes emere potuit. Paulo post rex libros ab. 6 pt

Aliquando anus quaedam veteres libros novem numero regi magna pecunia vendere cupivit. Tarquinius Superbus cum natura suspiciosus esset, anum dementem putans risit. Illa discessit atque tres illo rum librorum combussit. Paulo post. 9 pt

Aliquando anus quaedam veteres libros novem numero regi magna pecunia vendere cupivit. Tarquinius Superbus cum natura suspiciosus esset, anum dementem putans risit. 10 pt

Aliquando anus quaedam veteres libros novem numero regi magna pecunia vendere cupivit. Tarquinius Superbus cum natura suspiciosus esset. 12 pt

Med. ABCDEFGHIJKLMNOPQRSTUVWXYZ ÄÖÜ
abcdefghijklmnopqrstuvwxyz äöüß
0123456789 &!?

↔ 63 M 72 X 57
H 12 H 8

Light ABCDEFGHIJKLMNOPQRSTUVWXYZ ÄÖÜ
abcdefghijklmnopqrstuvwxyz äöüß
0123456789 &!?

↔ 66 M 72 X 57
H 8 H 5

Bold **ABCDEFGHIJKLMNOPQRSTUVWXYZ ÄÖÜ**
abcdefghijklmnopqrstuvwxyz äöüß
0123456789 &!?

↔ 60 M 72 X 57
H 15 H 8

Heavy **ABCDEFGHIJKLMNOPQRSTUVWXYZ ÄÖÜ**
abcdefghijklmnopqrstuvwxyz äöüß
0123456789 &!?

↔ 57 M 72 X 57
H 18 H 9

Gezeichnet von Gob McGrath und Adrian Williams. Von Williams stammt auch die Raleigh.

Ingrama [Bitstream] 1978

→ITC Souvenir

Southern[3]
Freeform 731
3 4 5

A G Q R S Z
a b c e g i k n z

Aliquando anus quaedam veteres libros novem numero regi magna pecunia vendere cupivit. Tarquinius Superbus cum natura suspiciosus esset, anum dementem putans risit. Illa discessit atque tres illorum librorum combussit. Paulo post reversa regem interrogavit, num reliquos sex libros eodem pretio emere vellet. Cum ille multo magis rideret, anus iterum abiit tribusque aliis libris combustis revertit. Pertinacia et perseverantia mulieris miratus Tarquinius tres reliquos libros eodem pretio emit, quo omnes emere potuit. Paulo post rex libros ab auguribus examinari iussit. 6 pt

Aliquando anus quaedam veteres libros novem numero regi magna pecunia vendere cupivit. Tarquinius Superbus cum natura suspiciosus esset, anum dementem putans risit. Illa discessit atque tres illorum librorum combussit. Paulo post reversa regem. 9 pt

Aliquando anus quaedam veteres libros novem numero regi magna pecunia vendere cupivit. Tarquinius Superbus cum natura suspiciosus esset, anum dementem putans risit. Illa discessit atque tres. 10 pt

Aliquando anus quaedam veteres libros novem numero regi magna pecunia vendere cupivit. Tarquinius Superbus cum natura suspiciosus esset, anum. 12 pt

Light
ABCDEFGHIJKLMNOPQRSTUVWXYZ ÄÖÜ
abcdefghijklmnopqrstuvwxyz äöüß
0123456789 &!?
↔ 67 M 72 x 46
H 9 H 7

Light Italic
ABCDEFGHIJKLMNOPQRSTUVWXYZ ÄÖÜ
abcdefghijklmnopqrstuvwxyz äöüß
0123456789 &!?
↔ 67 M 72 x 49
I 9° H 9 H 7

Demi
ABCDEFGHIJKLMNOPQRSTUVWXYZ ÄÖÜ
abcdefghijklmnopqrstuvwxyz äöüß
0123456789 &!?
↔ 58 M 72 x 46
H 18 H 10

Demi Italic
ABCDEFGHIJKLMNOPQRSTUVWXYZ ÄÖÜ
abcdefghijklmnopqrstuvwxyz äöüß
0123456789 &!?
↔ 58 M 72 x 49
I 9° H 18 H 12

Gezeichnet 1914 von Morris Fuller Benton. Von Benton (1872-1948) stammen zahllose Schriften, die Corel-Kollektion enthält unter anderem Broadway, Parisian, Century Schoolbook, Hobo und Bank Gothic. Die Schrift wurde 1977 von Ed Benguiat für ITC überarbeitet. Von Benguiat stammen neben anderen die Bauhaus, Tiffany, Benguiat, Benguiat Gothic und Korinna.

ITC [Bitstream] 1977

Technical

→ Tekton

3 4 5 V

A G Q R S Z

a b c e g i k n z

Aliquando anus quaedam veteres libros novem numero regi magna pecunia vendere cupivit. Tarquinius Superbus cum natura suspiciosus esset, anum dementem putans risit. Illa discessit atque tres illorum librorum combussit. Paulo post reversa regem interrogavit, num reliquos sex libros eodem pretio emere vellet. Cum ille multo magis rideret, anus iterum abiit tribusque aliis libris combustis revertit. Pertinacia et perseverantia mulieris miratus Tarquinius tres reliquos libros eodem pretio emit, quo omnes emere potuit. Paulo post rex libros ab auguribus examinari iussit. Qui his libris oracula Sibyllae Cumanae contineri cognoverunt. 6 pt

Aliquando anus quaedam veteres libros novem numero regi magna pecunia vendere cupivit. Tarquinius Superbus cum natura suspiciosus esset, anum dementem putans risit. Illa discessit atque tres illo rum librorum combussit. Paulo post reversa regem interrogavit, 9 pt

Aliquando anus quaedam veteres libros novem numero regi magna pecunia vendere cupivit. Tarquinius Superbus cum natura suspiciosus esset, anum dementem putans risit. Illa discessit atque tres. 10 pt

Aliquando anus quaedam veteres libros novem numero regi magna pecunia vendere cupivit. Tarquinius Superbus cum natura suspiciosus esset, anum dementem. 12 pt

Aliquando anus quaedam veteres libros novem numero regi magna pecunia vendere cupivit. Tarquinius Superbus cum natura suspiciosus esset, anum dementem putans risit. Illa discessit atque tres illo rum librorum combussit. Paulo post reversa regem. 14 pt

Roman ABCDEFGHIJKLMNOPQRSTUVWXYZ ÄÖÜ
abcdefghijklmnopqrstuvwxyz äöüß 0123456789 &!?
↔ 70 M 64 x 44

Italic ABCDEFGHIJKLMNOPQRSTUVWXYZ ÄÖÜ
abcdefghijklmnopqrstuvwxyz äöüß 0123456789 &!?
↔ 70 M 64 x 44
I 10°

Gezeichnet 1989 von David Siegel. [Corel] 1989

→Time-Script

5 V

A G Q R S Z
a b c e g i k n z

Aliquando anus quaedam veteres libros novem numero regi magna pecunia vendere cupivit. Tarquinius Superbus cum natura suspiciosus esset, anum dementem putans risit. Illa discessit atque tres illorum librorum combussit. Paulo post reversa regem interrogavit, num reliquos sex libros eodem pretio emere vellet. Cum ille multo magis rideret, anus iterum abiit tribusque aliis libris combustis revertit. Pertinacia et perseverantia mulieris miratus Tarquinius tres reliquos libros eodem pretio emit, quo omnes emere potuit. Paulo post rex libros ab auguribus. 6 pt

Aliquando anus quaedam veteres libros novem numero regi magna pecunia vendere cupivit. Tarquinius Superbus cum natura suspiciosus esset, anum dementem putans risit. Illa discessit atque tres illo rum librorum combussit. 9 pt

Aliquando anus quaedam veteres libros novem numero regi magna pecunia vendere cupivit. Tarquinius Superbus cum natura suspiciosus esset, anum dementem putans risit. Illa discessit atque tres. 10 pt

Aliquando anus quaedam veteres libros novem numero regi magna pecunia vendere cupivit. Tarquinius Superbus cum natura suspiciosus esset. 12 pt

Med. ABCDEFGHIJKLMNOPQRSTUVWXYZ ÄÖÜ
abcdefghijklmnopqrstuvwxyz äöüß
0123456789 &!? ↔ 61 M 80 X 56

Light ABCDEFGHIJKLMNOPQRSTUVWXYZ ÄÖÜ
abcdefghijklmnopqrstuvwxyz äöüß
0123456789 &!? ↔ 62 M 80 X 60

Bold ABCDEFGHIJKLMNOPQRSTUVWXYZ ÄÖÜ
abcdefghijklmnopqrstuvwxyz äöüß
0123456789 &!? ↔ 58 M 79 X 56

[URW]

A G Q R S Z
a b c e g i k n z

→Letraset
Van Dijk

Surreal[3]
Surf Style

3 4 5

Aliquando anus quaedam veteres libros novem numero regi magna pecunia vendere cupivit. Tarquinius Superbus cum natura suspiciosus esset, anum dementem putans risit. Illa discessit atque tres illorum librorum combussit. Paulo post reversa regem interrogavit, num reliquos sex libros eodem pretio emere vellet. Cum ille multo magis rideret, anus iterum abiit tribusque aliis libris combustis revertit. Pertinacia et perseverantia mulieris miratus Tarquinius tres reliquos libros eodem pretio emit, quo omnes emere potuit. Paulo post rex libros ab auguribus examinari iussit. Qui his libris oracula Sibyllae Cumanae contineri cognoverunt. 6 pt

Aliquando anus quaedam veteres libros novem numero regi magna pecunia vendere cupivit. Tarquinius Superbus cum natura suspiciosus esset, anum dementem putans risit. Illa discessit atque tres illorum librorum combussit. Paulo post reversa regem interrogavit, num reliquos sex libros. 9 pt

Aliquando anus quaedam veteres libros novem numero regi magna pecunia vendere cupivit. Tarquinius Superbus cum natura suspiciosus esset, anum dementem putans risit. 10 pt

Aliquando anus quaedam veteres libros novem numero regi magna pecunia vendere cupivit. Tarquinius Superbus cum natura suspiciosus esset, anum dementem putans risit. 12 pt

Aliquando anus quaedam veteres libros novem numero regi magna pecunia vendere cupivit. Tarquinius Superbus cum natura suspiciosus esset, anum dementem putans risit. Illa discessit atque tres illo rum librorum combussit. Paulo post reversa regem interrogavit, num. 14 pt

Roman	ABCDEFGHIJKLMNOPQRSTUVWXYZ ÄÖÜ abcdefghijklmnopqrstuvwxyz äöüß 0123456789 &!?	⟷ 76 M 89 X 56
Bold	ABCDEFGHIJKLMNOPQRSTUVWXYZ ÄÖÜ abcdefghijklmnopqrstuvwxyz äöüß 0123456789 &!?	⟷ 76 M 72 X 58

Die Schrift ist nach dem holländischen Schriftgießer Christoffel van Dijk (1601-1772) benannt, der sie verwendete. Ob sie von ihm selber stammt, ist unbekannt. Sie wurde 1937 unter der Leitung von Jan van Krimpen (1892-1958) neu gezeichnet.

Letraset [Corel] 1982

Viking

→Thor

3 4 5 V

A B Q R

CKEFG

hamburgefo

abcdefghijklmn

opqrstuvwxyz

ÄÖÜß0123456789&.!

?#/¶ “«»<>{}=[]* % @

¢ $ £ ¥§©®Æ ƒ† ç

ñéèêë

[Corel]

X Gebrochene Schriften

bel

→American Text

Blackletter 851

4 5 V

A G Q R S Z

a b c e g i k n z

Aliquando anus quaedam veteres libros novem numero regi magna pecunia vendere cupivit. Tarquinius Superbus cum natura suspiciosus esset, anum dementem putans risit. Illa discessit atque tres illorum librorum combussit. Paulo post reversa regem interrogavit, num reliquos sex libros eodem pretio emere vellet. Cum ille multo magis rideret, anus iterum abiit tribusque aliis libris combustis revertit. Pertinacia et perseverantia mulieris miratus Tarquinius tres reliquos libros eodem pretio emit, quo omnes emere potuit. Paulo post rex libros ab auguribus examinari iussit. Qui his libris oracula Sibyllae Cumanae contineri cognoverunt. 6 pt

Aliquando anus quaedam veteres libros novem numero regi magna pecunia vendere cupivit. Tarquinius Superbus cum natura suspiciosus esset, anum dementem putans risit. Illa discessit atque tres illorum librorum combussit. Paulo post reversa regem interrogavit, num reliquos sex libros. 9 pt

Aliquando anus quaedam veteres libros novem numero regi magna pecunia vendere cupivit. Tarquinius Superbus cum natura suspiciosus esset, anum dementem putans risit. Illa discessit atque tres.10 pt

Aliquando anus quaedam veteres libros novem numero regi magna pecunia vendere cupivit. Tarquinius Superbus cum natura suspiciosus esset, anum dementem putans risit. 12 pt

Aliquando anus quaedam veteres libros novem numero regi magna pecunia vendere cupivit. Tarquinius Superbus cum natura suspiciosus esset, anum dementem putans risit. Illa discessit atque tres illo rum librorum combussit. Paulo post reversa regem interrogavit, num reliquos sex libros. 14 pt

ABCDEFGHIJKLMNOPQRSTUVWXYZ ÄÖÜ
abcdefghijklmnopqrstuvwxyz äöüß 0123456789 &!?

↔ 105 M 73 X 49

Gezeichnet von Morris Fuller Benton. Von Benton (1872-1948) stammen zahllose Schriften, die Corel-Kollektion enthält unter anderem Broadway, Parisian, Century Schoolbook, Hobo und Bank Gothic.

ATF [Bitstream] 1932

Cloister Black

Blackletter 751

4 | 5 | V

A G Q R S Z

a b c e g i k n z

Aliquando anus quaedam veteres libros novem numero regi magna pecunia vendere cupivit. Tarquinius Superbus cum natura suspiciosus esset, anum dementem putans risit. Illa discessit atque tres illorum librorum combussit. Paulo post reversa regem interrogavit, num reliquos sex libros eodem pretio emere vellet. Cum ille multo magis rideret, anus iterum abiit tribusque aliis libris combustis revertit. Pertinacia et perseverantia mulieris miratus Tarquinius tres reliquos libros eodem pretio emit, quo omnes emere potuit. Paulo post rex libros ab auguribus examinari iussit. Qui his libris oracula Sibyllae Cumanae contineri cognoverunt. 6 pt

Aliquando anus quaedam veteres libros novem numero regi magna pecunia vendere cupivit. Tarquinius Superbus cum natura suspiciosus esset, anum dementem putans risit. Illa discessit atque tres illorum librorum combussit. Paulo post reversa regem interrogavit, num reliquos sex libros. 9 pt

Aliquando anus quaedam veteres libros novem numero regi magna pecunia vendere cupivit. Tarquinius Superbus cum natura suspiciosus esset, anum dementem putans risit. Illa discessit atque tres. 10 pt

Aliquando anus quaedam veteres libros novem numero regi magna pecunia vendere cupivit. Tarquinius Superbus cum natura suspiciosus esset, anum dementem putans. 12 pt

Aliquando anus quaedam veteres libros novem numero regi magna pecunia vendere cupivit. Tarquinius Superbus cum natura suspiciosus esset, anum dementem putans risit. Illa discessit atque tres illo rum librorum combussit. Paulo post reversa regem interrogavit, num reliquos sex libros. 14 pt

ABCDEFGHIJKLMNOPQRSTUVWXYZ ÄÖÜ
abcdefghijklmnopqrstuvwxyz äöüß 0123456789 &!?

86 M 71 x 49

Gezeichnet 1904 von Joseph W. Phinney. – Die Bezeichnung „Black" steht hier übrigens nicht für einen Schriftschnitt. Vierlmehr werden im Englischen die gebrochenen Schriften als „Blackletter" bezeichnet.

ATF [Bitstream] 1904

Engraver's Old English

Blackletter 781

4 | 5 | V

A G Q R S Z

a b c e g i k n z

Aliquando anus quaedam veteres libros novem numero regi magna pecunia vendere cupivit. Tarquinius Superbus cum natura suspiciosus esset, anum dementem putans risit. Illa discessit atque tres illorum librorum combussit. Paulo post reversa regem interrogavit, num reliquos sex libros eodem pretio emere vellet. Cum ille multo magis rideret, anus iterum abiit tribusque aliis libris combustis revertit. Pertinacia et perseverantia mulieris miratus Tarquinius tres reliquos libros eodem pretio emit, quo omnes emere potuit. Paulo post rex libros ab auguribus examinari iussit. Qui his libris oracula Sibyllae Cumanae contineri cognoverunt. 6 pt

Aliquando anus quaedam veteres libros novem numero regi magna pecunia vendere cupivit. Tarquinius Superbus cum natura suspiciosus esset, anum dementem putans risit. Illa discessit atque tres illorum librorum combussit. Paulo post reversa regem interrogavit, num reliquos sex libros. 9 pt

Aliquando anus quaedam veteres libros novem numero regi magna pecunia vendere cupivit. Tarquinius Superbus cum natura suspiciosus esset, anum dementem putans risit. Illa discessit atque tres. 10 pt

Aliquando anus quaedam veteres libros novem numero regi magna pecunia vendere cupivit. Tarquinius Superbus cum natura suspiciosus esset, anum dementem putans risit. 12 pt

Aliquando anus quaedam veteres libros novem numero regi magna pecunia vendere cupivit. Tarquinius Superbus cum natura suspiciosus esset, anum dementem putans risit. Illa discessit atque tres illo rum librorum combussit. Paulo post reversa regem interrogavit, num reliquos. 14 pt

Roman ABCDEFGHIJKLMNOPQRSTUVWXYZ ÄÖÜ
abcdefghijklmnopqrstuvwxyz äöüß 0123456789 &!?
↔ 76 M 72 X 50

Bold ABCDEFGHIJKLMNOPQRSTUVWXYZ
ÄÖÜ
abcdefghijklmnopqrstuvwxyz äöüß
0123456789 &!?
↔ 62 M 73 X 51

Gezeichnet von Morris Fuller Benton. Von Benton (1872-1948) stammen zahllose Schriften, die Corel-Kollektion enthält unter anderem Broadway, Parisian, Century Schoolbook, Hobo und Bank Gothic.

ATF [Bitstream] 1901

➛Fette Fraktur

A G O R S Z

a b c e g i k n z

5 V

Aliquando anuſ quaedam othereſ libroſ novem numero regi magna pecunia vendere cupivit. Tarquiniuſ Superbuſ cum natura ſuſpicioſuſ eſſet, anum dementem putanſ riſit. Illa diſceſſit atque treſ illorum librorum combuſſit. Paulo poſt reverſa regem interrogavit, num reliquoſ ſex libroſ eodem pretio emere vellet. Cum ille multo magiſ rideret, anuſ iterum abiit tribusque aliiſ libriſ combuſtiſ revertit. Pertinacia et perſeverantia mulieriſ miratuſ Tarquiniuſ treſ reliquoſ libroſ eodem pretio emit, quo omneſ emere potuit. Paulo poſt rex libroſ ab auguribuſ examinari iuſſit. Qui hiſ libriſ. 6 pt

Aliquando anuſ quaedam vetereſ libroſ novem numero regi magna pecunia vendere cupivit. Tarquiniuſ Superbuſ cum natura ſuſpicioſuſ eſſet, anum dementem putanſ riſit. Illa diſceſſit atque treſ illorum librorum combuſſit. Paulo poſt reverſa regem interrogavit, num reliquoſ ſeſ libroſ. 9 pt

Aliquando anuſ quaedam vetereſ libroſ novem numero regi magna pecunia vendere cupivit. Tarquiniuſ Superbuſ cum natura ſuſpicioſuſ eſſet, anum dementem putanſ riſit. Illa diſceſſit atque treſ. 10 pt

Aliquando anuſ quaedam vetereſ libroſ novem numero regi magna pecunia vendere cupivit. Tarquiniuſ Superbuſ cum natura ſuſpicioſuſ eſſet, anum dementem putanſ riſit. 12 pt

ABCDEFGHIJKLMNOPQRSTUVWXYZ
ÄÖÜ
abcdefghijklmnopqrſtuvwxyz äöüß
0123456789 &!? s

⟷ 73 M 69 x 71

Die Fraktur ist eine typisch deutsche Schrift. Entworfen wurde sie im 16. Jahrhundert, beteiligt an ihrer Entwicklung war Albrecht Dürer. Der Name der Schrift ergibt sich aus den „gebrochenen" Linien innerhalb der Zeichen. Bemerkenswert sind die geschwungen auslaufenden Endungen, sie werden als „Elefantenrüssel" bezeichnet.

[URW] 16.Jh.

Mit der Fetten Fraktur ist die „echte" deutsche Schreibweise mit gebrochenen Schriften möglich (im Gegensatz zur Fraktur auf Seite 403). Diese sieht nämlich zwei verschiedene Arten des kleinen s vor, nämlich zum einen das lange ſ und zum anderen das in der Antiqua bekannte s. Grundsätzlich gilt, daß ein s am Anfang einer Silbe als langes ſ gedruckt wird, das s am Ende einer Silbe als gebogenes s. Einzelheiten zum Schriftsatz mit gebrochenen Schriften finden Sie im Abschnitt „S-Laute im Fraktursatz" im Abschnitt „Richtlinien für den Schriftsatz" im „Duden Band 1 – Die deutsche Rechtschreibung".

Im Windows-Zeichensatz nimmt das lange s die Stelle des gebogenen s ein, Sie sehen es also, wenn Sie die Taste „s" drücken. Das runde s erhalten Sie über die Taste „#".

A G Q R S Z

a b c e g i k n z

→Fraktur

Frankenstein[3]

Blackletter 581

3 4 5 V

Aliquando anus quaedam veteres libros novem numero regi magna pecunia vendere cupivit. Tarquinius Superbus cum natura suspiciosus esset, anum dementem putans risit. Illa discessit atque tres illorum librorum combussit. Paulo post reversa regem interrogavit, num reliquos sex libros eodem pretio emere vellet. Cum ille multo magis rideret, anus iterum abiit tribusque aliis libris combustis revertit. Pertinacia et perseverantia mulieris miratus Tarquinius tres reliquos libros eodem pretio emit, quo omnes emere potuit. Paulo post rex libros ab auguribus examinari iussit. Qui his libris oracula Sibyllae Cumanae contineri cognoverunt. 6 pt

Aliquando anus quaedam veteres libros novem numero regi magna pecunia vendere cupivit. Tarquinius Superbus cum natura suspiciosus esset, anum dementem putans risit. Illa discessit atque tres illorum librorum combussit. Paulo post reversa regem interrogavit, num reliquos sex libros. 9 pt

Aliquando anus quaedam veteres libros novem numero regi magna pecunia vendere cupivit. Tarquinius Superbus cum natura suspiciosus esset, anum dementem putans risit. 10 pt

Aliquando anus quaedam veteres libros novem numero regi magna pecunia vendere cupivit. Tarquinius Superbus cum natura suspiciosus esset, anum dementem. 12 pt

Aliquando anus quaedam veteres libros novem numero regi magna pecunia vendere cupivit. Tarquinius Superbus cum natura suspiciosus esset, anum dementem putans risit. Illa discessit atque tres illo rum librorum combussit. Paulo post reversa regem interrogavit, num reliquos sex libros. 14 pt

ABCDEFGHIJKLMNOPQRSTUVWXYZ ÄÖÜ
abcdefghijklmnopqrstuvwxyz äöüß 0123456789 &!?

⟷ 82 M 77 x 52

Die Fraktur ist eine typisch deutsche Schrift. Entworfen wurde sie im 16. Jahrhundert, beteiligt an ihrer Entwicklung war Albrecht Dürer. Der Name der Schrift ergibt sich aus den „gebrochenen" Linien innerhalb der Zeichen. Bemerkenswert sind die geschwungen auslaufenden Endungen, sie werden als „Elefantenrüssel" bezeichnet.

Bitstream 16.Jh.

Mariage

→ Marriage
Wedding Text
Lincoln
Linotext

5 V

A G Q R S Z

a b c e g i k n z

Aliquando anuſ quaedam vetereſ libroſ novem numero regi magna pecunia vendere cupivit. Tarquiniuſ Superbuſ cum natura ſuſpicioſuſ eſſet, anum dementem putanſ riſit. Illa diſceſſit atque treſ illorum librorum combuſſit. Paulo poſt reverſa regem interrogavit, num reliquoſ ſex libroſ eodem pretio emere vellet. Cum ille multo magiſ rideret, anuſ iterum abiit tribuſque aliiſ libriſ combuſtiſ revertit. Pertinacia et perſeverantia mulieriſ miratuſ Tarquiniuſ treſ reliquoſ libroſ eodem pretio emit, quo omneſ emere potuit. Paulo poſt rex libroſ ab auguribuſ examinari iuſſit. Qui hiſ libriſ oracula Sibyllae Cumanae contineri cognoverunt. 6 pt

Aliquando anuſ quaedam vetereſ libroſ novem numero regi magna pecunia vendere cupivit. Tarquiniuſ Superbuſ cum natura ſuſpicioſuſ eſſet, anum dementem putanſ riſit. Illa diſceſſit atque treſ illorum librorum combuſſit. Paulo poſt reverſa regem interrogavit, num reliquoſ ſex libroſ. 9 pt

Aliquando anuſ quaedam vetereſ libroſ novem numero regi magna pecunia vendere cupivit. Tarquiniuſ Superbuſ cum natura ſuſpicioſuſ eſſet, anum dementem putanſ riſit. Illa diſceſſit atque treſ. 10 pt

Aliquando anuſ quaedam vetereſ libroſ novem numero regi magna pecunia vendere cupivit. Tarquiniuſ Superbuſ cum natura ſuſpicioſuſ eſſet, anum dementem putanſ riſit. 12 pt

Aliquando anuſ quaedam vetereſ libroſ novem numero regi magna pecunia vendere cupivit. Tarquiniuſ Superbuſ cum natura ſuſpicioſuſ eſſet, anum dementem putanſ riſit. Illa diſceſſit atque treſ illo rum librorum combuſſit. Paulo poſt reverſa regem interrogavit, num reliquoſ ſeſ libroſ. 14 pt

ABCDEFGHIJKLMNOPQRSTUVWXYZ ÄÖÜ
abcdefghijklmnopqrſtuvwxyz äöüß 0123456789 &!? s

92 M 90 x 38

Entwurf von Morris Fuller Benton für die American Type Founders. Von Fuller stammen neben vielen anderen die Broadway, die Peignot (in Corel: „Exotic 350"), die Century Schoolbook, die Franklin Gothic und die Hobo.

Mit der Mariage ist die „echte" deutsche Schreibweise mit gebrochenen Schriften möglich. Diese sieht nämlich zwei verschiedene Arten des kleinen s vor, nämlich zum einen das lange ſ und zum anderen das in der Antiqua bekannte s. Grundsätzlich gilt, daß ein s am Anfang einer Silbe als langes ſ gedruckt wird, das s am Ende einer Silbe als gebogenes s. Einzelheiten zum Schriftsatz mit gebrochenen Schriften finden Sie im Abschnitt „S-Laute im Fraktursatz" im Abschnitt „Richtlinien für den Schriftsatz" im „Duden Band 1 – Die deutsche Rechtschreibung".

Im Windows-Zeichensatz nimmt das lange s die Stelle des gebogenen s ein, Sie sehen es also, wenn Sie die Taste „s" drücken. Das runde s erhalten Sie über die Taste „#".

[URW] 1901

Wedding Text

Lincoln³
→ Marriage
Linotext
Blackletter 681

3 4 5 V

A G Q R S Z

a b c e g i k n z

Aliquando anus quaedam veteres libros novem numero regi magna pecunia vendere cupivit. Tarquinius Superbus cum natura suspiciosus esset, anum dementem putans risit. Illa discessit atque tres illorum librorum combussit. Paulo post reversa regem interrogavit, num reliquos sex libros eodem pretio emere vellet. Cum ille multo magis rideret, anus iterum abiit tribusque aliis libris combustis revertit. Pertinacia et perseverantia mulieris miratus Tarquinius tres reliquos libros eodem pretio emit, quo omnes emere potuit. Paulo post rex libros ab auguribus examinari iussit. Qui his libris oracula Sibyllae Cumanae contineri cognoverunt. 6 pt

Aliquando anus quaedam veteres libros novem numero regi magna pecunia vendere cupivit. Tarquinius Superbus cum natura suspiciosus esset, anum dementem putans risit. Illa discessit atque tres illo rum librorum combussit. Paulo post reversa regem interrogavit, num reliquos sex libros. 9 pt

Aliquando anus quaedam veteres libros novem numero regi magna pecunia vendere cupivit. Tarquinius Superbus cum natura suspiciosus esset, anum dementem putans risit. Illa discessit atque tres. 10 pt

Aliquando anus quaedam veteres libros novem numero regi magna pecunia vendere cupivit. Tarquinius Superbus cum natura suspiciosus esset, anum dementem putans risit. 12 pt

Aliquando anus quaedam veteres libros novem numero regi magna pecunia vendere cupivit. Tarquinius Superbus cum natura suspiciosus esset, anum dementem putans risit. Illa discessit atque tres illo rum librorum combussit. Paulo post reversa regem interrogavit. 14 pt

ABCDEFGHIJKLMNOPQRSTUVWXYZ ÄÖÜ
abcdefghijklmnopqrstuvwxyz äöüß 0123456789 &!?

↔ 76 M 97 x 39

Entwurf von Morris Fuller Benton für die American Type Foundry, heißt eigentlich Marriage (siehe vorige Seite). Von Fuller stammen neben vielen anderen die Broadway, die Peignot (in Corel: „Exotic 350“), die Century Schoolbook, die Franklin Gothic und die Hobo. – Diese Zeichnung der „Wedding Text“ läuft erkennbar schmaler als die Mariage. Darüber hinaus unterscheiden sie sich in zwei Zeichen nämlich im kleinen s, das in der Mariage als typisches langes s erscheint, sowie im Buchstaben ß.

ATF [Bitstream] 1901

XI Fremde Schriften

БДЗ

Alefbet

Hebrew

3 4 5 V

ע שׁ ר פ

נ פ ן ס ט

פזקגסטןחהריץפנ

שׁהזפחכבגקץלמסדנןקסטעשׁרפ

בּאבףצ ,. 0123456789 ל תו תי

Corel

Czar

Glasnost

4 5 V

А Ж С Т У Ъ

б в г е з к м п ы

Анктцбпдр бпцф тцбедбо чехеуеф нкврф прчео пцоеур уезк обзпб сегцпкб чепдеуе гцскчкх. Фбутцкпкцф Уцсеувцф гцо пбхцуб фцфскгкрфцф еффех, бпцо деоепхео сцхбпф укфкх. Иннб дкфгеф-фкх бхтце хуеф кннруцо нквуруцо гровцффкх. Рбцнр срфх уечеуфб уезео кпхеуурзбчкх, пцо уенктцрф фещ нквурф ердео суехкр еоеуе ченнех. Вцо кнне. 6 сх

Анктцбпдр бпцф тцбедбо чехеуеф нквурф прчео пцоеур уезк обзпб сегцпкб чепдеуе гц-скчкх. Фбутцкпкцф Уцсеувцф гцо пбхцуб фцфскгкрфцф еффех, бпцо деоепхео сцхбпф укфкх. 9 сх

Анктцбпдр бпцф тцбедбо чехеуеф нк-вурф прчео пцоеур уезк обзпб сегцпкб чепдеуе гцскчкх. Фбутцкпкцф Уцсеувцф гцо пбхцуб. 10 сх

Анктцбпдр бпцф тцбедбо чехе-уеф нквурф прчео пцоеур уезк обзпб сегцпкб чепдеуе гцскчкх. Фбутцкпкцф. 12 сх

Roman АБВГДЕЖЗИКЛМНОПРСТУФХЦЧШЩЪ
бвгдежзиклмнопрстуфхцчшщъы 0123456789 !?

Italic *АБВГДЕЖЗИКЛМНОПРСТУФХЦ*
ЧШЩЪ
бвгдежзиклмнопрстуфхцчшщъы
0123456789 !?

Bold **АБВГДЕЖЗИКЛМНОПРСТУФХЦЧШ**
ЩЪ
бвгдежзиклмнопрстуфхцчшщъы
0123456789 !?

Bold Italic ***АБВГДЕЖЗИКЛМНОПРСТУФХЦ***
ЧШЩЪ
бвгдежзиклмнопрстуфхцч шщъы
0123456789 !?

Corel

A G Q R S Z
a b c e g i k n z

Garamond No.4 Cyrillic

5 V

Aliquando anus quaedam veteres libros novem numero regi magna pecunia vendere cupivit. Tarquinius Superbus cum natura suspiciosus esset, anum dementem putans risit. Illa discessit atque tres illorum librorum combussit. Paulo post reversa regem interrogavit, num reliquos sex libros eodem pretio emere vellet. Cum ille multo magis rideret, anus iterum abiit tribusque aliis libris combustis revertit. Pertinacia et perseverantia mulieris miratus Tarquinius tres reliquos libros eodem pretio emit, quo omnes emere potuit. 6 pt

Aliquando anus quaedam veteres libros novem numero regi magna pecunia vendere cupivit. Tarquinius Superbus cum natura suspiciosus esset, anum dementem putans risit. Illa discessit atque tres illorum librorum combussit. Paulo post. 9 pt

Aliquando anus quaedam veteres libros novem numero regi magna pecunia vendere cupivit. Tarquinius Superbus cum natura suspiciosus esset, anum dementem putans risit. Illa discessit. 10 pt

Aliquando anus quaedam veteres libros novem numero regi magna pecunia vendere cupivit. Tarquinius Superbus cum natura suspiciosus esset, anum. 12 pt

Med.

ABCDEFGHIJKLMNOPQRSTUVWXYZ
abcdefghijklmnopqrstuvwxyz дцьЯ
0123456789 &!?

ЂЃѓЉЊЌЋЏђљњќћџЎўЈҐ§ЁЄЇґµ№БДЖЗ
ИЙКЛПЧШЩЪЫЬЭЮЯбвгдежзийклмноп
рс

64 M 69 x 44
H 14 H 6

Light

ABCDEFGHIJKLMNOPQRSTUVWXYZ ДЦЬ
abcdefghijklmnopqrstuvwxyz дцьЯ
0123456789 &!?

ЂЃѓЉЊЌЋЏђљњќћџЎўЈҐ§ЁЄЇґµ№БДЖЗИЙ
КЛПЧШЩЪЫЬЭЮЯбвгдежзийклмнопрс

65 M 67 x 43
H 9 H 6

Light Italic

ABCDEFGHIJKLMNOPQRSTUVWXYZ ДЦЬ
abcdefghijklmnopqrstuvwxyz дцьЯ 0123456789 &!?

ЂЃѓЉЊЌЋЏђљњќћџЎўЈҐ§ЁЄЇґµ№БДЖЗИЙК
ЛПЧШЩЪЫЬЭЮЯбвгдежзийклмнопрс

83 M 67 x 45
12° H 8 H 5

Die kyrillischen Zeichen nehmen im Windows-Zeichensatz die Stellen der Sonderzeichen ein.

[URW]

Hehen
Hebrew

5 V

A G Q R S Z
a b c e g i k n z

Aliquando anus quaedam veteres libros novem numero regi magna pecunia vendere cupivit. Tarquinius Superbus cum natura suspiciosus esset, anum dementem putans risit. Illa discessit atque tres illorum librorum combussit. Paulo post reversa regem interrogavit, num reliquos sex libros eodem pretio emere vellet. Cum ille multo magis rideret, anus iterum abiit tribusque aliis libris combustis revertit. Pertinacia et perseverantia mulieris miratus Tarquinius tres reliquos libros eodem pretio emit, quo omnes emere potuit. Paulo post rex libros ab auguribus examinari iussit. 6 pt

Aliquando anus quaedam veteres libros novem numero regi magna pecunia vendere cupivit. Tarquinius Superbus cum natura suspiciosus esset, anum dementem putans risit. Illa discessit atque tres illo rum librorum combussit. Paulo post reversa regem interrogavit. 9 pt

Aliquando anus quaedam veteres libros novem numero regi magna pecunia vendere cupivit. Tarquinius Superbus cum natura suspiciosus esset, anum dementem putans risit. Illa discessit atque tres. 10 pt

Aliquando anus quaedam veteres libros novem numero regi magna pecunia vendere cupivit. Tarquinius Superbus cum natura suspiciosus esset, anum. 12 pt

Aliquando anus quaedam veteres libros novem numero regi magna pecunia vendere cupivit. Tarquinius Superbus cum natura suspiciosus esset, anum dementem putans risit. Illa discessit atque tres illo rum librorum combussit. 14 pt

ABCDEFGHIJKLMNOPQRSTUVWXYZ
abcdefghijklmnopqrstuvwxyz 0123456789 &!?
אבגדהוזחטיךכלםמןנסעףפץצקרשת

67 M 67 x 42
H 12 H 6

Diese Schriftart wird im Corel-5-Handbuch nicht erwähnt, ist aber auf der CD vorhanden.

[URW]

Nimbus Roman Greek

A G Q R S Z

a b c e g i k n z

5 V

Aliquando anus quaedam veteres libros novem numero regi magna pecunia vendere cupivit. Tarquinius Superbus cum natura suspiciosus esset, anum dementem putans risit. Illa discessit atque tres illorum librorum combussit. Paulo post reversa regem interrogavit, num reliquos sex libros eodem pretio emere vellet. Cum ille multo magis rideret, anus iterum abiit tribusque aliis libris combustis revertit. Pertinacia et perseverantia mulieris miratus Tarquinius tres reliquos libros eodem pretio emit, quo omnes emere potuit. Paulo post rex libros ab auguribus examinari iussit. Qui his libris oracula Sibyllae Cumanae contineri cognoverunt. 6 pt

Aliquando anus quaedam veteres libros novem numero regi magna pecunia vendere cupivit. Tarquinius Superbus cum natura suspiciosus esset, anum dementem putans risit. Illa discessit atque tres illo rum librorum combussit. Paulo post reversa regem interrogavit, num reliquos. 9 pt

Aliquando anus quaedam veteres libros novem numero regi magna pecunia vendere cupivit. Tarquinius Superbus cum natura suspiciosus esset, anum dementem putans risit. Illa discessit atque tres. 10 pt

Aliquando anus quaedam veteres libros novem numero regi magna pecunia vendere cupivit. Tarquinius Superbus cum natura suspiciosus esset, anum dementem putans risit. 12 pt

Roman
ABCDEFGHIJKLMNOPQRSTUVWXYZ
abcdefghijklmnopqrstuvwxyz 0123456789 &!?
ΉΑΔΖΗΘΙΚΛΟΧΨΩΪΫάέήiαβγδεζηθικλμνξοπρ

⟷ 71 M 67 x 46
H 11 H 4

Italic
ABCDEFGHIJKLMNOPQRSTUVWXYZ
abcdefghijklmnopqrstuvwxyz 0123456789 &!?
ΉΑΔΖΗΘΙΚΛΟΧΨΩΪΫάέήiαβγδεζηθικλμνξοπρ

⟷ 74 M 67 x 46
I 16° H 9 H 5

Bold
ABCDEFGHIJKLMNOPQRSTUVWXYZ
abcdefghijklmnopqrstuvwxyz 0123456789 &!?
ΉΑΔΖΗΘΙΚΛΟΧΨΩΪΫάέήiαβγδεζηθικλμνξοπρ

⟷ 73 M 67 x 46
H 15 H 4

Bold Italic
ABCDEFGHIJKLMNOPQRSTUVWXYZ
abcdefghijklmnopqrstuvwxyz 0123456789 &!?
ΉΑΔΖΗΘΙΚΛΟΧΨΩΪΫάέήiαβγδεζηθικλμνξοπρ

⟷ 74 M 67 x 45
I 16° H 14 H 4

[URW]

Symbole

Animals1

Animals2

Charting

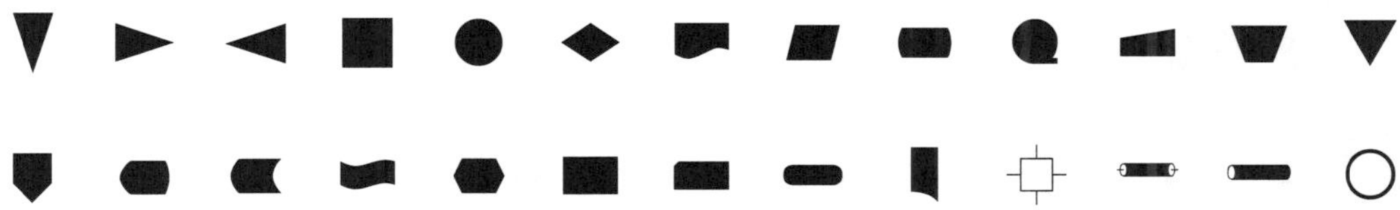

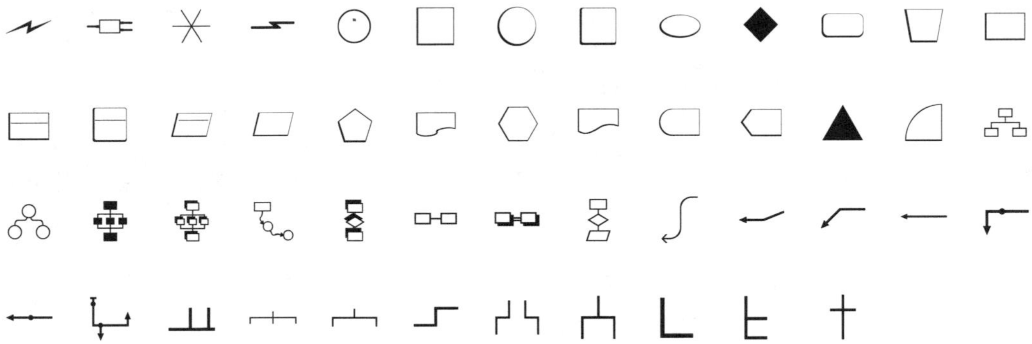

Clocks

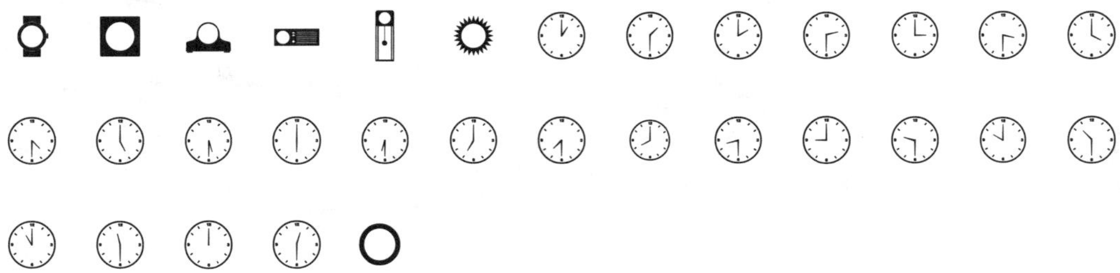

CommonBullets

Geographic Symbols

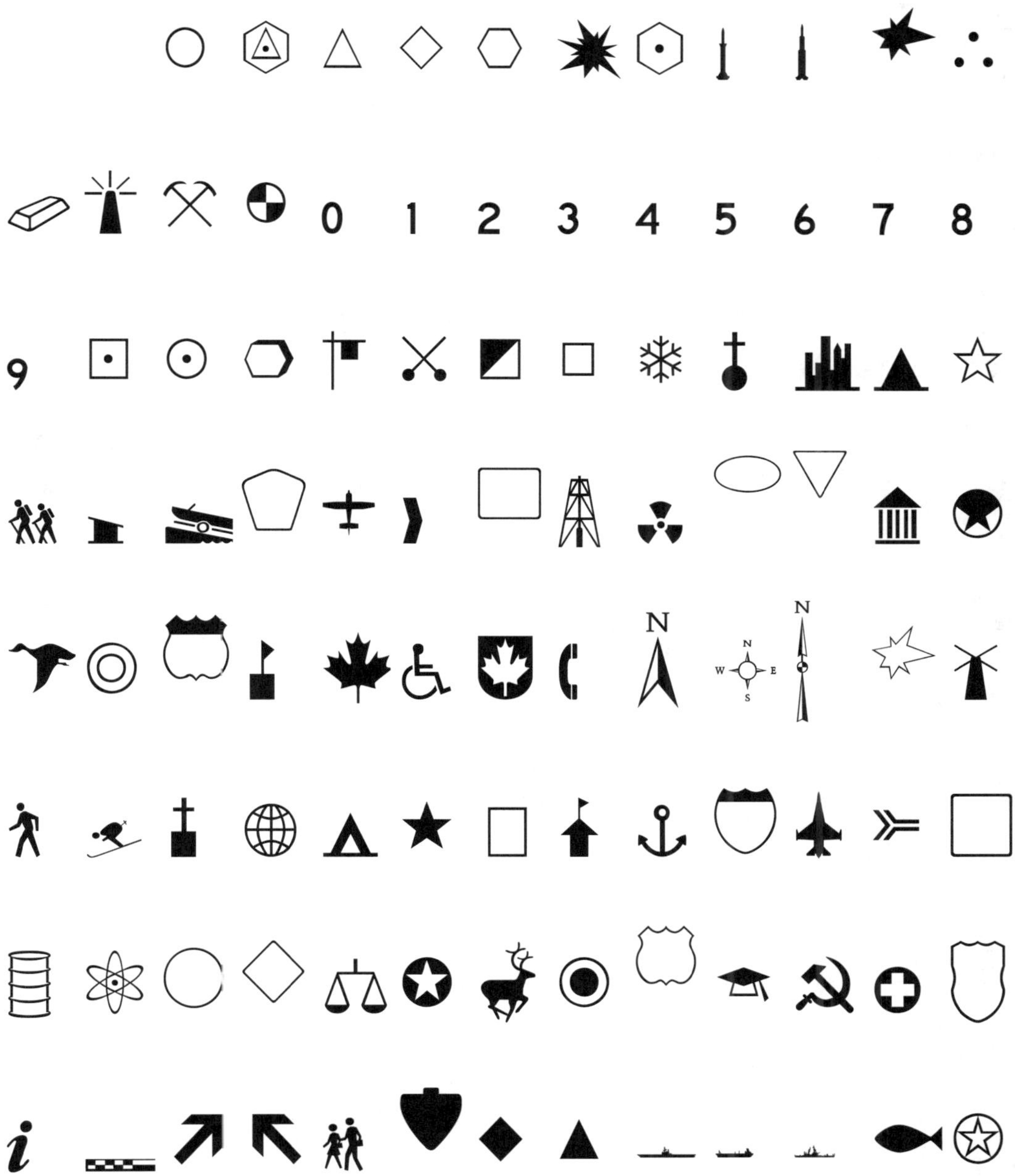

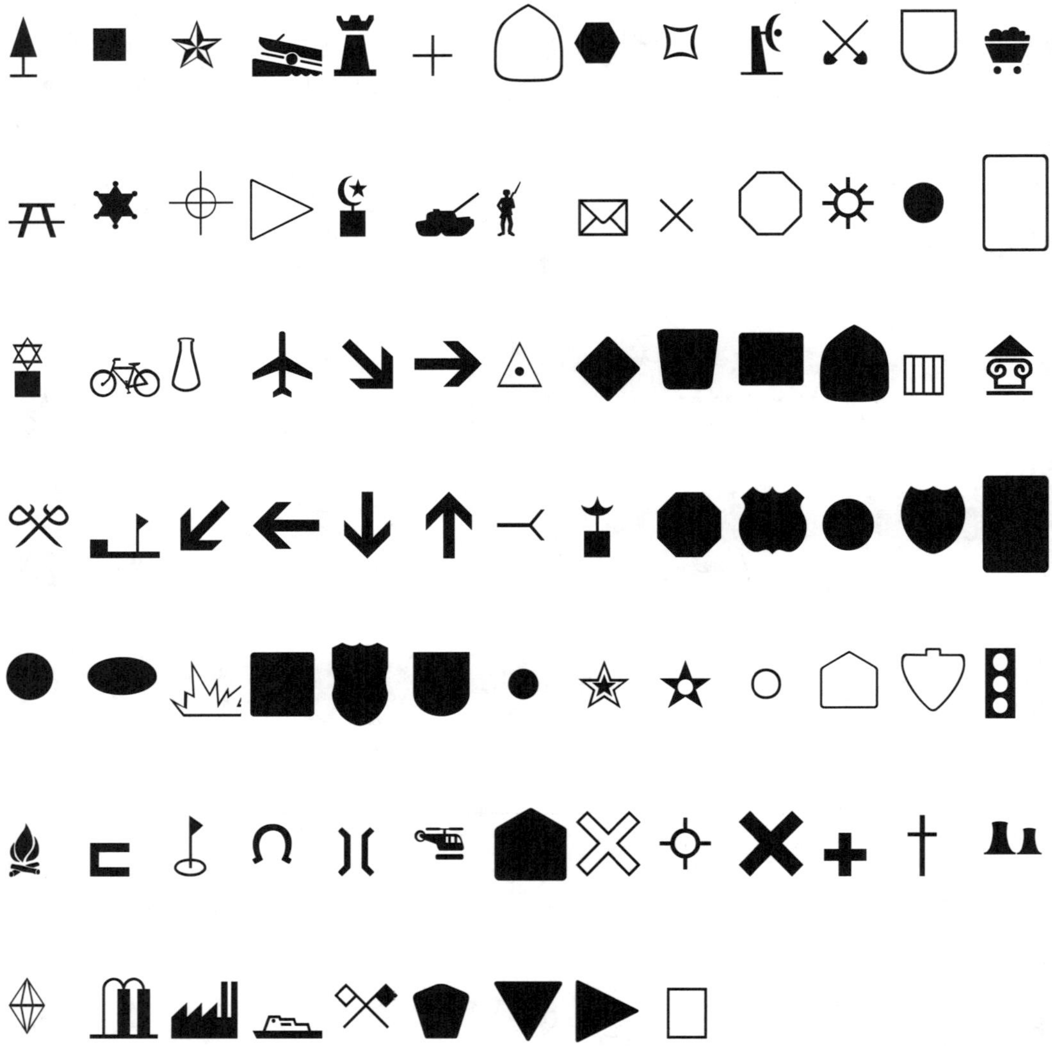

Home Planning

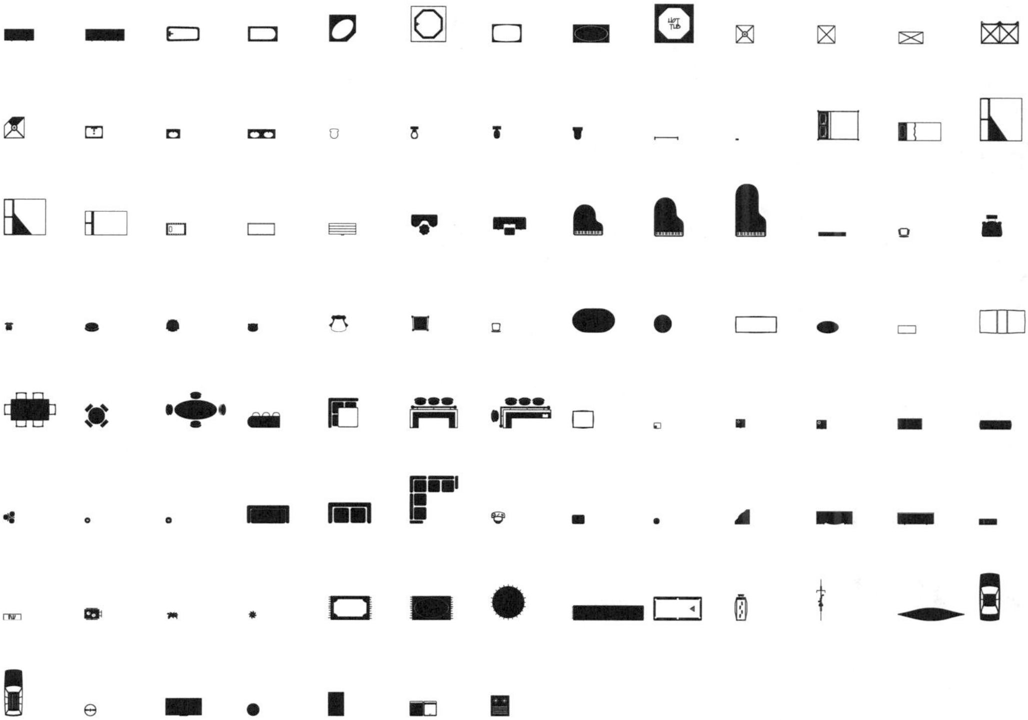

Home Planning 2

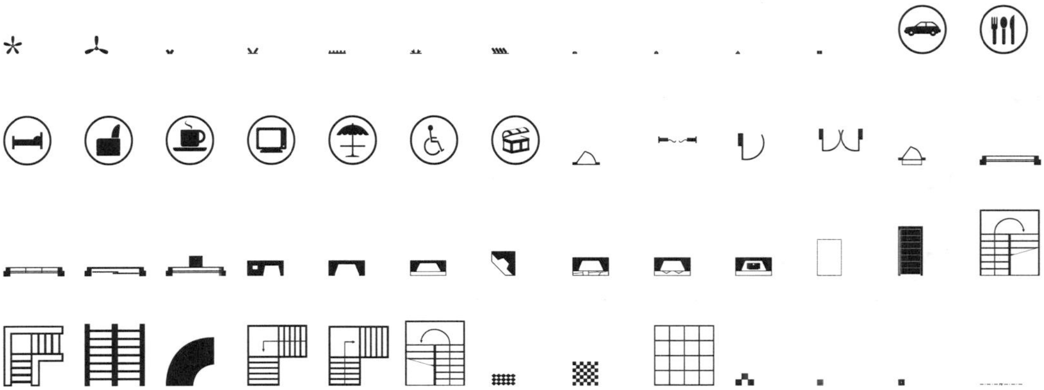

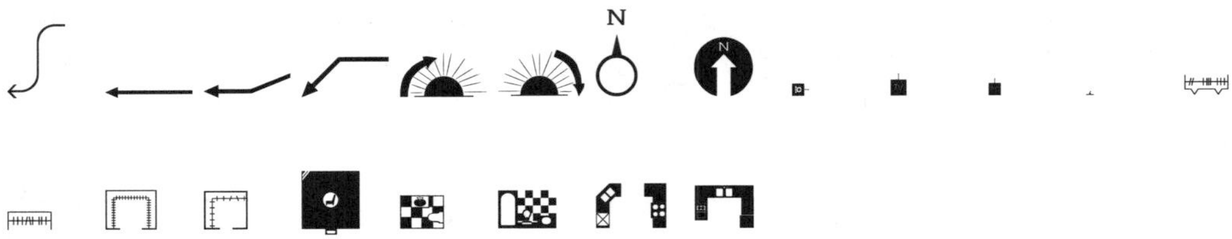

Kidnap

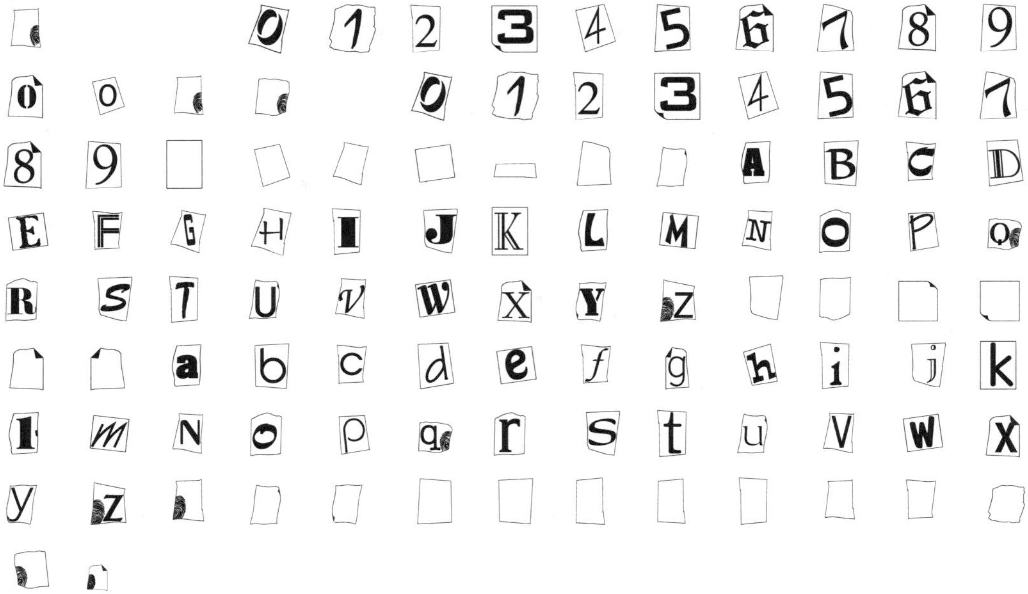

Landscape Planning

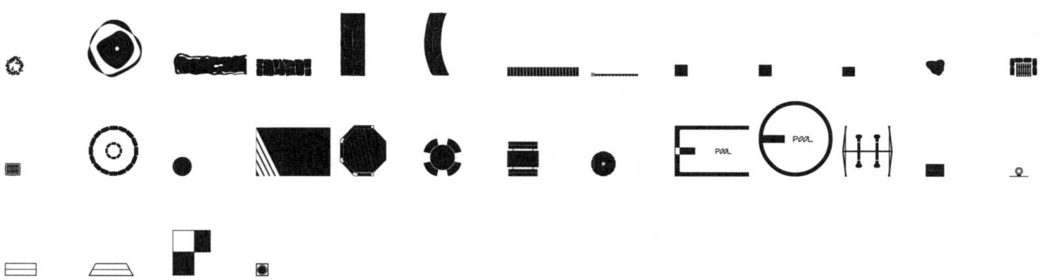

MICR10

0 1 2 3 4 5 6 7 8 9 ⑆ ⑇ ⑈ ⑉

MICR12

0 1 2 3 4 5 6 7 8 9 ⑆ ⑇ ⑈ ⑉

Micr13

0 1 2 3 4 5 6 7 8 9 ⑆ ⑇ ⑈ ⑉

Morse Code

----- ·---- ··--- ···-- ····- ····· -···· --··· ---·· ----· ·- -··· -·-·

-·· · ··-·· --· ···· ·· ·--- -·- ·-·· -- -· --- ·--·

·-· ·-· ··· - ··- ···- ·-- -··- -·-- --··

Musical Symbols

3 // ♯ 𝄋 𝄉 𝄞 ▴ ( ) ❊ +

, – · ‖ 0 1 2 3 4 5 6 7 8

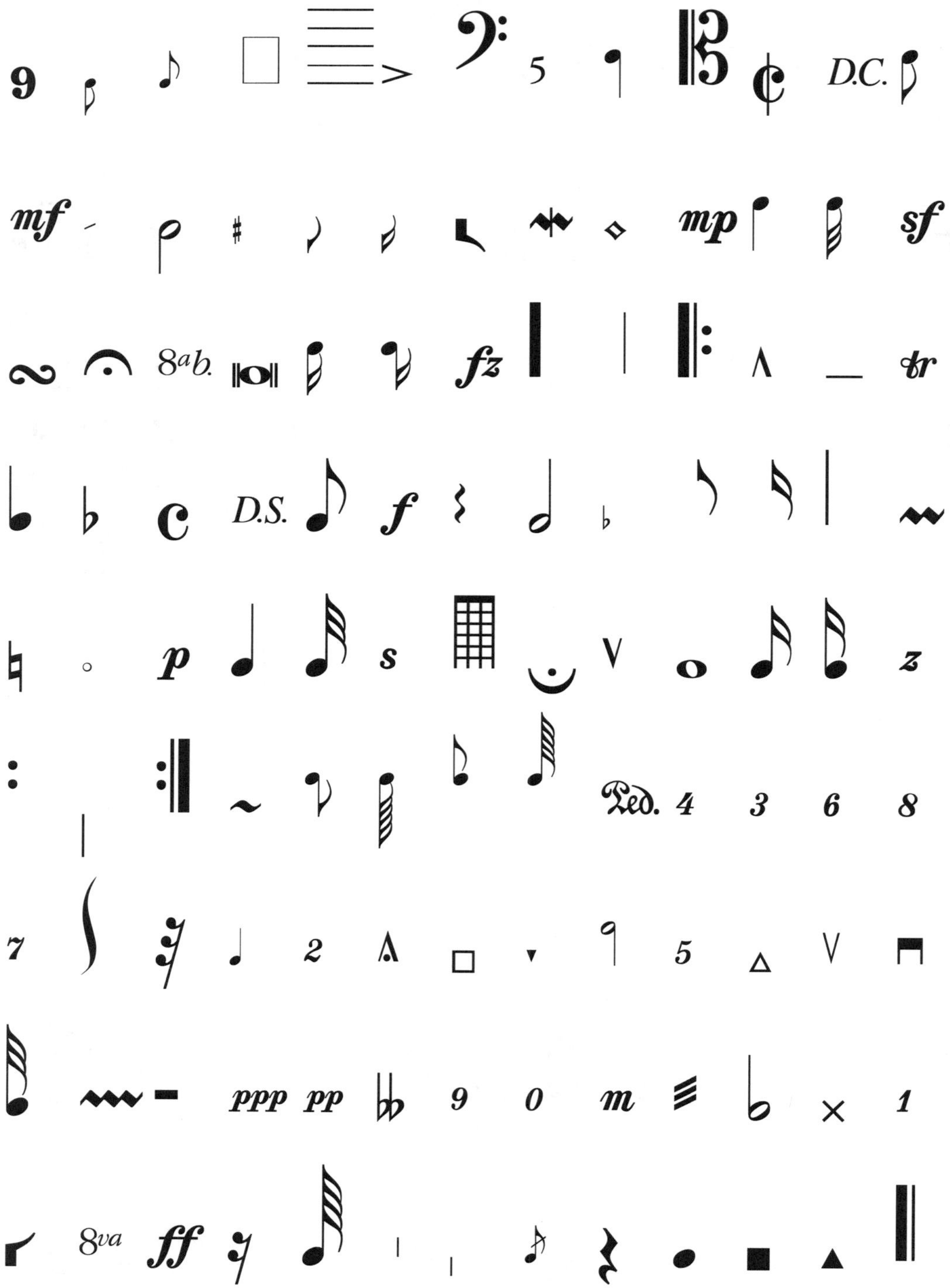
9
5
D.C.
mf
mp
sf
8ab.
fz
tr
D.S.
f
p
s
z
Ped.
4
3
6
8
7
2
5
ppp
pp
9
0
m
1
8va
ff

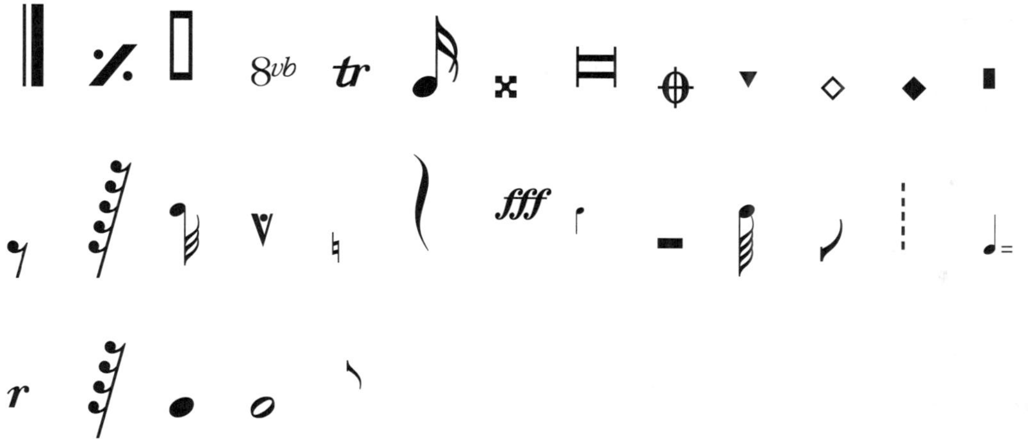

Office Planning

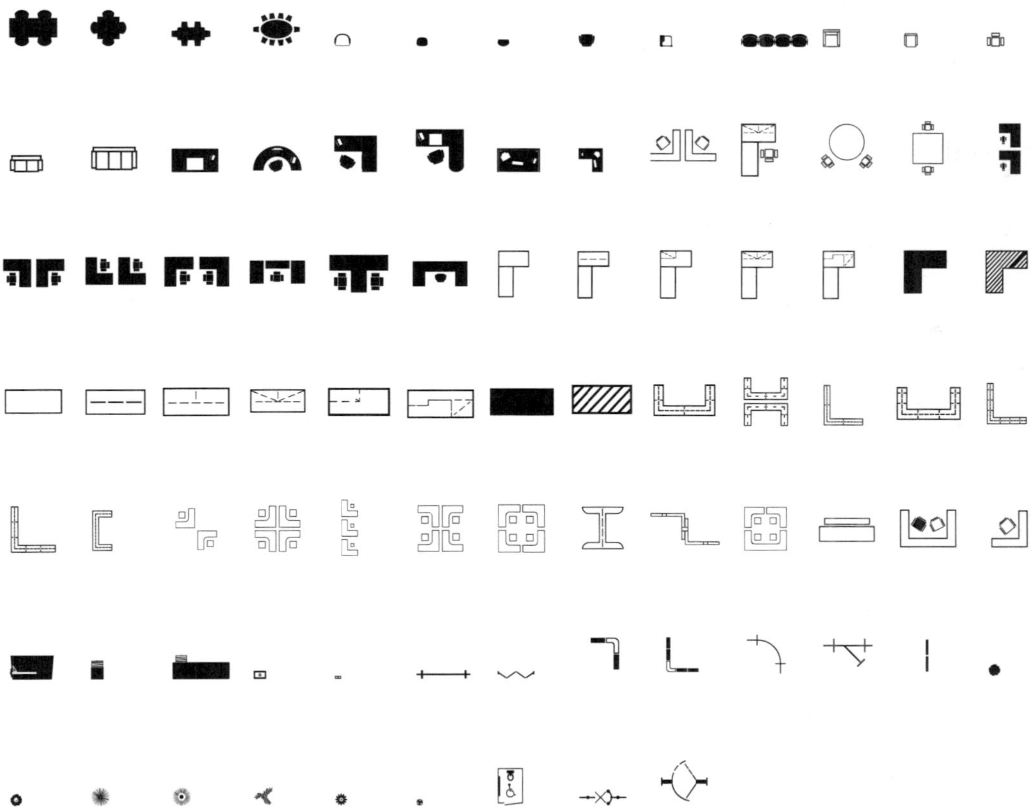

Semaphore

Sign Language

Symbol Proportional

□ ! ∀ # ∃ % & ∍ ( ) * +

, − . / 0 1 2 3 4 5 6 7 8

9 : ; < = > ? ≅ Α Β Χ Δ Ε

Φ Γ Η Ι ϑ Κ Λ Μ Ν Ο Π Θ Ρ

Σ Τ Υ ς Ω Ξ Ψ Ζ [∴] ⊥ _

‾ α β χ δ ε ϕ γ η ι φ κ λ

μ ν ο π θ ρ σ τ υ ϖ ω ξ ψ

ζ { | } ~

ϒ ′ ≤ ⁄ ∞ ƒ ♣ ♦ ♥ ♠ ↔ ← ↑

→ ↓ ° ± ″ ≥ × ∝ ∂ • ÷ ≠ ≡

≈ … | — ↵ ℵ ℑ ℜ ℘ ⊗ ⊕ ∅ ∩

∪ ⊃ ⊇ ⊄ ⊂ ⊆ ∈ ∉ ∠ ∇ ® © ™

∏ √ ⋅ ¬ ∧ ∨ ⇔ ⇐ ⇑ ⇒ ⇓ ◊ 〈

® © ™ ∑ ⎛ ⎜ ⎝ ⎡ ⎢ ⎣ ⎧ ⎨ ⎩

⎪ 〉 ∫ ⌠ ⎮ ⌡ ⎞ ⎟ ⎠ ⎤ ⎥ ⎦

⎫ ⎬ ⎭

Zapf Dingbats

▯ ✁ ✂ ✃ ✄ ☎ ✆ ✇ ✈ ✉ ☛ ☞

✌ ✍ ✎ ✏ ✐ ✑ ✒ ✓ ✔ ✕ ✖ ✗ ✘

✙ ✚ ✛ ✜ ✝ ✞ ✟ ✠ ✡ ✢ ✣ ✤ ✥

✦ ✧ ★ ✩ ✪ ✫ ✬ ✭ ✮ ✯ ✰ ✱ ✲

✳ ✴ ✵ ✶ ✷ ✸ ✹ ✺ ✻ ✼ ✽ ✾ ✿

❀ ❁ ❂ ❃ ❄ ❅ ❆ ❇ ❈ ❉ ❊ ❋ ●

❍ ■ ❏ ❐ ❑ ❒ ▲ ▼ ◆ ❖ ◗ ❘ ❙

❚ ❛ ❜ ❝ ❞ □ ❨ ❩ ❪ ❫ ❬ ❭ ❮

❯ ❰ ❱ ❲ ❳ ❴ ❵ ❡ ❢ ❣ ❤ ❥ ❦

❧ ♣ ♦ ♥ ♠ ① ② ③ ④ ⑤ ⑥ ⑦ ⑧

⑨ ⑩ ❶ ❷ ❸ ❹ ❺ ❻ ❼ ❽ ❾ ❿ ➀

➁ ➂ ➃ ➄ ➅ ➆ ➇ ➈ ➉ ➊ ➋ ➌ ➍

➎ ➏ ➐ ➑ ➒ ➓ ➔ → ↔ ↕ ➘ ➙ ➚

➛ ➜ ➝ ➞ ➟ ➠ ➡ ➢ ➣ ➤ ➥ ➦ ➧

➨ ➩ ➪ ➫ ➬ ➭ ➮ ➯ □ ➱ ➲ ➳ ➴

➵ ➶ ➷ ➸ ➹ ➺ ➻ ➼ ➽ ➾

Index

Alphabetisches Verzeichnis aller Schriftnamen

A

B

C

Die Schriften von CorelDraw 3.0

Die Schriften von CorelDraw 4.0

A

B

C

D

E

F

G

H

Schriften mit echten Kapitälchen

Schriften mit Minuskel-Ziffern

Liste der Dateinamen

A

Aachen ... TT1102M_
Aachen Bold ... TT1103M_
Ad Lib ... TT1154M_
Aldine 401 ... TT0302M_
Aldine 401 Bold ... TT0304M_
Aldine 401 Bold Italic ... TT0305M_
Aldine 401 Italic ... TT0303M_
Aldine 721 ... TT0112M_
Aldine 721 Bold ... TT0114M_
Aldine 721 Bold It ... TT0115M_
Aldine 721 Italic ... TT0113M_
Aldine 721 Light ... TT0804M_
Aldine 721 Light Italic ... TT0805M_
Alefbet ... ALEFBETN
Alexei CopperplateITC ... ALEXEICN
AlgerianBasD ... A039000D
AlgerianD ... A033000D
Allegro ... TT1138M_
Alternate Gothic No.2 ... TT0542M_
Amazone ... TT1040M_
Amelia ... TT0510M_
Amer. Garamond ... TT0043M_
Amer. Garamond Bd It ... TT0046M_
Amer. Garamond Bold ... TT0045M_
Amer. Garamond Italic ... TT0044M_
American Text ... TT0211M_
American Typewr Bd ... TT0194M_
American Typewr Med ... TT0193M_
Americana ... TT0498M_
Americana Bold ... TT0500M_
Americana Extra Bold ... TT0501M_
Americana Extra Bold Cnd ... TT0502M_
Americana Italic ... TT0499M_
AmericanUncD ... A025000D
Amerigo ... TT0643M_
Amerigo Bold ... TT0645M_
Amerigo Bold Italic ... TT0772M_
Amerigo Italic ... TT0644M_
Amerigo Medium ... TT0770M_
Amerigo Medium Italic ... TT0771M_
Architecture ... ARCHITEN
ArnoldBoeD ... A015000D
ArsisDReg ... A016003D
ArsisDReg Italic ... A016023D
Atlantic Inline-Normal ... ATLANTCN
Aurora Bold Condensed ... TT1028M_
Avant Garde Book ... TT0154M_
Avant Garde Book Obl ... TT0155M_
Avant Garde Med ... TT0156M_
Avant Garde Med Obl ... TT0157M_

B

Baker Signet ... TT1152M_
Balloon Bold ... TT0728M_
Balloon Extra Bold ... TT0729M_
Balloon Light ... TT0121M_
Bank Gothic Light ... TT0589M_
Bank Gothic Medium ... TT0590M_
Bard ... BARDN
Bauer Bodoni ... TT0328M_
Bauer Bodoni Black ... TT0332M_
Bauer Bodoni Black Cond ... TT0335M_
Bauer Bodoni Black Italic ... TT0333M_
Bauer Bodoni Bold ... TT0330M_
Bauer Bodoni Bold Cond ... TT0334M_
Bauer Bodoni Bold Italic ... TT0331M_
Bauer Bodoni Italic ... TT0329M_
Bauer Bodoni Titling ... TT1072M_
Bauhaus Bold ... TT0408M_
Bauhaus Heavy ... TT0409M_
Bauhaus Light ... TT0405M_
Bauhaus Medium ... TT0406M_
Bedrock ... BEDROCKN
Beehive ... BEEHIVEN
Belwe Bold ... TT1024M_
Belwe Condensed ... TT1025M_
Belwe Light ... TT1022M_
Belwe Medium ... TT1023M_
Benguiat Bold ... TT0127M_
Benguiat Bold Italic ... TT0128M_
Benguiat Book ... TT0123M_
Benguiat Book Italic ... TT0124M_
Benguiat Gothic Bold ... TT0463M_
Benguiat Gothic Bold Italic ... TT0464M_
Benguiat Gothic Book ... TT0459M_
Benguiat Gothic Book Italic ... TT0460M_
Bernhard Bold Condensed ... TT1003M_
Bernhard Fashion ... TT1051M_
Bernhard Modern ... TT0607M_
Bernhard Modern Bold ... TT0838M_
Bernhard Modern Bold It ... TT0839M_
Bernhard Modern Italic ... TT0837M_
Bernhard Tango ... TT0986M_
BibleScrT ... B013000T
BinnerD ... B029000D
Bits. Arrus ... TT1145M_
Bits. Arrus Black ... TT1149M_
Bits. Arrus Black Italic ... TT1150M_
Bits. Arrus Bold ... TT1147M_
Bits. Arrus Bold Italic ... TT1148M_
Bits. Arrus Italic ... TT1146M_
Bits. Iowan OldStyle ... TT1198M_
Bits. Iowan OldStyle Bd ... TT1200M_
Bits. Iowan OldStyle Bd It ... TT1201M_
Bits. Iowan OldStyle Black ... TT1202M_
Bits. Iowan OldStyle Blk It ... TT1203M_
Bits. Iowan OldStyle It ... TT1199M_
BlacklightD ... B056000D
Blippo Black ... TT0511M_
Bodoni ... TT0055M_
Bodoni Bold ... TT0037M_
Bodoni Bold Condensed ... TT0973M_
Bodoni Bold Italic ... TT0038M_
Bodoni Book ... TT0035M_
Bodoni Book Italic ... TT0036M_
Bodoni Italic ... TT0056M_
Bookman ITC Demi ... TT0079M_
Bookman ITC Demi Italic ... TT0080M_
Bookman ITC Light ... TT0075M_
Bookman ITC Light Italic ... TT0076M_
Bremen Black ... T1232M_
Bremen Bold ... TT1231M_
Brisk ... BRISKN
Broadway ... TT0131M_
Broadway Engraved ... TT0802M_
Brochure ... BROCHURN
BrodyD ... B030000D
Brush 445 ... TT0990M_
Brush 738 ... TT0806M_
Brush Script ... TT0199M_
Busorama Medium ... TT0062M_
BusterD ... B024000D
BuxomD ... B035000D

C

Calligraphic 421 ... T1139M_
Calligraphic 810 ... T0811M_
Calligraphic 810 Italic ... T0812M_
CamelliaD ... 042000D
Cancun ... CANCUNN
Carleton ... ARLETON
Carmina Black ... T0668M_
Carmina Black Italic ... T0719M_
Carmina Bold ... T0723M_
Carmina Bold Italic ... T0724M_
Carmina Light ... T0667M_
Carmina Light Italic ... T0624M_
Carmina Medium ... T0721M_
Carmina Medium Italic ... T0722M_
CasablancaAntique ... AS_ANTN
CasablancaAntique Italic ... AS_ANTI
Caslon 540 ... T0118M_
Caslon 540 Italic ... T0119M_
Caslon Bold ... T0443M_
Caslon Bold Italic ... T0444M_
Caslon No.224 Bold ... T0749M_
Caslon No.224 Bold Italic ... T0750M_
Caslon No.224 Book ... T0745M_
Caslon No.224 Book Italic ... T0746M_
Caslon Openface ... T0581M_
CastleT ... 031013T
CastleT Bold ... 031016T
CastleTLig ... 031012T
CastleTUlt ... 031020T
Caxton Bold ... T0891M_
Caxton Bold Italic ... T0892M_
Caxton Book ... T0889M_
Caxton Book Italic ... T0890M_
Caxton Light ... T0887M_
Caxton Light Italic ... T0888M_
Century 725 Bold Cond ... T1058M_
Century 725 Condensed ... T1057M_
Century Expanded ... T0039M_
Century Expanded Bd ... T0041M_
Century Expanded Bd Italic ... T0042M_
Century Expanded Italic ... T0040M_
Century Oldstyle ... T0285M_
Century Oldstyle Bold ... T0287M_
Century Oldstyle Italic ... T0286M_
Century Schoolbook ... T0083M_
Century Schoolbook Bd ... T0085M_
Century Schoolbook Bd Cond T0574M_
Century Schoolbook Bd Italic T0086M_
Century Schoolbook Italic ... T0084M_
Charlesworth ... CHARLN

Charlesworth Bold	CHARLB
Charter	T0648M_
Charter Black	T0709M_
Charter Black Italic	T0710M_
Charter Bold	T0632M_
Charter Bold Italic	T0633M_
Charter Italic	T0649M_
Cheltenham	T0620M_
Cheltenham Bold	T0622M_
Cheltenham Bold Cond	T1065M_
Cheltenham Bold Cond Italic	T1066M_
Cheltenham Bold Extra Cond	T1067M_
Cheltenham Bold Headline	T0508M_
Cheltenham Bold It Headline	T0509M_
Cheltenham Bold Italic	T0623M_
Cheltenham Italic	T0621M_
Cheltenham ITC Bold	T0383M_
Cheltenham ITC Bold Italic	T0384M_
Cheltenham ITC Book	T0381M_
Cheltenham ITC Book Italic	T0382M_
ChiselD	035000D
CircleD	016000D
CityDBol	010016D
CityDLig	C010012D
CityDMed	010014D
Clarendon	T0283M_
Clarendon Black	T0351M_
Clarendon Bold	T0284M_
Clarendon Bold Condensed	T0228M_
Clarendon Condensed	T0846M_
Clarendon Heavy	T0416M_
Clarendon Light	T0282M_
Classical Garamond	T0277M_
Classical Garamond Bd It	T0972M_
Classical Garamond Bold	T0279M_
Classical Garamond Italic	T0278M_
Cloister Black	T0757M_
Commercial Script	T0976M_
CommonBullets	COMBULL
Compacta	T0784M_
Compacta Black	T0788M_
Compacta Bold	T0786M_
Compacta Bold Italic	T0787M_
Compacta Italic	T0785M_
Compacta Light	T0783M_
Cooper Black	T0630M_
Cooper Black Headline	T0231M_
Cooper Black Italic	T0631M_
Cooper Black Italic Headline	T0232M_
Cooper Black Outline	T1034M_
Cooper Bold	T0579M_
Cooper Bold Italic	T0580M_
Cooper Light	T0575M_
Cooper Light Italic	T0576M_
Cooper Medium	T0577M_
Cooper Medium Italic	T0578M_
Copperplate Gothic	T0420M_
Copperplate Gothic Bd Cond	T0424M_
Copperplate Gothic Bold	T0421M_
Copperplate Gothic Cond	T0423M_
Copperplate Gothic Heavy	T0422M_
Cosmic	COSMICN
CosmicTwo	OSMIC2N
Cottage	OTTAGEN
CountdownD	021000D
CroissantD	023000D
Czar	CZARN
Czar Bold	CZARB
Czar Bold Italic	CZART
Czar Italic	CZARI

D

Dauphin	DAUPHINN
Davida Bold	TT0195M_
De Vinne	TT0911M_
De Vinne Italic	TT0912M_
De Vinne Italic Text	TT1042M_
De Vinne Text	TT1041M_
Decorated 035	TT0605M_
Della Robbia	TT1112M_
Della Robbia Bold	T1113M_
DexGothicD	D016000D
DextorD	D015000D
DextorOutD	D025000D
DiskusDMed	D012004D
Dom Bold	TT0769M_
Dom Casual	TT0604M_
Dom Diagonal	TT0920M_
Dom Diagonal Bold	TT0921M_
Dutch 801 Bold	TT0013M_
Dutch 801 Bold Italic	TT0014M_
Dutch 801 Extra Bold	TT0549M_
Dutch 801 Extra Bold Italic	TT0971M_
Dutch 801 Italic	TT0012M_
Dutch 801 Italic Headline	TT1036M_
Dutch 801 Roman	TT0011M_
Dutch 801 Roman Headl	TT1035M_
Dutch 801 Semi-Bold	TT0834M_
Dutch 801 Semi-Bold Italic	TT0835M_

E

EckmannD	008000D
Egyptian 505	T0962M_
Egyptian 505 Bold	T0964M_
Egyptian 505 Light	T0961M_
Egyptian 505 Medium	T0963M_
Eklektic	KLEKTIN
Elegant Garamond	T0711M_
Elegant Garamond Bold	T0713M_
Elegant Garamond Italic	T0712M_
Embassy	T0588M_
Emboss-Normal	EMBOSSN
Empire	T1176M_
EnglischeSchT	E006003T
EnglischeSchT Bold	006006T
EnglischeSchTDemBol	006004T
English 157	T0840M_
Engravers' Gothic	T0586M_
Engravers' Old English	T0212M_
Engravers' Old English Bold	T1045M_
Engravers' Roman	T0587M_
Engravers' Roman Bold	T0974M_
EnviroD	017000D
Eras Bold	T0242M_
Eras Book	T0239M_
Eras ContourITC-Normal	RAS_CTN
Eras Demi	T0241M_
Eras Light	T0238M_
Eras Medium	T0240M_
Eras Ultra	T0243M_
EwieD	029000D
Exotic 350 Bold	T0628M_
Exotic 350 Demi-Bold	T0627M_
Exotic 350 Light	T0626M_
Expo	EXPON

F

Fenice Bold	T0684M_
Fenice Bold Italic	T0685M_
Fenice Regular	T0682M_
Fenice Regular Italic	T0683M_
FetteFraD	F003000D
FirenzeITC-Normal	IRENZEN
FlamencoD	022000D
FlamencoInD	037000D
Flareserif 821	T0917M_
Flareserif 821 Bold	T0918M_
Flareserif 821 Light	T0916M_
FlashDBol	021004D
FlashDLig	021002D
Flemish Script	T0591M_
Formal Script 421	T0609M_
Fraktur	T0983M_
FrankfurterHigD	019000D
Franklin Gothic ITC Book	T0670M_
Franklin Gothic ITC Book It	T0671M_
Franklin Gothic ITC Demi	T0674M_
Franklin Gothic ITC Demi It	T0675M_
Franklin Gothic ITC Heavy	T0676M_
Franklin Gothic ITC Heavy It	T0677M_
Freeform 710	T0714M_
Freeform 721	T0997M_
Freeform 721 Black	T1001M_
Freeform 721 Black Italic	T1002M_
Freeform 721 Bold	T0999M_
Freeform 721 Bold Italic	T1000M_
Freeform 721 Italic	T0998M_
Freehand 471	T0418M_
Freehand 521	T1018M_
Freehand 575	T1046M_
Freehand 591	T1043M_
Freestyle ScriptITC-Bold	REESTYB
FreestyleScrD	009000D
Friz Quadrata	T0428M_
Friz Quadrata Bold	T0429M_
Fry's Baskerville	T1101M_
Futura Black	T0206M_
Futura Bold	T0144M_
Futura Bold Cond	T0202M_
Futura Bold Cond Italic	T0203M_
Futura Bold Italic	T0145M_
Futura Book	T0140M_
Futura Book Italic	T0141M_
Futura Extra Black	T0148M_
Futura Extra Black Cond	T0204M_
Futura Extra Black Cond Italic	T0205M_
Futura Extra Black Italic	T0149M_
Futura Heavy	T0146M_
Futura Heavy Italic	T0147M_

Futura Light ... T0138M_
Futura Light Cond ... T0200M_
Futura Light Italic ... T0139M_
Futura LtCn-Italic ... UTRALCI
Futura MdCn-Italic ... UTRAMCI
Futura Medium ... T0142M_
Futura Medium Cond ... T0201M_
Futura Medium Italic ... T0143M_

G

Galleria ... GALLERIN
Galliard ... TT0067M_
Galliard Bold ... TT0069M_
Galliard Bold Italic ... TT0070M_
Galliard Italic ... TT0068M_
Gando ... TT0625M_
Garamond ITC Bold ... TT0347M_
Garamond ITC Bold Cond ... TT0455M_
Garamond ITC Bold Cond It. TT0456M_
Garamond ITC Bold Italic ... TT0348M_
Garamond ITC Book ... TT0345M_
Garamond ITC Book Cond ... TT0453M_
Garamond ITC Book Cond It TT0454M_
Garamond ITC Book Italic ... TT0346M_
GaramondNo4CyrTCYLig ... GC05002T
GaramondNo4CyrTCYLig Italic ... GC05022T
GaramondNo4CyrTCYMed ... GC05004T
Geo Slabserif 712 Light ... TT0483M_
Geo Slabserif 712 Light It ... TT0484M_
GeographicSymbols ... GEOGRAPH
Geometric 231 ... T1127M_
Geometric 231 Bold ... T1128M_
Geometric 231 Heavy ... T1129M_
Geometric 231 Light ... T1126M_
Geometric 415 Black ... TT0524M_
Geometric 415 Black Italic ... TT0525M_
Geometric 415 Lite ... TT0520M_
Geometric 415 Lite Italic ... TT0521M_
Geometric 415 Medium ... TT0522M_
Geometric 415 Medium It ... TT0523M_
Geometric 706 Black ... TT0661M_
Geometric 706 Black Cond ... TT0663M_
Geometric 706 Bold Cond ... TT0662M_
Geometric 706 Medium ... TT0660M_
GeoSlabserif 703 Bd ... TT0310M_
GeoSlabserif 703 Bd Cond ... TT1020M_
GeoSlabserif 703 Bd Italic ... TT0311M_
GeoSlabserif 703 Light ... TT0306M_
GeoSlabserif 703 Light Italic TT0307M_
GeoSlabserif 703 Med ... TT0308M_
GeoSlabserif 703 Med Cond TT1019M_
GeoSlabserif 703 MedItalic ... TT0309M_
GeoSlabserif 703 XBd ... TT0312M_
GeoSlabserif 703 XBd Cond TT1021M_
GeoSlabserif 703 XBd Italic . TT0313M_
GeoSlabserif 712 Bold ... TT0487M_
GeoSlabserif 712 Extra Bd ... TT0488M_
GeoSlabserif 712 Med It ... TT0486M_
GeoSlabserif 712 Medium ... TT0485M_
Glacier ... GLACIERN
Glacier Italic ... GLACIERI
GlaserSteD ... G034000D
GoldMine ... GOLDMINN
Gorilla ... TT0664M_
Gothic 725 Black ... TT1007M_
Gothic 725 Bold ... TT0541M_
Gothic 821 Condensed ... TT0807M_
Goudy Catalogue ... T1054M_
Goudy Handtooled ... T1053M_
Goudy Heavyface ... T1049M_
Goudy Heavyface Cond ... T1050M_
Goudy Old Style ... TT0107M_
Goudy Old Style Bold ... TT0109M_
Goudy Old Style Bold Italic ... TT0110M_
Goudy Old Style Extra Bold ... TT0111M_
Goudy Old Style Italic ... TT0108M_
Goudy Sans Black ... TT0928M_
Goudy Sans Black Italic ... TT0929M_
Goudy Sans Bold ... TT0926M_
Goudy Sans Bold Italic ... TT0927M_
Goudy Sans Light ... TT0922M_
Goudy Sans Light Italic ... TT0923M_
Goudy Sans Medium ... TT0924M_
Goudy Sans Medium Italic ... TT0925M_
Griffon ... GRIFFONN
GriffonShadow ... GRIFFN_N
Grizzly ... TT0688M_

H

Handel Gothic ... T0768M_
HandelGotDBol ... 032016D
HandelGotDLig ... 032012D
HarlowD ... 013000D
Harpoon ... ARPOONN
HehenHebTBol ... H23016T
Hobo ... T0057M_
HondaITC-Normal ... HONDAN
HoratioDBol ... 012016D
HoratioDLig ... H012012D
HoratioDMed ... 012014D
HorndonD ... 014000D
Humanist 521 ... T0290M_
Humanist 521 Bold ... T0292M_
Humanist 521 Bold Cond ... T0496M_
Humanist 521 Bold Italic ... T0293M_
Humanist 521 Condensed ... T0495M_
Humanist 521 Extra Bold ... T0294M_
Humanist 521 Italic ... T0291M_
Humanist 521 Light ... T0288M_
Humanist 521 Light Italic ... T0289M_
Humanist 521 Ultra Bold ... T0295M_
Humanist 521 XBold Cond ... T0497M_
Humanist 777 ... T0857M_
Humanist 777 Black ... T0861M_
Humanist 777 Black Italic ... T0862M_
Humanist 777 Bold ... T0859M_
Humanist 777 Bold Italic ... T0860M_
Humanist 777 Italic ... T0858M_
Humanist 777 Light ... T0855M_
Humanist 777 Light Italic ... T0856M_
Humanist 970 ... T0264M_
Humanist 970 Bold ... T0265M_
Huxley Vertical ... T1177M_

I

IceAgeD ... I008000D
Impress ... T0209M_
Impuls ... T0725M_
Incised 901 ... T0388M_
Incised 901 Black ... T0391M_
Incised 901 Bold ... T0390M_
Incised 901 Bold Condensed . T0467M_
Incised 901 Compact ... T0468M_
Incised 901 Italic ... T0389M_
Incised 901 Light ... T0387M_
Incised 901 Nord ... T0469M_
Incised 901 Nord Italic ... T0470M_
Industrial 736 ... T1047M_
Industrial 736 Italic ... T1048M_
Informal 011 ... T1115M_
Informal 011 Black ... T1116M_
Ireland ... RELANDN

J

Jupiter ... JUPITERN

K

KabarettD ... 018000D
Kabel Bd-Normal ... KABELBN
Kabel Book ... T0162M_
Kabel Demi ... T0164M_
Kabel Medium ... T0163M_
Kabel Ultra ... T0166M_
Kaufmann ... T0726M_
Kaufmann Bold ... T0727M_
Keypunch ... EYPUNCN
Keystroke ... EYSTROK
Kids ... KIDSN
Kis ... T0116M_
Kis Italic ... T0117M_
Korinna Bold ... T0089M_
Korinna Kursiv Bold ... T0090M_
Korinna Kursiv Regular ... T0088M_
Korinna Regular ... T0087M_
Kuenstler 480 ... T0761M_
Kuenstler 480 Black ... T1026M_
Kuenstler 480 Bold ... T0763M_
Kuenstler 480 Bold Italic ... T0764M_
Kuenstler 480 Italic ... T0762M_
KunstlerschreibschDBol ... 004006D
KunstlerschreibschDMed ... K004004D

L

Lapidary 333 ... T0715M_
Lapidary 333 Black ... T1052M_
Lapidary 333 Bold ... T0717M_
Lapidary 333 Bold Italic ... T0718M_
Lapidary 333 Italic ... T0716M_

Square721 Dm-Normal......... QR721DN
Square721-Italic..................... SQR721I
SquireD................................S009003D
SquireD Bold.......................... 009004D
Staccato 222 .... T0610M_
Staccato 555 .... T1153M_
Stencil.................................. T0191M_
StopD 013000D
Stuyvesant............................ T0980M_
Swiss 721 .... T0003M_
Swiss 721 Black..................... T0007M_
Swiss 721 Black Cond............ T0173M_
Swiss 721 Black Cond Italic ... T0174M_
Swiss 721 Black Extended ..... T0374M_
Swiss 721 Black Italic............ T0008M_
Swiss 721 Black Outline......... T0563M_
Swiss 721 Black Rounded...... T0815M_
Swiss 721 Bold .... T0005M_
Swiss 721 Bold Cond Italic .... T0172M_
Swiss 721 Bold Cond Outline T0767M_
Swiss 721 Bold Condensed.... T0010M_
Swiss 721 Bold Extended....... T0373M_
Swiss 721 Bold Italic.............. T0006M_
Swiss 721 Bold Outline.......... T0175M_
Swiss 721 Bold Rounded .... T0813M_
Swiss 721 Cond Italic .... T0171M_
Swiss 721 Condensed........... T0009M_
Swiss 721 Extended.............. T0372M_
Swiss 721 Heavy.................... T0102M_
Swiss 721 Heavy Italic .... T0103M_
Swiss 721 Italic...................... T0004M_
Swiss 721 Light .... T0001M_
Swiss 721 Light Cond .... T0169M_
Swiss 721 Light Cond Italic.... T0170M_
Swiss 721 Light Extended...... T0371M_
Swiss 721 Light Italic............ T0002M_
Swiss 721 Medium .... T0759M_
Swiss 721 Medium Italic........ T0760M_
Swiss 721 Thin....................... T0100M_
Swiss 721 Thin Italic.............. T0101M_
Swiss 911 Extra Compressed . T0105M_
Swiss 911 Ultra Compressed . T0106M_
Swiss 921 .... T0562M_
Swiss 924 .... T0969M_
SwitzerlandNarrow............ WZNRRWN
SwitzerlandNarrow Bd......... WZNRRWB
SwitzerlandNarrow Bd Itc.... WZNRRWT
SwitzerlandNarrow It .... WZNRRWI
Symbol Proportional............... T9830Z_

T

Tango .... T1151M_
Technical .... ECHNCLN
Technical Italic........................ ECHNCLI
Thunderbird .... T0606M_
Tiffany Demi .... T0224M_
Tiffany Demi Italic.................. T0225M_
Tiffany Heavy .... T0226M_
Tiffany Heavy Italic................. T0227M_
Tiffany Light........................... T0220M_
Tiffany Light Italic .... T0221M_
TimeScrDBol........................... 010006D
TimeScrDLig T010003D
TimeScrDMed 010004D
TrafficITC-Normal.................... RAFFICN
Transitional 521 .... T0913M_
Transitional 521 Bold............. T0915M_
Transitional 521 Cursive......... T0914M_
Transitional 551 Med............. T0884M_
Transitional 551 Med Italic .... T0885M_
TrumpetLite Italic.................... RUMPETI
TrumpetLite-Bold .... RUMPETB
TrumpetLite-BoldItalic............ RUMPETT
TrumpetLite-Normal .... RUMPETN
Typo Upright.......................... T0939M_

U

Umbra.................................... T1074M_
University Roman................. TT0316M_
University Roman Bold........... T0317M_
Uptight NeonITC-Normal .... PTIGHTN

V

VAG Rounded .... T0756M_
VAGRounded Lt-Normal .... AGROULN
Van DijkITC-Bold .... ANDIJKB
Van DijkITC-Normal................. ANDIJKN
Venetian 301 .... T1095M_
Venetian 301 Demi .... T1097M_
Venetian 301 Demi Italic........ T1098M_
Venetian 301 Italic................. T1096M_
VictorianD............................. 001000D
Viking .... VIKINGN
Vineta .... TT0215M_
VivaldiD 010000D
VladimirScrD 012000D

W

URWWoodTypD 015000D
Wedding Text......................... T0985M_
Windsor .... TT0122M_
Windsor Elongated................ T0327M_
Windsor Light........................ T0909M_
Windsor Light Condensed ..... T0326M_
Windsor Outline.................... T0988M_

Z

Zapf Calligraphic 801 .... T0023M_
Zapf Calligraphic 801 Bd....... T0025M_
Zapf Calligraphic 801 Bd It.... T0026M_
Zapf Calligraphic 801 It......... T0024M_
Zapf Chancery Bold .... T0450M_
Zapf Chancery Demi............. T0449M_
Zapf Chancery Medium......... T0447M_
Zapf Chancery Medium Italic T0448M_
Zapf Dingbats .... T8556Z_
Zapf Elliptical 711 .... T0051M_
Zapf Elliptical 711 Bold .... T0053M_
Zapf Elliptical 711 Bold It...... T0054M_
Zapf Elliptical 711 Italic......... T0052M_
Zapf Humanist 601 .... TT0015M_
Zapf Humanist 601 Bd .... T0017M_
Zapf Humanist 601 Bd It....... T0018M_
Zapf Humanist 601 Demi ...... T0134M_
Zapf Humanist 601 Demi It... T0135M_
Zapf Humanist 601 It .... T0016M_
Zapf Humanist 601 Ultra....... T0136M_
Zapf Humanist 601 Ultra It ... T0137M_
Zurich .... T0178M_
Zurich Black.......................... T0182M_
Zurich Black Extended .... T0262M_
Zurich Black Italic .... T0183M_
Zurich Bold .... T0180M_
Zurich Bold Condensed .... T0300M_
Zurich Bold Condensed Italic. T0301M_
Zurich Bold Extended .... T0261M_
Zurich Bold Extra Cond.......... T0960M_
Zurich Bold Italic .... T0181M_
Zurich Condensed .... T0298M_
Zurich Condensed Italic......... T0299M_
Zurich Extended .... T0260M_
Zurich Extra Black.................. T0970M_
Zurich Extra Cond.................. T0959M_
Zurich Italic .... T0179M_
Zurich Light........................... T0176M_
Zurich Light Condensed .... T0296M_
Zurich Light Condensed Italic T0297M_
Zurich Light Extra Cond......... T0958M_
Zurich Light Italic .... T0177M_
Zurich Ultra Black Extended .. T0263M_

CorelDraw 5.0 – Errata

Leider hat die Corel-Corporation bei der Zusammenstellung ihrer Schriftensammlung wenig Sorgfalt auf eine saubere Dokumentation gelegt. Bei genauerer Betrachtung zeigt sich, daß viele Beschreibungen im Original-Handbuch zu Corel 5 fehlerhaft sind. Tatsächlich ist es Corel sogar gelungen, im Handbuch Schriften schlicht und einfach zu vergessen, die auf der CD mitgeliefert werden. Dabei hätte Corel aus Fehlern lernen können. Schon in der Version 4 hatte Corel es unterlassen, die Schriften Bauer Bodoni und Stuyvesant aufzulisten. Um Mißverständnissen vorzubeugen, habe ich in der folgenden Liste alle Irrtümer im Original-Handbuch der Version 5 zusammengestellt.

Arnold Böcklin	Die Schrift heißt „Böcklin" nicht „Bocklin".
Avant Garde	„Demi" muß heißen: „Medium".
Bernhard Modern	„Book Italic" muß heißen: „Roman Italic".
Blacklight	Auf der CD vorhanden, wird im Handbuch aber nicht erwähnt.
Blippo	„Blippo" muß heißen: „Blippo Black".
Busorama	Der nicht genannte Schriftschnitt ist nicht Roman sondern Medium.
Carmina	„Med Bold" muß heißen: „Bold". „Med Bold Italic" muß heißen: „Bold Italic".
Castle	„Book" muß heißen „Roman".
Caxton	„Book Bold" muß heißen: „Bold" „Book Bold Italic" muß heißen: „Bold Italic".
Dextor	Der Schnitt „Outline" ist vorhanden, wird aber nicht aufgezählt.
Flamenco	Zwar wird „Flamenco Inline" aufgelistet, nicht aber die ebenfalls vorhandene „Flamenco"-Schrift.
Geometric 415	Der Schnitt „Light" heißt in diesem Falle „Lite".
Gothic 821	Der nicht genannte Schnitt ist keineswegs Roman sondern „Condensed".
Handel Gothic	„Medium" muß heißen: „Roman".
Hehen Hebrew	Auf der CD vorhanden, wird im Handbuch aber nicht erwähnt..
Kabarett	Die Schrift wird mit zwei t geschrieben (im Handbuch steht „Kabaret").
LasVegas	Auf der CD vorhanden, wird im Handbuch aber nicht erwähnt..
Metropolitaines	Im Original-Handbuch steht fälschlicherweise als Name „Metropolitan".
Murray Hill	Der nicht genannte Schnitt ist nicht etwa „Roman" sondern „Bold".
Snell	Der Schriftschnitt „Black" ist auf der CD vorhanden, wird im Original-Handbuch aber nicht genannt.
Square 721	„Medium Italic" muß heißen: „Bold Italic". Der Schriftschnitt „Extended" ist auf der CD vorhanden, wird im Original-Handbuch aber nicht genannt. Der Schriftschnitt „Bold extended " ist auf der CD vorhanden, wird im Original-Handbuch aber nicht genannt.
Swiss 911	„Extra" muß heißen: „Extra compressed". „Ultra" muß heißen: „Ultra compressed".
TrumpetLite	„Medium" muß heißen: „Roman". „Medium Italic" muß heißen: „Italic".
URWWoodtype	Auf der CD vorhanden, wird im Handbuch aber nicht erwähnt.
VAG Rounded	muß heißen „VAG Rounded Light".
VAG Round. Bold	muß heißen „VAG Rounded".
Zapf Calligraphic 8012	muß heißen: „Zapf Calligraphic 801".

Bibliographie

Sebastian Carter: „Twentieth Century Type Designers“, New York 1987

Helmuth Baur, Christian Pfeiffer-Belli: „270 Schriften: Eine Sammlung zeitgemäßer Alphabete“, München 1984

Carl Faulmann: „Das Buch der Schrift“, Wien 1880

Ed Cleary, Jürgen Siebert, Erik Spiekermann: „FontBook“, Berlin 1993

Fritz Genzmer und Walther Großmann: „Das Buch des Setzers“, Berlin 1939

Jonathan Grosvenor, Kaye Morrison, Alexandra Pim: „The PostScript Font Handbook“, Addison-Wesley, Wokingham/England, 1992

Michael Ziegert: „Gestalten und Veröffentlichen – DTP mit Word 6.0 für Windows“, Bonn 1994.

Gert Wettschureck: „Fontatlas“, München 1993.

Monika Thomas, Hans Peter Willberg: „Schriften erkennen“, Mainz 1990.

„DIN 16518 – Klassifikation der Schriften“, Berlin 1964.

Georg Kurt Schauer: „Die Einteilung der Druckschriften – Klassifizierung und Zuordnung der Alphabete“, München o.J.